周干峙文集

第三卷

城市规划与管理

中国城市规划设计研究院　编

中国建筑工业出版社

周干峙（1930—2014），江苏苏州人，中国科学院院士、中国工程院院士，我国杰出的城市规划学和建筑学专家，新中国城市规划领域的领军人物之一，在国际上享有声誉。曾任中国城市规划设计研究院院长，建设部副部长、党组成员，中国人民政治协商会议第八届全国委员会副秘书长、第九届全国委员会教科文卫体委员会副主任。

在城市规划领域建树丰硕，负责编制了西安市总体规划和详细规划，为新中国城市规划编制工作作出了示范；参与指导并组织编制了北京市、上海市、苏州市总体规划，唐山市、天津市震后重建规划以及深圳经济特区总体规划等；提出了"滚动、灵活、深细、诱导"的城市规划新理念。

一生治学严谨，笔耕不辍。著有《论城市化》《发展我国大城市交通的研究》等专著，主持过"中国城市地下空间开发利用研究""中国节约型社会研究""我国大城市连绵区规划与建设问题研究""城市化课题之城市基础条件和空间布局""中国大城市交通问题研究""中国城市化科学问题研究"等一批重大课题。曾获国家科学技术进步奖一等奖、第六届"大林奖"。

1947年9月，入清华大学建筑系学习。

1952年1月参加工作，曾任清华大学、北京大学、燕京大学三校建校委员会科长、工地主任。

1953年2月至1961年12月，历任建筑工程部城市建设总局技术员，建筑工程部城市设计院（中国城市规划设计研究院前身[①]）工程师，城市建设部、国家计划委员会、国家经济委员会城市设计院工程师、科长。

1961年12月至1978年12月，历任国家基本建设委员会城市规划局副处长、处长。

1978年12月起，任国家城市建设总局城市规划研究所副所长兼国家基本建设委员会支援天津工作组组长。

1981年5月至1982年5月，历任天津市规划局副局长、代局长。

1982年5月，任城乡建设环境保护部城市规划设计研究所所长。

1983年5月，任中国城市规划设计研究院院长。

1985年12月，任城乡建设环境保护部副部长、党组成员。

1988年5月，任建设部副部长。

1991年4月，任建设部副部长、党组成员。

1991年，当选中国科学院院士（学部委员）。

1993年9月，当选政协第八届全国委员会副秘书长。

1994年，当选中国工程院院士，兼任土木、水利与建筑工程学部主任。

1998年3月，当选政协第九届全国委员会教科文卫体委员会副主任。

[①] 文中所述建筑工程部城市设计院、城市建设部城市设计院、国家计划委员会城市设计院、国家经济委员会城市设计院、国家城市建设总局城市规划研究所、城乡建设环境保护部城市规划设计研究所，均为中国城市规划设计研究院前身。

《周干峙文集》编辑委员会

出版前言

为系统研究周干峙先生的学术思想，同时为我国城乡规划建设领域留存重要历史文献资料，在先生家属的大力支持下，中国城市规划设计研究院①组织开展了《周干峙文集》(简称《文集》)的编辑工作。

先生学识渊博、思想深邃，一生著述不辍、建树丰硕，是新中国成立以来我国城乡规划领域最杰出的人物之一。《文集》不仅是先生毕生的学术成果，还是记录我国城乡规划建设行业发展变迁的珍贵史料。

为完整地反映先生的学术思想，除公开发表过的文章外，编辑组同时选录了大量未公开发表的发言稿、录音稿、工作笔记、工作报告、考察报告等。

选录文章按照以下三个维度：从历史维度，选录有历史价值、可供后人了解研究当代中国城乡规划建设发展历程的文章；从学术维度，选录思想性强、学术价值高，能够体现先生学术思想和理论水平的文章；从行业维度，选录代表先生职业成就和对行业有重大贡献的文章。

经编辑组认真遴选、反复核对，筛除部分内容残缺、重复的文章后，《文集》最终选录文章536篇。

为使《文集》更具系统性、科学性和逻辑性，编辑组对所有选

---

① 中国城市规划设计研究院是周干峙先生原工作单位。1954年，建筑工程部城市设计院（中国城市规划设计研究院前身）刚成立时，周干峙先生就在该院工作。1983年5月，周干峙先生任中国城市规划设计研究院正式更名后的第一任院长。

录文章作了分类成卷工作。首先，按照文章内容确定所属专业领域，并拟定各卷名称。其次，按照专业类别或研究主题将各卷中的文章划分为不同篇章。最后，对各篇章中的文章按学术研究（著作、论文）、会议发言、工作报告、考察报告、访谈、书序六种类型进行分类和排序。同一篇章中，学术研究、会议发言、工作报告、考察报告按时间先后排序，其后依次为访谈、书序。极少部分篇章，将文章先按同一性质主题归类（如第三卷《城市规划与管理》"城市规划"篇章，按北京、苏州等城市分类），再按时间排序。读者既可以全面了解先生的学术思想及发展脉络、理论建树与科学家精神，又可以深入研究我国城乡规划建设领域改革发展历程和行业发展变迁。

为强化《文集》的专业性、规范性、系统性和可读性，编辑组确定了"如实准确"的编辑方针，主要做了以下工作：对大量无数字资料的文稿进行了扫描、录入、校对，确保数字文件与原稿一致；统一所有文章的标题层次和格式，为无标题文稿拟定标题，并根据文章内容对部分文章标题进行适当调整、补充和优化；统一编写体例，制定文字编辑加工标准，对不同文章中内容重复部分，在不影响原意的前提下进行精简和删除，对专业用语、文件名称、史实、人名、地名等进行考证、校核，对部分手稿、笔记、录音等原始资料中语义不完整之处进行文字加工和润色。

《文集》选录的文章大多以先生个人署名，合作撰写的文章则在每篇文章的注释中进行说明。

鉴于《文集》思想体系博大深邃，以及编辑组水平、经验有限，《文集》的编辑整理工作难免有疏漏之处，敬请广大读者谅解，并恳请提出宝贵意见，以便再版时补充和修订。

中国城市规划设计研究院

序言①

乙巳蛇年，值周干峙先生诞辰九十五周年之际，出版《周干峙文集》（简称《文集》）可谓意义深远。

周干峙先生一生思维敏锐，勤于总结，尤其注意资料的保存，即使是只言片语的记录，也都会保留下来，其保存的文稿数量浩瀚、内容广博。他从1953年到2013年保留下的文稿有15000余篇，包括工作笔记、会议报告、学术论文、讲话、信函、评语等，时间跨度长达六十余年，完整地反映了我国城乡建设事业从新中国成立初期到新时代的发展变迁。2014年，周干峙先生逝世后，他的家属将其生前保存的510余箱文稿和资料分批捐赠给了他曾经工作过的单位——中国城市规划设计研究院。

中国城市规划设计研究院（简称中规院）领导十分重视这些文稿和资料，历经十年整理，遴选出536篇，编辑成《周干峙文集》，并公开出版。中规院王凯院长提议我为《文集》撰写序言，我欣然接受，主要是想借此机会表达我对周干峙先生的崇敬之情——他推进城市规划建设管理等工作的情形至今历历在目，他学者的精神、长者的胸怀令我始终铭记于心。《文集》既是他工作生涯六十余年在学术研究、行政管理、规划实践、咨政建言方面的深入思考，也反映了他的学术成果和人格品德，更重要的是为后辈研究这段历史时期中国城乡建设事业的发展提供了珍贵史料。业内同仁都希望尽快见到《文集》，为写好序言，我与诸位同仁进行了多次座谈，畅

---

① 汪光焘，原建设部部长，第十一届全国人大环境与资源保护委员会主任委员。

叙周干峙先生的学术和人品。本篇序言里既包含同仁对周干峙先生的怀念，也有我对各位同仁的感谢。

回首过往，周干峙先生是我的领导，也是建设部顾问专家，我们一起合作共事几十年，可谓亦师亦友。我和周干峙先生的初识于20世纪80年代。1984年，为了更好地保护徐州古城，我作为徐州市副市长，邀请时任中规院院长的周干峙先生带队赴徐州市谋划城市规划建设发展问题。1989年，我调任到建设部城市建设司，周干峙先生时任建设部副部长，分管城市建设工作，在他的直接领导下，改革城市发展运营体制机制的工作得到了推进。2001年底，我从北京市调回建设部主持工作，他已从副部长的岗位上退下多年，但他时刻关注着城乡建设各个领域的发展动向，每每经过我的办公室，总要进来和我讨论城乡建设面临的新形势、新问题，为我的工作出谋划策。作为城市规划建设专家和建设部老领导，他应我邀请参加调研组赴地方深入调研，为制定全国城镇体系规划、珠江三角洲城市群规划、海峡西岸发展规划等国家重点区域规划作出了突出贡献。

周干峙先生是由我国本土大学培养、在实践中成长、思想开放的新中国城乡建设发展领域的著名学者和行政领导。他一生坚持放眼世界、探求中国未来，注重实践基础上的理论升华，注重分析问题，以战略的眼光研究对策。他是我国从"站起来"到"富起来"的历史阶段中，将学术成就和行政领导能力集于一身的代表人物之一。

他是新中国自己培养的城乡建设事业第一代杰出代表人物

周干峙先生生于1930年，江苏苏州人。他1952年毕业于清华大学建筑系，是中国科学院院士（1991年当选）、中国工程院院士（1994年当选），曾任中国城市规划设计研究院院长、建设部副部长、住房和城乡建设部特邀顾问、第八届全国政协副秘书长、第九届全国政协教科文卫体委员会副主任，曾兼任中国城市规划学会、中国风景园林学会、中国城市科学研究会理事长，中国房地产及住宅研究会会长，全国历史文化名城保护专家委员会主任委员，中国城市经济学会副会长等，并曾兼任清华大学教授、博士研究生导师。

自清华大学毕业后的六十余年间，周干峙先生一直从事城市规划建设领域的实践、研究、管理工作。他曾负责编制"一五"时期西安城市总体规划，主持唐山、天津震后重建规划及苏州等一批城市的规划咨询和顾问工作；在城镇化、城市规划、城乡建设、城市交通、风景园林、住宅建设、旧城改造、历史文化保护、房地产及规划制度改革等方面作出了卓有成效的贡献。他创议及早综合治理大城市交通，提高城市规划工作的深度和广度；他经历中国城镇化快速发展时期并抓住这个机遇（周干峙先生多用"城市化"一词，故以下用"城市化"），持续几十年探求中国城市和城市化问题；他是1985年国务院印发的12个领域技术政策要点中城市建设和村镇建设部分的主编，并因此获得国家科学技术进步奖一等奖；他主持的《深圳经济特区总体规划（1986—2000）》获得全国优秀城市规划设计奖一等奖；他于2009年被授予中国城市规划学会的最高荣誉"突出贡献奖"（"终身成就奖"），2010年获日本"大林奖"。

周干峙先生充分发挥专业知识和行政管理结合的优势，参与了一系列城乡建设法律法规的起草。他是《城市规划条例》的参与者、《中华人民共和国城市规划法》的主要起草人之一、《中华人民共和国城乡规划法》的推动者，促进了城市规划（城乡规划）工作法律地位的确立，推进建立健全规划制定制度、规划审批与修改制度、规划实施制度、监督检查制度等。在他担任建设部副部长期间，参与起草了《中华人民共和国城市房地产管理法》《中华人民共和国土地管理法》等法律，组织起草了《城市市容和环境卫生管理条例》《城市绿化条例》《城市房屋拆迁管理条例》《城市私有房屋管理条例》等国务院行政法规，以及城市规划、城市建设、城市管理、住房、房地产、风景名胜区等一批部门规章。

周干峙先生一生始终怀着一颗赤子之心，以国家发展为己任，把人民利益放在心上，重视国情调查与研究，围绕中国特色的城市和城市化发展战略审慎思考，不断提升自身行政管理的科学决策能力。他同时拥有中国科学院和中国工程院"双院士"称号，又是国家行政机关主管城乡建设事业部门的行政领导和顾问，是专业技术与行政管理相结合的复合型专家，也是我国城乡建设事业从"站起来"到"富起来"历史阶段中由"双院士"担任部委行政领导的唯一一人。

胸怀大局、具有战略思维是周干峙先生进行研究与实践的基本特点。1953年，初出茅庐的他担当西安规划总图编制重任，敢想敢为，思考规划应如何为劳动人民服务，提出"保留古城格局，避开汉唐遗址，两翼发展工业"[1]的总体布局方案，并被苏联专家采纳。1956—1957年，我国关于城市规划人均居住面积标准有过"九六之争"[2]，在这期间任职技术员、工程师的他意识到要"找一条我们自己的长远发展道路"，其中"第一个是标准问题"[3]。1964

---

[1] 见城市规划与管理卷（第三卷），《西安首轮城市总体规划回忆》，第77页。

[2] 见人居环境科学与城市科学卷（第五卷），《谈"三年不搞城市规划"》，第234页。

[3] 见人居环境科学与城市科学卷（第五卷），《为了城市的春天：亲历新中国城市规划与建设》，第207页。

年，他开展《新中国住宅建设》①专题研究，体现了他始终将解决人民群众的住房问题放在突出位置的思想。改革开放初期的1982年，他和吴良镛先生、林志群先生围绕人口、住房、市政、土地、环境等一系列重大社会问题，撰写《住房·环境·城乡建设》②，并探讨了需要解决的关键科学问题和解决问题的方针政策。1984年，在总结出城市发展与经济发展必须相辅相成的经验基础上，他组织编订《中国技术政策：城乡建设》（国家科委蓝皮书第6号）③以促进城乡健康协调发展。1985—1986年，他与林志群先生一起，以城市科学为主题研究"一是如何探索中国城市化的道路；二是建立健全城市发展的支撑系统"④。这些都是周干峙先生在任建设部副部长前有关战略思考的代表成就。

持续通过国情研究支撑行政决策，是周干峙先生担任行政领导的显著特点。1985年底，他走上建设部副部长领导岗位。1987年，组织安排他赴中央党校高级研究班学习，他学习马克思主义理论，结业论文是《学习〈资本论〉的地租理论，推进我国城市用地有偿使用制度改革》⑤，夯实了理论功底。1989年，他作了题为"为我国21世纪的城市交通发展作好准备"⑥的演讲，较早预见到我国城市交通问题的严重性，并提出对策措施；此后，他还发表了《城

① 见住宅与房地产卷（第七卷），《新中国住宅建设》，第2页。

② 见城乡建设卷（第四卷），《住房·环境·城乡建设》，第56页。

③ 见城乡建设卷（第四卷），《城市建设技术政策要点（报批稿）》，第119页。

④ 见人居环境科学与城市科学卷（第五卷），《城市科学——一种技术科学的集合》，第50页。

⑤ 见城市规划与管理卷（第三卷），《学习〈资本论〉的地租理论，推进我国城市用地有偿使用制度改革》，第325页。

⑥ 见城市交通卷（第六卷），《为我国21世纪的城市交通发展作好准备——在城市交通规划学术委员会10周年学术讨论会上的发言》，第6页。

市化的进程要保障人类身心健康的永续发展》①和《我国城市规划工作的成就、问题和对策》②两篇文章。1991年，他撰写了《展望21世纪的未来城市》③一文，并作了题为"立足现实，面向未来，针对问题，奋力赶超"④的演讲。1993年，他与吴良镛先生、林志群先生合作撰写《我国建设事业的今天和明天》⑤，共同提出"人居环境学"这一新的概念，推动了该学科理论建设。他发挥兼任社会团体领导人的独有优势，积极组织学术研究。他参与创立中国城市规划学会，利用该学会平台，结合社会主义市场经济体制的建立，适时组织开展土地有偿使用、房地产业等领域的基础研究，以及大城市交通、城市设计、旧城改造（城市更新）、地下空间等领域的前瞻性研究，为城市规划理论和实施改革奠定基础；他利用中国城市科学研究会平台，积极探寻中国城市发展的科学规律，围绕中国城市化发展中的热点、重点、难点问题，开展了西部地区城市发展、城市建设投融资体制改革、城市化可持续发展、城乡统筹和区域协调发展、小城镇建设等有关城市经济、社会、文化、环境等多视角的学术研究活动。这些研究都反映了周干峙先生的学术思想。

周干峙先生是中国为数不多的对学术与城市建设事业的关系有辩证认识的人，这也是他的学术成就与行政领导能力融合的根本源泉。2011年，他提出，"从我们几十年的从业经历来看，我们事业要

---

① 见城镇化卷（第一卷），《城市化的进程要保障人类身心健康的永续发展》，第14页。

② 见城市规划理念卷（第二卷），《我国城市规划工作的成就、问题和对策》，第107页。

③ 见城市规划理念卷（第二卷），《展望21世纪的未来城市》，第122页。

④ 见城市规划理念卷（第二卷），《立足现实，面向未来，针对问题，奋力赶超——在全国城市规划工作会议上的总结发言》，第125页。

⑤ 见城乡建设卷（第四卷），《我国建设事业的今天和明天》，第2页。

推进，有两条是最基本的：首先是要有学术思想，做到学术领先，没有学术思想，实际工作就没纲领了，学术思想必须要领先。其次是事业的发展，事业的发展反过来验证了学术思想和进一步发展实际工作"；"事业也非常重要，事业发展中的问题也影响学术"①。

他是人居环境科学概念提出和推动完善的重要成员

吴良镛先生的人居环境科学思想，深深影响着周干峙先生的学术思想。吴良镛、周干峙、林志群三位先生在1982年共同发表《住房·环境·城乡建设》②后，1982年到1993年间又共同研究，在1993年合作撰写了《我国建设事业的今天和明天》③，并在成果中提出"人居环境学"概念。之后不久，周干峙先生作了题为"发展人居环境科学的历史使命"④的演讲，旨在推动人居环境学科建设。他提出人居环境建设自古以来就是人类为改善其自身的环境条件而不断开拓奋斗的事业，同时人类对自然环境的破坏力也是难以想象的，此外，"要改变单一的学科体系，要有一个能覆盖建设领域各有关方面的学术思想，能综合各现有学科的科学认识，能融贯各业的整体观念"，"建立一个更高层次的学科"，强调"这就是发展人居环境科学的重大历史使命"⑤，并且明确提出"至少原来的建

① 见人居环境科学与城市科学卷（第五卷），《开阔思想，切合实际，大力培养复合型人才——在"城乡规划学"学科建设学术研讨会上的发言》，第138、139页。
② 见城乡建设卷（第四卷），《住房·环境·城乡建设》，第56页。
③ 见城乡建设卷（第四卷），《我国建设事业的今天和明天》，第2页。
④ 见人居环境科学与城市科学卷（第五卷），《发展人居环境科学的历史使命——在清华大学人居环境研究中心成立大会上的发言》，第2页。
⑤ 见人居环境科学与城市科学卷（第五卷），《发展人居环境科学的历史使命——在清华大学人居环境研究中心成立大会上的发言》，第3页。

点。吴良镛先生是周干峙先生的启蒙老师，两位先生"在工作上、学习上联系从来没有间断过"②。吴良镛先生在其所著的《人居环境科学导论》中，将自己撰写的《"人居环境科学丛书"缘起》列入书首的同时，请周干峙先生撰写了序言③，可以体会到他作为学生在老师学术思想的启示下，对人居环境学科建设的理解和贡献。

2009年，吴良镛先生选集《中国城乡发展模式转型的思考》出版，吴良镛先生撰写自序并再次请周干峙先生作序言④。他在序言中写道，"记得在《我国建设事业的今天和明天》（1994年）发表以后，他就提出要我们师徒三人每十年再续写一次。从此我们也确实一直在思考、探讨'人居环境科学'的发展问题"；"我完全相信，吴先生这一人居环境科学的思想，会随着政治、经济、社会的发展而不断发展"。吴良镛先生创建"人居环境科学"，并于2012年获得国家最高科学技术奖。周干峙先生在《人居环境科学面临的新机遇——在吴良镛先生获得国家最高科学技术奖座谈会上的发言》⑤中提出，"人居环境科学的发展是和我国建设事业相互依托、相辅相成的"；"人居环境科学正面临一个进一步提高的新的历史时期"；"面临一个春天"，抓住新的机遇，"侪当互勉、共同努力，争取在新的春天作出新的贡献"。这是对我们的启示和期望。

① 见人居环境科学与城市科学卷（第五卷），《人居环境的由来、实际需要及面临的问题——在人居环境规划建设理论与实践研讨会上的发言》，第34页。
② 见人居环境科学与城市科学卷（第五卷），《我所理解的吴良镛先生和人居环境科学》，第4页。
③ 见人居环境科学与城市科学卷（第五卷），《〈人居环境科学导论〉序》，第37页。
④ 见城乡建设卷（第四卷），《〈中国城乡发展模式转型的思考〉序》，第247页。
⑤ 见人居环境科学与城市科学卷（第五卷），《人居环境科学面临的新机遇——在吴良镛先生获得国家最高科学技术奖座谈会上的发言》，第29页。

　　20世纪70年代，钱学森先生运用系统论思想，提出建设以城市学牵头的城市科学体系；20世纪90年代初，吴良镛先生在中国科学院的一次报告中提出"人居环境"，他认为两者在不同层次体现了科学思想的规律，体现了科学哲学的规律。周干峙先生深入分析了各自的规律性，明确提出"学科的、科学的哲学在不同学科间是相通的，各学科是互相促进、互为参照、互为依存，而本身也是形成大系统的"。"系统学的方法论，使复杂问题的解决由定性到定量，由粗略到比较准确。其有可能使城市规划、城市设计和城市管理更加科学合理，对提高效益、节约资金、优化生活，具有不可估量的巨大作用。""特别是在当今，我们必须总结历史经验，改变发展方式，采用系统思想，综合集成，协同发展，是必由之路。而且，这些发展对于社会经济水平的不断提高，必将发挥越来越大的难以估量的作用。所以我们认为，钱学森先生的思想光辉在人居环境领域中的作用是历史性和原创性的。他的科学思想一定会发扬光大，结出丰硕的果实。"[①]他在《人居环境科学和系统论思想——研究解决我国城市发展问题的要素》[②]一文里提出两门学科都是研究解决我国城市发展问题的要素，并在2010年6月的香山科学会议上作了题为"系统论思想和人居环境科学是解决我国城乡发展问题的金钥匙"[③]的演讲，强调要运用系统论思想和人居环境科学来研究和解决城市这一特殊复杂巨系统中的各种问题。这项研究成果是具有创

①　见人居环境科学与城市科学卷（第五卷），《系统论思想和人居环境科学是解决我国城乡发展问题的金钥匙——在香山科学会议第378次学术讨论会上的发言》，第15、22页。

②　见人居环境科学与城市科学卷（第五卷），《人居环境科学和系统论思想——研究解决我国城市发展问题的要素》，第12页。

③　见人居环境科学与城市科学卷（第五卷），《系统论思想和人居环境科学是解决我国城乡发展问题的金钥匙——在香山科学会议第378次学术讨论会上的发言》，第15页。

新性的，推动了"城市科学"和"人居环境科学"两门学科的互相促进、共同发展。

学习周干峙先生守正创新、继往开来的精神，具有非常重要的现实意义。当今，中国正在建设中国式现代化，不断推进城市现代化是中国式现代化的重要组成部分，"我国发展人居环境科学正逢历史的机遇，具有迫切的现实需求"，"首先把学科思想完善起来，为下一个50年人居环境的发展作好准备，作出贡献"[①]。在推动人居环境科学发展的过程中，周干峙先生为我们树立了榜样，而进一步发展人居环境科学也是我们的心愿。

他是探索中国城市化道路、享有声誉的著名学者

周干峙先生十分关注具有中国特色的城市化道路的探索。人们特别是学界多数人认为他是城市规划领域的专家。2011年4月出版的周干峙先生生前唯一的专著，是由他亲自选择已经发表的论述城市化的十余篇文章，并亲笔题写书名的《论城市化》，书中文章大多已经收录在《文集》中。学习这部专著，可以体会到他探索中国城市化道路理论的良苦用心，其理论集中反映在《走自己的城市化之路》[②]和《探索中国特色的城市化之路》[③]两篇文章中。

城市化这个概念是1980年经中国著名经济地理学家胡序威先生等人介绍进入规划学界的，彼时周干峙先生主要从事课题研究和宏观政策研究。1985年出版的《中国技术政策：城乡建设》中《2000

① 见人居环境科学与城市科学卷（第五卷），《〈人居环境科学导论〉序》，第39、40页。
② 见城镇化卷（第一卷），《走自己的城市化之路》，第112页。
③ 见城镇化卷（第一卷），《探索中国特色的城市化之路》，第114页。

年我国城市化水平的预测》《我国城镇布局的发展目标》《建立区域城镇体系，发挥中心城市的作用》《城市设施、城市发展目标和国民经济发展的关系》《综合开发问题》几篇背景材料构成了周干峙先生对于城市化问题的基本思路。在大量调查研究的基础上，他于1988年明确提出"指导思想上，我们特别强调经济效益、社会效益和环境效益的统一"①，展开了城市化和可持续发展的战略思考，提出"城市化和可持续发展是密切相关的重大战略决策问题。在社会经济和科学技术发展变化极其迅速的今天，我们不能'安坐待变'，而必须'未雨绸缪'，及时采取对策"②。他认为"要区分城市化和城市化水平两个概念"，强调"城市化水平包括：城市人口占总人口的比重、城市设施水平和村镇设施的水平，以及城镇布局结构的状况等"③。他在《论城市化》的前言中提出孤立地就城市化论城市化是不切合实际的，因此专题论述了《城市化和历史文化名城》④《城市化和房地产业——在首届中国城市理性增长与土地政策国际学术研讨会上的发言》⑤《要规划好农民的城市化》⑥。他反复强调研究城市化问题必须从区域上考虑，2002年提出大都市地区城市化结构新形态⑦，指出要解决好中小城市发展问题⑧。更难能可贵的

① 见城镇化卷（第一卷），《迎接城市化发展向环境提出的挑战》，第8页。
② 见城镇化卷（第一卷），《城市化和可持续发展——在建设部中国城市化和城市发展战略座谈会上的发言》，第29页。
③ 见城镇化卷（第一卷），《探索中国特色的城市化之路》，第114页。
④ 见建筑·园林·历史文化保护卷（第八卷），《城市化和历史文化名城》，第203页。
⑤ 见住宅与房地产卷（第七卷），《城市化和房地产业——在首届中国城市理性增长与土地政策国际学术研讨会上的发言》，第378页。
⑥ 见城镇化卷（第一卷），《要规划好农民的城市化》，第89页。
⑦ 见城镇化卷（第一卷），《高密集连绵网络状大都市地区——珠江三角洲地区城市化结构的新形态》，第188页。
⑧ 见城镇化卷（第一卷），《中小城市要较快地、健康地发展——在全国中小城市发展研讨会暨中国城市科学研究会（中）小城市分会第十四次年会上的发言》，第241页。

是他公开批评"盲目鼓吹快速城市化是念歪了'经'"①，指出大拆大建的危害是"巨大的浪费"，"不符合社会要求"，"对过去文化的破坏"，"从环境的角度看，大量把低密度的建筑改造成高密度建筑不符合环境需要"②。直到2013年，他在辞世前仍在呼吁"好好研究下一步如何科学合理地城镇化、积极稳妥地城镇化、有中国特色地城镇化、具体怎么城镇化"③。

他是新中国城乡规划事业的开创者之一

学习建筑学、从事城市规划是时代赋予周干峙先生的机遇，而潜心研究、提出对城市规划的理性认识和观点，并形成中国城乡规划理论体系架构，则是他个人深思和努力的结果。周干峙先生有着明确的目标和信念，他心怀大局，有思想、有抱负，追求真理，注重调研现实问题、放眼世界思考中国的未来，坚持走中国特色的城市发展道路，成为贯穿他一生的城市规划工作和理论学术研究的主线。

1. 当代中国城市规划设计理论的拓荒者

我国于20世纪20年代引入了西方现代城市规划方法，在一些城市开展了现代城市规划，但未能普遍展开，现代城市规划的事业、制度、体系、理论和方法基本属于空白。新中国成立后，为配合工业化发展和大规模经济建设，启动并普遍开展了城市规划工作，开始进行中国特色现代城市规划的探索。周干峙先生积极投身新中

① 见城镇化卷（第一卷），《"城市化"和"城市病"——接受〈21世纪经济报道〉采访》，第142页。
② 见城乡建设卷（第四卷），《重提"百年大计"，反对"大拆大建"》，第240、241页。
③ 见城镇化卷（第一卷），《如何正确地理解城市化》，第133页。

国城市规划实践，他在全面参与、组织和领导城市规划建设的实践中，形成了全面、深入、综合、辩证、灵活地认识问题的思想方法，产生了诸多统筹和合理处理城市与区域、城镇与乡村、当前与长远、个别与一般等关系的案例和思想，为当代中国城市规划事业锐意开拓、努力探索、辛勤耕耘。

他适应社会主义建设、改革和发展的需要，努力探索不同历史时期、发展阶段和体制条件下的城市规划理论和方法。他1952年于清华大学毕业，1953年2月调入建筑工程部城市建设总局规划处，参加苏联援建的156项工程的工厂选址和城市规划工作，以及改革开放后的城市规划改革和发展研究工作。"一五"时期，他学习苏联的经验，配合国家156个重点项目，主持完成了完全符合计划经济的西安市城市总体规划①，"西安是在计划经济条件下，首先完成的城市规划设计。它和兰州规划都因工作深入、规划设计周全，成为其他城市参考的样板"②。改革开放初期，他在顺应国家经济体制从计划经济转向市场经济的过程中，极大创新了中国城市规划的理论与方法，以主持深圳特区总体规划③为代表，总结提出了"滚动、灵活、深细、诱导"的规划思想，以适应特区的超高速发展与不确定性，为探索市场经济条件下的城市发展和规划方法积累了宝贵的经验，对此后的城市规划工作产生了深远影响。

----

① 见城市规划与管理卷（第三卷），《西安市城市总体规划设计说明书》《西安首轮城市总体规划回忆》《关于西安规划、深圳规划及蓝皮书的回顾》等，第29、73、90等页；见人居环境科学与城市科学卷（第五卷），《为了城市的春天：亲历新中国城市规划与建设》，第205页。

② 见城市规划与管理卷（第三卷），《关于西安规划、深圳规划及蓝皮书的回顾》，第91页。

③ 见城市规划与管理卷（第三卷），《关于西安规划、深圳规划及蓝皮书的回顾》《在努力攀登先进水平的城市规划道路上前进——深圳特区城市规划十年回顾》《深圳规划的历史经验》《口述深圳城市规划设计历程》等，第90、95、144、150等页。

他运用系统思维和方法，主持了唐山市震后重建规划[①]及天津市震后恢复重建规划[②]，并指导了汶川震后重建规划。他指出"震后重建是一个特殊的开放的复杂的巨系统"[③]，并提出从区域层面开展地震灾害防御、城市选址与空间布局的规划方法，在我国抗震防灾规划的理论和技术方法方面作出了重要的贡献。

他针对中国市场化进程中城市化快速发展的特点，创造性地提出了应对发展不平衡现象、综合协调各方面因素和矛盾、治理"城市病"的思想和方法，提出"城市化由量的发展越来越走向质的变化"[④]，"只有走科学的城市化道路，才能根治我国现在大多数城市所面临的'城市病'，并最终为解决贫困创造良机"[⑤]。

他坚持从区域角度认识和考察城市发展，着力推进城市和区域协调发展，参与和指导了《珠江三角洲城镇群协调发展规划》等城市群规划和区域规划，丰富和深化了区域规划理论。2003年，他在建设部和广东省委、省政府联合编制的《珠江三角洲城镇群协调发展规划》中担任技术顾问，具体指导探索适应国家发展新阶段以城市群为主要形态的城镇体系规划，带动了之后建设部与多方合作完

---

① 见城市生态与抗震防灾卷（第九卷），《重建唐山规划简报》《唐山重建规划的总结报告》《研究新唐山规划，协同抓好城市建设——在唐山规划汇报会议上的发言》《震后重建是一个特殊的开放的复杂的巨系统》，第202、205、212、265页。

② 见城市生态与抗震防灾卷（第九卷），《天津震后恢复重建规划的十个问题》《天津震后恢复重建工作存在问题的调查报告》《天津震灾恢复重建三年规划问题》《天津1981—1983年震灾恢复重建及配套工程建设规划》《1981年天津震后恢复重建规划的七个问题》等，第216、225、232、237、251等页。

③ 见城市生态与抗震防灾卷（第九卷），《震后重建是一个特殊的开放的复杂的巨系统》，第265页。

④ 见城镇化卷（第一卷），《工业化时代和后工业化时代的城市化问题》，第18页。

⑤ 见城市生态与抗震防灾卷（第九卷），《城市生态环境建设概述》，第73页。

成的一系列跨行政区域的规划①。

周干峙先生的一生，是探索中国特色城市发展和城市规划的一生。他说，"我们的城市规划，从一开始就跟中国发展的大方向，跟中国的大局、全局，是分不开的"，"我们的城市规划，从一开始就在努力探索怎么适应中国社会发展，怎么走一条有中国自己特色的城市发展道路"②。他始终强调，"求真情况、讲真道理、做真规划"③；"正确的历史经验，必须要有长期的反复的实践才能取得"；"要做好一件事情，特别是没有做过的比较复杂的事情，必定要有一个总结经验的过程"④。

2. 当代中国城市规划理论体系建设的核心人物

周干峙先生把马克思主义基本理论、其他相关理论与城市规划实践相结合，为奠定中国特色城市规划的理论基础作出了重要贡献。

自20世纪50年代以来，周干峙先生从实践活动中思考国情和问题，以马克思辩证唯物主义和历史唯物主义观点来分析问题，他对城市规划的基本认识是"我们要在实践中探索城市规划的新观念、新方法。经济体制改革的深入、商品经济的发展，必然要反映到城市规划上来"⑤。他预见性地指出"根据我国国民经济和社会发展

---

① 2003年以后，建设部与多方合作完成的一系列跨行政区域的规划包括京津冀地区、长江三角洲地区、成渝地区、海峡西岸城镇群等的规划。

② 见人居环境科学与城市科学卷（第五卷），《为了城市的春天：亲历新中国城市规划与建设》，第209页。

③ "求真情况、讲真道理、做真规划"为周干峙先生于2006年中国城市规划学会迎新春团拜会上的题词。

④ 见城市规划理念卷（第二卷），《走我国自己的城乡现代化发展道路——学习〈万里文选〉的体会》，第177、178页。

⑤ 见城市规划理念卷（第二卷），《城市规划工作要转变观念，转变职能，全面适应经济体制改革要求——1989年新年贺词》，第103页。

战略目标的要求，城市规划工作的任务还是很繁重的"①。尤其是在1990年前后及世纪之交，他潜心总结提炼，形成了独有的观点。《走我国自己的城乡现代化发展道路——学习〈万里文选〉的体会》②一文充分反映出他的工作作风和思想脉络；他对从事城市规划工作的深思，则清晰地反映在《城市化的进程要保障人类身心健康的永续发展》③等文章里。

在1989年发表的《城市化的进程要保障人类身心健康的永续发展》④一文中，他提出当代中国城市规划理论的基本特点是从国家发展的全局出发，从快速城市化发展的阶段性特征出发思考城市问题。他明确提出"在城市的建设中注意保护自然环境和历史环境"，即"在建设高度的物质文明的同时，还要建设高度的精神文明"，强调"要保护城市的历史文化遗产，尊重传统的社区关系，体现历史的延续，使城市满足现代生产和生活的多种需求，还必须要有良好的生态，保持自人类诞生以来与大自然的密切联系，人类健康的精神和健全的体魄都有赖于与适于与生存相关联的自然环境"；鲜明指出"城市的现代化建设一定要高度重视事关人类身心健康的环境问题"；强调"我们的政策是既要使城市现代化，又要保护生态环境，保护自然景观，继承并发挥历史文化传统和民族地方特色"。他特别指出要保护好城市文化，因为"城市的民族文化特色是城市最生动的体现"，在保护物质文化遗产的同时，也要保

---

① 见城市规划理念卷（第二卷），《城市规划工作要转变观念，转变职能，全面适应经济体制改革要求——1989年新年贺词》，第103页。

② 见城市规划理念卷（第二卷），《走我国自己的城乡现代化发展道路——学习〈万里文选〉的体会》，第177页。

③ 见城镇化卷（第一卷），《城市化的进程要保障人类身心健康的永续发展》，第14页。

④ 见城镇化卷（第一卷），《城市化的进程要保障人类身心健康的永续发展》，第14页。

护好非物质文化遗产。

他强调"城市规划在保障城市良好环境中的作用"①，指出：① 编制城市规划的目的是"合理利用城市土地、协助城市空间布局和各项进度，合理制定和实施城市规划是保护和改善城市生态环境的若干途径"②；② 编制城市规划的指导思想是"城市化的速度要和生产力的发展相适应"，以及"促进城镇的合理布局"，"包括城市的分布、大中小城市的比例、城市自身形态和城市环境等"③；③ 编制城市规划的方法，"从我们现在编制城市规划手段来说，它又要依靠许多工程技术手段"④；④ 强调城市规划工作要依法，执行《城市规划法》的规定，"编制城市规划应当注意保护和改善城市生态环境，防止污染和其他公害，加强城市化建设和市容环境卫生建设，保护历史文化遗产、城市传统风貌、地方特色和自然景观。编制民族自治地方的城市规划，应当注意保持民族传统和地方特色"⑤；⑤ 明确城市规划工作人员的责任，开诚布公地说，"我是从事城市规划工作的建筑师、规划师，服务的对象就是人"⑥，这是对城市规划工作以人为本的高度概括。

他撰写了《我国城市规划工作的成就、问题和对策》⑦，针对问题提出深化规划、完善城市设计、进一步加强城市规划管理、健全

---

① 见城镇化卷（第一卷），《城市化的进程要保障人类身心健康的永续发展》，第17页。

② 见城镇化卷（第一卷），《城市化的进程要保障人类身心健康的永续发展》，第17页。

③ 见城镇化卷（第一卷），《城市化的进程要保障人类身心健康的永续发展》，第15、14页。

④ 见城市规划理念卷（第二卷），《城市规划与城市质量——在第十七届市长研究班上的发言》，第147页。

⑤ 见城镇化卷（第一卷），《城市化的进程要保障人类身心健康的永续发展》，第17页。

⑥ 见城镇化卷（第一卷），《城市化的进程要保障人类身心健康的永续发展》，第14页。

⑦ 见城市规划理念卷（第二卷），《我国城市规划工作的成就、问题和对策》，第107页。

城市规划法规体系、更新规划方法和手段、大力加强城市规划人员的培训和机构的设置六个方面的对策。可以说，周干峙先生在20世纪80年代末期较完整地构画了城市规划理论和理论体系，以及实施机制的架构，并且体现在1990年实施的《中华人民共和国城市规划法》中。

周干峙先生思想开放、坚持改革，读者在学习《文集》的过程中能够体会到他活跃的思想和不断进取的精神。他早在1983年就提出城市规划的改革，包括规划设计工作的改革和规划理论的改革，"两个方面都是规划工作本身的问题，主要是要解决好科学化和法治化的问题"①。2004年，他敏锐地观察到"当前，世界性城市化发展的大趋势是城市要走向区域"，提出"统筹城市和区域，整合城市和乡村，是城市规划的一大趋势"②。这一认识推动了跨行政区域的城镇体系规划的组织编制工作，并推进了修订《中华人民共和国城市规划法》和制订《中华人民共和国城乡规划法》的进程。

3．中国城乡规划学学科建设的重要引领者之一

对于培养新一代城乡规划工作者而言，城乡规划学科以知识运用为导向，学科建设就显得格外重要。

周干峙先生从多个方面认识城乡规划。在对城市规划学科定位方面，他认为"城市规划是一门科学，是综合协调安排好城市内各项建设的总蓝图。城市规划的目标是以人为中心，创建一个宜人的可以持续健康发展的环境"③。在城市规划的学科属性方面，他认为

---

① 见城市规划理念卷（第二卷），《改革与规划》，第23页。

② 见城市规划理念卷（第二卷），《统筹城市和区域，整合城市和乡村，是城市规划的一大趋势——在中国城市规划设计研究院建院50周年学术报告会上的发言》，第234页。

③ 见城市规划理念卷（第二卷），《城市规划与城市质量——在第十七届市长研究班上的发言》，第147页。

"城市规划从它的目标来看，规划本质上是社会问题，从学科讲属于社会科学"；"但是城市规划还有它的特点，从我们现在编制城市规划手段来说，它又要依靠许多工程技术手段"；"我们主要依靠工程技术，这又属于自然科学，所以我们说城市规划是基于社会科学和自然科学的综合性学科"①。

城市规划学原归属于建筑学的二级学科，后经过多年的探索和发展，城市规划学于2011年升级为一级学科。"中国城乡规划学科的发展始终与城乡规划的实践工作紧密结合，学科的发展为实践工作提供理论和学术支持，实践活动的开展为学科发展提供了持久的动力，由此形成了良好的互动关系，这是中国城乡规划学科形成、发展至今的重要特征。"②城乡规划学科一定是围绕完善核心知识体系结构、引导更加符合科学规律而发展的，从这个意义来讲，周干峙先生的实践经验和理论体系架构使其成为城乡规划学科建设的重要引领者之一。

他是敢于为国家发展建言献策的擘画者、呼吁者

20世纪90年代，面对全国各地特别是历史文化名城的"加速改造"，周干峙先生"深怀忧虑、寝食难安"，多次直书中央领导和地方政府。为保护北京古城，他在《对北京等城市旧市区改造方针刍议》《在急速发展中更要审慎地保护北京历史文化名城》中呼吁要"顺应历史文化名城保护与发展的客观规律，对北京旧城要进行积极的、慎重的保护与改善"。中央领导听取了这些意见和建议

① 见城市规划理念卷（第二卷），《城市规划与城市质量——在第十七届市长研究班上的发言》，第147页。

② 引自《中国城乡规划学学科史》，中国科学技术出版社，2018年，第24页。

后，作出了重要批示，这对北京古城的保护产生了积极的影响。针对杭州、南京等城市的历史文化保护问题，他也多次撰文，提出历史遗迹保护中存在的危机，呼吁加强保护工作。

面对一些城市在规划和建设过程中行政干预、贪大求洋、新奇古怪、大拆大建的现象，周干峙先生不断以"反对者"的身影出现，对于国内一批样式奇特、颇富争议的建筑方案，周干峙先生上书陈述弊端、直抒胸臆，即使不受欢迎，也敢于说"不"。面对城市规划不科学的问题，他言辞坦率、直击弊端，指出城市规划不够科学的问题在我国很多城市都存在。越是市中心，人车越拥挤，绿化面积越少，空气就越差。为经济利益所驱动，绿化土地频繁被地产所侵占，其后果没有多少人真正重视。面对城市建设中的浪费现象，他直言"最大的浪费是决策失误造成的"[1]。对违反国家和人民利益、违背科学规律的事情，他始终敢于直言，真正践行了知识分子的社会良心和社会责任。

周干峙先生的一生，伴随着当代中国城乡建设事业波澜壮阔、跌宕起伏的发展历程，经历了从"站起来"到"富起来"的历史阶段，经历了从社会主义计划经济到社会主义市场经济体制的变革，为我国城乡建设事业作出了巨大的贡献。作为我国为数不多的身兼高级专家与高层行政领导的人物，他学术有成就、行政有能力。其卓越的学术成就和行政贡献，都集中体现在这套《文集》中，今天重读这些文章，大家一定会感佩于他深刻的思想、超前的眼光及家国的情怀。

"求实的人生历程、求是的人生追求、求真的人生品格"是周干峙先生人生与品德的写照。他的身上既有严谨治学、勇于创新的

---

[1] 见城乡建设卷（第四卷），《城市建设与社会责任》，第236页。

科学家精神，又有胸怀祖国、服务人民的领导干部品格；他既是创新发展的学术引领者，又是奋发有为的实干家。他始终坚持理论与实践、学术与事业、技术与行政多线交融互动，以其高度的理论研究水平和务实的行政决策能力，在我国城乡建设历史上留下了浓墨重彩的一笔，值得后人思考与铭记。

周干峙先生学识广博、品格高尚、影响深远，其精神与贡献远非短短万字所能概全。谨以此文对周干峙先生一生功绩作一梳理，供广大读者参考，是为序。

2025年2月18日

导读[①]

《周干峙文集》（以下简称《文集》）对后人研究新中国成立以来，我国城镇化和城市规划建设管理发展历程及其经验启示具有重要价值。《文集》按照中国城市化过程中涉及的主要方面编排，凝结周干峙先生学术思想的文章在《文集》的不同卷中都有呈现。考虑到同仁们希望系统了解周干峙先生的学术思想，我们在认真梳理并尊重《文集》原文的基础上形成周干峙先生学术思想导读，抛砖引玉，供研究者们参考。

一、周干峙先生的学术思想根基

20世纪50年代初到70年代末，是周干峙先生在社会实践中积累知识的重要时期。西安规划、"九六之争"[②]，青年时期的周干峙先生就在思考中国自己的城市发展道路是怎样的。随着改革开放，我国经济社会转型进入快速推进阶段，周干峙先生又在思考将要到来的城市化进程中的城市问题。

20世纪70年代末到80年代初，钱学森先生提出"系统科学"，即从"部分和整体、局部和全局，以及其层次关系和相互作用的角

---

① 本文执笔人：汪光焘、王凯、郑德高、张菁、所萌、师洁、徐美静、张宇、周旭影、顾晨洁。感谢赵中枢、马林、贾建中对本文的贡献，以及在形成本文过程中参与讨论的各位专家。

② "九六之争"是新中国成立初期关于人均居住面积的讨论，详见人居环境科学与城市科学卷（第五卷），《发展城市的文明，建设文明的城市——谈谈我国城市规划的优秀传统》，第169页。

度"①来研究城市问题，形成以城市学牵头的城市科学体系。周干峙先生学习钱学森先生思想，提出"城市科学问题是在城市的发展和实践中提出来的"②，但"对于现代城市还有许多根本性的认识问题没有解决"③，进而指出"当前，我国城市发展中的问题很多，但最主要的集中在两个方面：一是如何探索中国城市化的道路，二是建立健全城市发展的支持系统"。④

1982年，周干峙先生与吴良镛先生、林志群先生共同撰写了《住房·环境·城乡建设》⑤一文，这是问题导向的前沿性研究成果。1982—1984年，周干峙先生参与编订《中国技术政策：城乡建设》（国家科委蓝皮书第6号），主持编写"城市建设技术政策和村镇建设技术政策要点"⑥。1993年，周干峙先生与吴良镛先生、林志群先生又合作撰写了《我国建设事业的今天和明天》⑦，正是这项研究提出了"人居环境学"的概念、基本内涵和展望。周干峙先生善于捕捉经济社会发展的前沿性问题并提出对策，认为"城市科学"和"人居环境科学"这两个学科都是从整体上研究城市发展规律的

---

① 见人居环境科学与城市科学卷（第五卷），《系统论思想和人居环境科学是解决我国城乡发展问题的金钥匙——在香山科学会议第378次学术讨论会上的发言》，第16页。

② 见人居环境科学与城市科学卷（第五卷），《城市科学研究要紧密联系实际，解决城市发展的根本性问题——在重庆城市科学研究会成立大会上的发言》，第42页。

③ 见人居环境科学与城市科学卷（第五卷），《城市科学研究要紧密联系实际，解决城市发展的根本性问题——在重庆城市科学研究会成立大会上的发言》，第43页。

④ 见人居环境科学与城市科学卷（第五卷），《城市科学——一种技术科学的集合》，第50页。

⑤ 见城乡建设卷（第四卷），《住房·环境·城乡建设》，第56页。

⑥ 附："城市建设技术政策要点说明"，广义的城市建设，包含城市规划、建设和管理。制定科学的城市建设技术政策，对于指导城市规划、建设和管理，充分发挥城市的经济效益、社会效益和环境效益，具有重大的深远的意义。见城乡建设卷（第四卷），《城市建设技术政策要点（报批稿）》，第131页。

⑦ 见城乡建设卷（第四卷），《我国建设事业的今天和明天》，第2页。

科学体系①。有关这两个学科的内在关系，集中反映在周干峙先生2010年前后撰写的《人居环境科学和系统论思想——研究解决我国城市发展问题的要素》②《系统论思想和人居环境科学是解决我国城乡发展问题的金钥匙——在香山科学会议第378次学术讨论会上的发言》③等文章中，从而形成了周干峙先生的学术思想根基，即运用多学科思维、系统论方法思考中国城市化道路的城市发展问题。

周干峙先生深刻理解并且运用钱学森先生系统论的观点来观察和思考问题。20世纪80年代中期，他在不同场合论述过用系统科学思维研究城市问题。"他（钱学森）讲到，我们完全可以建立起一个科学的体系，去解决社会主义建设的种种问题；他还讲到，我们就是要把马克思主义的认识论跟现代系统工程的方法论结合起来。这是我们国家科学发展中了不起的事情。他已经有一个囊括各行各业带有普遍性的重大问题的解决办法"④，"为探讨解决过去积累的问题及今后面临的新问题，这也要求我们更为迫切地去认识城市、了解城市、研究城市存在的问题，作为科学来看待城市、发展城市"⑤。

周干峙先生在2010—2012年指出："'系统论'思想是钱学森先生在20世纪70年代（其萌芽思想可能更早些）就提出来的科学思

---

① "建筑科学如何跟人居环境科学结合起来？建筑科学在实践中不断地发展，从传统的建筑学到广义建筑学，现在叫人居环境科学，这是逐渐形成的。"引自人居环境科学与城市科学卷（第五卷），《人居环境科学和系统论思想——研究解决我国城市发展问题的要素》，第13页。

② 见人居环境科学与城市科学卷（第五卷），《人居环境科学和系统论思想——研究解决我国城市发展问题的要素》，第12页。

③ 见人居环境科学与城市科学卷（第五卷），《系统论思想和人居环境科学是解决我国城乡发展问题的金钥匙——在香山科学会议第378次学术讨论会上的发言》，第15页。

④ 见人居环境科学与城市科学卷（第五卷），《人居环境科学和系统论思想——研究解决我国城市发展问题的要素》，第12页。

⑤ 见人居环境科学与城市科学卷（第五卷），《进一步提高对城市在社会经济发展中的地位和作用的认识——在1986年中国城市科学研究会首届年会上的发言》，第49页。

想，'人居环境'是20世纪90年代初吴良镛先生在中国科学院的一次报告中提出来的。两者在不同层次上体现了科学思想的规律，体现了科学哲学的规律。这些规律指导、引领着各学科的发展。"[1]他接着指出："系统思想，这是科学哲学的最高层次"，"人居环境，这是一个印证科学哲学的相当大的行业层次"[2]，"钱学森先生的思想光辉在人居环境领域中的作用是历史性和原创性的"[3]。在分析了城市具有复杂巨系统特点的基础上，周干峙先生指出"我们可以看到系统科学的规律是放之四海而皆准的。学科的、科学的哲学在不同学科间是相通的，各学科是互相促进、互为参照、互为依存，而本身也是形成大系统的"[4]。

对于"城市科学"和"人居环境科学"的关系，周干峙先生认为："城市的问题虽然非常复杂，学科思想还要由人居环境来统筹，只有人居环境才是关系到方方面面的，它的主动性、它的协调能力，别的学科很难具备。"[5]"我觉得我们要树立大目标和大学科的理念，人居环境是非常重要的一个大的思想。只有纲举目张、提纲挈领，不少问题、思路才可以弄清楚；只有认识提高了，弄清楚了，解决问题的办法才会出现。"[6]"所以，我也相信人居环境科学，必然要成为

---

① 见人居环境科学与城市科学卷（第五卷），《系统论思想和人居环境科学是解决我国城乡发展问题的金钥匙——在香山科学会议第378次学术讨论会上的发言》，第15页。

② 见人居环境科学与城市科学卷（第五卷），《系统论思想和人居环境科学是解决我国城乡发展问题的金钥匙——在香山科学会议第378次学术讨论会上的发言》，第15页。

③ 见人居环境科学与城市科学卷（第五卷），《系统论思想和人居环境科学是解决我国城乡发展问题的金钥匙——在香山科学会议第378次学术讨论会上的发言》，第22页。

④ 见人居环境科学与城市科学卷（第五卷），《系统论思想和人居环境科学是解决我国城乡发展问题的金钥匙——在香山科学会议第378次学术讨论会上的发言》，第22页。

⑤ 见人居环境科学与城市科学卷（第五卷），《人居环境科学和系统论思想——研究解决我国城市发展问题的要素》，第14页。

⑥ 见人居环境科学与城市科学卷（第五卷），《走向人居环境科学——建筑科学历史发展的必然》，第28页。

契合国家人民需要的、更为广阔的、更为实际的大思路和大学科。"①
周干峙先生还提出："特别是在当今，我们必须总结历史经验，改变
发展方式，采用系统思想，综合集成，协同发展，是必由之路。"②

　　我们之所以详细介绍周干峙先生学术思想的核心内容，是因为
我们认为：要理解周干峙先生对系统科学的认识，就要读人居环境
科学与城市科学卷（第五卷）的城市科学部分以及有关文章；要理
解人居环境科学的提出和发展，就要读城乡建设卷（第四卷）《住
房·环境·城乡建设》③和《我国建设事业的今天和明天》④以及有关
文章；要理解周干峙先生用多学科思维、系统论方法思考城市化和
城市问题，就要读人居环境科学与城市科学卷（第五卷）的人居环
境科学部分以及有关文章。这样才能更好地领悟周干峙先生学术思
想形成的脉络与根基。

二、周干峙先生的城市规划学术思想

　　周干峙先生的一生经历了我国从"站起来"至"富起来"的历
史阶段，研究和理解周干峙先生关于城市规划的学术思想，必然要
结合他丰富的阅历来阅读《文集》。20世纪80年代是周干峙先生学术
思想的萌芽阶段，他提出"规划城市就是规划一个社会，覆盖着各
行各业和所有市民"⑤，"我们要建设我国的现代化城市，就应当总结

---

① 见人居环境科学与城市科学卷（第五卷），《走向人居环境科学——建筑科学历史
　发展的必然》，第28页。
② 见人居环境科学与城市科学卷（第五卷），《系统论思想和人居环境科学是解决我国
　城乡发展问题的金钥匙——在香山科学会议第378次学术讨论会上的发言》，第22页。
③ 见城乡建设卷（第四卷），《住房·环境·城乡建设》，第56页。
④ 见城乡建设卷（第四卷），《我国建设事业的今天和明天》，第2页。
⑤ 见城市规划理念卷（第二卷），《城市规划工作的"四项原则"——在深圳市城市
　规划委员会第一次会议上的发言》，第57页。

这些经验教训，进一步搞好城市规划"[1]，城市规划"是一项综合性、政策性、技术性都较强的工作"[2]，规划工作本身的问题"主要是要解决好科学化和法治化的问题"[3]。1993年，周干峙先生在理解、运用钱学森先生的系统科学的基础上，与吴良镛先生、林志群先生共同提出"人居环境学"，这是其对城市规划学术思想的系统深化。

周干峙先生的学术思想是他本着"我们要在实践中探索城市规划的新观念、新方法"[4]的理念，持续20多年形成的。研究周干峙先生关于城市规划的学术思想，要牢牢紧扣中国城市发展道路、现代化城市、服务于人三个关键词，其学术思想可称为以中国为代表的发展中国家寻求和推进现代化的城市规划思想（见注释1）。

（一）在城市规划理论和实践中要坚持创新性与前瞻性，充分展现多学科思维的应用

周干峙先生认为，"我国的现代城市规划从理论、技术到方法、管理，在继承中国古代城市规划理念的基础上，借鉴了国外的城市规划经验"，"一个具有中国特色的城市规划体系正在我国逐步形成与完善"。[5]他提出"要改变过去重城市、轻区域，重城市、轻乡村，重大城市、轻小城镇的规划思想"[6]，"城乡规划是一个大课题，我们做城乡规划的人，绝不能光看城市，要多去看看农村，

---

① 见城市规划理念卷（第二卷），《什么原因造成规划错位现象？》，第315页。

② 见人居环境科学与城市科学卷（第五卷），《城市规划是一门古老而年轻的学科，是一项艰巨而宏伟的事业——在天津市城市规划学校首届城市规划干部培训班开学时的发言》，第130页。

③ 见城市规划理念卷（第二卷），《改革与规划》，第23页。

④ 见城市规划理念卷（第二卷），《城市规划工作要转变观念，转变职能，全面适应经济体制改革要求——1989年新年贺词》，第103页。

⑤ 见人居环境科学与城市科学卷（第五卷），《城市与城市规划发展概述》，第191页。

⑥ 见城市生态与抗震防灾卷（第九卷），《唐山重建规划的总结报告》，第210页。

城市中有农民搬进去、搬出来，需要弄清楚"①，"城市化不应仅指城市人口的增长和生活水平的提高，还应包括农业和农村生活水平与城市相当"②，城乡要携手、协调发展。

周干峙先生认为"城市是社会经济和文化发展的产物，城市的发展又推动社会经济与文化的发展"③，基于这一认识，他指出"城市规划是国家社会经济的一个集中表现"④，"以促进城市社会经济发展、服务生产生活、保护生态环境为根本目的"⑤，因此"我们规划城市的指导思想应该立足现实、面向未来，建设现代化的，生态的，高效、便捷、安全、舒适的，具有中国特色的，富有物质文明和精神文明的社会主义城市"⑥。他深刻认识到城市是一个动态发展的系统，认为城市的"复杂性的规律，是可以认识的"⑦，因此规划应具备动态调整和持续优化的能力，要求"对发展既要做好规划，也要准备规划的滚动"⑧。

周干峙先生始终强调城市规划应多学科融合交叉与协同，他认为："城市规划本身的特点就是不同于一般自然科学，也不同于社会科学，带有明显的多学科交叉的综合性和复杂性。城市规划工作离不

---

① 见城镇化卷（第一卷），《做好京津冀地区发展规划——在〈京津冀地区城乡空间发展规划研究三期报告〉学术研讨会上的发言》，第217页。

② 见城镇化卷（第一卷），《走自己的城市化之路》，第112页。

③ 见城乡建设卷（第四卷），《城市建设技术政策要点（报批稿）》，第131页。

④ 见城市规划理念卷（第二卷），《创新规划工作思路，提高规划设计思想——试谈走比较灵活、切合实际的规划路子》，第12页。

⑤ 见城市规划与管理卷（第三卷），《贯彻〈城市规划法〉，促进城市综合开发》，第349页。

⑥ 见城市规划理念卷（第二卷），《坚定信心，着眼未来，使我们的城市更好地适应社会经济和文化科技的发展》，第144、145页。

⑦ 见人居环境科学与城市科学卷（第五卷），《城市发展中的复杂性问题和一些复杂的实际问题》，第99页。

⑧ 见人居环境科学与城市科学卷（第五卷），《城市发展与复杂科学——在中国科学院香山科学会议上的发言》，第88页。

开政治，要为政治服务；离不开政策，要政策来引导；规划的实现又离不开经济，要依附于一种经济，为一定的经济利益服务；离不开社会，要依托一定的社会，反映一定的社会要求；当然也离不开文化和科学技术。而且政治、经济、社会、文化、科技诸方面都互有关联、互有矛盾，又有动态特征，有相当一部分问题难以即时解答。"[1]

（二）要始终贯彻以人为中心的思想，注重社会公平与资源均衡分配，把百姓的利益放在首位

周干峙先生常谈到走好中国自己的城市化之路，"要有全民的观点"[2]。他强调规划"为劳动人民服务，注重对人的关怀、对居住环境的改善"[3]。在安排居住区时，他考虑"一是便于和工作地点联系，减少交通量；二是相对集中构成整体，配套的公用事业和福利设施比较经济合理；三是有各种文化福利设施，可利用名胜古迹及自然地形建设公园、绿地和各种文化设施"[4]，使居民能够亲近自然、放松身心，既提升居民的生活便利性，又丰富居民的业余生活。

他还提出"基于人口增长减缓，老龄化的城市建设模式值得关注"[5]，强调"在宏观管理层面，一方面要考虑老龄人口增加，完善公共服务设施配套；另一方面还要通过城市规模的扩展和城市内部改造，提高城市空间承载力，适应城市化的到来。这就要求不断改善城市环境和完善配套，提高宜居性，同时坚持土地的使用效率。在中观层面，考虑人口增速减缓，城市商业需求减弱，而社区福利、

---

① 见城市规划理念卷（第二卷），《研究开拓新一轮甲子的第一春——在2009年中国城市规划年会上的发言》，第280、281页。
② 见城镇化卷（第一卷），《走自己的城市化之路》，第112页。
③ 见城市规划与管理卷（第三卷），《西安首轮城市总体规划回忆》，第79页。
④ 见城市规划与管理卷（第三卷），《西安首轮城市总体规划回忆》，第80页。
⑤ 见人居环境科学与城市科学卷（第五卷），《日本、韩国和我国台湾地区城市再开发的经验——赴韩国参加国际会议交流和考察报告》，第291页。

保育功能增加，保护历史文化任务紧迫的实际。在微观层面，在城市内部很多地区，也必然检讨用开发的方式带动城市改造、增加人口、恶化环境，应将居民组织起来，使改造居住环境成为可能"①。

（三）建设中国特色的城市化，要坚持历史文化保护，重视城市文化

周干峙先生重视历史文化传承与城市发展的平衡。"没有历史感的城市，是没有记忆、没有魅力的城市。"②他认为，"历史城市的保护与发展问题，归根到底是一个城市的文化素质问题和文明水平问题；重要的是传统文化和现代文化不可割裂，物质文明和精神文明不可偏废"③，"一个健康的社会需要有健康的城市化，健康的城市化又必须有相应的健康的生态和文态环境"④，"历史文化是城市发展之'源'，城市化是城市发展之'流'。我国城市应当'源远流长'，这才是健康的持续发展之道"⑤。"越是在现代化发达的国家，历史的东西价值越突出，甚至已作为可持续发展的一项重要内容。"⑥他明确指出："没有文化的城市谈不上是现代化城市。"⑦

周干峙先生提出历史文化名城是文化的结晶，是城市中的精华，要提高保护意识，加强价值宣传和法制保障。他认为"'历史文化名城'的提法是我国独创的"，"历史文化名城有三方面的重要意义：具有重要的文化价值，是历史文化的载体，是国家、民族之

① 见人居环境科学与城市科学卷（第五卷），《日本、韩国和我国台湾地区城市再开发的经验——赴韩国参加国际会议交流和考察报告》，第291页。
② 见建筑·园林·历史文化保护卷（第八卷），《保护和发展传统建筑和园林是现代化建设中不可缺少的组成部分——在中国传统建筑和园林研究会上的发言》，第232页。
③ 见建筑·园林·历史文化保护卷（第八卷），《兼顾城市传统特色保护和现代化发展——在"历史城市的保护与现代化发展"国际学术讨论会上的发言》，第224页。
④ 见建筑·园林·历史文化保护卷（第八卷），《城市化和历史文化名城》，第213页。
⑤ 见建筑·园林·历史文化保护卷（第八卷），《城市化和历史文化名城》，第203页。
⑥ 见城市规划理念卷（第二卷），《做好城市设计，保存城市传统特色》，第196页。
⑦ 见建筑·园林·历史文化保护卷（第八卷），《城市化和历史文化名城》，第208页。

根本；具有科学价值，体现了前人的智慧，给后人以启迪；具有美学价值，包括从形式美到内涵美的价值"。[1] 他强调，要将历史环境也视为重要的保护对象，强调对城市格局、风貌特征及文化生态的全面保护，同时要注重历史文化保护工作的体制机制建设，推动历史文化名城保护走上法治化、规范化之路。周干峙先生一直探索历史文化和文物遗产的保护利用，他特别强调："保护历史文化名城，保护我们民族的优秀文化，显然是国家事业的一个重要组成部分。"[2]

（四）提出"综合协同"发展城市交通的思想，倡导公交优先、加强需求管理

周干峙先生最早提出"综合协同"发展城市交通的思想，是城市交通规划事业重要的先驱者和奠基者。他认为，"要认识中国的交通问题，就必须同时认识中国的城市和城市化问题"[3]。"搞现代化建设，建现代化城市，必须有现代化的城市交通，这是一条非常重要的原则，离开了现代化交通就无法谈及现代化城市"，"这是一个相当复杂的城市问题，不是就交通论交通所能解决的。但要解决城市问题，也离不开交通。"[4] "城市交通是城市规划中最具有科学技术性的部分，一定要尊重科学，讲求科学，科学地解决问题。"[5]

他强调，"为真正把交通问题解决好，就必须发展城市交通这一学科体系，提高交通科学的水平"，"我们应当按科学发展规律，建

---

[1] 见建筑·园林·历史文化保护卷（第八卷），《城市化和历史文化名城》，第208页。

[2] 见建筑·园林·历史文化保护卷（第八卷），《名城保护不可松懈》，第214页。

[3] 见城市交通卷（第六卷），《中国交通问题与城市及城市化问题统筹认识的十个观点》，第77页。

[4] 见城市交通卷（第六卷），《城市规划必须把现代化交通设施建设放在首位——在中美英多国城市交通规划研讨班结业式上的发言》，第2页。

[5] 见城市交通卷（第六卷），《关于加强大城市交通规划建设与管理的建议》，第196页。

立和完善综合的、广义的城市交通工程学，这一学科应具有综合、系统、交叉、集成的特点，既有严密的分支基础，又有广泛的协同、融贯，构成涵盖必要的多方面知识的较大的学科。学科健全了，才有较大的力量，有较高的效益，才能比较全面地解决实际问题"[1]。

他认为，"城市各项规划中最具有科学性的就是交通规划，不仅要作定性分析，还必须作定量分析"[2]。他深入论述了"按照现代城市交通工程学的原理编制城市交通规划"[3]，于20世纪80年代就提出将计算机用于交通数据的处理、辅助设计以及管理调度等方面。他倡导公交优先、需求管理，提出构建融合工程技术、社会政策的综合交通体系是城市交通的发展方向。

（五）倡导生态与城市有机融合，推动城市的可持续发展

在我国城市化迅速发展的重要历史时期，周干峙先生认为"用科学发展观来指导城市总体规划，更要用区域的观念、生态的观念、节约资源有效利用资源的观念，作深入的筹划考虑"[4]。

他认为，"必须重视城市生态环境的改善，我们的城市必须要有健康的生态（包括生态环境和城市生态）才能持续发展下去"[5]，"认识生态问题是人类认识史上划时代的进步，提出要建设生态城市又是城市发展史上的划时代进步"，"生态城市或者符合生态发展规律的城市，肯定是今后城市发展的主要目标，也完全可能逐步

---

① 见城市交通卷（第六卷），《发展城市交通学科，提高交通科学水平——在城市交通规划学术委员会1998年年会暨第16次学术讨论会上的书面发言》，第34页。

② 见城市交通卷（第六卷），《再接再厉，将未来10年的城市交通搞好——在城市交通规划学术委员会第11次年会暨学术讨论会上的发言》，第22页。

③ 见城市规划理念卷（第二卷），《步步深入，提高我国城市规划设计水平——在全国城市规划工作座谈会上的发言》，第68页。

④ 见城市规划与管理卷（第三卷），《西安首轮城市总体规划回忆》，第89页。

⑤ 见城市生态与抗震防灾卷（第九卷），《走向生态文明的人居环境——在纪念刘易斯·芒福德诞辰100周年学术研讨会上的发言》，第116页。

由理想变为现实"①。

（六）倡导运用前沿性新技术，提升规划科学性

周干峙先生积极关注并推动新技术在规划中的应用。"现代城市规划正向两个方向发展"："一是更加富有综合性"；"二是逐步走向精确化。随着计算技术的发展，现在已有可能对城市中许多复杂的因素按数学模式进行比较准确的定量分析；城市规划有可能逐渐由比较粗糙的经验科学发展成为比较精确的技术科学，同时又包括了社会科学的内容。"②在后期的城市规划项目中，他引入地理信息系统（GIS）、遥感（RS）技术等先进技术手段，对城市地形、土地利用、生态环境等进行精准分析。通过GIS对城市交通流量、人口密度等数据进行模拟和预测，为交通规划和公共服务设施布局提供科学依据。

（七）积极应对城市不同发展阶段面临的突出问题，提出有针对性的解决方案

周干峙先生把国家战略、社会民生融入城市规划工作，对不同时期的问题都有针对性的解决方案。

改革开放初期，他提出的弹性规划理念为快速发展时期城市发展的灵活多变提供了保障。他认为，"（城市规划）应根据实际需要和可能，分期分片紧凑实施，做到规划一片、开发一片、收效获益一片"，"城市规划如有充分预见并与现实建设结合得比较恰当，城市的运行就不致捉襟见肘，城市建设不致造成大的浪费"，"既能保持高度灵活性，又使在不同开发建设速度下均具有较好的经济效益和社会、环境效益"③。

---

① 见城市生态与抗震防灾卷（第九卷），《生态城市的几点基本认识》，第135、137页。

② 见城市规划理念卷（第二卷），《要重视城市规划》，第3页。

③ 见城市规划与管理卷（第三卷），《在努力攀登先进水平的城市规划道路上前进——深圳特区城市规划十年回顾》，第104、103、105页。

针对城市老龄化问题，他提出"城市的年龄结构会随着时间推移而变动，有些城市即将出现老龄化现象。""所以，城市人口的表述只用一个常住人口数就不行了，应当建立分层次的人口规模概念，相应地规划城市的各种配套设施和服务设施"[1]。

面对城市未来发展，他提出多元化发展，"如果说以往的城市是以政治、经济作为主要职能的话，未来城市将在教育、管理、休闲等领域发挥更大的作用。在这样一种形势下，城市的发展很难以一种或几种模式加以概括，而是呈现出丰富多彩的、更为个性化的发展势头，人们也将面对更多、更自由的选择"[2]。

针对住房和房地产发展，周干峙先生在中国改革转型初期，从战略高度认识住房发展并提出"为众多家庭创造美好的住宅"[3]思想。他强调从规划、设计、施工、管理以及科技进步方面，带动住宅的环境、功能、质量水平的提高。在住宅建设方面，他重视试点的带动作用，指导地方大到小区规划建设，精到住宅厨房厕所设计，并格外关心亲情住宅和住区。周干峙先生一再强调，小康不小康，关键看住房；住房之小康，关键看两房，厨房与茅房。周干峙先生以马克思地租理论为基础，思考推动中国房地产市场的建立健全。《文集》涉及房地产市场和房地产业的文章很多，按照上面论述的思想脉络，可以系统地认识周干峙先生在行政管理上对这方面工作的决策和指导。

作为新中国城市规划事业的开创者之一，周干峙先生在城市规划领域的建树颇丰，《文集》中相关的文章非常多，我们只有充分

---

[1] 见城市规划理念卷（第二卷），《步步深入，提高我国城市规划设计水平——在全国城市规划工作座谈会上的发言》，第66页。

[2] 见人居环境科学与城市科学卷（第五卷），《城市与城市规划发展概述》，第202、203页。

[3] 见住宅与房地产卷（第七卷），《为众多家庭创造美好的住宅》，第40页。

体会周干峙先生对以中国为代表的发展中国家如何走一条现代化城市发展道路孜孜不倦的探求，才能读懂、读通《文集》：要理解中国特色城市发展道路及他对城市复杂性的思考，要读《走我国自己的城乡现代化发展道路——学习〈万里文选〉的体会》①《城市发展与复杂科学——在中国科学院香山科学会议上的发言》②以及城镇化卷（第一卷）和人居环境科学与城市科学卷（第五卷）的有关文章；要理解他"规划为人民服务"的思想，应读城市规划与管理卷（第三卷），特别是涉及西安、唐山、天津、深圳规划的有关文章，以及住宅与房地产卷（第七卷）《为众多家庭创造美好的住宅》及有关文章；要理解他对城市文化的保护与建设的关切，对城市交通综合协同发展的关注，对城市生态环境改善的关心，要读《城市化和历史文化名城》③《关于加强大城市交通规划建设与管理的建议》④《生态城市的几点基本认识》⑤等，以及城市交通卷（第六卷）、建筑·园林·历史文化保护卷（第八卷）、城市生态与抗震防灾卷（第九卷）的有关文章。只有这样，才能领悟周干峙先生在城市规划领域的学术思想脉络。

三、周干峙先生的城市规划设计理论

周干峙先生也是一位知行合一的学者，他十分注重理论与实践

---

① 见城市规划理念卷（第二卷），《走我国自己的城乡现代化发展道路——学习〈万里文选〉的体会》，第177页。

② 见人居环境科学与城市科学卷（第五卷），《城市发展与复杂科学——在中国科学院香山科学会议上的发言》，第81页。

③ 见建筑·园林·历史文化保护卷（第八卷），《城市化和历史文化名城》，第203页。

④ 见城市交通卷（第六卷），《关于加强大城市交通规划建设与管理的建议》，第194页。

⑤ 见城市生态与抗震防灾卷（第九卷），《生态城市的几点基本认识》，第135页。

的结合，在实践中检验理论，以理论推动实践，在规划实践中形成了他的城市规划设计理论。

1．城市规划设计理论的脉络

周干峙先生的中国当代城市规划设计理论形成经历了"实践—认识—再实践—再认识"的过程。具体来说：由西安规划提出走中国自己的城市规划道路问题；在深圳特区城市规划十年回顾中提出编制城市规划"要有一个高水平的目标要求"①，"深圳规划探索和积累了市场经济条件下城市发展和规划的方法和目标，总结出了'灵活、滚动、深细、综合'等规划思想"②；深圳特区规划十五年时，周干峙先生又进一步思考提出"总结市场经济下城市规划的特点"，"曾概括为'滚动、灵活、深细、诱导'八个字，看来还不足以完全说明问题……理应进一步有所总结，有所发展，再次成为规划建设的排头兵"③。其后，他又指出，根据社会、经济和城市的发展规律，全面考虑国家计划和市场经济的要求，我们的城市规划和建设应更加灵活、滚动、多样；2006年春节，他提出了"求真情况、讲真道理、做真规划"④。这就形成了周干峙先生完整的城市规划设计理论脉络。

2．城市规划设计理论的内涵

周干峙先生通过深入思考城市规划的问题、目标、建设标准等，构建了当代城市规划设计理论。

---

① 见城市规划与管理卷（第三卷），《在努力攀登先进水平的城市规划道路上前进——深圳特区城市规划十年回顾》，第96页。

② 见城市规划与管理卷（第三卷），《关于西安规划、深圳规划及蓝皮书的回顾》，第93页。

③ 见城市规划与管理卷（第三卷），《深圳规划的历史经验》，第149页。

④ 见城市规划理念卷（第二卷），《注册城市规划师的职业道德——在北京地区注册城市规划师首次继续教育培训中的发言》，第271页。

周干峙先生始终坚持问题导向，指出城市规划设计"有一个如何走中国自己道路的问题"[①]。他提出规划设计要有一个高水平的目标要求，"要求规划设计科学合理，必须从实际出发，有长远设想，建立一个先进的现代化城市，努力争取达到世界先进水平"，"城市规划还必须促进经济发展，这一点在发展中国家是至关重要的。因为没有经济发展就谈不上城市发展，没有现代经济，也就没有现代城市"[②]。

他通过实践总结了现代化城市的建设标准，即"环境标准是现代化城市最重要的标准之一"，"现代化城市的另一重要标准是有十分便捷的交通，包括人、物和信息的交通"，"作为现代化的城市，必然要求家居舒适安宁，办事高效，经济繁荣，生活赏心悦目，必须具有现代的基础设施、服务设施、文教设施等"。[③]

3. "滚动、灵活、深细、诱导"的规划设计思想

为探索市场经济体制下的规划技术方法，周干峙先生在总结深圳特区规划的基础上，于1988年提出"灵活、滚动、深细、综合"的规划设计思想，经过几年的思考，修改概括为"滚动、灵活、深细、诱导"八个字，进一步有所总结，有所发展。其中："滚动"，是指"务使规划在出现各种可能而发展变化时，既有紧凑性，又不失其灵活适应能力。在总体规划说明中"，还要"根据实际情况变化，五年左右作一次相应的校核调控的建议"，"使规划具有弹性，能够及时滚动"，"要建立长期跟踪与研究反馈的机制，经常

---

① 见城市规划与管理卷（第三卷），《关于西安规划、深圳规划及蓝皮书的回顾》，第91页。

② 见城市规划与管理卷（第三卷），《在努力攀登先进水平的城市规划道路上前进——深圳特区城市规划十年回顾》，第96、99页。

③ 见城市规划与管理卷（第三卷），《在努力攀登先进水平的城市规划道路上前进——深圳特区城市规划十年回顾》，第98页。

性地调整发展目标与措施，做好滚动规划"①，提高城市规划的时效。"灵活"，是指"适应城市动态发展的需要，使规划的严肃性和灵活性有机地结合起来"②，即要用可持续发展、战略的眼光编制城市规划，为未来预留发展空间。"深细"，是指"要有规划的权威，首先要有权威的规划。规划本身不科学、不全面，要有权威就很难"，"所以第一个就是要深化规划工作"，"我们的城市规划只搭了一个架子，并不深，并不细，而且过去对先进技术重视不够……提高城市规划水平是最重要的一条，下一步工作要做好的关键的关键是规划水平的提高"。③可以讲，"深细"要求城市规划设计更好地应用新技术新方法，使规划成果更有可操作性。"诱导"，是指"历史证明，尊重科学、尊重专家，决策者和规划者互相尊重、平等讨论，才能真正做到科学决策和民主决策"。"行政领导与专业人员紧密结合是解决问题的'金钥匙'"④，可以说，"诱导"是城市规划设计全过程要遵守的重要规则。

作为城市规划师与规划行政管理者，周干峙先生既注重在实践的基础上进行理论的提炼与升华，又注重以理论指导实践，由此形成了他独具特色的"实践—认识—再实践—再认识"的理论形成过程，我们只有充分认识到他从实践到理论以及规划与建设、管理之间的贯通思考，才能体会到他在建构当代中国城市规划设计理论体系方面的贡献：要理解他城市规划理论形成的脉络，就要重点读《为

---

① 见城市规划与管理卷（第三卷），《在努力攀登先进水平的城市规划道路上前进——深圳特区城市规划十年回顾》，第103、131页。
② 见城市规划与管理卷（第三卷），《在努力攀登先进水平的城市规划道路上前进——深圳特区城市规划十年回顾》，第102页。
③ 见城市规划与管理卷（第三卷），《新形势下深圳城市规划建设工作的方向与重点——在深圳市城市规划委员会第五次会议上的发言》，第116页。
④ 见城市规划与管理卷（第三卷），《深圳规划的历史经验》，第146、145页。

了城市的春天：亲历新中国城市规划与建设》①；要理解他对当代城市规划理论的架构，就要读城市规划与管理卷（第三卷）中对于中国城市规划的性质、特点、建设目标等思考的相关文章；要理解他"滚动、灵活、深细、诱导"的规划思想内涵，就要从城市规划与管理卷（第三卷）中与深圳规划相关的文章读起，再辅以他在20世纪90年代以后，从建设、管理角度对这八个字再思考后形成的《我国城市规划工作的成就、问题和对策》②《城市规划与城市质量——在第十七届市长研究班上的发言》③等文章。这些共同建构起周干峙先生当代中国城市规划设计的理论体系。

注释：

1　这里所说的发展中国家寻求和推进现代化，除了城市规划思想，也适用建筑学和风景园林学。他认为，"学园林，不仅要学植物，学建筑，还要学生态环境，学社会经济知识，等等"（见第八卷，《端正学术思想与行业发展之重要性》，第154页）。他提出，"风景园林学科下还有一个系统思想问题和若干个子系统（环境绿化、城市绿化、植物配置等），也要按系统论规律逐步建立健全起来，同时也可以促进上一系统健康发展"（见第八卷，《学习钱学森先生系统论和"山水城市"思想，进一步推动风景园林事业的发展》，第173页）。他强调，"风景园林是人与自然和谐发展的一块重要场地、一个重要的组成部分"（见第八卷，《人与自然和谐共生——在2005中外著名风景园林专家学术报告会开幕式上的发言》，第147页）。"风景名胜区事业是我国社会主义现代化建设事业的组成部分，也是对外开放、改善生活、保护环境的必要条件，在社会经济发展中具有独特的地位和作用。"（见第八卷，《开拓奋进，面向未来，进一步发展我国风景名胜区事业——在全国风景名胜区工作会议上的发言》，第106页）"许多风景名胜区地处老少边穷地区，对使当地群众脱贫起到了显著作用。"（见第八卷，《开拓奋进，面向未来，进一步发展我国风景名胜区事业——在全国风景名胜区工作会议上的发言》，第108页）等等，反映了周干峙先生风景园林学术理念。要深入理解请读《继承和发展中国风景园林事业——在中国风景园林学会成立大会闭幕式上的发言》及建筑·园林·历史文化保护卷（第八卷）中的相关文章。

① 见人居环境科学与城市科学卷（第五卷），《为了城市的春天：亲历新中国城市规划与建设》，第205页。

② 见城市规划理念卷（第二卷），《我国城市规划工作的成就、问题和对策》，第107页。

③ 见城市规划理念卷（第二卷），《城市规划与城市质量——在第十七届市长研究班上的发言》，第146页。

目录

规划管理

城市规划与技术

城市发展战略

城市发展战略概述

周干峙文集

第三卷·城市规划与管理

一、研究城市发展战略的重要意义

正当我国进入社会主义建设新的历史时期的时候，研究探讨一下今后20年的城市发展战略，对于执行党在今后一个历史阶段的总任务，对于实现四个现代化以及做好城市规划和区域规划工作，都是十分重要的。

发展战略是一种全局性、长远性的东西，内容包括长远的目标和为了实现这些目标而采取的总的方针、政策和措施。它对各种战术性的或具体的政策、计划、方案等的决策和制定起着指导作用。我们理解，一个国家的城市发展战略至少应该包括三个方面的内容：一是城市化的道路、速度和步骤；二是城市在国家或地区的分布方式；三是各类城市发展和建设的总方针。这三个方面都和每个国家社会、经济发展的具体特点有密切关系。

一个国家的城市发展方式除了受历史、地理、文化、自然等条件的影响外，社会、经济发展的特点（包括政治经济制度，体制，经济发展的方式、水平以及重大经济决策等）往往起着主导，有时甚至是决定性的作用。可以这样说，社会、经济发展的特点决定着城市发展的道路和方式。这一点，古今中外，概莫能外。

先看英国、美国等资本主义国家城市发展的情况。

本文为1982年12月全国城市发展战略思想学术讨论会上的交流论文，署名为周干峙、邹德慈，收录于《城市发展战略研究》（中国自然辩证法研究会编，新华出版社1985年9月出版），标题由本书编者略加修改。

英国在18世纪纺织业和制铁业开始发展的时候，由于当时主要是利用水力，因此工厂都分散在沿河的农村（叫作"工业村"）。只是当18世纪末，蒸汽机为工业提供了新的动力这个划时代的突破出现以后，经济得到迅速发展，为了节省大量原料运输费用和市场等因素，工业出现了集中的趋势，"圈地运动"和大量进口农产品的政策使农村破产，驱使大批农民进入城市。城市人口大量增加，城市化得到很大发展，据英国和爱尔兰统计，5000人以上城市的人口占全部人口的比例，1801年时为26%，1851年上升到45%，1891年就到了68%。直到今天，英国的城市化程度仍居世界前列。

美国与英国虽然都是资本主义国家，但是城市的发展有不同的特点。美国的重要港口和工商业城市，是从大西洋沿岸发展起来的。这是由于它们主要是由欧洲移民所开发的，在200多年的发展过程中，随着大的开发方向的移动，城市发展和分布也大体上经历了由大西洋沿岸、五大湖地区到西部太平洋沿岸，以致20世纪50年代后逐步向南方墨西哥湾和佛罗里达半岛，即所谓的"阳光地带"转移。美国历史上三股起因于社会经济因素的大规模人口流动，给予美国城市发展以很大的影响，200多年来，美国的国外移民达4800万，初期是农业的生力军，19世纪后半叶起，就逐渐成了城市人口的主要来源之一。第二次世界大战后，美国南方的黑人佃农，随着农业机械的使用，失去了生计，大量流入北方城市的中心区。大城市的中上阶层居民，由于政府采取资助私人住宅建设的政策和提供有利的土地条件，以及为了获得较好的居住环境，不断地向城市郊区移居。据统计，仅1950—1970年，这两种人口流动的数量分别达到267万和1070万。这是造成当代美国城市发展中某些大城市中心区衰退和城郊无节制蔓延这两种现象的社会经济原因。

再看发展中国家的情况。

第二次世界大战后，很多发展中国家的经济发展，是在一种与欧美资本主义国家工业化初期完全不同的条件下进行的，因而在城市发展上也表现出显著不同的特点。例如，同样是农民流入城市，但由于一些发展中国家民族工业基础薄弱、城乡差别巨大悬殊，人口往往高度集中在一两个特大城市中。又由于处在世界上已经出现先进技术的时代，某些现代化的生产技术设备无法容纳过多的劳动力，大城市中失业与半失业人口增多，往往形成现代化的中心区与城郊贫民窟"溃疡式发展"并存的畸形现象。

德国地理学家克里斯塔勒说："城市在空间上的结构是人类社会经济活动在空间的投影。"此话颇有道理。城市的发展在一定的社会经济条件下，是具有规律性的；但问题是，在资本主义国家和一些发展中国家，由于受到制度的局限，很难从战略上和全局上去进行有计划的发展和疏导。

再看实行计划经济制度国家的城市发展情况。

十月革命后，苏联是世界上第一个实践了有计划地发展经济和发展城市的国家。早在1931年，苏联共产党中央委员会（简称联共中央）就通过决议，对苏联的城市发展提出了一些战略性的方针。苏联的城市发展遵循着生产力均衡分布、改建旧城市、控制大城市，在资源丰富的地区和农业区大力发展新城镇这样一些原则。从实践看，第二次世界大战前，经济重心仍在欧洲原有的工业中心城市，但是已经开始在乌拉尔以东建设了若干新的工业中心；苏联卫国战争时期，建设重点转移到东部，打下了一定的工业基础；战后在西伯利亚西部和中亚各加盟共和国又进行了相当规模的发展。

50多年来，苏联的经济有很大增长，城市分布起了很大变化，这对促进各民族地区的经济发展起了积极作用。苏联新城建设的数量，在全世界是首屈一指的。据20世纪70年代初的统计，已建设新城1000多个。1930—1967年苏联城市人口增加1亿，其中40%住在新城。可以说，这是坚持有计划地发展经济和发展城市所取得的效果，但是也存在不少问题。其中有一个事与愿违的现象，就是大城市的发展控制不住。尽管早在1931年，联共中央的决议就明确指出不再在莫斯科和列宁格勒建设新工厂，但是莫斯科的人口规模却从20世纪30年代初的280万增长到20世纪80年代初的880万。苏联100万人口以上的大城市，1939年为2个，1959年为3个，1979年增加到18个，1981年为21个，而且形成了将近70个城镇集聚区。据20世纪70年代初统计，苏联有20个集聚区人口在100万以上；有24个集聚区人口在50万～100万。对于这种现象，苏联学者正在研究探讨其规律性，这是值得我们注意的。

我国30年来的城市发展，和其他国家一样，也是和社会经济发展的特点分不开的。第一个五年计划时期，我国的重工业建设和城市发展是有通盘筹划的。在当时国际国内各种具体条件下，采取了将重点建设项目相对集中布置，在中原和内地沿着铁路干线发展一批重点城市以形成工业中心的政策，取得了较好的社会经济效果。其中一条重要经验，就是把经济发展和城市发展结合起来。"大跃进"时期，和当时经济上的冒进一样，城市发展也乱了"章法"。从全国看，城市人口先是猛增，20世纪60年代初又锐减。20世纪60年代中期，经济建设重点转移到"三线"，这是一项重要的战略决策，但是"三线"地区的城市发展受到了所谓"不搞集中城市"的"左"的思想和所谓"靠山、分散、隐蔽"方针的干扰，结果生产、生活上的不便严重影响了建设效果，这是一个深刻的教训。党的十一届三中全会以来，城市问题得到了很大重视，制定了正确的城市发展方针，近几年大力进行了住宅和市政设施的建设，取得了很大成绩，城市面貌发生了很大的变化。30多年来，我国城市发展的经验证明，社会主义的计划经济制度可以为有远见地制定城市发展战略提供比资本主义国家有利的条件，但是如果认识不足，不去充分利用这个条件，也会造成左右摇摆而有所失误。

研究制定城市发展战略是发展经济的客观需要。虽然城市发展决定于社会经济的发展，但是反过来，城市发展的合理与否也能动地影响着社会经济发展的进程和效果。所以世界上一切经济比较发达的国家，包括一些发展中国家都在积极开展对城市发展战略的研究，并把这种战略作为国家干预经济发展的一种重要手段。

当前，研究我国城市发展战略（尤其是2000年前）的基本条件已经具备：① 世界各国产业革命以来现代城市发展的历程，以及我国自己30多年来城市发展的经验，为我们揭示了城市发展上很多规律性的东西（虽然还有很多未被认识），这是研究制定我国今后城市发展战略的重要基础；② 党的十二大提出了我国新的历史时期的总任务，制定了2000年前经济发展的目标和战略方针，这是研究制定城市发展战略的主要根据。当然，我们的具体工作还做得很不够，包括总结经验、调查研究、预测分析等；甚至必要的基本统计资料也不完整，因此作出准确的判断是有困难的。然而，我们终究应该作个开端，把这方面的研究积极开展起来。这是一项刻不容缓的重要任务。

二、关于研究我国城市发展战略的几点认识

1. 发展的阶段性和不平衡性

城市发展是一个很长的历史过程，因此，城市发展战略应该是有阶段性的。每一个阶段，应该有它的具体目标、任务和方针政

策，不能把长远的最终目的作为当前的具体目标和政策。我们过去在城市发展的指导思想上曾经发生过这样的偏向：在经济发展水平还比较低的情况下，企图过早地实现城市的均衡分布和消灭城乡差别。实践证明，其结果反而阻碍了社会经济的发展。这个教训应该吸取。因此，我们认为，2000年前的城市发展战略，只是一个阶段性的战略。它只是达到长远目标的一个初步阶段。它应该有一定远见，但又只能根据2000年前经济发展的战略方针，从实际出发，结合各种可能的条件来研究制定。

我国地域辽阔，各地的社会经济和文化发展很不平衡。有些较发达的地区，如江苏南部、辽宁南部、珠江三角洲，有较高的经济发展水平，已形成比较发达的城镇体系，那里有一些小城市和县城年人均生产总值已超过10000元；也有一些欠发达地区，主要是内陆边远省、区，城市化尚处于初期阶段，有一些城市的经济、文化水平还比较低，人均产值每年还不到1000元。即使在江苏那样经济发达的地区，苏南、苏北的差别也很大，例如，苏南交通相对方便，而苏北有些地方则相对比较闭塞。这种经济发展和城市发展的不平衡状况，今后将会长期存在。所以对于不同地区、不同规模以及不同性质的城市，应当采取不同的战略对策。研究我国城市发展战略，很可能要探索一种分阶段、有层次、多目标的战略体系。

2．影响我国城市发展的几个基本条件

研究我国城市发展战略，必须从我国的国情出发。那么，什么是影响我国城市发展的基本国情呢？我们认为主要在于人口、土地、财力、资源（水源、能源）、交通和人才六个方面。众多的人口、短缺的耕地、较少的财力、交通和水源的欠缺以及人才的不足，这几个方面将是直接、长期、深刻制约城市发展的基本条件。

（1）人口发展的趋势

我国人口多，不仅影响经济发展速度，而且直接影响到城乡人口的发展和变化。1952—1982年，全国人口增长76.6%，城镇人口增长99.5%。城镇人口占全国人口的比重30年来增长缓慢，数值较低（据统计资料，1982年为14.07%，低于世界平均43.1%、亚洲平均27.4%），应该说，这是我国的一大特点。但是就城镇人口的绝对数量来说，按20世纪70年代中期的统计，我国仅低于美国、苏联和印度，位居世界第四位；就国民收入总额而言，在世界8个主要国家中（除我国外，有美国、苏联、日本、联邦德国、法国、英国、意大利等国），我国是最低的。这在一定程度上说明我国当前的劳动生产率是比较低的。因而是否可以认为，在力争使全国工农业的年总产值翻两番的总任务中，应该很大程度上通过发挥现有城镇人口的潜力，包括自身的增值来达到。

考虑2000年的人口发展，还有两个特点值得研究：

一是我国现状的人口年龄结构较轻，20世纪内基本上属于增长型。现有城镇人口的自然增长，起码在20世纪90年代中期以前，仍然会是一个主要因素，据估计，2000年前全国城镇新增的需要劳动就业的人数，除去自然减员以外，约有5000万人。

二是由于农业生产率的提高，将会有更多的农业人口从耕地上解放出来，这是一股不可逆转的潮流。有同志估计，20年内至少有剩余劳动力1亿多，这些人除了一部分可能被吸引到国家大型基础设施建设、地质勘探、矿山开采等工作以外，大部分将从事于发展多种经济，包括养殖、农副产品加工及商业流通等，其中会有一部分人口不可避免地转化到县镇和其他中小城市去，成为城镇人口。

根据以上分析，2000年前的总趋势可能是：1990年前，相对于经济发展的需要，城乡劳动力的数量有所剩余；1990年以后，城镇开始需要从自身以外补充劳动力，即吸收一部分农村剩余劳动力。如果假定农村人口转化和现有城镇人口自身增长这两项合计1.3亿～1.5亿人左右，那么2000年时的图景大致是：经济翻两番（增加3倍），城镇人口翻一番（增加1倍），即达到2.7亿～3亿人左右，相应的城市化程度为23%～25%。这与国外一些经济学家提出的经济增长与劳动力增长的合理比例约为3：1大致相近。

（2）耕地条件的制约

我国耕地面积少，而且继续趋向减少。按1977年统计，全国人均耕地面积仅为0.10公顷（约合1.50亩），不到世界均值0.32公顷/人（约合4.80亩）的1/3。按每个农业劳动力所占耕地计算，我国为0.34公顷（约合5.10亩），远远少于美国（人均47.61公顷，约合714.15亩）、英国（12.47公顷，约合187.05亩）、苏联（9.76公顷，约合146.40亩）、法国（8.68公顷，约合130.20亩），也赶不上人口众多的印度（1.03公顷，约合15.45亩）和国土狭小的日本（0.68公顷，约合10.20亩）。从1957年到1977年，我国耕地从1.11亿公顷（约合16.65亿亩）减少到0.99亿公顷（约合14.85亿亩），净减0.12亿公顷（约合1.80亿亩）；近几年来，每年消耗耕地仍在133万公顷（约合1995万亩）以上。随着"四化"建设的加快，特别是农村建设的加快，耕地还将继续减少。节约土地的问题已经提高到国策的高度来研究解决了。目前我国城市人口密度已经很高，一般住宅区的居住密度每公顷都在1000人以上，有些地方高达2000人甚至3000人，比英、法等欧洲国家高出很多倍。为了节约土地、合理使用土地，今后在城市用地上，必然要采取合理的高密度政策。这一点对城市的布局结构、土地利用、环境和社会等方面都会带来深远的影响。

（3）可能投入城市发展的财力和物力

这是对城市发展可能达到多大规模的一个重要制约条件。因为，建设城市必须有相应的财力物力。经验证明，投资力量跟不上城市发展，必然会造成城市建设上的"缺口"；长期的"缺口"将形成恶性循环，非但严重影响生产和生活，而且往往要花费成倍的代价来加以弥补。30年来，国家用于非生产性建设的投资约1400亿元，拿全国城镇人口分摊，每人合1000元左右；实际上直接用于住宅和市政公用设施的经费达不到此数值。这意味着一个较低的水平，使我们的新旧城市留下一大堆"缺口"，今后的城市发展不能再走这样的老路。根据粗略估算，如果把现有城镇人口的平均居住面积从4.5平方米提高到6平方米，加上相应的配套设施，再补上一部分原有的"缺口"，新增城镇人口1.3亿~1.5亿，大、中、小城市平均按每人住宅及市政公用设施投资2000元，两项合计需3400亿~3800亿元，比前30年的全部非生产性建设投资高出1.4~1.7倍。这些资金，来自国家、地方和集体经济三个方面。初步分析，这个投资规模与经济增长大体上相适应，经过努力，有可能达到。但是由于今后用于新建企业和现有工业的治理污染的费用将会增加；现有城镇的改造要逐步进行；新建城镇对于完善配套的要求也会有所提高，因此，总的说来还须严格控制城市化的规模和速度，使之与投资的可能相契合，走经济发展与城市发展按比例、相协调的道路。

（4）交通和水源

城市的发展离不开能源、交通、水源、通信等基础设施条件。就我国实际情况来看，尤其影响城市发展战略的是交通和水源。

交通运输非但直接影响生产和流通，对城市发展布局、原有城市的扩大和新城的建设都起着重要的作用。国家整个交通网的分布形式（包括密度）很大程度上决定了城镇的分布和城镇体系的形态。我国现有的铁路和公路网密度（单位国土面积上的线路长度）

远低于经济发达、城市化水平较高的国家。美国、德国等从20世纪初开始由政府大量投资建设全国公路网（如美国投资达数百亿美元），这对加速这些国家的城市化是个重要条件。因此，从客观上看，城市化的进程不可能超越交通发展的水平。

从现象上看，我国的现代城市依靠铁路甚于公路。这可以从我国重要的中心城市几乎都处于铁路沿线，而且铁路网的疏密与城市分布的疏密基本相一致得到印证。造成这种现象的原因是多方面的，一定时期内不可能根本改变。今后主要城市的发展轨迹，从全国或地区来看，基本上仍将是跟着铁路走。但是当经济进一步向面的广度和深度发展的时候，公路、水运就会起越来越大的作用。这已被很多国家的发展历程所证明。总之，新城镇或地区的开发，必须以交通先行为条件。根据2000年前交通建设的发展可能，我们估计要想使城市发展在全国范围内作大幅度的战略分散仍然要受到一定的限制；采取重点发展的方针可能是较为适宜的。

水是城市的重要命脉之一，这已被许多城市发展的盛衰所证明。我国的淡水资源人均拥有量为2700立方米，相当于世界人均拥有量的1/4，我国水资源的分布极不均衡，总的情况是南丰北缺。例如，海河、滦河流域及淮河流域的人均拥有量只有321～425立方米，为全国平均的1/9～1/7。华北、西北两地区是缺水严重地区，其地表径流量不及全国的1/10，地下水资源只有全国的22%。很多地区，由于地下水过量开采，水位下降而引起地面下沉，开采成本大幅度提高。少数大城市已开始跨流域引水（如引滦入津工程），但是投资浩大，费用过高。根据这个情况，应该从战略上考虑在北方缺水地区控制大型耗水工业的新建，避免大城市人口的过分集聚。

（5）建设人才的不足

各种人才的缺乏，对经济建设的巨大影响已经越来越被人们所认识。我国每1万人口只有大学生11.4人，比印度（35人/万人）还低，与美、日等国的差距更大（美国为454人/万人，日本为183人/万人）；现在我国科学技术人员在每1万人口中只有62人，在全国人口中的比重比许多国家要低许多（美国为622人，苏联为338人，日本为352人）；我国直接从事城市建筑设计的建筑师目前只有几千人，其中从事城市规划的包括各级技术人员只有2000人左右，相当于菲律宾的一半，这种情况已经严重影响到我国城市建设的质量水平。由于各种人才紧缺，我国大专院校、科研机构和各种智力机构的分布就比较集中。20世纪60年代曾经试图迅速改变这种状况，但这种尝试已被证明在全民文化水平还比较低的情况下是行不通的。在相当长的一个时期内，我国大多数的大专院校、科研单位还必须在较大的城市中发展。这种规律性的现象，我们还可以在其他一些国家得到印证。有不少发展中国家，城市化程度虽然不低，但人口大量集中在少数几个大城市，这往往和那里的人才条件有密切关系。相反，苏联的城市分布比较均匀，除了有计划的原因外，文化发达和智力条件是个重要原因。很明显，在我国当前情况下，大力培养人才，把城市的合理发展和人才的大量开发相辅相成地结合起来，对全国各城市都是具有战略意义的。

三、对于2000年我国城市发展战略的初步看法

2000年我国社会经济发展总的方向、目标和任务，党中央已经明确地提出来了。总的图景是：全国工农业的年总产值翻两番；人民物质文化生活可以达到小康水平，经济发展以提高经济效益为中心。一方面，充分发挥沿海城市在产品加工、科学技术、文化教育、对外贸易等方面的优势；另一方面，在内陆发展能源、交通、

原材料生产等建设，为西北、西南地区的进一步发展准备条件。在体制上，采取强化中心城市、以中心城市带动地区（包括农业）发展的方针；要以若干特大城市为核心，建立跨省市的经济区；并在沿海一些港口城市采取更加开放的经济政策，以吸引国外资金和国外技术。这些战略方针的实施，对城市的发展和分布会有很大的影响。根据今后这段历史时期社会经济发展的主要趋势和特点，结合上面已经分析过的基本制约条件一起考虑，可以认为，我国到2000年前在城市发展上还应采取"重点发展、逐步推进"的战略。具体地说，有以下几个方面。

第一，在城市化的速度上，宜采取渐进的方针，城市人口增长的步伐宜稳不宜快。为此，应从两方面采取措施：一是现有城镇应坚持计划生育政策，严格控制人口自然增长率；二是有计划地节制农村人口向城市转移。在这方面，要积极引导必须转移的农村人口流向有发展条件的小城市或县镇，避免大量流向现有的大、中城市。控制城镇户口的政策仍应实行，但是，各地区的城市化速度和程度可以有所不同。对于某些经济发达地区，当农业劳动力大量过剩，地区内城镇经济有条件发展而又缺少劳动力时，可以有计划地将一部分农村人口转化为城镇人口。

第二，在城市分布上，2000年前不宜过早采取太分散的战略，而应实行战略上有重点的分散、战术上相对集聚的方针。对于现有的大城市集聚地区（如沪宁杭、京津唐、辽沈中部等），在继续发展经济的同时，要采取使人口规模过大的中心城市适当分散化的方针。对于新开发地区，首先应注意城镇布点上的战术性集中，然后逐步建立完善的城镇体系，这是改进城市分布的现实途径。由于各地区的差异很大，因此在总的战略方针指导下，各地区（以省、自治区或经济区为单位）可以制定适合自己特点的地区性战略，不要搞成全国一律的"标准模式"。

第三，在新城市的发展上，根据我国实际情况，我们不能搞单纯为了疏解大城市人口的英国式的"新城运动"，也不能搞点多面广的苏联式的"新城建设热潮"。2000年前，在资金、交通等条件的限制下，不宜大量建设新城市。但是，配合国家的重点建设，不可避免地还会出现一些完全新建或大规模扩建的工矿城市。这样的新工矿城市，在建设的前期准备阶段，就应做好地区规划和城镇规划。新建或扩建的工矿区，在城镇体系上应该首先形成中心城镇，并坚持有利生产、方便生活的原则。新城镇应尽量利用现有中小城市进行扩建，规划建设上要集中紧凑，形成一定的人口规模，避免一盘散沙，没有中心。对原来分散布点的"三线"工程应尽量补缺配套，组成城镇网络体系，以便形成一定的"城市社会"。在新建项目比较集中的新开发地区，要及时设立市或区（镇）的建制，做好市政管理。新工矿城镇的建设资金应在国家计划上给予安排和保证。

第四，沿海地区的主要经济中心城市，在今后的经济发展中担负着重要的任务。这些城市几乎都是大城市或特大城市，都是应该严格控制人口和用地规模的。强化这些中心城市的作用，发挥它们的经济优势，与严格控制的方针在某些具体问题上会有一些矛盾。中央关于扩大中心城市郊区、实行中心城市领导周围农业地区的方针精神是非常正确而有远见的。我国现有的特大城市，包括一部分大城市，实际上已经在向周围地区扩展，正在逐渐形成大城市地区或城镇集聚区（即以一个大城市或若干个次级中心城市为核心的城镇群，也包括一部分县镇和农业地区）。这是一种不可避免的趋势，也是解决控制与发展之间矛盾的一种途径。从战略上看，应该改革我们现在的大城市规划方法，扩大规划范围和视野，对于一些有发展条件的大城市集聚区，在控制其中心城市规模的同时，因势利导地促使经济要素向外围的中小城镇发展。

据1982年统计，我国现有人口在100万人以上的特大城市20个；现有人口在50万～100万的大城市28个，其中人口已在85万以上的有8个。预计到2000年，全国50万人以上的大城市将从现在的48个增加到66个，其中百万人口以上的特大城市将达到28个，有可能成为"世界冠军"。特大城市，尤其是200万人以上的集中型城市，如果听任其像同心圆式地无限扩大而不加控制，会给将来造成不可弥补的恶果。在这个问题上一定要有远见，要采取坚决有力的措施予以严格控制。

第五，对待现有城市，2000年前应该用相当力量进行旧城区的改造和提高，这是整个城市发展战略中的一个重要内容。全国现有城市232个，城市人口9700多万，占全国城镇人口近70%。这些城市集中着国家绝大部分经济、管理、科技、文化等方面的重要命脉。在向20世纪末宏伟目标进军中，担负着举足轻重的任务。但是这些城市比较普遍地存在着不同程度的城市问题，例如：基础设施薄弱，失修失养严重，潜力挖尽；住房紧张，危房棚户数量较大；交通拥挤，环境污染，市容脏乱等。因此不能把着眼点全都放在新城和新区的建设上，而应把对现有城市旧城区的改造和改善提到议事日程上来。如果拖延时日，矛盾日益尖锐，改造将更为困难。发达国家有旧城中心区衰败以致城市负担加重的教训。我国一些特大城市（如上海等）也已经开始认识到旧城改造问题的严重性。但是我国的情况不同，我们的大城市中心地区是"人满为患"，难以疏散。因此应该制定我们自己的方针和措施。在改造的标准上，应该从实际出发，不宜过高要求；改造的方法要因地制宜，多种多样，不要一提改造就大拆大建；要反对那种"要么全部，要么全不"的思想，总想"彻底改造"，一次达到"现代化"的水平，但事实上又往往"力不从心"，结果连那些能够做到的维修保护和适当改善也不去搞。

我们认为，现有城市的改造要与原有工业的技术改造结合起来，重点首先放在基础设施上，然后是住宅的改造和市容的改善。在旧城改造时，还应重视保护有历史价值的文物古迹，并使城市的传统特色得到保护。

第六，城市规划和建设，是实现发展战略的具体体现和必要保证。为此，应该实行以下的方针和政策措施。

① 根据前面的分析，2000年我国在城市建设上采取的目标和标准，要与国家经济发展水平相适应，基本上应该是一种"小康标准"。例如：设想在城市住宅方面，基本上消灭危房、棚户和缺房现象；居住区达到配套、整洁、宜人；城市中普及自来水，消灭缺水现象，排水基本普及，市政公用设施除少数大城市可以水平高一些以外，普遍达到中等现代化水平，环境污染的治理达到"可容忍的"标准，城市绿化水平翻一番。总之，还要从可能的条件出发，促进社会经济发展，这有利于绝大多数的城市居民。

② 划定今后20年的重点开发地区及重点发展城市（包括新建的和重大扩建的）。这些地区和城市的社会、经济发展计划，在编制程序、进度、方法等方面，必须与区域规划和城市规划具体结合。重点地区和重点城市的规划方案应由国家审查批准。

③ 城市规划区范围内的土地一律归国家所有，由地方政府统一管理。制定"城市用地法"，对城市用地征收"土地使用税"，废除实际上存在的"土地单位所有制"。对不同城市，分别制定合理的关于住宅层数、住宅建筑密度和用地容积率的政策规定，保证居住环境的舒适、卫生、安全。

④ 实行基础设施优先的政策。无论新建、扩建或改建城市，都必须把基础设施放在首位；从计划上、资金上、建设次序上都应采取"先基础、后房屋"的方针。在道路、给水排水、电力、供热、煤气、通信等方面，均应制定适合我国情况的、逐步走向现代化的技术政策。

⑤ 推行"综合开发"的体制。新建城市、现有城市的新区或成片改造的旧区，都可以采取这种开发方式。相应地，应该改革当前规划与设计脱节的现行体制；从机构、技术力量等方面采取措施，推行"城市综合设计"（即把建筑、绿化、广场、道路、工程管线、小品及自然景观等作为一个完整的环境进行设计），为城市创造舒适、优美的物质环境。

⑥ 在城市建设资金方面，继续实行国家、地方、集体等多方集资的政策，但应做到统一管理、集中使用。国家今后几个五年计划中的非生产性建设投资比例应保持在一定的水平，不能下降。城市维护费用的财源应适当扩大到全部城镇。同时采取各种灵活政策，鼓励集体、个人以及有条件地吸引一部分外资来投资于城市建设事业。

制定城市发展战略是一项综合性的科学工作，需要作大量的调查，进行多学科方面的研究。当前农村经济发展很快，城市的经济改革刚刚开始，新的科技革命会给社会、经济、生活、交通等各方面带来新的变化，这些都会对城市发展的特点、形式和进程带来程度不同的影响。我们现在还不可能都一一认识清楚。所以，上面的看法难免有片面偏颇之处。但是我们深切感到，做好城市规划工作，一定要有正确的战略思想作指导。否则，即使有丰富的经验和高超的技巧，也难免在全局上迷失方向，造成失误。这对领导城市工作的同志来说，也许更为至关重要。

探索我国城市健康发展的道路

——在《迈向21世纪的上海》发展战略研讨会上的发言

上海发展战略报告是一份总结了历史的经验，经过广泛的调查研究，贯彻了中央进一步改革开放的精神，而且是思路非常明晰、严密，内容非常丰富、扎实，对今后上海发展，乃至对全国经济的发展都有重要意义的好的报告。报告里所提的指导思想、战略目标，一些关键的问题，一些重要的措施都非常好。

规划目标的速度问题，以及由此而带来的我们的发展战略要不要有一点弹性？我们国家的发展速度究竟怎样才是合适的，多年以来几经反复。现在全国提出了今年国内生产总值比去年增长9%，9%已经是很高的速度了。从世界经济的发展来看，高速增长究竟能持续多久？好像还有待于实践来回答。

报告里提出了三个重要指标。其中前两个指标是人均国内生产总值与年增长速度。报告明确地提出了，到2010年人均国内生产总值要达到15万元。上海年增长率比全国要高，在10%以上。但这个增长速度是不是合适的？因为全国制定的相应指标是2万元左右，我觉得要考虑这个目标和这个增速的合理性。

目前经济发展已呈现较大的南北差距，内陆跟沿海也有一定的差距。上海这个年增速百分之十几意味着这种差距还会继续拉大，但是拉大到什么程度，也有个度的问题，不然会引起政治经济不稳

发言时间为1994年7月14日。本文根据周干峙先生保存的资料整理，标题由本书编者略加修改。

定以及各方面的问题。

第三个指标是基础设施建设的投资。报告里提出要完成基础设施配套需要资金15000亿元。这是一个很大的数字。到2010年还有不到20年，那就意味着平均每年投入750亿元。去年上海重要基础设施投了150多亿元，今年可能再增长一点，但也没有到200亿元。全国去年基础设施完成400多亿元，上海大概占1/4的样子。当然，上海是由于积累很多问题，需要这样做，不过能不能增加到750亿元？这是个问题。

从这三个指标来看，感觉2010年要达到这样的目标，可能有一点冒进了。时间如果是到2020年或到2030年，这种目标是比较有把握实现的，也能跟党的十三大提出的第三步目标扣得更紧一点。但是我觉得这个问题也还不是非常重要。因为我们研究一个战略问题，首先要有一个明确的目标，达到这个目标所需的时间从某种意义来说要次要一点。因为实现这个目标的条件在变化，特别是我们在世纪之交的时候，世界经济迅速变化，科学技术日新月异，有很多难以预测的因素。世界经济如此，我们国家的经济也是如此。至于世界经济，报告里提到了都在增长，美国现在也在好转，欧洲也有新的发展，在这样的大前提下，我们要有明确的目标，但是实现这个战略目标的时间还可以留有一点弹性。这样对于怎么起步、抓紧目前要做好的工作，应该更加有利。

战略目标的重点文件里，上海今后发展最重要的两点是：一个是国际化，一个是信息化。总的讲，这两点是关键，一个"软"，一个"硬"。信息化是基础设施的关键。这是起码条件，一般大城市都要做到这点。但是，上海要实现作为国际三个中心的目标，信息化是重点，能不能再进一步明确战略重点，即在布置工作的时候更加突出一些关键的、重大的事情。

重点的基础设施，包括大基础设施与城市内部基础设施。从全国、长江三角洲总体来考虑，能不能采取一些措施缩短上海到北京的交通用时？这是很重要的一条线路，因为重要的经济中心离不开重要的政治中心，政治跟经济是不可分割的。现在北京跟上海距离远了一点，怎么样让两地交通方式更快捷，对上海的发展是非常关键的。要加快京沪高速铁路的建设，还有京沪信息高速公路的建设（信息高速公路就是光缆），以及空中交通。空中交通要参照有些国家在首都与经济中心之间建立"空中桥梁"的措施，就是每隔半个小时或一个小时一班飞机，不用预订飞机票，随时走。目前铁路建设都是扑在京九线上，京九线很快要完成了。所以在京沪线路上，上海宁可要多花一点钱。这对上海、对沿线城市、对全国都是有重要意义的。我们正在酝酿光缆的问题。对外交通的重点除了航路，还有个重大工程，就是长江口整治。长江口整治现在有了很好的方案，当然投资也很大，但是这个措施意义非常大，也是解决上海港正面临的一些问题的根本举措。

对内除了要加强跟北京的联系，更应加强长江三角洲地区间的密切联系，当然也少不了与苏北的联系。与苏北的联系有两条通道：一个是江阴大桥，一个是崇明岛。在这个问题上，建议把注意力首先放在江阴大桥这条通道上。因为这条通道比较容易实现，而且会让地区的联系更加密切。崇明岛这个方案是非常好的，但是投资比较大，可以放在第二步。另外就城市内部建设来说，也应该重点放在交通跟通信上。

要进一步调整规划结构，做好城市规划、城市设计工作。报告有两段是讲的相关内容，提出了非常好的设想。我的补充意见是针对规划布局提的。首先是规划结构要适应这些东西。上海规划是我们社会、经济、科技、文化各方面的综合反映，今后会面临大的迅速变化，很多可能是结构性的变化。上海的规划结构要为今后的发展考虑。最主要考虑的是两个方面的问题：一个方面就是大布局的问题，上海的很多项目要跟地区甚至全国联系起来。上海中心城区本身也在改变中心结构，正逐步往外疏解。搞城市规划的同行们都已经做过相关研究，上海是以600万人口来做的规划，然后把边上卫星城的规划拼上去，再解决它们之间的交通联系、基础设施问题。现在看来，要形成一个高效率的现代化的大城市还要有一个观念，就是为1400万人统一规划的观念。所以规划的思路，还不能完全像过去将中心城区规划与若干卫星城规划连接起来的观念，而应是统一布局的概念。这个规划结构要改变对郊区的理解。以前对郊区的规划，对卫星城的规划都是把它作为档次低一点、独立性强一点的地区，今后布局要按照世界很多城市的发展规律，参照高度城市化以后出现的郊区化，或者叫逆城市化现象。城市中间很多非常好的住宅区、好的研究单位位于郊区，而且郊区的发展水平并不一定比市区差，郊区有时候比市区还要好、还讲究。郊区跟市区的联系不是通一条路，或者只有一条道的问题，而应具有多种渠道。郊区之间也应实现类似市区中区与区之间一样的联系。郊区不仅到中心市区方便，而且郊区之间交通也是很方便的。所以，规划结构里要把上海的卫星城，起码是50千米范围以内的，就是交通工具一小时可以到的地方，跟市区一样，而且不是相互独立的，而是各有特色。当然随之而来的是要改变市郊的交通结构。市郊的交通网络应该是相当密集的。可以看看世界很多大城市的规划图，一摊开就可以看到跟我们有很大的差异。巴黎到五个卫星城，彼此之间不是只有一条路，几条路都可以走通，而且还有集中的高速公路跟轻轨、快速铁道，这个在规划结构上跟我们很不一样。总的来讲就是要改变过去堆砌的思路，而是有了总体结构以后再分解的思路。因为这点对上海长远的发展是非常重要的，只有这样才能从根本上改善环境，解决城市病。不然的话，现在城市不断地变大，问题是很难解决的。规划里需要解决的问题很多，好在最近上海市成立了规划委员会，市委跟市政府越来越重视这个问题，加强了这方面的领导。

作为一个城市整体，要考虑总体的经济性跟各方面工作的系统性。今后必然是以集中统一为主流，既要发挥各个城市、各个方面的积极性，也要在集中统一的规划里安排。今后随着科学技术跟城市设施越来越复杂，必须考虑城市规划跟城市设计两个方面的问题。过去这两个层次都叫城市规划，但是在世界上，慢慢地已经分得比较明确了，就是宏观经济、社会各方面是由城市规划来控制，很多城市的空间结构综合安排是由城市设计来控制。因为一个好的宏观控制如果没有一个具体的实际方案来体现，那往往也是很遗憾的。上海过去有很好的经验，像做陆家嘴的统一城市设计，外滩既防洪又解决交通，综合设计方面取得了非常好的经验。只有城市规划跟城市设计两方面的工作都做好，才有可能造就各方面都好的现代城市。规划这个行业任务很重，还要很好地研究来完成这个任务。

总之，这次上海发展战略工作意义非常深远，无论哪一项做好，都会对全国产生积极影响。上海本来在全国经济工作中就具有举足轻重的地位，对国家有很大贡献。今后上海的贡献，不仅在硬件方面，也不仅是为国家提供财政收入，更重要的是提供软性的经验，提供开发的经验，提供思路，提供我国城市健康发展的道路。

对首都发展战略的几点建议

第一，首都的发展战略问题事关重大，首都的一举一动对全国有很大的影响。北京的发展有一些怎样的经验和思路都会影响到全国各地。为了迎接新一轮的经济发展，提高城镇的建设水平，加速城市化的发展进程，目前全国正在积极编制新的发展规划、组织新的发展战略，这是一个很好的形势。但也出现了盲目扩大城市人口和用地规模的现象。过去全国300万以上人口的城市没有几个，按照城市越大越好的思想，300万人口以上的城市将会比比皆是。这反映我们对发展概念的理解存在一些问题。还有比如要建设许多100平方千米以上的开发区，这显然是不行的。深圳集中了全国的力量，用了10年时间，才建成近百平方千米的市区。

第二，像北京这样的大城市或超大城市，发展都离不开区域，若只就"市"论"市"，一些问题说不清楚，也解决不了。一定要将京津唐地区，或者说京冀地区联系在一起。近几年我接触了三个三角洲的规划，可以看出来，究竟如何发展都要根据自己的情况好好研究，目前有一个简单的事实就是，京津唐地区、珠江三角洲地区和长江三角洲地区之间人口数量不同，土地面积不同，但按人均国内生产总值（GDP）和人均实际收入看，珠江三角洲排名第一，京津唐地区排名第三。都是城市密集地区，但密集的程度不同。珠江三角洲人口多，土地少，开放早，已经形成连片网络状发展。京津唐地区发展则比较松散，但按道理北京的优势最多，政治优势、

本文根据周干峙先生保存的资料整理，写作时间为2003年7月25日。

人才优势都在北京，但北京的经济指标和生活质量恰恰不是最好的，究其原因，区域的整合不够可能是原因之一。珠江三角洲开放比较早，其经济已经自然形成明确的分工和协作关系，一城一镇都形成了自己的特色。行政壁垒越往南方越薄弱。这一条如果不冲破，将会影响当地的发展。因此，北京的发展不能仅谈北京，要和北京周边结合起来。

第三，北京的发展最重要的是要突破原有的模式，也就是"向心式过分集中"的模式。原定北京为四个中心——政治中心、经济中心、教育中心、文化中心，现在还要增加旅游中心、体育中心，等等。这种集中模式值得商榷！现在要扩建首都机场，为什么不能在天津和廊坊之间建设新机场？这样既可以兼顾北京和天津，又可以发挥京津高速公路的作用，还可以将北京以东的卫星城镇结合起来，使廊坊周边的三河等城镇都能串起来，这样北京就会形成一个扇形向外发展的态势。首都机场作为7000多万人次使用的航空港，其旅客运输量将是世界第一，但过分集中的交通、安全、服务设施等将带来一系列的问题。

第四，北京的发展必须考虑北京的现实情况，发展既不能撇开原有的基础，又不能局限在原有的市区。重构历史上"梁陈方案"的模式也不太可能。

《深圳2030城市发展策略》

——大有可为、大有希望的开始

自20世纪80年代负责编制深圳经济特区的总体规划以来，我长期担任深圳市城市规划委员会的首席顾问，一直关注着深圳的城市建设。作为深圳经济特区20多年来城市规划建设的见证者和参与者，我与深圳结下了不解之缘。

深圳这个由政策引导而发展起来的新兴城市，在短短时期内，从一个落后的边陲小镇发展成为一个具有特殊作用的新兴大城市，有许多重要经验。1984年开始编制、1986年批准实施的《深圳市经济特区总体规划》，是影响深圳的一个重要规划。深圳经济特区300多平方千米范围内的空间结构、土地利用、交通骨架、城市风格，以及市中心区、盐田港、深圳机场、广深高速等城市建设计划均由此奠定。这一规划获得了新中国成立以来全国第一个总体规划一等奖。这是我们中国人自己做的，凝结了众多专家的智慧，是专家和深圳市政府密切合作的结果，规划从现在看还是不落后的，是我国城市规划和建设的一个成功范本！深圳市总体规划还获得了国际建筑师协会首次授予亚洲的"城市规划荣誉提名奖（阿伯克隆比奖）"，深圳也因此成为世界少有、亚洲首次获得阿伯克隆比奖的城市。

深圳规划恰当地利用了地形狭长的特点，结合自然山川，依山

本文根据周干峙先生保存的资料整理，写作时间为2007年4月。

就势，因地制宜，从东到西依次布置了五个组团：沙头角—盐田、罗湖—上步、福田、华侨城、南头—蛇口，内设18个不大的加工区。既可按不同组团确定不同开发次序重点，又可在组团内部分期分片集中开发。做到规划一片，开发一片，成功一片。直至今日，深圳在城市空间上沿袭的仍是这一布局。

2001年开始，深圳市规划局和中国城市规划设计研究院编制的《深圳2030城市发展策略》（以下简称"深圳2030"）是在国家和深圳都处于战略转型时期做出的一个纲领性文件，是对应"香港2030发展策略"所做的一项工作，具有很强的前瞻性和指导性，是深圳充满希望的开始。发展策略为深圳提出了三个发展时序，即从高速成长期，逐步进入高效成熟期，进而走向精明增长期。还提出了国家级高新技术产业基地、区域性物流中心城市、与香港共同发展的国际大都会的功能定位，这都是十分重要的。"深圳2030"指出未来深圳必须在"科学发展观"的指导下实现城市发展从速度规模型向效益质量型的战略转型，从单纯的经济增长转向全面、协调、可持续的科学发展。在空间发展策略中提出了存量优化和空间集约利用的对策；在社会发展方面，提出了创造公平、和谐、温馨的社会环境，增加城市对市民的凝聚力和归属感；在生态发展方面，提出了严格保卫生态控制线、保障城市营运安全、提高资源利用效率、促进人与自然的和谐等；在节约型城市发展策略中提出了发展低耗能产业、制定节约型城市的建设标准和规范，以及有选择地发展资源低消耗的新兴产业等内容。上述内容都深入地体现了"科学发展观"的理念，并与"和谐深圳""效益深圳"的目标相一致。

总的来说，我还认为深圳已经经历了我国改革开放的第一轮规划建设。目前，正面临第二轮的规划发展。新一轮的规划建设和第一轮情况不同，但同样有一个历史任务，就是要为建设一个改革创新的城市取得新的经验。这是因为深圳同时具备两个条件，这是国内其他城市所不具备的：① 毗邻有最近的国际大城市，背靠有活力强大的经济地区；② 具有20多年完整的改革开放的经验。深圳规划下一步已经不再是搭架子、铺摊子，而是对内整治、改善、健全、提高，对外统筹、顺畅、协同、互补。无论规划、设计、管理仍然要深化改革，工作的深度、广度、细度，以及综合性、主动性、灵活性等方面仍然是一个很大的舞台，大有可为、大有希望。

城市发展战略研究一直是规划工作中的一个热点话题，而且城市发展战略也已经普遍成为一种城市中长期发展规划的类型。现有的《城市规划法》和新出台的《城市规划编制办法》，还没有对城市发展战略研究的地位和作用作出明确的解释和定位。"深圳2030"的编制是在广泛学习国内外战略规划经验的基础上，立足于深圳的现实，不断探索和创新的过程，"长路思远，步步求索"，这是非常必要的。相信其中的一些探索将为其他城市的发展战略研究提供有益的借鉴。

城市规划

西安市城市总体规划设计说明书

一、西安市现况

　　西安是一座古城，位于关中平原，北濒渭河，南临终南山，东有浐河、灞河，西有皂河、沣河，形势优美，历代在此建都的有西周（镐京）、秦（咸阳）、西汉、前赵、前秦、后秦、西魏、北周、隋、唐等朝。现在西安城为公元582年（隋文帝开皇二年）创设之"大兴城"，至今约1371年，公元904年（唐哀帝天祐元年）唐迁都于洛阳后，驻宫佑国军节度使韩建以唐皇城为基础重建，后于元代被称为"奉元城"，1370年（明太祖洪武三年）加以修整，之前即已改名"西安"。

　　西安现辖市区，东至浐河，西至皂河长18千米，南至曲江池，北至十里铺宽约13千米，面积约234平方千米，其中建城区为16.87平方千米，占总面积7%，郊区为217.13平方千米，占总面积93%。

本文为周干峙先生1953—1954年参加西安市城市总体规划工作的规划说明书，该说明书由西安规划工作组编写，万烈风先生为西安规划工作组组长，周干峙先生为副组长，周干峙先生是该规划说明书及西安市有关规划图纸的主要完成者之一。

据《陕西省西安市规划资料辑要》（1961年5月），西安市初步规划（1953年3月至1954年1月）的主要参加人包括"万烈风、周干峙、何瑞华、张友良、胡开华、魏士衡、徐巨洲、陆时协、唐天佑、赵瑾、姜伯正等30人左右"，西安市详细规划（1954年至1955年10月）的主要参加人包括"万烈风、张友良、胡开华、周干峙、李济宪、赵垂齐、董绍统、申文成、赵淑梅等30人左右"（参见《陕西省西安市规划资料辑要》（1961年5月），来源于中国城市规划设计研究院档案室，案卷号：0972，第11页）。

本文根据中国城市规划设计研究院档案室的档案资料整理。资料来源为西安市人民政府城市建设委员会编制的《西安市城市总体规划设计说明书》（1954年8月29日），来源于中国城市规划设计研究院档案室，案卷号：0925，第11-16页。

市区内人口1949年为556944人，新中国成立后由于工业的恢复和发展，人民生活条件的改善与提高，卫生保健事业的发展，1954年增至80万人，五年内增加243056人，比1949年增加44%。其中城市人口约687000人，占全市总人口86%。市民多为汉族，约占97%，回、藏、满等族约占3%。

1．工业

总的情况是手工业比重大，大工业基础薄弱。

（1）大工业

根据调查统计，全市现有16人以上国营、私营、公私合营的工业企业约八九十户，职工29526人。其中化学业16户，2314人；建筑材料业5户，4338人；金属加工业25户，4300人；印刷业9户，1675人；木材加工业5户，1319人；动力2户，728人；动物制品加工业2户，2353人；纺织业17户，7289人；食品加工业10户，1515人；其他工业2户，3695人。其产品多销往陕、甘、宁等地城市与农村牧区。

（2）手工业

全市共6370户，从业人员26426人。其中大型37户，小型1103户，个体5230户。包括：冶炼20户，178人；金属加工1272户，3690人；化学7户，34人；玻璃8户，139人；橡胶加工106户，211人；建筑材料281户，5408人；木材加工703户，2269人；手纺1783户，7788人；缝纫1183户，3127人；皮革及皮毛156户，474人；油脂肥皂、香料化妆品82户，238人；食品203户，835人；印刷54户，396人；科学艺术制品191户，791人；其他生产部门321户，848人。其特点是个体比重大，占总户数82.1%，零星分散，资金薄弱，加之工具简单，技术落后，产品质量差，经营管理不善，保守性强，成本高，价钱贵，所以发展极不平衡，动荡性大。

其产品约1000多种，多系日用必需品，服务于本市及陕、甘、宁等地的农村及牧区。

2．商业

西安为西北之贸易中心，区域广阔，西至新疆，东至沿海各地，南至四川，输入大于输出。据铁路局统计，1953年输入为1209949吨，主要为燃料、工业品、建筑材料、布匹等；输出为286712吨，主要为棉花、粮食、植物油、布匹、农具等。

3．交通运输

西安是西北和全国各地联系的重要交通枢纽。铁路有陇海路横贯东西，西至兰州，东至华东、华北、中南各地。公路有川陕路经宝鸡通成都，长坪路通至河南西坪，西兰路直达兰州，咸榆路经咸阳至榆林。空运有北京至西安线，西安至重庆线，西安经兰州至苏联阿拉木图线。

4．居民情况

居民职业大体分为四类：一为国营、公私合营与私营企业、建筑业、运输业中的职工，中央与省级党政群系统中的工作人员及在专科以上学校学习的学生和教职员工等约占21.2%；二为服务本市居民的小工业、手工业工人，零散的泥、木、瓦工，公用事业和文化、教育、卫生事业中的职工与市级机关工作人员，国营百货公司、贸易公司、合作社、私人商店及一部分小摊贩的从业人员，公安部队人民警察等共约占17.3%；三为18岁以下青少年、儿童与60岁以上的老人及残障人员共约占46.5%；四为有劳动力而无充分工作者约占15%，其中家庭妇女约98204人，半失业人口约5785人。

居住情况，据不完全统计，人口毛密度最大约每公顷600人，每人占建筑面积约5平方米。房子矮小拥挤，水、电、交通等公共设施不全，工厂与住宅混杂，均极影响居民的生活与健康。这种情况反映了旧城市是不能满足人民的需要的，必须有计划有步骤地逐渐改善，增加住房，以满足劳动人民日益增长的要求。

二、西安市地理气候特点

1．概述

西安位于东经108度55分54秒，北纬34度15分24秒。市区高度以大沽中等海平面为准，一般海拔400米左右，为西北各省最低地区。市区内大体东南高，西北与西南低，呈箕状，最高处海拔690米，最低处海拔307米。

2．气候

据西北气象处资料：

（1）雨量

西安地区雨量稀少，降雨多集中在7月、8月、9月三个月，据1932—1951年记载：年总平均雨量561.2毫米，最高年份1938年达817.8毫米，最低年份1932年为285.2毫米，历年月总平均雨量见表1。

西安历年月总平均雨量 表1

月份	1	2	3	4	5	6	7	8	9	10	11	12
毫米	4.5	11.1	21.0	38.7	56.3	44.7	83.0	95.8	118.9	56.3	22.3	6.8

（2）温度

西安属大陆性气候，气温变化大。据1932—1951年记载：年取暖日数平均约87日，年平均温度14.0摄氏度，最高年份1934年7月达45.2摄氏度，最低年份1948年1月为–19.1摄氏度，历年月平均温度见表2。

西安历年月平均温度　　　　　　　　　　　　　　　　　　　　　　　　　　　　　表2

月份	1	2	3	4	5	6	7	8	9	10	11	12
摄氏度	-0.8	2.5	8.7	14.9	20.8	25.9	28.1	26.2	20.1	14.3	6.9	0.8

（3）湿度

据1932—1951年记载：历年平均相对湿度为67%，历年最小相对湿度为1944年3月的6.3%，历年月平均相对湿度见表3。

西安历年月平均湿度　　　　　　　　　　　　　　　　　　　　　　　　　　　　　表3

月份	1	2	3	4	5	6	7	8	9	10	11	12
%	67	67	62	63	60	56	64	70	77	75	74	72

（4）霜、雪、冰期

据1932—1951年记载：初霜最早为1945年10月2日，终霜最晚为1941年4月29日。初冰期最早为1951年11月6日，终冰期最晚为1951年3月29日，初雪期最早为1950年11月4日，终雪期最晚为1934年4月12日。降雪日数年平均8.3日。降雪厚度除1929年达3分米外，一般为2分米左右。

（5）日照及降雾

据1933—1951年记载：年平均日照1718小时，一日内最长日照为13小时。历年最多降雾日数为1948年达31日，最少为1936年仅1日。

（6）风向与风速

一年中常风向为东北与西南风。据1951—1953年记载：东北风占18.32%，西南风占13.36%。据1940—1951年记载（1940年以前风速系按风级估计）：最大风速为1941年4月22.6米/秒。

（7）地层冻结深度

市区冻结深度距地面很浅，地层冻结深度一般约1分米，1929

年最深达5分米。

3．河流

据黄河水利委员会、西北水利局、陕西省水利局资料（各河流水文站基点不一，省水利局正在校正中）：

（1）渭河

据1940—1952年咸阳水文站记载：历年平均流量163立方米/秒，最大流量1940年8月3690立方米/秒，最小流量1941年6月4立方米/秒。最低水位1940年6月383.32米，最高水位1951年9月385.44米，平均水位383.27米。据1953年记载：最高水温33.8摄氏度，最低-2摄氏度。

（2）灞河

河床沙底，宽0.7～1.5千米，两岸有堤，河床未发生过变更。据1947—1952年灞桥水文站记载：历年平均流量约17.03立方米/秒，最大流量1951年9月约达257立方米/秒，在5月、6月间常干涸。平均水位386.3米，最高水位1946年7月388.60米，最低水位即断流。平均最大流速2.7米/秒，平均最小流速0.22米/秒。结冰期多在12月、1月，历年结冰最大厚度1929年达0.50米，最小0.10米，最大凌速0.87米/秒，最小0.60米/秒。据1953年记载：最高水温36摄氏度，最低-0.2摄氏度。

（3）浐河

河床沙石底，两岸杂草芦苇，冲刷不大，水深一般约0.6米，干涸期多在5月、6月长达20天。历年洪水以1953年为最大，50米内秋苗菜蔬被冲，淹没地区两岸达1千米左右。据1936—1952年浐桥水文站记载：最高水位1948年10月385.15米，最低水位即断流，平均水位383.35米，平均最大流速1.24米/秒，平均最小流速0.36米/秒。据1947—1953年记载：最高水温42.5摄氏度，最低1948年为−18.2摄氏度。

（4）沣河

据水寨村和秦渡镇水文站1942—1953年记载：最高水位1949年9月398.13米，最低水位1943年1月395.26米，平均水位395.76米。最大流量1949年9月273.4立方米/秒，最小流量1951年6月0.10立方米/秒，年平均流量12.9立方米/秒。

（5）潏河

据秦渡镇水文站1936—1952年记载：最高水位1937年8月398.95米，最低水位1942年7月393.95米，平均水位396.84米。流量1942年前无记载，最大流量1949年7月190.62立方米/秒，最小流量1952年5月0.10立方米/秒，年平均流量10.84立方米/秒。

（6）皂河

无水文记载，河宽5～6米，深2～3米，河床黏土底，部分地方含有少量砂砾，两岸为农田、草木丛生，不易冲刷，河道未发生过变更，历年洪水以1935年为最大，渔化寨下游地区，两岸淹没地200～300米左右，天旱时水即干涸，约七八个月。一般冻结0.7分米左右，1929年冻结、河水冻干。

4．地质及地下水

根据市建设局勘测队资料：

（1）西郊区

该地区地层属第四纪次生黄土沉积地带，经新老河流多次冲刷沉积，地表为新冲积层。由地面起厚约十米，土粒细致均匀，有柱状节理，能形成悬崖绝壁。次为砂土层，夹杂于黄土层中，接近于河流渠道，砂径约1/3厘米，体积占20%，厚度不一，约在0.3～9.0米，土质松软，遇水即散，挖掘后陡坎多呈竖立破裂现象。据部分地区试验资料：土壤最大承压力一般约在3.15～8.90千克/平方厘米（1千克/平方厘米≈0.1兆帕），地下水流向与地面大体相同，距地面最深者10.5米，最浅者0.7米，大部分地区距地面3米以下。

（2）东郊区

该地区大部为黄土层。厚10米以上，无冲积层次，土粒均匀，不含砂粒，富柱状节理，能形成土桥悬崖绝壁。次为冲积层。多于浐河、灞河附近，土粒结构与原生黄土无异，唯成分中含有大量砂粒。土壤据部分地区试验资料：最大承压力约在3.37～5.20千克/平方厘米。地下水位除浐河、灞河较浅距地表3米左右，一般均距地表10米以下。

（3）南郊区

该地区大部为黄土层，厚10米左右，另外极少部分夹有1～5米砂土层。土壤据部分地区试验资料最大承压力一般约为2.9～7.5千克/平方厘米。

（4）城关区

该地区大部为黄土，厚10米左右，唯地面下3米左右土壤大部不甚规则，多为碎砖瓦及垃圾。土壤据部分地区试验资料最大承压力一般约为3.50～6.05千克/平方厘米，地下水位多距地表7.00～14.50米。

市区内地下水质，据市自来水厂化验资料：总硬度10～300，永久硬度普通0～60，碱度200～300。部分地方含硫化氢，西部尤甚。

5．地震

据历史记载与中央科学院研究资料，西安地区1555年（明嘉靖三十四年）地震较烈。烈度暂定为7度。

三、西安市发展的经济根据

1．经济资源概况

（1）矿藏

西安附近地区，渭北有煤，储煤量约为719.5亿吨，陕南蕴藏有铁，陕北蕴藏有石油，现正在大力进行勘测钻探，将继续有新的发现。由于过去工业不发达，地下资源情况不清，现勘查工作正在进行，将来定会发现丰富宝贵的矿藏。

（2）农作物与经济作物

棉：关中平原，棉花产量高、质量好，为全国著名棉产区。1953年统计，陕西省年产170834762市斤（1市斤＝0.5千克）。

麦：关中平原为渭河冲积平原，土质肥美，为陕西省之农业丰产地，据陕西省农业厅统计1953年全省产麦量为3485015856市斤。

2．五年工业发展计划

从1953年开始有计划的经济建设。根据第一个五年计划的基本任务，西安工业建设的任务是巨大的。根据各工业部门供给资料，在西安新建21个大企业，其中属于141项的15项（占10.63%），均要在第一个五年计划期内完成或基本完成，西安是国家第一个五年计划中的重点城市。

（1）中央工业部门建厂计划

① 第一机械工业部新建四个大型机械制造厂，见表4。

第一机械工业部新建四个大型机械制造厂的情况 表4

厂名	建设年限	生产小时	职工人数（人）	厂区用电量（瓦）	厂区用水量（吨/日）	厂区排水量（吨/日）	运输量（吨/年）	备注
开关整流厂	1956—1957年	16	5700	10000	4810	7600	95000	—

厂名	建设年限	生产小时	职工人数（人）	厂区用电量（瓦）	厂区用水量（吨/日）	厂区排水量（吨/日）	运输量（吨/年）	备注
绝缘材料厂	1956—1957年	16	1500	1150	700	640	34500	—
电力电容器厂	1956—1958年	16	600	1350	350	330	20000	—
高压电瓷厂	1956—1958年	16	1850	1800	900	900	70000	内附避雷器车间
合计	—	—	10006	14300	6760	9470	219500	职工人数包括技工学校教职员356人

② 第二机械工业部新建十个大型机械制造厂，见表5。

第二机械工业部新建十个大型机械制造厂的情况　　　　　　　　表5

厂名	建设年限	生产小时	职工人数（人）	厂区用电量（瓦）	厂区用水量（吨/日）	厂区排水量（吨/日）	厂区运输量（吨/年）	备注
八四四	1955—1958年	16	1650	5000	8100	3200	770000	—
八〇三	1955—1957年	16	5100	5200	8180	3580	130000	—
八四三	1955—1958年	16	5500	12000	27050	9050	210000	—
八五三	1955—1958年	16	3900	1500	3000	缺	350000	—
七八六	1955—1957年	16	8300	2700	2300	900	70000	—
二四八	1955—1957年	16	7200	2300	1300	700	缺	—
八四七	1955—1957年	16	3000	1600	900	500	90000	—
八〇四	1955—1958年	16	6600	1800	6000	缺	140000	—
一一三	1955—1956年	16	2500	7600	1300	450	15000	—
一一四	1955—1956年	16	3700		1500	550	25000	—
合计	—	—	47450	39700	59630	18930	1800000	—

③ 中央燃料工业部新建电厂一个，扩建一个。

④ 中央纺织工业部新建七个纺织厂，见表6。

中央纺织工业部新建七个纺织厂的情况 表6

厂名	建设年限	纱锭（枚）	布机（台）	职工人数（人）	厂区用电量（瓦）	厂区用水量（吨/日）	厂区运输量（吨/年）	备注
国棉三厂	1952—1954 年	60560	1584	3116	3300	1930	23412	—
国棉四厂	1953—1954 年	95760	2436	6480	6500	1870	41900	—
国棉五厂	1954—1955 年	95760	2436	6480	6000	2140	41900	—
国棉六厂	1955—1956 年	95760	2436	6480	6000	2140	41900	—
国棉七厂	1956—1957 年	95760	2436	6480	6000	2140	41900	—
印染厂	1954—1956 年	日产 2 万匹		2026	2000	1082	198312	—
印染厂	1955—1956 年	日产 2 万匹		2026	2000	1082	198312	—
合计	—	443600	11328	33088	31800	12384（不包括空调用水）	587636	—

（2）地方工业建厂计划

根据市财委等单位供给数据，在五年内新建和扩建九个工厂，见表7。

新建和扩建九个工厂的情况 表7

厂名	厂区面积	职工人数	用水量（吨/日）	排水量（吨/日）	运输量（吨/日）	备注
黄河棉织厂	14600	900	300	—	3200	新建
小五金厂	—	干部 608	13	—	3600	新建
水暖卫厂	15000	690	20	—	10000	新建
热水瓶厂	7700	120	—	—	—	新建

厂名	厂区面积	职工人数	用水量 （吨／日）	排水量 （吨／日）	运输量 （吨／日）	备注
西秦机器纸厂	6200	245	1184	261	16000	新建
人民搪瓷厂	38150	1093 （增加）	120	—	158400	扩建
玻璃制造厂	—	600	—	—	—	新建
西北金属结构厂	—	1610	—	—	—	新建
西安纺织厂	—	750 （增加）	—	—	—	扩建
合计	—	6616	—	—	—	

（3）手工业计划

在国民经济中，手工业占着不小的比重，除一部分将被大工业代替外，还有很大部分仍要存在与发展；在国民经济建设的初期和发展大工业的同时，必须相应地发展与改造手工业，以满足农民需要；凡是供应城乡广大人民生产和生活必需品的手工业，在目前都有存在与发展的前途。

根据国家对手工业的方针，结合西安具体情况分析，全市手工业6370户按哪些为农民生产所需，哪些为农民生活所需，哪些为城市居民生活所需，哪些为工业建设所需，大体划分为该发展、该维持、该淘汰三类。

第一，需要存在与发展的共15个行业，3375户，其中为工业建设服务者有麻绳、竹藤、棕草制品、骨粉、皮胶等行业占12.7%。为城市居民服务者有熟棉、饼干糖果、体育用品、调味、豆腐粉条、榨油、木器、鞋帽、缝纫等行业占56.7%。为农民生产服务者有生铁铸造、手工金属品、黑皮坊等行业占30.6%。

第二，需要存在与维持的，为目前需要、将来则被大工业所代替，或有潜在能力、将来一定时期内亦不被大工业所代替的手工业共24个行业1364户，其中为工业建设服务者有染料、橡胶修理、麻袋、耐火材料、化学等行业占13.1%。为农民生产服务者有工农交通用具等行业占5.4%。为城市居民生活服务者有针织、油脂加工、肥皂、皮件、玻璃制品、刺绣、文具、印刷、牙刷、纽扣、寿枋、化妆品、精盐制造、土磨坊、手工纸制造、特种手工艺品、度量衡、手工金属修理等行业占81.5%。

第三，由于被大工业代替，或缺乏原料，不为城市居民生活所需而被淘汰的约有印染、手工铜、化学药品、洗毛弹毛、制毡、石灰、水泥瓦、猪鬃肠衣、缫丝、毛织等共10个行业，1631户。

3. 未来发展估计

西安市第一个五年工业建设计划与将来发展估计，成为城市规划设计的经济基础。

西安位于全国中心，是西北五省枢纽，地势广阔平坦，距离国防线约1000千米，与全国各地有方便的公路、铁路联系，有条件发展成为轻型的精密的机械制造与纺织工业城市，在第一个五年计划完成后，20年内将会继续发展。

在工业发展的同时，动力的需要也增加了，巨型的火力发电厂将随着工业的日益扩大而建立起来。

由于大规模的工业建设，随之而来的交通、文化等建设亦将有相当的发展，由于需要大量的建筑材料，因此建筑材料工业也将扩大。

在第一个五年计划实施后，估计为人民生活必需的手工业如调味、副食品、家具、碗盏、衣服修理、缝纫等及特种工艺品的刺绣、雕刻、玩具制作等，将以合作社形式组织起来，随着劳动人民日益增长的需要而存在并有一定发展。

四、西安市发展的基本指标

根据国家在过渡时期的总路线与第一个五年计划的基本任务，根据现在国家已决定在西安建设的项目与规模，根据苏联城市建设经验，确定西安市建设计划从1953年开始至1972年止，期限为20年，并考虑到发展远景。其规模的大小与用地范围是由以下各项基本指标决定的。

1．工业

根据中央各工业部门资料：

（1）机器工业

五年内西安有15个新建机械工厂，这些工厂完成后，机械工人将从现在的4300人增至79000人。估计1957年至1972年内机械工业还会增长25%以上，职工人数增至10万人。

（2）动力工业

现有发电厂2座，发电总量为18000瓦（纺织、面粉厂自备电5000瓦不计算在内），至1957年末，机械、纺织各厂每年用电量达95000瓦，加上居民生活与城市照明用电，发电量将达105000瓦以上，电业职工将从现有726人增至1500人。五年后至1972年，随着工业的发展，人民生活水平日益提高，发电量将增加一倍左右，电业职工约达2000人。

（3）纺织工业

据纺织工业部资料，五年内将在西安设置纱锭约45万枚，布机11227台，印染厂2个。再加上现有几个纺织厂的扩大和改组，五年末纺织业职工将从现在的7289人增至43000人，至1972年末纺织业还会增加一倍以上，职工约达86000人。

（4）其他工业

化学、印刷、动物制品加工、被服等类工业是随着重工业发展和人民生活水平提高相应发展的。五年内各项服务工业职工从现有的10037人增至11000人，至1972年内将再发展现在一倍左右，估计职工约达20000人。属于此类性质的手工业还会存在与发展，但大部分手纺业、迷信制品等则将被淘汰，职工将由现在11734人减至7000人。

2．交通运输事业

据西安铁路局、省交通厅、西安民用航空站等单位资料：

（1）铁路运输

目前西安仅有铁路线用地1.12平方千米，站场1.26平方千米，1953年货运量1496661吨。五年内各大工厂已开工生产，每年货运量即达280余万吨，加之西兰铁路及宝成铁路通车，西北资源开发和农村经济作物普遍高涨，五年内货运总量将达670万吨。因之，需增辟四个货站和工业区编组站。估计五年内职工将由现有4853人增至6600人。20年内增至10800人。

（2）公路运输

公路对农业改造，提高农业生产，促进城乡交流起着重要作用，今后发展估计公路职工将从现有1274人增至1800人。20年内公路运输事业将更有发展，估计职工约达2000人。

（3）空运事业

西安民用航空事业目前尚在萌芽时期，五年内将有发展，估计职工约达100人，20年内至200人。

3．非地方性机关干部

包括中央所属事业行政单位，陕西省级行政、党群、事业、军事系统在西安的机关干部：

（1）中央在西安的事业行政单位干部

中央在西安的事业行政单位现有干部30061人，据中央"撤销大区合并省市建制"的决定，除中央直属系统干部2200人及军事部门干部12000人原数不动外，其他干部将全部转至中央、省、市、工厂等部门。

（2）陕西省级系统在西安干部

根据中央"扩大省市级"的干部编制原则和省人事厅意见，省级干部五年内将从现有6764人增至9000人，20年内事业会有很大发展，但干部业务水平日益提高，故为10000人。

4．中等专业以上学校

根据中央教育部和高等教育部资料：

（1）高等学校

五年发展计划是：西北大学增到约4000人，西北俄文专科学校增到约670人，西北师范学院增到约3000人，西北医学院增到约3000人，陕西省师范专科学校增加到约2000人，共计由现有6707人增至约13000人。随着工业建设的发展，文教事业更有大规模的发展，估计至20年内高等学校学生员工将发展至约26000人。

（2）中等技术学校

根据政务院指示"五年内全国需中等技术干部五十万左右，现有中等技术学校数量与质量，均不能适应此要求，为此，须积极整顿发展中等技术学校"的精神，和现有几个学校五年内的发展比例数字，估计五年内各中等技术学校将从现有9582人增至约17000人。20年内估计还会增加，约达34000人。

（3）干部学校

干部问题是工业建设关键之一。随着工业建设的发展，提高干部政治业务水平是非常必要的，五年内行政干部学校学工人员将从现有8901人增至10000人。20年增至11000人。军事学校估计仍维持原状。

5．建筑工业

五年内全市建筑面积约460万平方米，其中：第一机械工业部各厂约577950平方米，第二机械工业部各厂约1562729平方米，纺织、燃料、文教、卫生及其他建筑250万平方米，依此任务估计，每年内需建筑工人5万人左右（不包括临时工），20年内建筑任务将会缩减，并实行机械化操作，劳动效率提高，建筑业工人将减至3万人左右。

五、市区人口发展计算与推算

城市人口计算是采用苏联"劳动平衡法"，这种方法不是从城市过去的统计资料找寻人口发展规律，而是按照国民经济发展的原则，对城市人口进行研究，把城市人口按工作性质分为基本、服务、被抚养三组。基本人口系指非为城市服务的企业、机关的工作人员，高等学校学生。服务人口是指为城市文化、生活服务的人口。被抚养人口是指18岁以下的青少年、儿童与60岁以上的老人。三组人口为一有机组合整体。根据构成城市各项基本指标，求出基本人口数量，再依基本、服务、被抚养人口相互关系，求出全市人口数量。

1．现有人口情况

现有城市人口68.7万人，按劳动平衡法大体分为四类：① 基本人口：约144353人，占全市人口21.0%，由于工业不够发展，其中工业职工、建筑职工占基本人口35.5%；② 服务人口：约119921人，占全市人口17.5%，可见市政、文教、公用事业跟不上城市发展，不能适应市民生活、文化日益增长的要求；③ 被抚养人口：

约318737人，占全市人口46.4%；④其他人口：约103989人，占全市人口15.1%，这些是有劳动力而没有充分就业的人口。总之，现在人口构成情况，说明工业不很发达是消费城市的特点。

2. 五年（1953—1957年）人口增长情况

五年内根据工业、交通运输、高等学校等发展数字，以及劳动平衡法计算结果，全市人口总数将增至100万人左右。

（1）基本人口

是决定城市规模大小的首要条件。据统计五年内增至约28万人，因建设开始阶段，工业建设为重，工业职工大量增加，且大多数为单身，因而基本人口比重较大，约占全市人口28%。

（2）服务人口

由于工业、文化大发展，市政、文教公用事业将有相应设施，在城市发展初期市政公用事业虽然不能按计划全部建立起来，但因基础差，技术落后，人力劳动多，服务人口比重还是需要提高。苏联城市建设经验，一般大城市服务人口约占20%～23%。因此估计五年内服务人口增至18万人，约占全市人口18%。

（3）被抚养人口

五年内由于人民生活水平的提高，被抚养人口会有增加。苏联大城市一般被抚养人口占45%～48%。我们确定被抚养人口占46%，约增为46万人。

（4）其他人口

由于工业发展提供了劳动就业的有利条件，大工厂除技术工人外，一般工人要靠当地解决，因而半失业者、家庭妇女有可能就业。但由于工业性质及家庭妇女文化、年龄等具体条件限制，仍不能充分就业，估计五年内就业者约2万人，尚有约8万人不能就业，约占8%。

3．20年人口推算

根据20年后对工业发展估计与基本指标，制定出基本人口、服务人口、被抚养人口间相互比例关系，推算出全市人口总数将增至122万人左右。

（1）基本人口

估计中国经济发展至1972年还不会接近苏联1952年水平。苏联城市规划专家巴拉金建议：中国城市规划定额5年内可采用苏联1947年标准，20年可采用苏联1952年最低标准，即基本人口占全市人口30%～33%。我们采用了占全市人口30%，约增至36.6万人。

（2）服务人口

20年内由于城市发展已趋于正常，市政公用事业机构、文化、生活服务设施已按计划建立起来。苏联城市建设实践已证明了这点。因而确定20年内服务人口占22%，约增至26.8万人。

（3）被抚养人口

估计因人民生活显著改善，职工家属日渐增多，社会主义人口迅速增长等因素，确定被抚养人口为48%，约增至58.6万人。

（4）其他人口

由于社会主义工业不断增长，有劳动条件的人已全部就业，不能就业者已转为被抚养人口。所以不再有其他人口存在。

六、市区用地面积计算

西安市用地是根据自然条件、城市性质与规模大小，采用社会主义城市用地标准计算的，共计约132平方千米。

1．生活用地

包括居住、公共建筑、公共绿地、街道广场用地四类，规定每人共76平方米，全市共约93平方千米。

（1）居住用地

规定每人用地33平方米，共约40平方千米。这是依据人口密度、建筑密度、建筑层数三者相互关系算出的。人口密度是依据卫生标准要求每人居住面积9平方米和建筑密度及居住面积占建筑面积百分比计算的。三层及三层以上建筑每公顷500人，二层建筑每公顷150人，田园式与单层建筑平均每公顷125人。建筑层数高低对城市经济关系很大，适当地提高建筑层数可以降低城市造价和管理费用。建筑层数是在地质条件许可，符合经济方便与建筑艺术要求、并不妨碍市民健康的原则下规定的。市民七成住三层及三层以上建筑，两成住二层建筑，一成住田园式单层住宅。根据确定之人口密度与建筑层数计算：三层及三层以上建筑用地占17平方千米，二层建筑用地占9.6平方千米，田园式单层建筑用地占9.6平方千米。共计用地约36平方千米。另加保留地10%，共计约40平方千米。

（2）公共建筑用地

指为市民服务的行政、经济、文教、生活福利设施。是根据每人占用学校、托儿所、幼儿园、医院、诊疗所、浴室、洗衣房等标准计算的。西安是文化中心，省级学校、行政机关很多，影响公共建筑比重提高，故采用公共建筑用地每人12平方米，共计约15平方千米。

（3）公共绿地

是指中央公园、区公园、花园、街心花园、林荫道等。公共绿地是市区内重要组成部分，对城市环境卫生、气候和市容影响很大，用地比重是随着城市规模的扩大而增高。西安属大陆性气候，干燥而多变化，所以绿地采用每人15平方米，共计约18平方千米。

（4）街道广场

因街道系统采用棋盘式布置，街坊面积一般是6～9公顷，所以影响道路面积所占比重降低，估算结果共计约19.5平方千米，约占生活用地21.1%，每人平均占16平方米。

2．工业用地及其他用地

分为基本工业、服务工业、铁路、仓库、卫生防护地带等用地，根据西安发展的工业性质和苏联用地定额制定标准。

（1）工业用地

工业用地标准与城市规模大小无关，是由工业种类性质决定的。根据苏联城市建设经验证明，一般城市冶炼工业用地每市民20平方米，纺织工业用地每市民10平方米。西安大部为机械与纺织工业，用地面积较小，因而基本工业采用每市民15平方米，共计约18平方千米。服务性工业是为本市工业与市民生活服务的，根据苏联经验服务工业用地每市民约5平方米，共计约6平方千米。共计工业用地面积约24平方千米（不包括备用地）。

（2）铁路用地

指车站站场、工厂专用线、信号站等用地，据中央铁道部站场设计局资料和苏联铁路用地标准计算，铁路用地约占生活用地8%，共计面积约7.4平方千米。

（3）仓库防护带用地

指国家基本仓库、工厂、自来水水源、污水处理厂防护带用地。西安大部为机械、纺织工厂，对居民有害影响不大，根据苏联经验研究后，制定仓库防护带用地约占生活用地面积8%，共计面积约7.4平方千米。

七、市区发展地区选择的根据

西安市总体规划设计主要是基于下列五个原则：

① 在城市原有基础上发展，并在市区扩建过程中对旧城逐步加以改造，使之适合于新的社会生活要求；

② 要保证工业、企业有良好的生产活动和发展条件，同时要有方便合理的居住地区；

③ 为居民规划最美好的生活居住地区，尽可能建设足够的社会生活和公共福利设施；

④ 为争取城市建设投资的充分经济合理；

⑤ 要能充分利用自然条件和建筑艺术来建设美丽的城市。

西安是有悠久历史的古城，陇海铁路横贯城北，市区向北发展受到阻碍，因为城市若被铁路干线分割是极不方便，也不经济的。且城北偏西部分为汉城遗址，中央文化部决定在未发掘清理前，不得进行建设，在城南东自浐河西至皂河160平方千米广大地区内，地形平坦，土壤最大承压力在每平方厘米2.9～8.9千克，很适合于工业及住宅建设。且该地区处于东、南、北微有起伏的龙首原、少陵原与神禾原的环抱之内，并南向终南山，前后左右都有良好的自然地形可利用作为园林风景地带。唐时长安城即建于此地区内。因此，确定市区在原有基础上首先在铁路与城区以南发展，东自浐河西至皂河之间为扩建地区，城北则作为发展备用地区。

八、工业区与土地使用分区

全市土地的合理使用是社会主义城市建设的一个重要原则。工业区与工厂的布置对于城市规划关系最大，影响其他用地的布置，也关联到城市长远发展方向。因此在布置工业同时就研究确定了城市远景规模与不同性质用地的分区。

1. 厂址选择与工业区

第一个五年计划内决定建设纺织印染厂7个、电厂1个、机械制造大型工厂14个。除第二机械工业部八〇四厂位于城东17千米灞河滨、八五三厂位于城北13千米渭河滨外，其余各厂均位于城市附近，分布于东郊工业区内有二四八、七八六、八四四、八四七、八〇三、八四三等厂，分布于西郊工业区内有一一三、一一四厂，与第一机械工业部高压开关、绝缘材料、电容器、电瓷与避雷器五个电工器材厂。这些均属精密仪器、精密机械、金属加工及电器制造工业。纺织、印染三个厂位于东郊工业区北部，四个则与电厂位于浐河、灞河河间地区内。如此布置的优点如下。

（1）首先均能满足各企业本身的一般要求

① 地形平坦易于排水，各厂区坡度均在1%～2%以下，基本上没有平整土方工程，都有足够的排水坡度。② 地质条件良好，土壤最大承压力约每平方厘米5～6千克。地下水一般均在地面6米以下，即在西郊皂河附近的厂区也在4米以下，无地下水过浅的危害。③ 工厂引接专用线方便，东郊由田家街附近编组站引出，西郊由西货站引出。④ 工厂与市内外公路交通便利。⑤ 工厂附近有良好的居住地区，工厂有害气体不能侵入，并靠近城市，能获得福利设施及公用事业的便利。⑥ 工厂有发展余地。

（2）满足了企业与企业间相互生产与服务协作的要求

西郊工业区五个电工器材厂当作一个联合工厂布置在一起；一一三与一一四也布置在一起。东郊工业区二四八、八四七、七八六、八〇三、八四三、八四四等厂因服务与生产协作的关系而布置在相邻地段。

（3）合于城市卫生规定

精密机器制造厂本身高度净洁，则布置于居住区上风。二四八厂不需用铁路支线且建筑精美，则布置于居住区内。有危害性的工厂布置则远离市区。按照苏联标准三级工厂防护林带最宽只需300米，一般不需防护林带。

（4）合于防空安全规定

较有危险性工厂则布置于较为隐蔽地段，防空间距一般都有600米，至少也有300米，个别危险性较大的工厂则布置于市区外十六七千米的边缘地区。

（5）合于城市建设紧凑经济的原则

除浐河、灞河间纺织区距市内较远外，其余大部分较平均地分布于东西工业区内。工人住宅区布置也较平衡而与城市相连，减少公用事业投资并能满足工业与工人生活的需要。

2．工业发展备用地区

全市工业用地面积共32平方千米（内包括有少许低洼不能建设地段），由于第一期厂址的决定，东西工业区已经形成，东西郊工业区面积各为13平方千米，工业发展备用地区则有城东北郊工业区约2.5平方千米和西南郊工业区约4平方千米。东北郊工业区靠近城市中心部分，地区内地形略有起伏，但地质优良，地下水位在地面10米以下，铁路支线便于从东编组站引出。该区内已有大华纱厂。西南郊工业区有良好的自然条件，地形平整无起伏，地下水位在地面下5米左右，铁路支线由西郊工业区内便于延伸引入。西南郊工业区与其相应的住宅区，使城市组合完整，使上、下水道等公用事业设备布置有可能成为完整的系统，合于城市建设紧凑经济的原则。且工业区与住宅区有向南并行发展的余地，在发展上具有伸缩性。其缺点是地处下风向，在该工业区内只允许布置散布有害物质较少的企业，并在不同企业的具体排列上避免对住宅区的影响，必要时则布置卫生防护林，与居住区保持一定的间隔。

工业区的布置是为第一期建设及以后新建企业准备适当的地段。在今后布置重要企业时要在现有基础上按照防空规定分散布置，但将没有严格防空规定且需用铁路支线的中型工厂则分别布置于大企业间的空隙地段，使工业区保持紧凑，在建设上达到经济。将为城市服务的且对居住区无危害的小型工厂则分别布置于居住区内街坊地段。

3．交通运输地区

城市工业与居民数量增加，城市交通运输事业则需相应的发展。

（1）铁路用地

是与铁道部设计局共同计划的。根据东西郊工业区具体布置与运输量的增加，并估计到陇海路有可能将改为双轨，通往陕北的咸铜支线有必要在西安入站，因此计划将旅客站和货运站分开。现在东站稍加发展，作为旅客总站，能服务于一百几十万人口的需要。现在西站将扩建为大货站，设有编组站、调车场、货站、机务段等部分。其用地范围，东西长约4.6千米，南北宽约400～600米，面积约2.3平方千米。并为了东郊工业区运输及铁路管理上的便利设东编组站，长3千米，宽150米，面积约0.5平方千米。工业区内必须设小编组站或信号站，其具体位置与用地大小须根据工厂企业设计后再行确定。西郊工业区的专用线直接由西站引出，所经地区地形平坦，均在专用线的允许坡度1%以内，基本上无大的土方填挖工程。东郊工业区专用线将由东编组站引出，所经地区内有局部土方工程。铁路用地除站场外，还包括干线两旁各25米及专用线两旁各20米地带。工厂企业专用支线的位置原则上沿工业区外缘，避免与城市干道交叉妨碍交通。

（2）公路交通用地

对外公路保存利用原有公路，西向有西兰路，东向有西潼路，都是有长久历史的公路。北向有公路通陕北，南向有公路通南山及休养地区。西南向有西鄠路通鄠县。但路基均很差，将来需要加以整修。计划中公路旅客总站置于城北与火车站相对的地段。

（3）空运方面

现有西关外机场系军民合用，距市中心区极近，彼此妨碍发展，起飞及降落均低越城市上空，且现有设备很差，无永久性的跑道等，所以计划迁出。计划中的民用机场保留北郊与西郊两处，北郊的距城区8～9千米左右，地形平坦，村庄稀少，并位于灞河与渭河交汇地带，有最显著的起落方位。军用机场则另设他处。

4．居住地区

居住地区是城市用地中最大的一部分，关系着全市居民的全部生活。全市生活用地共93平方千米，分布于旧城区及东、南、西三个方向，所占地段大致在唐长安城的位置上。居住地区集中而构成整体，公用事业及福利设施有可能取得最经济合理的布置。居住区内地形地质都宜于建筑，并可利用历史上的名胜古迹及自然地形建设为居民服务的公园绿地和各项文化设施。

居住区分布要便于居民和工作地点联系。东西郊工业区与居住区的规模大致平衡，东郊住宅区约23平方千米，西郊住宅区约26平方千米。旧城区为全市中心，为行政机关与军事机关集中地区，城内与城南地区即为工作人员住宅区。南郊为文教区。铁路北主要为北郊的工业仓库及铁路职工住宅区。

在北郊与浐河、灞河以东的三个工人村为西安市的一部分。两河间纺织工人村，人口约4万～5万，面积约3.4平方千米。四周景色美好，地处高爽，是良好的住宅区。灞河以东洪庆区工人村人口约1.5万，面积约1.5平方千米。北郊渭滨区工人村人口10800人，面积约1平方千米。工人村内公共福利事业自成独立系统。

社会主义的城市不同于资本主义城市中心与边区的对立，福利设施只为少数人服务，今后市内的各种文化福利设施必须平均分布于居住地区内。

5．仓库及砖窑用地

除上述地区外，因其特殊需要自成一区的有仓库区及砖窑区。仓库区内只准布置不直接供应城市需要的大型仓库，如国家物资储备性质的与转运存放的专用仓库；属于居民日常用品的小型仓库则分布于居住区内。仓库区主要靠近车站，位于西站北部及东西工业编组站旁，共计用地面积约4.5平方千米。

砖窑用地按其性质是属于服务性工业用地，以往砖窑厂是散建于地区四周，破坏了很多平整地形，不能进行建筑。计划的砖瓦窑厂用地大都分布于城区的东北、西北、东南高原地区，土质可以制坯，挖平后可进行建筑。此外部分瓦厂用地因需黏土则布置于灞桥地区。

九、总平面布置及其建筑艺术的根据

总平面布置是将组成城市的各个基本部分——道路、广场、公园绿地、水道池沼及建筑地段综合设计，以构成统一协调的整体；并力求艺术形式上的完美和富有民族气魄，以充分反映社会主义的生活内容。

1．道路系统

在进行全市土地使用分区时，对市内道路结构即作了初步研究。道路系统是总平面设计的主要骨干，是全市艺术布局的主要表现之一。

在规划道路网时，曾研究过唐长安城的布局，根据文献记载唐长安城在南北8.4千米，东西9.7千米的广大地区内，街道的布置是左右匀称的棋盘格局，主要干路的宽度为71～105米，这些南北及东西向的极度宽广的街道将市区分割成面积约20～40公顷的108个街坊。整个布局是为统治阶级服务的，表现着封建帝王的权威。社会主义城市不能和古长安采取同样的形式，但古时城市布局和建筑群体布置的雄伟气魄是应被保留和发展的。

规划中的干路网以旧城区为中心，连结着各个地区。为了与东西郊工业区及南北住宅区间的交通联系，保留与延伸城内的东西与南北向的十字大街，并将南北大街作为全市中轴线大街；东有从客站经解放路至大雁塔的干路，西有从计划的公路总站经西北三路甜水井街至烈士陵园的干路，两条干路有起有终，遥遥相对。除东西向与南北向干路外并在市区中部计划有若干环路以连系各区，在大环路以外东南地区有斜向干路直指大雁塔。干路均连系着各个广场社会活动场所。

道路系统除了表现城市艺术结构的意义外，主要是满足人民日常活动和现代繁重的交通需要。路线走向一般依附地形，避免土方工程，并给各种公用事业取得经济、合理布置的条件。计划中的干路纵坡一般均在1%～5%的标准限度内。

道路系统与绿地水系是协调的整体，林荫道及林带的布置除连系各个公园绿地外，还与路网密切结合而比较均衡分布。市区中部的环形干路是干路与水系及绿地组合的重点，在环路上水道绿地及街心公园贯穿于全线，配合着两旁的高层建筑物成为市内美丽的腰环。

市中心区内东西70米的行政大街，是为节日游行集会及行政机关日常服务的，不是贯穿东西的交通要路，需要宽广、壮观和安静；其横断面的组成也根据这个特点来制定，不能为多条的车道所分割；并为了视界的开阔，绿地应多植灌木花草而少用树木。与此类似的还有文教区的中央大街也是优美宽阔而交通量很小的大街。

市区边缘的路网是采用较灵活的方式，具有边区的"性格"。东南地区以自然地形而多变化；西南地区路网沿着水道并围绕一条轴线上的跑马场，以达到灵活而完整的效果。边区的道路应符合于市区发展，使将来扩展地区与原有市区结合能保持完整，所以南端和北端的道路采用较整齐的排列。

道路系统按苏联的一般标准分为干路及局部交通道两类：干路与干路间的间距均在600～1200米以内；局部交通道的位置及走向主要是根据街坊的大小及建筑层数的不同而确定的。局部交通道与干路网结合成整个系统，避免凌乱的组合，并照顾到建筑艺术的效果，避免绵延数千米的狭窄通路。

道路宽度根据苏联大城市规定标准，一般干路不超过50米，局部道路在15～25米间（指沿街建筑线与建筑线之间）。这是由以下几种因素决定的：① 路上交通量的多少；② 两旁建筑物的高度；③ 道路上绿化的程度；④ 街道本身具有的意义。在市内一般道路上交通量是决定路宽的主要因素，其计算有专门的方法。在规划路网及决定路宽时，因缺乏这方面的知识，没有经过全面的科学的计算，而是根据一般的研究加以确定的。居住区的街道总面积约16.7平方千米，平均每平方千米约有1.9千米之交通干路，是能满足将来交通量需要的。

最后，在规划道路时特别注意到街道建筑的艺术布置，在全市的道路系统中着重美化几条街道，给人以直接的印象。这样的街道有：市中心的行政大街，两旁的建筑物一定要有整条街道的协调的设计，保持一定的艺术水平；南北的中轴线大街要布置多种多样的建筑物，从市中心图书馆、博物馆、南城楼、区中心、大医院、大运动场以至文教区的中心大厦，成为全市最有表现性的街道；中心环路两旁要有四至五层以上住宅及其他公共建筑物，街心花园与绿地的布置也有其重点；文教区东西大街要成为优美而富有文化气息的大街。道路与建筑的重点布置使建设投资集中而适当地表现出来，愈益能增加人们劳动的信心。在一般干路两旁的建筑也要注意艺术形式，讲究"街景"的设计，使建筑统一协调而富于变化，不使人感到单调枯燥。这方面以后要作更多的工作，更要学习和借鉴苏联城市及古典建筑中的优秀范例。

社会主义城市的街道完全不同于旧城市的拥挤、喧嚣和令人不安，要使居民在日常生活中能感受到愉快、便利和丰富的美感。

2. 广场系统

广场及其周围的建筑物是城市人民社会活动的重要场所。广场系统和道路系统是密切连系着的，广场和干路组合构成城市建筑艺术的首要部分，广场周围的建筑群尤其是全市艺术结构的精华所在，它在居民社会活动及文化艺术上有着极重要的价值。和苏联城市一样，广场有系统地分布于城市各处，反映着社会主义的生活内容。

规划中的广场有以下几种基本类型：① 社会广场有全市的中心广场和各居住区及工业区的区中心广场；② 交通广场有主要干路交叉口及大停车场前的空场等；③ 集散广场有火车站、大剧院、大体育场、公园及工厂前的广场；④ 贸易广场有大百货商店及市场前的广场，这应视城市与乡村的交易情况而定；⑤ 表现建筑美的广场，为了衬托建筑艺术或表现某纪念物，如烈士纪念塔前广场。在总体设计阶段中主要考虑了各个社会广场的布置，其他类型的广场须在详细规划中再作具体布置。

广场系统中的首脑是全市中心广场，其位置选择是非常慎重的。计划中的市中心广场在城内北大街的中部，位于全市南北的主要中轴线上，也处于宽广的行政大街的正中。全市性的群众游行集会将在中心广场上市政大厦前举行。市中心广场北面有放射路与城市的大门——车站广场及公路总站相连接。现在北大街中部尚无永久性大建筑物，仅拆除电信局二层楼房一座，进行改造尚是经济合理的。市中心的位置处于全市中心之中，有条件在建筑设计上达到雄伟壮观的效果；它的形成宛如城市的皇冠，成为全市的焦点。

区中心广场位置是根据接近居民方便与地理形势均匀分布的，将全市分为12个区，每个区居民10万～15万人。区中心有区人民政府及党委的办公楼。区中心位置一般毗邻主要干路，以取得交通上的便利，也不为交通线所割裂。

在旧城区内计划有两个区中心，位于行政大街的东西两端，与大街两旁建筑物配合成整体，并与市中心广场连成一个系统而陪衬着市中心广场。两个广场位置现均无有碍的建筑物，容易改造。在城南地区将有两个区中心：一在南门外居住区内的南北中轴线两旁，成为不过分突出的中轴线上的一个内容；一在中轴线南端文教区内，与市中心相对峙，作为中轴线的结尾。

在东郊住宅区有两个区中心：一位于金花落村韩森塚大公园前的坡上，与东城楼相对，以取得建筑与自然气势相依附的效果；一位于几条干路的转折点与大环路的中部。在西郊住宅区内同样的也有两个区中心，与东郊区中心遥遥相对。这四个区中心广场均有大环路连系着。

在东南住宅区有一个区中心位于地形较复杂的高坡上,西向对着大雁塔顶,广场采用较活泼的圆形形式,与附近的低层建筑物相结合。在西南住宅区因人口较多,面积较广,有两个区中心,位于干路相连系的地点。城北部住宅区有一个区中心位于中轴线的底端。这一类接近边缘地区的区中心广场都有放射状干道直接与大环路或其他中心相连系。

区中心广场形式是多种多样的,以便居住区内建筑群体的内容丰富而协调。广场周围建筑物设计必须要能表现出我国的民族气魄和地方风格。每一个社会广场的设计都须经过缜密的选择以保证质量。社会广场周围建筑群一般应采用闭合的形式,构成内部空间,形成沉静和明显的轮廓,广场内还可适当地配以雕像、喷泉等。总之,要在各方面使广场具有吸引人的力量。

各个社会广场的规模是根据现有有名的广场实例和苏联的一般设计标准而定的。现在我国的天安门广场约6公顷;莫斯科的红场为4.96公顷,规划中的市中心广场为4.5公顷;一般区中心广场在2～3公顷,以广场周围公共建筑物的多少及建筑层数的不同而异。要避免过大的广场设计,因太大的广场在建筑艺术布置上得不到良好的效果反而使建设费及日常管理费用增大。

各工业区内也均有中心广场,其位置是按地位大致划分的;在各工业区中心广场周围将建有工厂的对外办事机关、工会组织以及为居民服务的各种福利设施。此外很多交通、集散、贸易等广场均须满足其本身的各种要求,在详细规划时要分别进行研究和设计。

3．水道系统和绿地系统

（1）水面分布

西安气候干燥,对于水面的需要是迫切的。古长安曾是渠道池沼很多的城市，文献记载唐城内曾有一百余条渠道和一百余处水池。但这些水利是建筑在剥削农民及为帝王服务的基础上的。今后引水要根据国家的计划及城市与农业的需要同时合理解决。

规划中水源有多处，均从南部引入市内。第一东南区水渠有三个水源：一是南山大峪水源；二是浐河支流鲸鱼沟水源，引水工程较为容易；三是灞河水库为最大水源，沿白鹿原跨浐河引入市区。三个水源引入市区后均经中央大环路，一北向注入兴庆池遗址而形成新的兴庆公园，再流入护城河成为活水，供人游览；一西向流入机场南端洼地形成小湖公园，再经沣惠渠排入渭河。第二曲江池水源来自南山与雨水蓄积，恢复有名的曲江池公园，北经大雁塔注入中央大环路渠道。第三为现在的龙渠，在滈河引入西南住宅区内洼地造成小湖，再流入沣惠渠，估计可引入的总水量将有每秒1立方米，可能开辟的水面面积约1.4平方千米。

在规划水道走向时主要根据下列各点：① 水面在全市平均分布，要使多数人能够享受；② 渠道和道路走向相符合，不穿过街坊内部；③ 要符合地形条件，开渠时少挖土方；④ 水道能同时排泄雨水，省去排雨管道的庞大设备。

（2）绿地布置

具有多方面意义：一能调节气温、湿度，并可以减低烟尘噪声与风速，对城市卫生有直接重要的作用；二能点缀城市，增加美丽，没有绿化的城市是枯燥的；三为现代战争证明，绿化有防御及防火的作用。

城市绿地有公共绿地、专用绿地、卫生防护绿地、郊区绿地等类别，西安市现有公园绿地面积33公顷，每人平均0.5平方米。规划中公共绿地每人15平方米，其布置分为五种：① 文化休憩公园：每居民占8平方米，文化休憩公园为居民的休憩、运动、文化教育、科学普及创造条件，满足其文化生活上的要求，公园内设有俱乐部、科学馆、展览室、剧场、运动场、食堂等，有活跃的文娱区、儿童游戏区，也有安静的休息室。公园内容是多样的。规划中共有大雁塔、小雁塔、兴庆池、韩森冢等十个大型公园，而大雁塔公园将成为全市的最大的中央文化休憩公园。② 区公园：每居民占4平方米，每个4～33公顷。和文化休憩公园相似而面积较小设施较少，全市共24个分布于各个居民区内。③ 小游园与街心花园：每居民占2平方米，每个面积0.5～8公顷，全市共54个，均匀地分布于居民区内，供老人与小孩休息散步。④ 儿童公园：有单独设立的或附设于大公园内。⑤ 林荫道：每人1平方米（不包括行道树）。

公园绿地的选择是根据：① 历史上名园或宫廷所在地，如曲江池、含元殿等；② 地形别致不宜于建筑的地段，如旧城东、西砖窑低洼地区，绿化后改为公园；③ 可能有水面的地区，如兴庆池；④ 原有公园及树木较多的地区，如扩大城内革命、莲湖、建国等公园，并将城外多树木与地形多变化地段辟为公园；⑤ 名胜古迹或遗迹的地方，如大雁塔、小雁塔、韩森塚公园等。

各个主要公园绿地以林荫路及林带连接起来，形成绿地系统，与道路系统相协调，和街坊内绿地相连接，在伸展至市区边缘时并和郊区绿地相连接。这样，使人们随处都能够接近绿地，在绿树下散步可以直到郊外，这样的绿地建设为一切资本主义城市所不具备的。

4．建筑街坊

街坊是居住地区的基本单位。街坊内一般包括有居民日常生活必需的托儿所、小学校、食堂、商店、小体育场等。街坊的组合保证了社会福利事业最有效地为居民服务。街坊设计是复杂的，在总体规划时只能根据苏联经验作一般的规定。

街坊因不同种类的建筑物而多种多样，在市中心、区中心及学校集中地区有单独办公或公共活动用的街坊，最普通的是居住街坊，只有居住建筑及一些必须分散在街坊内的福利设施。街坊的种类虽很多，但均须按照规定的合理人口密度和建筑密度来进行设计。

街坊大小的划分主要由建筑层数来决定，根据苏联1952年标准，三层及三层以上建筑的街坊为6～9公顷，二层建筑为4～6公顷，一层建筑为2～5公顷。田园式住宅街坊为10公顷，这个规定是根据福利设施的服务范围以及卫生、防火规定而制定的。街坊的大小还因建筑物的平面布置而变动。街坊面积的合理扩大是经济的，如9公顷的街坊较之6.75公顷的街坊要省去20%的局部道路面积。所以规划中的三层、二层及一层建筑的街坊都是采用最大的允许面积。

街坊设计必须要考虑我国人民的生活习惯。街坊内建筑物的平面布置，要注意周围环境，在干路两旁的建筑要沿着街道，并应为高层建筑，且底层一般作为公共建筑；只有在支路两旁才允许退后建筑。街坊平面要艺术，要充分利用地形，将建筑物分别布置，组成主轴与次轴、主楼与配楼，并构成不同的宽大院落，内院作为家务用，外院作为绿地、小运动场等。在改建地区街坊布置要尽可能地保留永久性旧建筑。街坊内部要加以绿化，和街道树木连接起来成为全市绿化系统中的一部分。街坊内的建筑物设计要依防火标准及实用原则适当加大房屋的深度和长度，因在同一建筑密度的比例下，长宽的建筑较之窄短的建筑要优越，可以有更宽广的空间，且公用事业设备也很经济。

设计良好的街坊，将是城市人民生活幸福的一个重要物质基础。

5．总平面布置中的建筑艺术问题

建筑艺术是一个复杂而具有原则性的问题，将在长期的建设过程中逐步形成。但在这方面的主要思想及由此而形成的城市群体布置则要加以明确规定。

西安市近几年的建筑在艺术质量上是低劣的。要改变这种情况，首先要纠正修建房屋仅仅为满足居住的看法，必须把建筑当作艺术来处理。其次要纠正借口任务紧迫而草率从事，将数量和质量对立起来的看法。建筑物的实用、经济、美观是统一的。美观表现着人对于劳动的加工，反映着当代的社会思想意识，同样是为了满足人民的物质和文化的需要。这是关系人民生活的事，要以严肃的态度来处理。

建筑艺术要坚决采取社会主义现实主义的方针。要能反映社会主义的思想内容，并起到教育人民群众的作用，不容许建设那些由资本主义国家搬来的没有思想内容的建筑物。要贯彻毛主席民族的、科学的、大众的文化艺术思想，反对资本主义的功能主义、结构主义思想；同时反对民族风格中的保守复古的形式主义倾向。

市内原有的古建筑物是我国人民长期劳动所创造的宝贵遗产，规划中对它采取非常尊敬和爱护的态度，保留一切有历史意义和艺术价值的文物古迹，保存和维护古建筑物将像项圈和饰物一样，增加城市的华美。在保存古建筑物的地方，如城楼、钟楼附近进行建设要与古建筑物融洽调和，取得风格上的一致。

建筑物的外貌和装饰要有地方特点，建筑色彩不同于北京与南方，应采取鲜明和净洁的色调，新的建筑物要给人以明朗、丰富的感觉。

创造优秀的民族建筑艺术是长期的、艰苦的过程，要研究我国古典建筑与外国建筑成就。要按照毛主席指示："中国的长期封建社会中，创造了灿烂的古代文化。清理古代文化的发展过程，剔除其封建性的糟粕，吸收其民主性的精华，是发展民族新文化提高民族自信心的必要条件。"今后应努力进行许多深入的学习研究工作，以创造出优秀的建筑艺术成品。

十、居住地区建筑分区

建筑层数是由下列七个条件决定的：① 城市的大小和意义；② 建设的规模和速度；③ 当地建筑材料和建筑工业的条件；④ 土壤及地震的条件；⑤ 现有及计划中的公用事业种类；⑥ 现有建筑的情况；⑦ 居民的文化生活要求和习惯。根据这些条件确定西安市建筑层数等级与使用人口的比例为：一层建筑与田园式住宅占10%，二层建筑占20%，三层及三层以上占70%。依此比例并考虑公共建筑用地的分布划分地区指标见表9。

居住地区建筑层数分区指标表　　　　　　　　　　　　　　　　表9

层类	人口密度（每公顷人数）	使用人数占总人口百分比（%）	所占居住用地		分布在居住街坊内的公共建筑用地（平方千米）	总用地（平方千米）
			总面积（平方千米）	百分比（%）		
三层及三层以上	500	70	16.8	46.5	12.5	29.3
二层建筑	250	20	10.6	28.5	2.60	13.2
一层建筑	125	5	4.8	12.5	0.90	5.7
田园式住宅	125	5	4.8	12.5	0.90	5.7

全市从经济、实用和美观原则出发确定建筑层数分区，市中心最高，往外依次减低。大环路、中轴大路等主要大路附近，一般为三层及四层以上之高层建筑。旧城区为全市中心，为党政机关集中地区，人口最密，公用事业设备完备，且要拆除原有低矮平房改

建，一般要修建三至四层建筑才合乎经济原则。在市中心部分多为公共建筑，一般为五至六层建筑物，广场前要为十层以上的建筑物。在东西工人住宅区要修建三层住宅，使居民更多地接近工作地点，减少交通费用和上下工时间。在城南建筑一般为二层。南郊文教区中央及教学地区为高层建筑，而在居住地区内则为低层建筑。西南住宅区靠近工厂区为三层建筑，接近市区边缘则为一层住宅。东南住宅区因地形起伏，多为田园式建筑。环城与铁路线附近为低层建筑住宅区。低层住宅区可有简单的卫生设备。

建筑层数分区的界线在支路而不在干路，在高低层建筑分区交接的街坊内同时有高层及低层，高层要面临道路，低层则在中间，这对居民方便，对城市经济、美观。

建筑层数分区在规划时作为人口密度分布的控制指针，在实施时允许有伸缩，高层街坊内可有个别的低层建筑，低层街坊内也可有稍高的建筑。所定的分区不是完全机械的，但基本的变动则是不允许的。

十一、市郊规划

市郊为全市一个组成部分。市郊规划在于制定一个轮廓，避免建设时因无计划而引起的不合理现象。郊区规划和城市其他各区是有机的联系，利用自然条件，合理地解决种种和城市居民生活密切关联的问题。市郊有供应居民一定数量蔬菜等的农业用地，有供休息日娱乐及休养的地带，有其他必要的市政设施用地，并保留城市发展用地等。兹布置如下。

1. 农业用地

主要为蔬菜瓜果地及牧场。蔬菜乳肉一般易于腐烂不便运输，应尽量自给自足，避免远地运输。蔬菜供应地以每人每天所需蔬菜、瓜果一千克，每亩（1亩≈666.67平方米）年产量平均2000～2500千克计，共需蔬菜地区为190平方千米，分布在浐河与皂河两岸及潏河上游与浐河、灞河间地区。牧场与牛奶场分布在西南郊和东郊。由于没有关于城市牧场的定额标准，所以牧场规模均未具体确定。

2. 城市发展保留用地

根据自然条件和社会主义远景，保留市区以北发展用地约70平方千米，工业区保留于灞河西岸与汉城遗址一带，居住区则位于中间地段，均能与市区紧密结合。保留区内不准随意取土和建永久性的建筑物。

3. 文化、休养及森林地带

西安附近有很多历史遗迹及风景地区，可以建成森林和休养及游览地区。南郊五台山、翠华山、汤峪等均是很好的游览及休养地区。少陵原的杜曲、韦曲一带是历史上的风景地区，还留有一些古建筑遗迹，可作为离城较远的休养院及少年夏令营用地。这些休养、游览地区都为森林绿带与城市住宅区连接。西郊皂河中游的渔化寨及丈八沟有条件发展为郊区公园，北郊未央宫遗迹可筑成郊区公园，郊区公园将由市环城林带连接起来，为市区营造良好的气候和风景地带。

4. 市政工程设施用地

有水厂、污水处理厂。南山辋峪、大峪等水源地及引水管道经过地区均为保护地区。储水库位于狄寨区高地上。全市污水处理厂的位置在汉城、周家河湾附近，污水经处理后排入皂河。在东郊独立工业区分设小型污水处理厂，处理后分别排入浐河、灞河。

5．郊区的建筑用地

有电台、兵营、飞机场等。电台布置因其规模与性质不同，一般都需要空旷开阔的地区并要远离南山，因此确定在北郊、南郊大雁塔南高地及西郊三桥镇南为发讯台区域。兵营位置选择在城北住宅区外及灞桥车站南部交通方便的地区。军事干部学校则设在南郊接近住宅区的地区。民用飞机场位置在北郊或西郊。

6．公墓用地

按每千居民占地0.12公顷计算（每墓约5平方米），共需用地210公顷。为了居民便利，分设三处，北郊公墓在未央宫北的地区；南郊公墓在韦曲北的高地上；东南公墓在缪家寨以东的高地上。这些地点都是地势高爽视界远阔。

7．建筑材料供应地区

沙子来源主要在浐河、潏河，有公路直运市内各地。石料的来源现为华县莲花寺，将来可在南山峪口，选择质地坚硬的峪口辟作采石厂，用轻便铁轨，运往市区。这将视建筑需要而有计划地开辟。

8．市区界线

市界是根据城市本身的大小、郊区的范围、周围的自然条件以及行政管理而确定的。苏联城市郊区的面积与建成区的比例一般为4：1或5：1。规划中市界为北至渭河、东至灞河并包括灞河以东的一个工人村、西至沣惠渠以西约1.5千米、南至南山，包括部分山地，总面积约为940平方千米。

十二、城市造价估算

西安市总体规划实施采取分期扩建与逐步改造的方针。大体分为三大时期，每期还需根据国民经济计划详细制订。

1．远景计划（1972年以后）

（1）全市建筑面积

1952年底为351.78万平方米，1953年新建45.4万平方米，共计为397.18万平方米（除军队住房及少数草房未计外，包括一切建筑在内）。其中住宅建筑估计占80%，为317.75万平方米，每人平均建筑面积约5平方米。估计居住面积占建筑面积60%以上，有居住面积195.5万平方米。远景计划每人9平方米，保留原有居住面积约1/3，需新增加1014万平方米，合计居住面积1080.8万平方米，建筑面积2029.6万平方米。

（2）公共建筑

根据调查及对公共建筑与住宅建筑比例关系推算，全市现有公共建筑面积约88.8万平方米。远景计划保留现有公共建筑60%，约有53.3万平方米。远景计划每人4平方米，需新建公共建筑435万平方米。

（3）各种公共事业工程设施

是根据总体规划方案进行规划的。总造价为337852.1亿元，住宅、公共建筑占82%，其他各项公用事业工程设施占18%。

2．七年至十五年计划（1960—1972年）

（1）住宅建筑

计划保留现有居住面积的2/3，并将总人口内87万人的居住水平提高到每人6平方米，共需新建建筑总面积约为1050万平方米，逐年修建量为52.5万～70万平方米。

（2）公共建筑

计划保留现有公共建筑88.8万平方米的70%，约62.2万平方米。根据公共建筑与住宅相适应发展的比例关系，确定每人公共建筑为2.2平方米。新建公共建筑总量为206.2万平方米。逐年修建量为10.23万～13.5万平方米。

（3）各种公共事业设施

是根据十五至二十年市区发展范围进行布置的。总造价为183943.3亿元，住宅、公共建筑占总造价的78.18%，其他各项公共事业设施占12.82%。

3．七年计划（1953—1959年）

（1）住宅建筑

计划全部保留现有居住面积195.5万平方米，维持现有居住水平。新增的25万人（不包括利用率人数），每人居住面积4.5平方米，新建建筑面积建成后，全市建筑总面积将达542.75万平方米，每人平均居住面积约3.2平方米。

（2）公共建筑

计划全部保留现有面积88.8万平方米，新增的25万人，每人平均增加0.9平方米，新建公共建筑面积建成后，全市将达122.3万平方米，每人平均1.22平方米。

（3）各项公用事业工程设施

是根据第一期修建范围进行建设的。总造价50592.9亿元，住宅与公共建筑占总造价的73.8%，其他各项公用事业工程设施占26.2%。

附　件
一、西安地区自然资料一份
二、西安地区经济资料一份
三、西安市给水工程计划说明书一份
四、西安市排水工程计划说明书一份
五、西安市交通运输计划说明书一份

六、西安市电讯管线计划说明书一份

七、西安市供电计划说明书一份

八、西安市居住区第一期实施计划说明书一份

九、西安市人口发展平衡表一份

十、西安市造价估算表一份

十一、西安市与有关单位协议文件一份

附　图

一、西安市远景规划图一份

二、西安市第二期规划图一份

三、西安市第一期实施计划图一份

四、西安市建筑层数分区图一份

五、西安市郊区规划图一份

六、西安市现状图一份

七、西安市历史沿革图一份

八、西安市给水系统现状图一份

九、西安市给水管道系统总平面布置图一份

十、西安市排水系统现状图一份

十一、西安市雨水系统平面布置图一份

十二、西安市污水系统平面布置图一份

十三、西安市交通运输现状图一份

十四、西安市交通运输线路图一份

十五、西安市人口流动方向图一份

十六、西安市电讯管线现状图一份

十七、西安市电讯管道布置图一份

十八、西安市电力线现状图一份

十九、西安市配电管线布置图一份

二十、西安市中心广场及主要大街设计示意图

二十一、西安市东、西郊新建区详细规划示意图

二十二、西安市现有建筑物密度图一份

西安首轮城市总体规划回忆

新中国成立以后西安的第一轮城市总体规划，是伴随发展国民经济的第一个五年计划的实施而诞生的。1953年，第一个五年计划开始，西安城市总体规划也开始编制。1954年8月编制完成，报送中央。同年10月29日国务院批准《1953—1972年西安市总体规划》。这个总体规划勾画的是1953—1972年西安城市发展的前景，适应了社会主义建设的需要，为西安的发展奠定了比较好的基础。

我有幸亲历了这一轮西安城市总体规划的编制工作。半个世纪过去，当时的许多情况仍不能忘怀。

一、搞建设先要编制城市规划

新中国刚成立，百废待兴。先是为期三年的国民经济恢复时期。与此同时，中央就开始酝酿以建设苏联帮助我国设计的100多个工业项目为主要任务的发展国民经济的第一个五年计划。为了迎接大规模的建设，1952年8月中央人民政府决定成立建筑工程部（1952年11月，决定成立国家计划委员会，简称国家计委）。

苏联援助的工业项目是陆续增加的，1952年是50项，1953年5月确定为141项，1954年10月增加到156项。这100多项如何布局、

本文是周干峙先生应西安市城市规划委员会的邀请，对于"一五"时期西安市规划工作的回忆，由冯利芳访问、整理，2005年7月18日初稿完成，7月25日修改，8月1日再改，8月24日修改审定。收录于《城市规划面对面——2005城市规划年会论文集（上）》（中国城市规划学会编，中国水利水电出版社2005年出版），2014年第3期《城市发展研究》予以转载（转载时略有修改），本文为《城市发展研究》转载稿。

放在哪里、怎么建？经反复研究，有了初步方案，除东北以外，主要布局在京广线及以西地区，并确定了一批重点建设城市。西安是其中的一个，还有兰州、包头、太原、大同、洛阳、武汉、成都。

由于我国缺乏经济建设的经验，各行各业都学习苏联，聘请苏联专家来华指导。苏联专家提出，搞经济建设，城市规划非常重要；建设那么多的项目，首先要编制城市总体规划。于是，从设计、施工等单位抽调技术人员，抽调新毕业的大学生，由建筑工程部组建城市规划队伍。由于各城市不可能同时建立起自己的规划队伍，西安等上述八个重点建设城市的城市总体规划全部由建筑工程部派规划组帮助编制。

1953年9月，中共中央还特别强调：重要的工业城市规划工作必须抓紧。对于工业建设比重较大的城市更应迅速组织力量，加强城市规划设计工作，争取尽可能迅速地拟定城市总体规划草案，报中央审查。

从50多年的实践来看，苏联专家关于首先编制城市总体规划的建议和中央的决定是非常正确的。

二、规划人员提前介入选厂定点

按照总的布局设想，西北是建设的重点，有几十个项目准备放在这里；而西安则是重中之重，将安排十多项。中财委（当时的政务院财政经济委员会）及时安排了人员到西北选厂定点。选厂定点，特别是大型企业的选厂定点，对企业的生产和城市的发展关系都极大。规划人员提前介入了这项工作。

1953年春天还没来临的时候，大约二三月份，中财委派出工作组到西北选厂定点，研究到底能摆哪些项目、怎么摆。带队的是二机部（第二机械工业部）副部长万毅（张学良将军旧部，中将）。

同行的有中财委管建设的杨放之、蓝田，建工部城建局（建筑工程部城市建设总局）局长孙敬文、规划处长史克宁、翻译刘达容，以及何瑞华和我两位年轻的技术人员。苏联专家是亚历山大·穆欣。

年近六旬的穆欣是苏联建筑科学院的通信院士，有不少城市规划的实践，是一个非常有经验有水平的规划专家。他1951年来华，任城市规划顾问组组长。他的意见很有权威性，也很受尊重。

1952年夏天我从清华大学毕业，被分配到建工部中央设计院。因为承担的建校工程任务没有结束，延迟到年底才去设计院报到，但很快就被调到建工部城建局规划处，不久就跟随中财委的工作组到西北选厂。

当时，对西北选厂这件事非常重视，专门安排一架安–2飞机送工作组直飞兰州。飞机从北京起飞，到太原加油再飞兰州。工作组在兰州、银川、西安考察，重点是兰州、西安。

工作组每到一地，就着手调查资源情况、自然条件，踏勘现场，与当地政府一起研究适宜安排什么项目、怎么安排。苏联专家穆欣还给当地领导讲应该怎么考虑、为什么这么考虑，还需要进一步做哪些工作、收集提供什么资料。他建议地方成立测量队，建立坐标体系，测绘地图。各地领导对穆欣的意见都非常重视。

从兰州到银川，工作组乘吉普车到初选的现场踏勘，按照日本人留下的1∶50000的军用地图，对照地形地貌，了解是多大的村庄、多大的平地、河川山头的走向，研究怎么布局。我们就当场勾画草图记录下来。

经过几次考察调查，基本确定了在兰州放哪几个项目，在西安放哪几个项目。玉门有石油资源，兰州主要是发展石油工业。西固地区地势比较平坦，沿黄河用水方便，就安排炼油厂。西安则主要安排机械工业。

三、初出茅庐担当规划总图编制重任

安排多少个项目确定下来以后，中财委要求尽快编制城市总体规划，具体落实这些项目的位置。

1931年加入共青团、1933年入党的老革命任震英当时任兰州市城建局局长，是一位有相当经验的中年建筑师。他在大学里学的就是城市建筑与规划，了解苏联的城市规划建设经验，俄语又好，便于和苏联专家沟通；他长期在兰州搞地下工作，熟悉兰州的情况，是主持兰州城市总体规划的理想人选。后来的事实也证明，任震英主持的兰州城市总体规划在八大重点建设城市中是名列前茅的。

西安当时的规划技术力量比较薄弱，希望中央帮助，请建工部组织力量支持西安总体规划的编制工作。

开始，何瑞华和我都被安排参与西安城市总体规划的编制工作，跟着苏联专家做方案。后来何瑞华被抽调到包头规划组。在西北选厂及西安规划的过程中，部里和苏联专家对我进行了考察，认为我有比较扎实的建筑学基本功，理解能力比较强，便让我具体负责规划总图的编制。苏联专家放手让我干，他们进行指导，提出修改意见。有关经济和人口方面的工作由建工部城建局规划处的同事赵瑾负责。

编制西安城市总体规划，最紧迫的任务是安排好将要建设的大型企业，以便抓紧设计、施工。当时属于苏联援建的项目有15个，还有国家在西安建设的大项目6个；另外，地方工业也有要新建扩建的企业，这些企业都要安排好。工业区怎么布局，它们与城市是什么关系，生活设施怎么考虑，基础设施怎么配套，路网绿地怎么布置，旧城怎么对待，文物古迹遗址很多而且情况尚不清楚该怎么处理……这些都要在城市总体规划中考虑，还要为将来的发展留出余地。矛盾错综复杂，怎么下手？

苏联专家指出，深入了解城市的历史，非常熟悉城市的状况，是做好城市总体规划的基础条件。在苏联专家的具体指导下，我边学边干，研究苏联的经验，了解西安的历史，调查西安的现状，向老师请教，向同事请教。穆欣反复告诫我们："搞规划，每公顷土地要去20次"。在后来几十年的规划工作中，我牢记这句话，搞规划不能坐在办公室里，满足于在图纸上做文章，一定要反复去现场，深入地调查研究，才可能因地制宜做出科学合理的规划。

在编制西安总体规划的一年多时间里，我十几次到西安出差。每次都结合规划中遇到的问题进行调查，研究解决方案。回北京以后向专家汇报，听取意见，进行调整修改。我第一次提出的总图方案没有通过，第二次提出的方案得到基本肯定。最后的总图就是在第二个方案的基础上经过多次修改完善而形成的。

四、保留古城格局，避开汉唐遗址，两翼发展工业

城市的发展不能割断历史。西安是历史悠久的古城。编制西安城市总体规划，必须十分了解西安的历史，延续西安的历史。为此，我想方设法查找有关资料，读县志，了解唐长安什么样，明西安又是什么样。

县志里有一张唐长安的简图，可以看出长安城的格局；一块碎碑的拓片也很有价值，可以查出唐长安108个坊的名称。对我了解西安历史帮助很大的还有一本《长安史迹考》，这是日本学者足立喜六在20世纪20年代到西安实地考察、查阅文献资料后写的，非常生动具体。我从中了解了不少历史情况，进一步了解了唐长安的布局，兴庆宫、大明宫在哪里，玄武门之变是怎么回事。另外，印象很深的是还有一张民国时期1∶10000的地图，上面有兴庆池、曲

江池、木塔寨等的位置；一些村庄的名字，如"汉柏梁台"也是历史的记忆。这张地图为我反复进行现场调查提供了线索。

研究这些历史资料，使我明白了汉长安、唐长安、明西安的大致位置和相互关系（图1）。汉长安是先有宫殿再建城墙。城墙是随地形走的，不规则的。唐长安是隋代画的图唐代兴建，当时已是百万

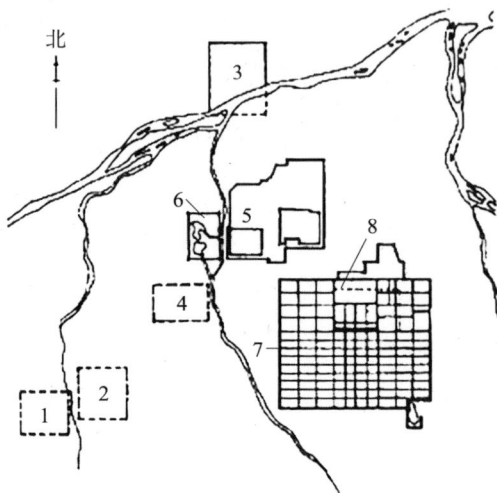

图1　历代西安（长安）位置示意图

1. 西周沣京；2. 西周镐京；3. 秦咸阳；4. 秦阿房宫；5. 汉长安；6. 汉建章宫；7. 隋唐长安；8. 西安（虚线）

人的大城市，是比古罗马还要早的按规划建设的古城。现存的西安旧城是明代洪武三年（公元1370年）在原隋唐长安皇城遗址上延伸扩建而成的，相当于唐长安的"政府所在地"的位置。其南面是唐长安的108个坊，北面是汉长安和唐长安宫殿、后花园遗址。

研究这些历史资料，使我进一步认识到西安城的宝贵，知道除了地上许许多多文物古迹遗址外，地下还有很多宝贵的东西而且情况还不清楚，因此意识到有些地方最好不要动。当时，政务院曾发出要保护历史及革命文物的指示；中央文化部也明确要求对汉城遗址"在未发掘清理前不得进行建筑"。我脑子里明确了安排新建工业区时，要避开旧城以及旧城北面那些汉唐遗址。

再者，研究西安的现状发现，陇海铁路横贯西安城北。对城市来说，不宜于越过铁路向北发展。否则，城市被铁路分割为南北两块，不经济也不方便。因此，新建企业安排在铁路以南、旧城的东

西两侧比较合理。而且，从调查得知这里地形平坦，地质条件也较好，适合于工业及住宅建设；这里的交通运输也比较好组织，便于引出铁路专用线。这样的布局不仅矛盾比较小，避开了汉唐遗址，而且有利于企业和城市将来的发展。

总体布局的大体设想清晰了：保留老城格局，利用旧城，参考唐长安城，工业区放在旧城东西两侧，旧城作为行政中心，南郊作为文教区，铁路北作为仓库区和发展备用区。用半个八角形的环状放射型道路系统把上述用地联系起来，这就形成了我的第二个方案。这个设想得到穆欣的肯定。

五、规划为生产服务、为劳动人民服务

当时，苏联的城市规划强调为生产服务、为劳动人民服务，注重对人的关怀、对居住环境的改善。结合西安的情况，确定了编制西安城市总体规划的几个原则：一是在旧城原有的基础上发展，在扩建过程中对旧城逐步加以改造，使之适合于新的社会生活要求；二是保证工业、各企业有良好的生产活动和发展条件，又有方便合理的居住地区；三是为居民规划美好的生活居住区，有足够的公共福利设施；四是考虑城市建设投资的经济合理；五是充分利用自然条件和建筑艺术来建设美丽的城市。

当时，西安的城市性质被确定为"轻型的精密的机械制造与纺织工业城市"，所以，在编制城市总体规划时，在研究土地使用分区时，首先考虑的是工业区如何布局。因为它关系到城市的发展，影响到城市的整个布局。

在安排工业区时考虑了几个条件。首先应满足各企业自身的一般要求，比如：地形平坦，土地平整量小，便于排水；地质条件

好，宜于建设；引铁路专用线比较方便；市内外交通方便；附近有良好的生活区，靠近城市便于享用城市的公共福利设施；有发展余地。第二要考虑满足企业间生产、协作的要求，把相近的企业成组布置。第三要符合城市卫生要求（有危害性的工厂远离市区），考虑防空安全，符合城市建设紧凑经济的原则。

根据这些条件，把新建的企业集中安排在东郊、西郊两个工业区。东郊工业区主要是军工企业。西郊工业区主要是电力机械企业。集中布局有利于土地的集约利用和有效利用，提高土地的利用率。分设东西两个工业区还有利于平衡上下班公共交通流量。至于东郊的纺织工业城是在总体规划之前就已定下来并开始建设了。当时浐河电厂先建成，纺织厂挨近电厂布置是为了用电用气方便，但它离城市是远了一点。

在研究土地使用分区时，还考虑了工业发展备用地区、交通运输地区、居住用地区、仓库地区。大规模的建设，砖瓦等建筑材料怎么解决也是必须考虑的。规划在旧城东北、西北、东南的黄土塬地区，选择土质可以制坯而且挖平后可以进行建筑的地方作为砖窑用地。

在安排居住区时我们考虑了几个因素：一是便于和工作地点联系，减少交通量；二是相对集中构成整体，配套的公用事业和福利设施比较经济合理；三是有各种文化福利设施，可利用名胜古迹及自然地形建设公园、绿地和各种文化设施。为此，东西郊工业区、南郊文教区及旧城都布置有规模大致平衡的居住区。

六、专家意见不一，李富春拍板定布局

当时，各部门都有苏联专家作顾问。因为工作性质不同、考虑问题的角度不同，苏联专家的意见也不可能一致。关于各项目的布

局定点，争论就挺大，很难统一意见。最后是李富春到西安主持会议，有关的中苏专家一起讨论，再作结论。

1953年10月3日，政务院副总理兼国家计委主任李富春乘专列来到西安，随专列同来的各工业部门的苏联专家有几十位。

工业方面的专家主要是从有利于企业自身的建设、生产、发展来提出安排意见。城市规划则要考虑经济、社会、生活各方面的要求，考虑整体利益、长远利益，考虑人口平衡，考虑历史。要从全局出发，综合考虑各方面的因素，考虑整个城市的发展。

安排参加那天会议的规划专家只有穆欣和西安市城建局局长李廷弼两位，是明显的少数派。在开会的前一天，穆欣说最好有一张1∶25000的规划图，可以具体说明我们的观点和道理，可惜来不及画了。我说我试试看。我用了一个通宵，在天亮的时候画完了这张规划图。穆欣说没想到那么快你就画出来了。在会上，穆欣用这张规划图说明规划布局、为什么这么布局，终于说服了大家。李富春最后拍板定案，同意规划专家提出的布局方案。决策以后，各方面专家都很尊重这个方案。

具体布局定下来了，这些项目真正落实到图纸上还有许多工作要做。每个项目占地多大，工业区占地多大，配套的居住区多大，道路多宽，整个城市规模多大，都要经过计算。还要结合地形地貌等情况，进行综合平衡。

在计划经济年代，以国民经济计划和对未来发展的估计作为规划城市规模的依据。城市规模主要反映在人口规模和用地规模。我们先根据工业、交通、机关、高校等的发展情况，计算出城市的基本人口，再根据"劳动平衡法"计算出服务人口、被抚养人口，进而得出城市的人口规模。然后，根据不同的人口数字，参照苏联的用地指标，分别计算出生活用地以及工业、铁路、仓库、卫生防护带用地，其总和就是城市的总用地规模。规划到1972年总人口为120万人。

当时我国还没有自己的规划指标体系，只能套用苏联的。但在实际采用的时候也结合我国的情况、西安的情况，做了一些调整。

七、吴良镛主张唐长安格局，穆欣增加广场体系

在研究总体布局、路网系统的时候，我向老师吴良镛先生请教。吴良镛先生说，可以采用唐长安格局，用方格路网（图2）。

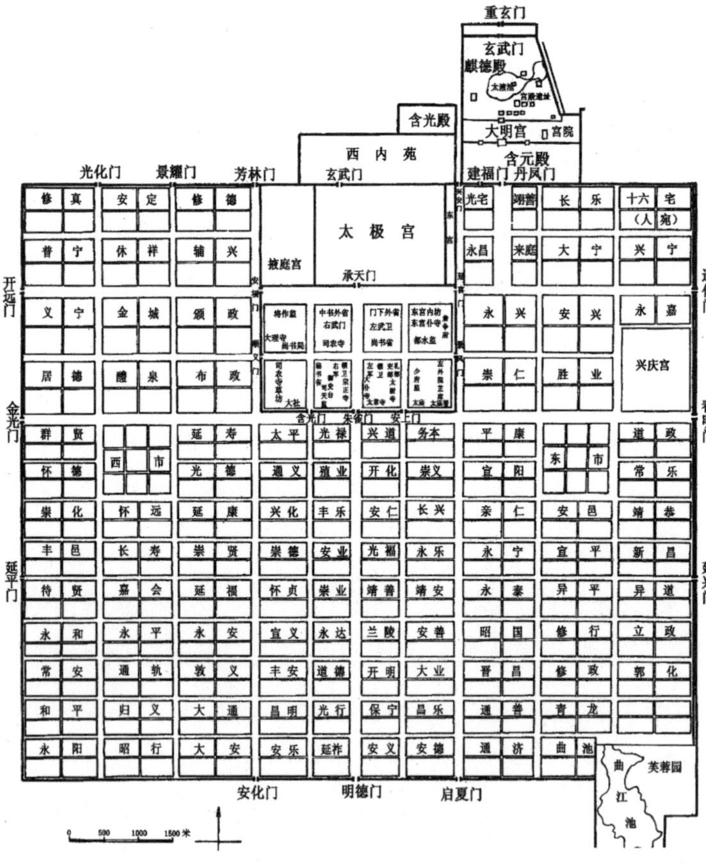

图2　唐长安示意图

于是我进一步找文献资料，研究唐长安格局。但唐城的遗迹都找不到了。我又向老师莫宗江先生请教怎么找。他还专门来到西安。他见到民国时期的那张地图，上面有一些唐朝建筑的遗址和反映历史的村名，十分惊喜。他说，早晨太阳刚刚出地平线的时候，如果有城墙遗迹，地上会有投影。第二天早上六点，我们骑上自行车，按照地图上的大致方位去找。可惜，跑了两天也没有发现任何线索。

据文献记载，唐长安采用的是里坊制，左右匀称的棋盘式格局。108个坊实际是108个村落，每个约20～40公顷。每个坊的东西南北四面都有坊门，早开晚闭。坊与坊之间相隔挺大，南北相隔70～80米，东西相隔130～150米。北面宫殿后面有很大的后花园，里面还养着外国进贡的非洲狮子。从大明宫到曲江，还有夹城。

在西安的规划中，兼顾历史和地形，保留了棋盘式格局。旧城作为行政中心。干路网以旧城区为中心，联络各个地区。延伸城内东西与南北的十字大街，保持与东西南北各区的联系。南北大街作为全市的中轴线。在旧城外规划若干条环路联系各区。城东南角是黄土塬，地形变化大，有高岗。路网随地形而改变，成为半个八卦，不完全是棋盘式。

"一五"期间，一般城市的干道规划宽度在40～60米。大环路（现二环路）规划为80米（图3），是想恢复古时"八水绕长安"的景象。在规划水道系统时，设想引水通过大环路流到各处，所以在路上留了一条水道。1958年时曾被作为"马路过宽"的典型受到批判。但没过几年又说多亏规划了80米宽，为交通发展留下了条件。

规划基本采用了棋盘式路网，又增加了广场体系。这是苏联专家提议的，借鉴了苏联和欧洲的规划手法。在城市的各个节点设置

图3 大环路（二环路）

广场，作为城市人民社会活动的重要场所。广场和干道组合构成城市建筑艺术的重要部分。

规划中设置了社会广场（市中心广场、各区中心广场）、交通广场、集散广场、贸易广场，以及表现建筑美的广场（如烈士纪念塔前广场）。市中心广场位于中轴线上，行政大街正中，并规划了两条放射路与城市大门（火车站广场、公路总站）相连。它是全市建筑艺术考虑的焦点。放射路是欧洲一些著名广场常采用的手法，因在西安古城中拆迁量大而没有实现。这对于保持旧城的传统路网格局倒是一件好事。区中心广场形式多种多样，分布均匀，便于居民接近。规划方案还参照世界有名的广场实例（当时的天安门广场约6公顷、莫斯科红场4.96公顷）和苏联的标准，对广场的大小提出了建议（市中心广场4.5公顷，区中心广场2～3公顷），并指出要避免过大的广场，因其不仅在建筑艺术处理上得不到良好效果，还会增加建设费用和管理费用。

八、让居民都能享受水面和绿地

水面与绿地对改善城市环境具有重要作用，当今人们对此越来越关注。在总体规划里也有专门的考虑。

西安气候干燥，对于水面的需求是殷切的。据文献记载，唐城内曾有100多条渠道和100多处水池，是渠道池沼很多的城市。研究西安的水源情况发现水源集中在南部。规划引水入城，恢复曲江池公园，流入兴庆池成兴庆公园，引入居住区内的低洼地成小湖泊，在全市均匀分布水面，使多数人能够享受。渠道与道路的走向相吻合，并兼顾排泄雨水的功能，尽量少挖土方。许多水道经大环路分流，所以大环路规划了80米宽，水道、绿地、街心公园贯穿全线。

绿地能够调节气温、湿度，降低烟尘噪声与风速，对城市的卫生安全有重要的作用。规划的绿地系统由公共绿地、专用绿地、卫生防护绿地、郊区绿地组成。公共绿地包括全市性的大公园、区公园、小游园和街心花园、儿童公园、林荫道五种类型。全市规划了大雁塔、小雁塔、兴庆池、韩森塚等十个大公园。这些大公园既有活跃的文娱区、儿童游戏区，也有安静的休息区，设有俱乐部、科学馆、展览馆、剧场、运动场、食堂等，为居民休息、运动、文化教育、科学普及创造条件，满足居民文化生活的要求，所以叫作文化休憩公园。

在哪些地方建公园绿地？一是历史上的名园或宫廷所在地，如曲江池、含元殿等；二是地形复杂不宜建筑的地段，如旧城东西的砖窑低洼地区；三是可能形成水面的地方，如兴庆池遗址；四是原有公园及树木较多的地区，包括把郊外树多地形变化大的地段也辟成公园；五是名胜古迹或遗址的地方，如大雁塔、小来，形成绿地系统，与道路系统相协调，和街坊内的绿地、郊区的绿地相连接。人们随处都可接近绿地，可在绿树下散步直至郊区（图4、图5）。

当时考虑的是尽量让人民群众都能享受到水面和绿地，把已经知道的名胜古迹遗址遗迹都规划成绿地，既可改善城市环境，又可把它们保留下来。城墙城河也作为公园绿地保留下来，似西安城的一条绿色项链（图6）。像这样以扩大城市绿地来保护文物古迹，同时又改善城市环境的规划手法，在后来西安的城市建设中被继续

图4 当年规划的大庆路

图5 当年规划的友谊路

图6 保护下来的城墙城河

沿用。当时也有一种意见，为解决交通问题要拆掉城墙。多亏许多老干部说，城墙有利于防空，符合人防备战要求，从抗战时就在城墙上挖了不少防空洞，还有作战的碉堡。城墙有利于防原子弹、防地面冲击波，就这样免遭厄运。我们在城墙城河外规划了环路，同样可以解决交通问题。

九、尊重规划，严格执行规划

首轮西安城市总体规划的编制是十分认真的。如果说这个方案比较成功的话，我想主要是学习苏联城市规划的原则和经验，较好地结合了西安的历史特点和现实，考虑比较周到，大的布局比较合理，保留了原来的格局，保护了汉唐遗址，又为发展创造了条件。还有一点很重要但容易被忽略，规划人员开始就参与了选厂定点工作，这对于城市的合理布局和工业区内部的各项功能完善安排都是非常必要又非常有利的。

这个规划不能说完美，可贵的是得到尊重和贯彻执行。执行规划也是十分认真的。当时虽然是外行领导内行，但这些当领导的外行非常虚心，努力学习。他们十分尊重规划、尊重规划人员，听得进技术人员的意见。虽然那时对城市规划的认识不够，但一开始就抓城市规划，并严格按规划进行建设，所以没有出现混乱情况，使总体规划起到了综合协调控制的作用。

当时的西安市城建局局长李廷弼和城建局的同志们，严格执行规划，决不走样，给我留下了深刻的印象。这是西安旧城的格局得以延续、城墙城河等古建及众多遗址得以保护的一个重要原因。

一些事例很能说明问题：

就在编制规划的过程中，有一次我刚好回北京。我收到西安市城建局局长李廷弼的一封来信。打开一看，毛笔写的，十分恭正，还签名盖章。说的是市里要建人民剧院，准备选在中轴线的一侧、靠近规划的主要广场，问这么安排行不行。他是城建局局长，我是一般的年轻的规划人员，为这事还专门写信给我征求意见，可见对规划人员的尊重。其实那年我去了十次西安，用不着专门写信。李廷弼局长尊重规划到了这样的程度：他说"我这辈子就为这张图了"。

前面说到在研究企业、工业区布局的时候，苏联专家意见也不一致，争论很激烈。但在李富春拍板定案以后，这些专家都顾全大局，坚决执行，服从规划组提出的布局意见。按中苏两国政府协定，不少大工厂是苏联专家帮助设计的。他们派人来规划组要工厂的坐标、出入口位置、铁路专用线走向，再进一步做工厂设计。当时许多工程都要上马，工厂、居住区、道路都要开工，都来规划组要有关数据。因为我负责总图，李廷弼局长还特别交代，所有提供出去的坐标、标高等资料，由我签字确认才算数。

十、注重整体保护，城市发展要考虑资源的承载力

在首轮西安总体规划的编制中，我作为规划编制组组长负责总图和规划成果的汇总，并执笔撰写《西安城市总体规划说明书》。当时很年轻，懂得比较少，没有作长远、宏观考虑的经验。虽然尽了很大努力，虚心向专家、老师、同行请教，还是有不少不足。从专业上看，肯定不够全面，疏漏也比较多。今天回过头来看，像西安这样的历史文化名城，有三点特别应该引起注意。

一是加强历史文化名城的整体保护意识。当时想到的是历史文化、名胜古迹是劳动人民的创造，是西安的宝贵财富，要想办法保

留下来。用公园绿地的形式，既保护了又利用了。但对西安这样一个历史悠久的十三朝故都，整体的保护意识还不强。脑子里想到要保护传统特色，但保留得还是少了，非常有历史价值的唐代的东西少，明代的也不多。城里的坛庙、清真寺、道观保留了一些，近代建筑如张学良公馆、杨虎城公馆，留下了一些。其他的保留得少了，是遗憾。

二是要强调城市设计。当时也对一些主要街道的建筑艺术处理提出了要求，确定了几条要重点美化的街道，如市中心的行政大街、南北中轴线大街、大环路，还有文教区的东西大街，并指出，"在保护古建筑的地方，如城楼、钟楼附近进行建筑，要与古建筑融洽调和，取得风格上的一致"。但城市设计的观念还不够强，观点不鲜明，考虑得不够细，旧城里没有控制好，后来还是盖了不少高楼。

三是要特别重视水资源。规划时对水的问题重视不够，考虑不全面。过去规划只考虑水资源够吃够用，没考虑环境用水。这两者的比例大体上是1∶1。记得当时水厂的一位姓孙的老工程师主张引用地表水。苏联专家不同意，认为地下水资源丰富，处理也简单，省钱。结果，沿着浐河、灞河打了不少深井。几十年过去，超量开采地下水，地下水资源越来越少，出了不少环境问题。地面下沉，地面出现裂缝，后果严重，又不得不考虑用地表水，去黑河引水，越引越远。水资源是各个城市发展中都回避不了的大问题。我们提出要"以水定城"，城市发展一定要考虑环境容量，考虑资源的承载力，切实解决水资源问题。

今天，用科学发展观来指导城市总体规划，更要用区域的观念、生态的观念、节约资源有效利用资源的观念，作深入的筹划考虑。

关于西安规划、深圳规划及蓝皮书的回顾

一、新中国成立后第一个五年计划时的西安城市规划的贡献和作用

1．贡献

西安是新中国成立后国家计划指定的第一批八个重点建设中的重点城市，是当时安排重点工业项目最多的一个城市。

西安又是一个有悠久历史，自汉唐以来曾多次作为国都的城市。但历经沧桑，西安在新中国成立后，已沦为只有20多万人口、地处内陆的贫困落后的城市。

新的工业发展推动了西安的现代化发展，城市规划选择发展用地，安排重点工业的厂址，确定铁路线的扩展、居住区的布局以及道路交通和市政公用设施的配套建设。1952—1954年，编制完成了预计人口规模将达120万人的现代城市的总体规划（照片资料中有总体规划总图和说明书封面），它选址在历史城市的基础上，但避开了一切尚有遗存物的历史地段，保持传统的风格，又满足现代生产和生活的需要。在第一个五年计划以后的几个五年计划期间，西安都按照这一总体规划安排各项城市建设。

当时的西安规划曾根据当时经济条件，计算了城市造价，总的用比较经济合理的代价，为长远发展创造了条件。本申报材料中的西安规划总图，指导西安城市建设几十年，后来，西安不断发展，

本文根据周干峙先生保存的资料整理，推测应为某次申报工作的介绍材料，写作时间推测为20世纪80年代末。标题由本书编者所加。

人口规模、工业、交通等均有所突破，但这一规划至今仍是西安城市规划、建设的基础。

2. 作用

西安是在计划经济条件下，首先完成的城市规划设计。它和兰州规划都因工作深入，规划设计周全，成为其他城市参考的样板。实践取得了成功经验，但也发现了问题。主要是城市建设的经济依据不同于暂时性的一些建设项目，必须符合本国和本地的国情和市情。如当时规划的人均居住标准、生活消费水平等，一时难以达到理想的和国际通行的标准。

所以，由此提出了规划设计不能搬用苏联模式，也不同于其他国家的模式，有一个如何走中国自己道路的问题。"一五"时期以后，走自己道路、创自己特色，成为规划界的新目标，推动了全国城市规划工作的进一步发展和提高。西安规划的历史作用，可以说是历经了计划经济条件下的城市规划，迈开了中国城市规划工作的第一步。

西安规划所起的另一个重要作用是保护利用了大量的历史遗产，使西安成为首批国家历史文化名城和文化、旅游胜地。包括：自汉唐以来城市、宫室、苑囿的遗址，以及存留的城墙、庙堂、古塔、园林等，均作为保护地区，禁止建设或限制使用。现存的西安城墙、城河，已成为国内仅存的完整的环城公园，大雁塔、小雁塔、曲江池（古代公众的近郊游憩地）、兴庆宫（唐代贵妃活动处）、大明宫（唐代）遗迹等，均已成为公众喜爱的西安古城的鲜明特色和文化制高点。

另外，由于西安规划的用地布局比较均衡，而且留有一定的发展余地，西安后来大量的教育、科研、高科技的新发展，都在第一版规划后，能够衔接、持续至今。

二、深圳城市规划的贡献和作用

1. 贡献

深圳是20世纪80年代开始，成为特区城市的排头兵。我作为国家委派的专家工作组的专家，负责编制了在市场经济条件下的第一个特区城市规划。

深圳由一个只有一万人口、不到一平方千米的小镇，迅速发展为一个百万人口的现代化大城市。当时深圳市按照土地资源限制，在136平方千米范围内规划安排120万～160万人口，并根据自然条件，分五个组团，组成一个带形城市，适应了外来工业和商贸、旅游等活动需要。

深圳特区规划，有国家政策指导，但并没有具体计划依据，只能按照实际需要，自己制定城市发展的具体目标和需要。所以，深圳规划的特点就是密切结合实际需要，把具体安排好建设和制定长远规划结合起来，有一个保持灵活、可以调控的特点。但深圳规划又坚持了五大分区、组团式的布局结构，保持和香港对接，和广州通畅的交通可能，妥善处理好了民航机场、市民中心等全局性的布局结构。经过几年的准备磨合，1986年完成了完整的第一版总体规划，这一规划，深圳搞规划管理的同志评价为"至少管了20年"，而且形成了有特色、可持续发展、便捷宜居的口岸城市。

2. 作用

作为改革开放，走向市场经济的特区城市，深圳开拓并总结了自己的经验，对全国的社会经济、城市规划有深刻影响。

① 改变了一切根据计划的规划做法，采用灵活可变的目标和方法，如人口规模控制在80万～160万人。

② 工业用地，不用集中的大工业区，而采用每个不超过2平方千米的小工业区，可以建一个完善一个。

③ 交通规划适应幅度更大。考虑160万人需要，预留了主要地铁干线的位置。

④ 城市面向香港，留有多处出入口和海关。

⑤ 福田市中心定名为市民中心。作为国门，形式新又"中"，成为深圳特色。

⑥ 机场、火车站的选址和设计，规划与项目密切结合，做到了科学、合理。

⑦ 保留了东郊山林环境，至今已得到合理利用，成为市民休闲和旅游胜地。

更有意义的是，深圳规划探索和积累了市场经济条件下城市发展和规划的方法和目标，总结出了"灵活、滚动、深细、综合"等规划思想，对此后的城市规划工作有深远影响。

三、编制国家科委蓝皮书第6号《中国技术政策：城乡建设》①的贡献和作用

1985年国家科委（国家科学技术委员会）第一次用发布蓝皮书的形式阐述我国科学技术发展的政策，当时首先对能源、交通、通信、农业、城乡建设、住宅建设和建筑材料技术等13项技术政策进行了研究论证。其中的城乡建设部分，就由建设部负责。这一文件不仅表达了城乡规划建设的重要政策，也指导推动了作为子系统的一系列相关政策。

---

① 周干峙先生因主编此蓝皮书获得了国家科学技术进步奖一等奖（1988年）。

1．贡献

第一次比较系统地表达了国家对城乡建设的目标、要求。主要内容是要求在一定时间内实现。

2．作用

总结了头几个五年计划中城乡建设的经验和不足，提出了若干根本性的目标和措施。

① 提高了城乡建设在国家建设中的地位，使城乡建设和工业建设协同发展。

② 提出了城乡联合发展和城镇群共同发展的规划理念，明确了区域规划的工作和目标。

③ 弥补了计划经济重工轻城的传统习惯，提高了住宅建设和给水、排水等市政建设的投资份额。

④ 推进了城乡建设的学科建设，重视环境、可持续发展，促进了人居环境科学的建立和发展。

在努力攀登先进水平的城市规划道路上前进

——深圳特区城市规划十年回顾

1980年深圳特区的建立，不仅是我国改革开放的一大创举，促进了社会、经济的迅速发展，谱写了城市建设的新的篇章，而且对全国的城市规划工作起了很大的推动作用，具有深远的影响。

深圳是我国建立最早、最大的一个特区。特区的建立，对我国的城市规划工作，既是有意义的挑战，又是极难得的好机遇。说它是挑战，因为它在试验经济体制改革和对外开放过程中，发展特别迅速，城市规划面临的许多新课题要尽快解决。说它是机遇，因为深圳提出的这些新问题，在国内其他城市的改革开放过程中也会相继出现，而深圳可以通过迅速实施规划，缩短认识——实践——再认识的过程，使我们能够较快地辨别哪些规划思想不适应新情况，要尽快探索新的办法，哪些规划思想仍然适合新的形势，可进一步充实和完善。

10年来，深圳特区全部固定资产投资达182亿元，以平均每年新开发建设5～6平方千米城市土地的速度持续扩展，如果说在国内其他城市要20年才能实现的一个规划周期，在深圳最多10年就完成了。所以，如果有什么新的规划设想，或是新的设计方案需要作为试验，在深圳都可以较快地得到试验和筛选。正因为如此，深圳城市规划，从一开始就得到了全国城市规划工作者的热烈关注和积

本文收录于《深圳城市规划》（深圳市城市规划委员会、深圳市建设局主编，海天出版社1990年8月出版）。

极支持，并不断吸引着我国香港地区同行和国外人士的密切注视。

深圳的城市规划，从第一稿起就凝聚了深圳市、广东省和国内其他省市城市规划工作者的共同努力，是典型的集体创作和累积的成果。为深圳城市规划辛勤工作的规划、设计和管理工作者，起到了根据实际情况综合部署城市发展，保证各项建设合理安排的积极作用。深圳的城市总体规划（1985年稿）已经获得全国优秀城市规划设计奖一等奖，深圳的城市交通规划获国家科技进步奖，另有科技工业园、华侨城和滨河小区的详细规划获三等奖。深圳的城市规划正在不断地总结提高，一步一步地通过实践丰富完善，一条切合我国实际的、有计划商品经济条件下的城市规划的道路已经展现在眼前。

现在看来，有以下一些基本经验是值得我们重视和研究的。

一、要有一个高水平的目标要求。要求规划设计科学合理，必须从实际出发，有长远设想，建立一个先进的现代化城市，努力争取达到世界先进水平

深圳特区建立伊始，市委、市政府就要求城市规划要以国际先进水平为奋斗目标，要求深圳市将来能跻身于世界现代化城市之林。这是一个很重要的战略思想，是实现国家对深圳特区建设成为四个基地、两个扇面和窗口，具有吸引辐射力量的必要条件。从根本上说，我们国家赶上国际先进水平，是我国人民梦寐以求的强烈愿望。特区政府和人民，处在开放前沿，这种愿望更为强烈。它形成积极向上的强大精神动力，有力地推动了特区经济的迅速发展和城市面貌的日新月异。

这种奋斗目标在工业产品、技术装备、生产工艺等许多"硬技术"领域，是很清楚的，因为它们都有公认的、明确的标准。但城

市规划是一门综合性的，有"软"有"硬"，以"软"为主的科学技术，什么是它的世界先进水平，是一个相当复杂的问题。显然，城市规划的世界先进水平不能简单地以最发达国家、最先进的城市规划模式和城市设施水平作机械类比。城市规划的先进水平，固然要广泛了解、借鉴发达国家、地区的城市规划和建设经验，但却不能以规划形式、内容是否雷同作为判断先进水平的标准。衡量先进的标准只能是看规划对本城市经济、社会、环境合理发展所面临的现实和长远问题，能否提出可行性很强、深谋远虑的发展战略和实施对策；能否达到经济、社会、环境三种效益在现实条件下的最佳统一；能否在与发达国家截然不同的发展中国家的条件下，为探索城市规划新道路作出贡献。

应该看到，人们对上述城市规划先进水平的认识需要一个过程。刚建立特区时，大家对此并不是很明确。最早开发的罗湖商业中心，最初就曾参照效率很高、商业很发达的香港商业中心，采用高层高密度的布局模式，在80公顷的狭小面积中，密布了八九十栋高楼大厦。当然，在土地特别紧缺，人口特别密集，经济又已发展到相当程度的香港地区，从20世纪60年代以后发展起来的高层超高密度商业中心规划，与香港地区的具体条件和经济社会发展目标是相适应的，是可行的，也的确取得了很高的经济效益。但是作为南大门的深圳，这样的做法却并不可取。因为高层高密度带来大量复杂工程技术和社会环境难题，而且过分拥挤，把深圳建得近似香港地区，反而达不到吸引投资的预期效果。这一问题被洞察敏锐的市领导很快纠正过来，在规划中减去了四五十栋高层大楼，过高的建筑密度大大地降下来了。从调整后的规划实施效果来看，在深圳的具体条件下，大大低于香港商业中心区的建筑密度和容积率，在相当长的时期内，具有足够的效率和经济效益，取得了比较好的环境效果，交通拥挤的问题也比较容易解决。从我国条件来看，类似深圳这样的城市，商业中心区按全区总面积计算的总容积率，没有必要超过6。这是实践得出的重要经验。

环境标准是现代化城市最重要的标准之一。深圳规划充分考虑了高质量的环境目标。在面海靠山、结合自然地形的优美环境基础上，采用了组团式布局。组团间保持宽阔的绿化隔离带，在交通干线两侧也保持一定的绿化地带，避免了一般大城市臃肿的弊病。保持良好的城市环境对特区城市来说，实际上是保持了吸引外资发展经济的最重要的一种资源。

现代化城市的另一重要标准是有十分便捷的交通，包括人、物和信息的交通。深圳交通规划尽可能吸取了发达国家各种新技术，并有所前进和创造，是全国最早采用电子计算机技术预测交通流量和编制交通规划方案的。当然，现代城市交通问题是永远做不完的连续规划过程，深圳交通规划考虑了今后交通技术解决途径的较大跨度，考虑了交通体系的多样性和综合性，为长远发展留下了可能需要的足够场地。

作为现代化的城市，必然要求家居舒适安宁，办事高效，经济繁荣，生活赏心悦目，必须具有现代的基础设施、服务设施、文教设施等。这些现代城市的内涵，在城市规划布局上，都以环境条件和交通条件为框架，有了一个良好的环境和交通构架，规划设计就可以纲举目张，有骨有肉，生机勃勃地逐步实现现代化的城市。城市规划不仅没有可供直接机械类比的先进水平和标准，而且还要在现实条件下采用必需的适用技术措施。采取过渡性措施，不仅要考虑当前的城市实力，而且还要考虑将来向先进技术转变时，现在的适用技术不会成为前进的巨大障碍，并将后续技术改造的损失降到最低限度。以深圳自行车交通为例，人们倾向随交通现代化进展而逐渐将其排除出主要交通干道。但在可预见的一二十年内，它却仍然是一般居民最普遍的私人交通工具，目前全市已发展到80余万辆，取消自行车的前景预测有很大的不确定性。对此，深圳交通规划采取了较大的技术发展跨度，考虑了多种可能性，有较大的调整适应能力。

深圳的规划正是从实际出发，把前进中面临的种种挑战作为发展的机会，从不断解决各种不断出现的新问题过程中，一步一步地攀登规划新高峰的。

二、尽可能创造各种条件，积极促进特区经济的发展

现代城市规划是在20世纪初高速经济发展带来大量社会、环境问题亟须解决的过程中发展和强化起来的。深圳特区规划又是在20世纪80年代发达国家对社会环境质量要求更高的形势下进行的。作为现代城市，既要保证特区高质量的社会、环境标准，适应吸引投资的客观需要，又要满足各种不同客商迅速实现投入少、产出高、周转快的迫切要求，以促进特区经济的发展。城市规划还必须促进经济发展，这一点在发展中国家是至关重要的。因为没有经济发展就谈不上城市发展，没有现代经济，也就没有现代城市。所以，促进经济发展是深圳城市规划牢牢把握住的一个基本观念。当然，兼顾两者，矛盾很多，往往使规划选择面临很大困难，很少回旋余地。十年规划实践表明，深圳对此处理却是比较好的。主要是较好地解决了以下几个问题。

1. 明确指导思想

依靠国际和国内市场，从无到有发展起来的深圳特区，必须始终兼顾发展经济和保持高质量的社会环境效益，尽可能使两者互相

促进，努力使长远利益和眼前利益恰当地结合起来。

2．搞好基础设施的统筹规划

以交通为例，它是促进经济发展的前提，规划统筹安排了深圳对外的海、陆、空立体交通体系和市区内交通的综合布局。以新开发黄田国际机场，盐田、妈湾两大深水港，广深珠高速公路和原有广九铁路为骨架，新布局了皇岗等四个大型对外口岸，预留了福田—香港尖鼻咀作为第五条口岸通道的可能，保证对外交通的畅通。按特区东西狭长、东西向交通流量大的特点，在已有纵贯东西的深南大道两侧，再开辟两条纵贯东西的滨海大道和北环路，并开辟梧桐山大隧道，打通向东部开发的瓶颈，使市内东西向交通畅通。对已形成的罗湖、上埗组团路网不够通畅的问题，提出了机动车、非机动车分流的整体改造方案和新火车站建筑物、交通、广场的综合规划。并由此促使福田新开发组团在开发之前，就确立按机动车、非机动车全面分流的原则进行规划设计，以免在罗湖、上埗出现过的交通问题在福田再次出现。这种规划的逐步实施，从根本上保证了经济高速发展和社会、环境高质量的统一。而且按照这种思路确定的基础设施规划布局，也能经受实践的严峻考验。如深圳国际机场场址几经反复。由于规划确定的黄田机场场址，是从众多方案中优选出来的，统筹了机场效益与深圳经济发展，社会、环境质量四者的远近期关系，兼顾了深圳与港澳和珠江三角洲的整体布局，最终还是通过了民主决策和科学决策的严峻考验而得以肯定和实施。按此思路规划的盐田港，也被交通部列入全国长远规划，成为全国四大深水中转港的南方枢纽。毫无疑问，这种布局规划，还将为深圳21世纪经济继续腾飞提供充分保证。

3．产业结构规划比较合理

根据深圳特区发展过程特点，规划提出了城市性质的动态观念，按不同发展阶段逐步调整产业结构。深圳建市初期，是初步流通积累和大规模建设时期，表现在产业结构上，建筑业和商业在国民收入中的比重高达70%以上。1986年以后，由于投资环境初步形成，产业结构转向突出发展外向型工业生产的第二阶段，规划预计这个阶段大约将持续10年，工业在国民收入中的比重将上升到60%～70%以上的主要地位。1997年前后，深圳将进入其发展的第三阶段。在这一阶段，随着深港经济全面对接、协调发展，第三产业的比重将迅速增长。进入21世纪，随着国际机场和盐田、妈湾两大深水港的陆续开发，深圳经济实力增强，生产结构将最后成型。一个以港口、外贸、高科技工业带动各项产业全面发展的现代城市将蓬勃发展。这种适合深圳发展变化过程的产业结构动态规划，考虑了可能的波动和不确定性，配置了可以灵活调节的布局框架，从整体上保证了各种经济发展的适应性，当然也会对经济发展起到充分的促进作用。

4．对工业发展和工业区规划的恰当选择

高速发展经济带来的社会环境问题绝大部分与工业和工业区密切相关。根据保证深圳高质量社会环境的适度要求，规划禁止严重污染环境的工业和严重影响社会的项目如赌场等进入特区。而对大量污染轻微的项目则主要采取在规模不大、数量较多、分布较均衡的大量工业区中集中安排的形式。总体规划安排的工业区多达15个，总面积18.48平方千米，平均每个工业区在100公顷左右，最大的也不过200公顷。其中大多数都是以标准厂房为主的综合性工业区。至于占地多、运输量大、影响面广的重大项目则作为重点，逐项慎重研究，务必使得投资者经济利益与特区社会、环境效益尽可能的协调。为了适应工业开发急需，还在编制总体规划的同时，同步交叉进行了一批亟待开发的工业区详细规划。由于上述区别对待、积极配合的规划措施，从而在几千个大小工业项目集中涌入特区的同时，既保证了工业的及时、迅速发展，又能保持主要路段、主要地区的建设有条不紊，在社会效益、环境效益与经济效益矛盾最多最复杂的建设高峰阶段，做到了三者效益较好的统一。1989年，深圳工业生产总值突破100亿元。1978年工业产值仅6000万元的边陲小镇，仅用10年就跃居全国城市工业规模的前列，城市规划的保证作用和促进作用是不言而喻的。

三、适应城市动态发展的需要，使规划的严肃性和灵活性有机地结合起来

伴随着科技的不断进步和经济、社会、文化的不断发展，现代化城市发展变化的频率和波动幅度与20世纪以前的城市平稳渐进的情况是不可同日而语的。作为指导现代城市空间布局和建设部署的城市规划，必须适应这种变化，在进一步加强其指导的严肃性的同时，必须具有促进城市合理发展的灵活性。作为经济特区城市的深圳，这种需要尤为突出。十年规划实践已在这方面探索出一些比较成功的思路和方法。

1. 在有充分预见的远景规划指导下的随机调节

在有充分预见和预见不充分的不同情况下，灵活调节的效果是不同的。特区创办前的1979年，深圳最初规划的城市规模是10.65平方千米，人口规模20万～30万。1980年按来料加工的发展性质，将其扩大为60平方千米和60万人。1982年进一步明确了深圳以工业为主兼具商贸、旅游等多功能综合经济特区的城市性质，人口规模扩大到80万人。三四年间进行三次较大的调整，虽然也是根据经济发展不断变化进行的，但终因预见不够充分，不得不使其布

局出现先后衔接过渡的一些困难，造成一些浪费和不合理，有些甚至难以补救。1984年编制总体规划时，总结过去经验，确立了在充分预见的情况下才作灵活的调整。例如，人口规模根据当时特区经济暂时进入调整阶段的现实情况，按2000年达到110万人作为初步平衡方案。但在道路骨架、功能分区等具有很大刚性、不易调整的布局结构方面，则为特区经济出现新的高速增长的可能性作了充分预测，考虑了可能发展到140万人的需要。主干道和预留红线宽度还留了更多的余地，务使规划在出现各种可能而发展变化时，既有紧凑性，又不失其灵活适应能力。在总体规划说明中，还提出了根据实际情况变化，五年左右作一次相应的校核调控的建议，促使规划具有弹性，能够及时滚动。果然，1986年末特区又一次出现了新的发展高潮。连续三年，每年国内生产总值增长30%以上，至1989年末常住人口和暂住人口已突破100万大关。当时，对1985年总体规划修订进行了可行性论证，主要是维持原定2000年常住人口80万不变，但将暂住人口由原定30万人增至70万人，总人口规模考虑为150万人。由于1985年预见充分，140万～200万人的规划框架对此调整仍可适应。1986年深圳城市规划委员会成立大会上，我曾对此概括为：放眼长远，立足现实；既要相对稳定，又要不断完善变化。要为后人留有充分余地。实践表明，这是非常必要的。

现在我们一般所说城市长远规划，都不过一二十年。在我国这样城市化还刚刚开始的国家，绝大部分城市在今后四五十年内，城市人口和用地规模都将保持不断发展的势头，不过是速度快慢会有许多差别和波动而已。像深圳这样具有优越地理位置和发展潜力的沿海开放特区，充分预见尤其是必要的。

城市规划如有充分预见并与现实建设结合得比较恰当，城市的运行就不致捉襟见肘，城市建设不致造成大的浪费。深圳解决市区东西向交通的过程就是一个例子。1980年开始，第一个规划措施就是开辟市区北部货运干道和笋岗桥，解决只有深南大道一条东西向干道的问题，而且一次修足18米路宽。第二步是抬高深广铁路，一举解决铁路分割城市几条道路的阻挡。之后，为保证深南大道日益增长的交通量，保持进一步畅通，1984年末，曾决定修建一座横架深广铁路、和平路、建设路与深南东路的立交桥，耗资需4700万元（其中仅拆迁补偿深圳大旅社和人民医院门诊部等大型建筑即需1700万元）。对此，规划经过详细反复的调查、计算和交通量预测，认为即使深圳发展到200万人，在这个路口上的流量仍可以分流，而不需要修建全立交。市领导据此立即决定修改方案，改按简单立交施工。原定拆迁赔偿的1700万元由此全部节约下来。由此可见，需要将充分预见、周密详细的科学计算和规划决策有机结合起来。绝不能简单地按长远规划，近期就全面铺开。而应根据实际需要和可能，分期分片紧凑实施，做到规划一片、开发一片、收效获益一片。

当然，重要基础设施应区别情况，适当超前。大管径、埋设深的排水干管，分期加粗浪费更大，影响交通比较严重，就要根据长远需要，一次建成。道路路面和立交道口，可以根据流量增长逐步修建扩充，但红线和道口立交预留用地，则必须按长远需要一次预留足够，宁可先作绿化用地使用，也不能贪图小利，建上房屋，造成将来拆迁被动。变电站和高压线走廊，由于调换下来的变压器和高压线仍可使用，可以在预留足够场地的条件下，根据负荷增长逐步扩充。

2．组团式布局结构最有利于灵活调节

深圳规划巧妙地利用了地形狭长的特点，结合自然山川，从东到西，依次布置了南头—蛇口、华侨城、福田、罗湖—上步、沙头

角—盐田五个组团。既可按不同组团确定不同开发次序重点，又可在组团内部分期分片集中开发。既能保持高度灵活性，又使在不同开发建设速度下均具有较好的经济效益和社会、环境效益。

四、重视历史文化因素与城市建设的协调，搞好城市人文建设，提高城市文化内涵和文化形象

古今中外的重要城市，往往都在建设发展过程中，自觉或不自觉地集中体现了当时的最高文化成就。深圳在规划中始终有意识地突出自然环境、历史文化和城市建设的渗透、交融，使经济发展、文化发展、自然环境生态平衡达到浑然一体。主要做法如下。

突出城市重要文化设施布局的地位。在深圳可以明显看出，一些直接体现城市文化水平的建筑，都布置在城市最好的地段，用地也比较充裕，这很有利于人民的文化陶冶。深圳第一所大学深圳大学，就选在西部滨海的粤海门低丘地带，碧海绿林，环境宜人。位于市中心优美的荔枝公园，湖面宽阔，植物茂密，东、西、北三侧分别布置了大剧院、博物馆和图书馆三座重要文化设施，供人们流连观赏。笔架山下，划出了整片街区，作为全市体育中心，雄伟的体育建筑与宽阔的体育场地，处在交通极为方便的依山傍市之地。这种充分尊重全市人民共享的文化用地格局，与这些设施建筑的充分结合，高雅格调和彻底开放性，会使细心体验的人们充分感到文化在深圳城市规划发展中的重要地位和作用。

如何对待自然环境是衡量现代化城市文化水平的重要标志，深圳规划力求人工环境和自然环境在现代化发展进程中取得新的和谐。福田组团的主要轴线巧妙地利用了处在组团中心北部的莲花山顶点作为起点，贯通南面的皇岗山遥接大海，就是这种人与自然和

谐在新条件下的体现。福田具有明显轴线和严整的双棋盘布局，完全有可能设计出既是现代的，又是中国的代表口岸城市的市容风貌。

绿化在规划中的突出地位是其又一重要体现。规划构筑了全市的点、线、面相结合的完整绿化系统。在北部羊台山封山育林的绵延四五十千米的绿化大背景下，在南部沿海又建立了300公顷的红树林、海鸟栖息的自然保护区与之南北呼应。南北两条大绿带之间，则充满各主要干道两侧预留的10～30米宽的绿化带，以及组团之间宽800米至几千米不等的绿化带，犹如纵横交错的绿色大棋盘。其中镶嵌22个总面积6平方千米的大小公园。这种绿化布局使绝大部分居民都能随时接近大自然。

要形成将建筑、街道、街区、小品等镶嵌在绿化系统中的丰富多彩且多种多样的深圳城市空间，必须鼓励开发单位规划设计竞相创新，通过设计评审导向，繁荣深圳城市人文建设。深圳对开发单位在这方面的竞争，善于因势利导。这不仅有利于这些单位本身利润的增长，而且使城市和全体居民深受其利。以旅游建筑和涉外商品住宅为例，誉之百花争艳，实不为过。香蜜湖、深圳湾、石岩湖等旅游中心以外来风格争奇，银湖、东湖、西丽湖却以民族风格称誉。异军突起、后来居上的"锦绣中华"，由于荟萃全国著名的几十处风景古迹于百顷之中的微缩景区，吸引了海内外无数游客，节假日来参观的竟多达3万～5万人，说明了中华民族景物所特具的吸引潜力。甚至连幽静美丽的怡景花园住宅区，也能不断吸引人们观光流连。

重视文化时序的延伸。深圳虽然没有什么著名古迹，但是文化时序的向后延伸，还是能从直观形象上使人产生一些联想启发，对文化陶冶同样是必要的。规划保护利用了古鹏城、古炮台、古树和老镇。英国沃尔特·波尔等规划专家提出保护利用深圳前身罗湖旧镇的规划建议，最近已在罗湖旧城改造规划中进一步充实。

十年来，深圳在经济高速发展中保持着物质文明和精神文明同步高涨，在大量引进外来文化的同时，却没受到种种消极没落的影响。深圳文化日趋繁荣，在全国各种文化竞赛活动中，取得越来越好的成绩。1989年深圳人均购书费居全国城市第一。凡此种种均可表明深圳规划重视文化的意图已在实践中发挥了很大的作用。当然，城市人文建设是一个延续久远的历史过程，深圳过去的十年，仅仅只是起步。融时代风格、民族特色、自然环境、人文新貌于一体的新格调最终形成，文化建设和经济建设相辅相成，并由于文化高涨而保持经济持续高涨的效益将越来越明显。

五、城市规划与城市管理紧密结合，以严格的规划管理保证规划的实现

三分规划，七分管理。深圳规划的成功与管理是密不可分的。正是由于管理与规划紧密结合和严格实施，才能使深圳这样一个完全新建的城市，得以按照比较理想的规划，有条不紊地迅速实现。

管理对规划的高度信任和支持非常宝贵。深圳的规划管理是由市政府有关部门在市领导的强有力组织下进行的，而规划则是管理部门或开发单位委托专门的规划设计单位完成的。其中总体规划和不少详细规划是向中国城市规划设计研究院等非市属单位委托进行的。这些规划又往往是国内外一些先进经验的综合，或者属于创造探索。从构思到细节都要克服许多疑虑和阻力。管理人员比规划人员需要更直接更频繁地面对种种困扰，并且要针对许多实施规划的困难，逐项分解克服，才能使规划最终付诸实现。即以前述的修改

深南东路与广深铁路、和平路、建设路的全立交方案为简单立交方案的实施过程为例，深南东路要从广深铁路下面穿过的路面高度和净空确定，就需要一整套非常复杂的、协调各方面的艰苦细致工作。因为这段广深铁路已紧靠火车站，进站前铁路限制坡度最大不得超过1.5‰，铁路路轨标高跨越深南东路的最小跨度和桥梁结构的最薄厚度、桥下通过汽车的最低净空、道路下面的排水涵洞与入海自然坡降等都有技术规范极限，只有综合利用所有这些方面的极限技术条件，深南东路才能通过。这又涉及铁路、市政、防洪、设计、施工等许多部门。正是管理部门的深入细致协调，好的规划才得以变为现实。而这些又离不开管理对规划的高度信任和支持。特区创建伊始，就逐步发展了在管理上尊重规划的良好工作关系，对规划设计的创造性探索，千方百计予以支持，促其实现。这是非常难得的。

管理尊重规划与规划尊重实际是紧密结合的。深圳的规划管理，无论项目选址、批地，还是报批设计和开工，都要审查其是否符合规划要求，规划要求尚不具体的还要直接听取规划方面的具体意见。政府对出现的意见分歧，总是态度明确地支持规划意见。规划方面，则非常重视管理从实践反馈中提出的改进规划建议，用实践检验规划和推动规划的发展。1985年编制总体规划的同时，福田新区已着手开发，迫切要求提供新区路网的控制点坐标标高。管理方面反映的这个按总体规划常规难以解决的紧迫要求，立即得到规划的支持，及时给予满足。规划和管理的互相支持，紧密配合，既反映了社会制度的优越性，也是城市规划顺利实施的必要条件。

根据特区不断变化发展的新情况，规划管理还向规划设计提出并协同推进规划工作的深化和改革。最近时期，管理根据特区适应1997年香港回归祖国，深港经济运行机制对接的需要，提出了新的规划改革要求。对此，规划与管理协同完成了深圳城市发展策略研究的第一阶段规划改革尝试。这一探索在最近举行的市规划委员会上受到了市领导和专家们的积极评价。

特区在实践中已经陆续形成了一批城市规划管理的临时法规，使管理初步纳入依法管理的正常轨道。随着市人民代表大会的正式成立，全国人大授予深圳市人大立法权的实施，城市规划管理法规还将进一步充实完善。

城市规划和城市管理都是不断发展完善的，必须不断探索改进和深化规划管理的新思路、新方法。随着深圳建设的迅速发展，管理的新问题也不断出现。最近深圳市规划管理部门通过实际检查，发现了原来批准的建设用地性质在使用过程中遭到擅自修改的一些事例。如批准的小学校舍中，出现了以勤工俭学名义办工厂的情况，在绿化用地中批准修建的公共厕所被改成以营业门市部为主等等。从而提出了建成后的规划后续管理的新问题，推动了管理工作的深化。

六、适应土地有偿使用和房地产业的振兴，推动规划的新一轮改革

城市土地有偿使用和房地产业的振兴，是我国城市改革开放中产生的、影响广泛、意义深远的一项重大变革，其发展势能与潜力巨大，最终将影响城市发展的许多方面。城市规划的主要内容之一是土地利用规划，随着土地利用的新的经济机制的形成，城市规划必须相应地作出越来越紧密的改革反应，促进土地有偿使用的正常发展。深圳特区由于其经济体制的改革和对外开放在全国处于最先探索的特殊地位，在房地产业振兴和规划改革方面也一直处在全国

前列。特别是1987年下半年，深圳在全国最先推出土地使用权拍卖、招标、协议转让。到1989年底的两年多时间内，通过有偿转让的土地的地价收入有两亿多元，不但有力地推进了城市基础设施的建设，推动了房地产业的新发展，也带动了城市规划改革进入了一轮新的探索。

首先是规划观念的改变。从过去的土地无期无偿使用所形成的规划只着重社会效益、环境效益的追求，转而要将土地的经济利益更好地渗透到规划中去。规划要考虑城市建设的投入和产出，并引导开发建设，使规划更全面、更现实。在保持较好的社会、环境效益的条件下，追求更好的经济效益。最近完成的罗湖旧城改造的详细规划，就是较新的规划观念的产物。它考虑了地段的价格等级，但没有盲目追求市中心寸土寸金的高地价效益，而是基本上保存旧城宜人的基本尺度，不搞高层建筑，以保持旧城改造的社会、环境效益。同时又引入容积率等新的用地指标衡量尺度，以利于实施改造的规划管理。规划中一些新的观念如地价观念、土地开发建设成本观念、规划实施的经济可行性观念、土地供应开发计划观念和对市场发展灵活适应观念等，在深圳的规划人员头脑中逐渐形成，深刻地影响着规划设计。

土地有偿使用和房地产开发经营要求城市规划必须具有一定深度，特别是用地性质、面积、容积率、配套建设条件等，都需要有准确的规定和界定。这些都涉及经济利益。仅仅用过去的总体规划深度来指导建设已经远远不够了。

城市规划的层次、阶段、程序也必须相应地改革，市规划管理部门准备移植香港的分阶段的多层次规划方法，并准备将分区计划大纲（Zoning Plan）首先法律化。一定的规划层次、规划程序和必要的规定定额标准，是保证土地有偿使用得以实施和房地产业运行的基本条件。还有，编制土地供应开发计划，这是通过规划指导土地供应开发的新的重要措施，相当于过去的近期建设规划。通过土地供应开发规模的大小、区位的计划调控，将逐步对各种社会投资建设项目（市政府直接投资建设的项目除外）起到引导、调控和促进城市合理发展的作用。

城市用地制度的改革和房地产业还处于方兴未艾的阶段，城市规划的相应改革，也还将在进一步研究探索的基础上逐步发展、逐步完善。

深圳城市规划头十年是从改革开放的20世纪80年代中走过来的。尽管取得了很大成就，但毕竟为时尚短，改革开放的许多矛盾还在不断发生发展，一些矛盾还未充分暴露，因此规划认识还有待继续在今后实践中发展。20世纪90年代是深圳发展更具关键性的十年，包括机场、码头、高速公路、给水、排水、污水处理、电信等新一轮的重大基础设施建设高潮正在展开，城市布局结构正在向包括宝安、惠州等周围地区的城市群方向发展，与香港地区对接形成大都市地区的问题也将会提上日程，种种新的趋势必然给规划提出更多更高的新要求。我们应该继续学习国内外一切好的经验，结合深圳具体情况，解决规划如何进一步适应城市土地有偿使用的发展需要，协调全市范围内特区内外的发展，和深港经济全面对接的许多问题，以求继续走在全国城市前列，为全国、为世界作出应有贡献。

开拓维艰，继续前进不易。未来仍任重而道远，愿以此与深圳和国内同行共勉。

新形势下深圳城市规划建设工作的
方向与重点

——在深圳市城市规划委员会第五次会议上的发言

　　我首先声明，我不是作为副部长来发言，虽然我在建设部主管城市规划以及有关的工作已经五年了，但我九年以前就跟李云洁、袁镜身同志来深圳，我始终是以建筑师、规划师的身份参加工作的。我想，一个人非常重要的就是要始终如一，特别是在一些为人方面。当然，由于工作的变动，我到部里以后还经常来，来了也不知多少次了，我觉得无非是增加了一个决策者的身份，即规划师、建筑师、决策者三种身份，我还愿意像以前那样始终如一地参与我们国家这样一个城市的规划和建设工作。正因为这样，所以我愿意和同志们以学术讨论的形式进行各种不同意见的探讨，我到今天还非常怀念1982—1986年和建设局的同志共同研究、讨论问题。我特别愿意跟不是这个行业的同志讨论，因为规划师、建筑师往往本身的知识不够全面，跟搞交通的老何、老陈、老林，也跟同行、持不同意见的同志一起讨论问题，这样，我觉得才能把工作做好。今天多说了几句，这就说明了我今天发言的出发点。

　　毫无疑问，这次会议很重要，内容非常丰富，我们讨论的问题涉及很多方面，涉及很多层次。因为随着我们工作的发展，我们规划要考虑的问题越来越多，有宏观的、有中观的、有微观的，有建

会议时间为1991年9月18—20日，发言时间应为1991年9月18日。本文根据周干峙先生保存的资料整理，标题由本书编者所加。

筑、有工程、有艺术、有开发等，所以，虽然开好几天会，我看也很难都谈透。我想谈一谈现在我们国家的大的背景情况，另外谈谈深圳的规划建设情况，大家谈过的我稍微重复一下，主要是谈大家没谈到的问题，最后谈谈我的一个总的想法，也是供参考的。

首先，我国的经济建设和城市建设都进入一个非常重要的发展阶段，我们搞任何工作不能离开大局，不能离开全局，不能离开全国的形势。现在我们各个方面都在总结前十年的经验，安排后十年，就是到2000年的工作。中心一条，叫作"要把经济搞上去"，围绕这一中心，要做好各方面的工作。自从8月中旬到现在，仅仅不到一个月的时间内，我们在北京，在国务院领导下召开了四次全国性的有关城市建设的会议，在最近十年以来，从未这样系统、这样重视研究城市发展问题。很多同志都知道，8月中旬，国务院环境保护委员会就委托建设部和国家环保局在吉林省召开了全国第二次城市环境保护工作会议，研究探讨在20世纪末以前怎么把城市环境保护工作搞上去，制定什么改革目标。这个会议刚结束，紧接着在北京举行了中国市长协会成立大会。大会开得很短但是开得非常重要，这是因为要在明确过去明确过的市长的主要职责是规划好、建设好、管理好城市的基础上，交流经验，明确今后的工作目标，成立一个市长的横向联系、交流经验的组织，确定了它的几条任务，这也是对今后城市发展具有重要意义的。这个会之后，紧接着又是中国城市科学研究会，这也是我们研究中国城市发展这一个学科的综合性的一个学术组织，在太原开了理事会、讨论会，也是由全国知名的、有代表性的专家、同行们参加的。上个星期在北京召开了第二次全国城市规划工作会议，这四个会议都受到了国家高度重视。现在我们面临一个很好的大背景形势，有这样一个背景形势，我们下一步的工作目标应该说是有根据的，当然还要结合各地的情况。对城市规划工作来讲，在第二次全国城市规划工作会议上也作了非常深入的讨论研究，邹家华副总理的报告、侯捷部长的报告可能很快就正式发下来。我的理解，这些会议告诉我们的最重要的就是，我们一定要在前十年的基础上把我们的城市进一步搞好。搞好两个字，当然是应该的，但是对于城市建设和城市规划来讲，特别讲搞好的原因是我们前十年确实搞了不少，但概括起来是这样一个概念，就是我们前十年是搞了很多任务，我们城市面貌大大改变，只有十年时间，全国大中小城市无论建设的规模、数量、城市化的进展速度，我们对比总结，都是尚无前例的，就是这么来估计，这是事实。但是前十年，从我们的城市规划跟城市建设来讲，我们仅仅打下了一个基础，主要是做了一点，就是没把城市搞乱。因为前十年重视了城市要有统一的规划，现在，全国社会各部门、各领导对城市的观念、城市的意识比过去加强了，知道规划是龙头，要按照规划进行建设。所以，我们前十年的城市没有搞乱，但有些问题尚未解决好。今后十年我们必须要把我们的城市建设好。建设好，不是一句话的问题，要研究21世纪新的社会的发展变化，适应科技革命、新科技的发展，要考虑到信息社会，有的叫后工业社会的需要，所以，这些会议和这些高层次的学术研究中，我们正在紧锣密鼓地开展和进行这方面的研究。这十年我们非常重要的一个经验就是城市建设和经济建设必须相辅相成，城市是载体，没有城市经济建设上不去，但是若要把城市搞好，没有规划又不行，所以要按照《城市规划法》，以规划为龙头，首先把规划搞好。我们过去也有一些明确的方针，但现在看来，过去的方针并不全面，我们提出"严格控制大城市"，这是对城市规划而言，我们有"严格控制大城市，合理发展中小城市"的方针，那确实是按这个方针执行了，所以收到相当好的效果，但是并没有太具体的究竟要建成什么样的城市的描绘。通过这次会议研究讨论，框架比较明确了，我理解，今后我们要建设什么样的城市，起码概括了十条内容。

第一，城乡结合。

第二，大、中、小城市结合。以后城市不是孤立的，是城乡结合的。而且不是一个城市，而是有中心城市跟周围城市，要考虑城市组群。

第三，要符合城市生态环境。因为这是今后我们城市生存、发展、走向现代化的根本，如果城市环境不行了，别的都谈不上。

第四，要符合"两个文明"需要。我们的城市必须要讲究现代化的物质文明，但是也必须要具有高度的社会主义精神文明。

第五，必须是高效率的。现代城市集中体现在生产、生活、办公、通信、交通、交换、流通等方面的高效率。

第六，是舒适的。过去很少提舒适，现在就不能不提了，只有把生产生活的条件搞得舒适，才能把其他搞好，这也是我们前一时期工作非常好的经验。

第七，还要有便捷的交通和通信。应该非常方便，而且是可以迅速地来往、到达，这点我就不展开说了。

第八，是安全的。包括社会安全、交通运输安全等各个方面的安全。

第九，是优美的。要注意城市的景观。

第十，多样的。要注重城市的多样性。

概括起来，今后十年要建设怎么样一个城市呢？就是要城乡结合，大、中、小结合，符合生态环境，具有"两个文明"，高效，舒适，便捷，安全，优美，多样。

我们已经有这么一个设想，要把我们的城市在现有的基础上搞好，做起来有许多方面的工作要做，通过这些会议的研讨，我认为有四个重要的方面。

首先要深化城市规划，做好城市设计。过去对城市设计重视不够，为什么城市不乱，但是并不好呢，很多地方并没有精心设计，城市设计的覆盖面太窄，所以第一个就是要深化规划工作。我们的城市规划只搭了一个架子，并不深，并不细，而且过去对先进技术重视不够，像计算机、航空、遥感这些提高我们效率的技术，我们虽然有了基础，但推广普及得不够。通过这些提高城市规划水平是最重要的一条，下一步工作要做好的关键是规划水平的提高。要有规划的权威，首先要有权威的规划。规划本身不科学、不全面，要有权威就很难，就"权威"不起来，如果"权威"了，那反而"权威"出毛病了。这是第一件重要的事。

第二件重要的事情，一定要强化管理。大力加强规划管理相当重要，我们国家规划管理是相当薄弱的，所以下一步要加强法制，宣传《城市规划法》，还要搞配套的法规条例。特别在大城市要推行土地区划制度，靠立法规章来增加管理的透明度。我们规划要管理得有力，一个是规划要做得好，质量要好，另外一个是管理上要有高度的透明度，防止规划和建设两方面的随意性。这是保障城市规划得以实施的重要前提，也是我们廉政建设的非常重要的保证。所以通过强化管理、加强法制、依靠群众、增强透明度，来提高城市规划的管理水平，这是规划和建设第二个重要的工作。

第三是一定要把城市基础设施搞上去。规划要配合基础设施的建设，基础设施一定要先行，特别是其中的交通和通信、供电这一部分要超前。过去我们讲配套建设，现在看来不行，有一部分必须要超前。

第四是以城市规划为先导来推进土地有偿使用制度。这方面深圳市是走在全国的前列了，其他城市都还没有普遍推行。第二次全国城市规划工作会议有深圳的资料和图片，大家都很感兴趣。我在会议总结时也提出来，我们的沿海开放城市建设目标要走在前面，要当好排头兵，这是很自然的，是我们全国同行的愿望，也正因为这样，我们这里很多老领导、老专家，就在会议结束后第二天赶赴深圳。所以，我们这次会议很显然不仅仅对深圳本身很重要，应该讲对全行业是非常重要的一个会议。

下面我再提些具体意见，主要点题目，不再展开了。

首先，研究城市规划不能离开城市发展策略。现在深圳的城市规划面临着下一步深圳的城市和经济发展战略问题。因为前十年发展速度很快，取得的成绩很大，后十年究竟怎么办。深圳已经考虑到后十年要调整产业结构，我觉得考虑到这些问题并着手研究这些问题是非常好的，我也初步考虑到，怎么使深圳从工业化初期的产业结构慢慢走向后工业化的问题，只有这样深圳才能起到两个扇面的作用，才能起到带动其他城市的作用。深圳不能停留在老搞第二产业。我们国家由于整体经济落后，第三产业不发达，全国第三产业的比重只占国民生产总值的27%左右。我们知道，发达国家一般占50%以上，日本、美国等都占60%。我觉得发展第三产业，包括商、贸、金融、信息、流通、科技等是非常重要的，这个问题不研究好，规划怎么考虑它的布局、结构等问题呢？第二产业要不要发展？显然，还要发展，我看炼油也需要、钢铁也需要、有色金属也需要，这些原材料加工都需要，问题是怎样布局。深圳的发展战略要与周围更大范围地区的发展结合起来。事实上我觉得早就应该从珠江三角洲这个经济圈作一个大的部署，把深圳中心城市放到一个以第三产业为主的位置。据我了解，我们国家正在研究如何在全国发展第三产业的问题，国务院已经部署各有关部门，包括我们建设部在内，就如何发展第三产业发表意见，准备开一次全国性的会议，决定一些重要的政策和方向，要使第三产业的比重有一定的提高。总之，深圳产业结构的转变和深圳的发展战略，和以深圳为中心的地区的发展战略的问题，现在一定要有人去研究，这个不一定是我们画图的人去研究，要有经济学家、社会学家和规划专家参与。

第二个问题，相应地做好全深圳市的规划。我的看法是，这个规划一定要结合到东莞在内的更大范围的区域规划，但是从深圳市来讲只能做好深圳市的市域规划，这也是两年前规划委员会就提出过的问题。因为整个城镇的分工现在除了深圳东西几十千米以外，宝安县18个镇，除了镇下面还有一些有工业的乡、村，恐怕星星点点还有不少，这个必须要有一个统一的考虑，有所谓引导，防止自发自流。宝安县的规划两年前我们也讨论过，当时的点少，规模小，但是发展非常迅速，我们规划没跟上。现在宝安县18个镇就发展到100来万人口，包括22万常住人口和70多万临时人口，所以现在全深圳的人口概念已经是两个100万的概念。即中心城市是100万人，周围县、镇是100万人。而且县、镇的产值是20亿元左右。据我们苏南地区城镇化发展经验，我估计宝安县的产值还要增加，这是正常的。因为现在苏南的发达地区中心城市是100亿元，周围的县镇也是100亿元，现在苏州、无锡、常州都是这么一个概念，城镇工业比较平衡。我觉得宝安县和深圳的关系已经越来越密切了，这类村镇的布局，首先我建议点不能再增加，根据很多地方的经验，往往一开始控制不住，发展得过快，很快会出现过分分散的现象。因为点太多，将来基础设施的配套与提高是很困难的，环境污染问题也更难治理，而且将来基础设施管网在这些城市应该是联网考虑的，世界上很多发达地区都是这么个规律，它不可能每个点都搞煤气厂，都搞自来水公司，这些基础设施都要统一进行考虑。

所以，做好这样一个大的规划非常必要。

就从自己发展的经验来看，深圳之所以发展得那么快，很重要的就是基础设施的建设走在前面。这个问题现在在新的发展阶段又重新提出来了，同样的，这个先行可能有些方面还要先行得更多一点，因为基础大了，城市的底盘大了，发展更快了。我觉得广深公路最能说明问题。我来了以后就跟很多同志讲，我们1982年从广深公路过来，当时东江大桥还没建成，还是摆渡，到现在，由不通顺到通顺再由通顺到不通顺，不知道反复了多少次了，主要原因就是缺乏远见，就是根据眼前需要就建起来了，超前不够，全国都有这个问题，深圳这个问题更加突出。特别是水的问题，尤其是供水，水是一个很严峻的问题。在好多次有关供水和环境的问题的会议上，很多部门和很多领导同志都提出来，今后我们很多城市的发展要靠水来决定。我们摆多大的工业、摆什么工业，是以水定厂，以水定产，没有水决不批准建厂，这是个非常简单的科学道理。要抓紧解决水设施的规划建设问题，我知道深圳已经在抓这个问题了，而且已经有了十大基础设施建设的设想，我希望能加快加紧做好。深圳要做好这些事情是有条件的，因为原来有一个总的规划，这个规划经过实践证明，大格局是好的，这是大家肯定的，但还有些局部要补充，这就涉及现在福田区的问题、东部工业区的发展方针等问题。

第三我就讲讲具体的涉及基础设施建设不解决不行的问题。

先说福田中心区。大家讨论得很好，讨论得比较深入，而且一年来也做了许多工作，这些工作我相信不会白做的。我觉得非常明确，这三个方案虽然各有特点，但我的看法，这三个方案的成熟程度是不一样的，考虑问题的广度和深度是不一样的，如果要我简单投票的话，很明确，我投第一方案票。第二方案、第三方案我不是说它没有优点，三个方案都有些思想的火花，陈世民同志去年搞的方案也有一些特色。这次这个方案除了北边的房子盖得太大，把莲花山挡了，这一点比去年的方案差以外，其他也还是很好的。我现在没有投赞成票，最主要的原因是比例尺不对，这个方案如果是1∶1000的比例尺，我会投它赞成票。如果是1∶1000的比例尺，建在别的地方，我认为它是一个很有意思的方案。但是，我认为福田中心区还不是一个建筑群设计，或者说不是一个区域性的建筑群的设计，我认为这个方案还有一个城市规划的问题，还有城市设计和城市开发方面的问题，还有城市基础设施建设，是连在一起的好几个层次的复杂的规划设计问题，所以出现很多好的设想，从不同角度提出很多方案，这是很自然的。搞总体规划的时候，我十分重视中心区的问题，如果一个城市的总体规划不对城市中心区进行构思，就不称其为一个城市规划。所以我当时就很认真地考虑了这些问题，这个我等一下再说。因为是三个方案，咱们先说结论，然后再展开。第三个方案也有好的地方，就是明确地保留了大量的城市建设用地，但是这个方案不能同意。我觉得在深圳，如果搞得像香港那样在中心区有那么密集的高层建筑，我的思想上是接受不了的，我认为也不应该。中心区的高层建筑应该有一定的限度，叫CBD（中央商务区）也好，叫downtown（市中心）也好，叫city center（城市中心区）也好，它跟人一样，有骨头有肉，它就是这么个自然环境，而且深圳是组团式结构，就像铃木先生谈到的，有条件有副中心，有组团布局，但是以这个为主，所以这个东西，从规划角度来讲，是应该有恰当规模的。深圳的中心不是要有特色、有新意吗？再出现一个翻版香港有什么新意！讲到新意我还愿意简单地讲一下我的看法，我觉得新意首先不在建筑形式上，新意首先在适应21世纪的需要，适应后工业社会的需要，这

120

才是新意。建筑形式是次要的，建筑形式有时还复古呢，外国也是这样。建筑形式永远讨论不完，永远有争议。你认为大玻璃最好，他要后现代，现在后现代过去了，现在又搞复古，各有各的看法。城市就不是这样，我觉得这不是建筑设计问题，也不是建筑群设计问题，它是个规划问题，很多因素不确定。五年前大家就考虑这个中心到底是什么，放什么，放多大规模，参与这个工作的同志大家都记得吧？还是这些问题，在深圳总体规划一开始画总图的时候就提出来了，第一张草图是我画的，没有跳出这个范围。当时感觉定不了，现在定不了，我相信明年也定不了。究竟搞多少，有多少旅馆、多少银行，这是我们不可能现在来决定的，必须有一个过程。这就是规划和建筑的不同。规划是没有完成时的，建筑不能没完，我不能盖个房子永远在那里延续，那就不叫建筑师了。房子非盖完不行，那才叫个建筑。城市规划就不一样，所以我觉得大家谈到弹性规划，非常好。但是规划也不能自由化，那这个城市就乱套。《城市规划法》就是要解决这个问题。所以先要有一个框架，有一些预测推算，然后再修正，这是正确的。这个框架也不是完全不能定的，根据各方面的条件，根据发展的规律，根据其他类似城市的经验，就可以得出一定的方案和概念。正因为这些理由，所以我投第一方案一票。我是赞成专家讲的，以第一方案为基础进行修改，吸取其他方案的优点。怎么叫作以一个方案为基础，在实施中也许还会有不同的理解，所以我愿意再讲得具体一点，我觉得现在为了下一步开发福田区，最重要的是用地、交通、道路骨架，要把这个东西定下来，要有一个控制性的用地划分。实际上就像外国，按照土地区划的规定在一个地盘上要决定用地性质，限定各种建筑的高度、层数，以至于停车场等种种要求。这个也不是完全不变的，有zoning以后，将来还可以有rezoning，可以在一定时间根据情况变化而rezoning，但现在不能没有框架。从我这个工作来讲，我虽然不能经常来深圳，但是深圳这个城市在我思想上从来没有放松过，对福田区的一些基本设想，在过去的总体规划说明书里头有一个比较完整的表达，以第一方案为基础，基本就是要肯定方格网，不要搞弯路，特别是干线。我不是说一个弯也不要，而是基本方格网。现在的规划我觉得还有个缺陷，就是没有很好地考虑现状。作为规划的一般惯例，下一次讨论墙上应该有两张图，一张是现状图，准确的现状图，一张是总体规划图，因为我们考虑问题都不能脱离客观实际和总体思想，不然局部规划会是盲目的。而现在深圳的现状，如果画一张1∶10000的图，如果准确一点的话，每栋房子都可以画出来，包括永久建筑和临时建筑，或者是一张有比例的航空印象图，我觉得这个印象就不是我们对深圳的现在这个印象了，我们就要全面得多，包括福田区南边，据我所知不是一张白纸，少则上万人我估计，因为建筑很多。那天经过深南大道的时候，我看到原来最好的一个住宅小区，又多了一排房子，本来是六栋，现在已经变了十几栋了。皇岗村的房子现在越盖越好，也是成片的。这些现状不能不考虑。我记得在搞总体规划方案的时候，我们都认真踏勘了现状，看了水塘，考虑到地基基础情况，因为要考虑用地，作为一个规划师不能不了解。我们现在到了更具体地考虑1∶2000图的时候了。我希望我们要养成一个习惯，就是要非常尊重现实情况，尊重已经决定的长远规划，这样来研究问题。根据第一方案这些研究，我思想里对深圳中心这块地如何利用也有了很多很多的想法，能在此很扼要地讲一下。总之，过去南边放什么，北边放什么，东边放什么，西边放什么，轻轨怎么走，走地上还是走地下，因为轻轨一定要跟商业中心结合起来，商业中心是放在北边还是放在南边，那考虑多了。因为在当时做1∶10000总图时，我跟几个同行都做了1：500的中心区的detail studying，做了一些细部设计，而且做了很详细的交通分析，当时的设想就是要搞新的，要有新意。新意首先在交通上，交通上就是一定要机非分道，因为这一条在深圳做得到，而且机非分道在总的交通建设上是省钱的，这是做了很多工作后得出的这个结论。所以我觉得框架问题首先是两条，一个是基本方格道路网系统不要变，再具体一点，就是这根线、这根线……不要变，因为这些尺寸都是相当大的，最小的300多米，大的700多米，够建筑师将来的用武之地。正因为这是4平方千米的中心地区，这不是单纯的区域性的城市设计问题，而是规划加设计，我承认这里面有很重要的设计问题，但是首先要有规划，规划的框架不定，很多下一步的工作就没法做。另外一个机非分道系统不要动摇，交通上如果还是混行的，就没有效率。所以这条我一直是坚持的，在这块里头非搞机非分道不行。

再下去一条，轻轨的位置跟方案。这是根据现实的问题讲的，必须要考虑轻轨问题。但是轻轨怎么走法是非常重要的。当然陈世民同志已和我研究这个问题了，关于高架的问题。他说了这个以后，我就考虑这个问题了。我们在北京正在研究全国的地铁和轻轨发展问题。我们部里面现在正准备在全国13个城市作规划准备，因为从作准备到开始建设起码要两年时间，没有两年多时间干不成的。当然，我们的方针是多搞轻轨少搞地铁。所谓轻轨，大体上是1.435米的轨距。还有一条很重要，我希望深圳要遵照国家统一标准，我们不能搞万国牌，现在我们国家正在定统一标准，要有统一的车型、车线、电压和受力方式，最基本的是轨距，你究竟是工字受电，还是第三轨受电，这些原则要国家统一来搞。我考虑如果要高架，或者是先进的橡胶轮子的，没有噪声的这类高架，可以少量先试一试，我们的城市建筑设计研究院专门做这方面的研究。为什么决定发展轻轨呢？因为轻轨的造价比较低，可以走地面，可以走地下，也可以架起来走。所以我觉得深圳搞轻轨是很有必要的，这个方案将来要立项，要上报审批，我建议现在不要太长。目前最主要的一段就是火车站、人民路、解放路、上步、福田，一直到飞机场，到南头、皇岗口岸，都可以。我建议你们只画一条实线，其他都画虚线。你图上画了很多实线，你花的功力越多，越不容易批准，因为你也不可能一下都修起来。你先争取一条线干成，先取得效益，其他虚线在你设计的时候当然要留下来。留，不仅是留皇岗口岸的问题，留南头的问题，我觉得多留一些是有必要的，但是作为规划来讲一条还没干成，去画那么十条八条的干什么，这个没有用。在全国开这个会，我是主动把你们拉到这13个城市中去的。不过，我现在招呼先打在前面，标准要和国家统一。因为现在搞成万国牌，以后后患无穷。我们国家已经有好几个体系了，地铁就已经有两个体系。我们不主张每个城市都不一样，我们主张可以引进。高架橡胶轮恐怕造价很高。我不是这方面的专家，但是现在还让我管这事，没办法。

还有个重要的问题。在深圳，下一步要进一步贯彻《城市规划法》，这是我们城市管理最有力的武器，我们要维护它。再一个我觉得在规划上一定要有连续性。我们的规划往往在没有完成以前，由于出现一些新的问题，就把没有完成的规划否定了，这个我是不赞成的。城市的情况是不断变化的，规划不能天天变，按《城市规划法》规定一般五年变一次，重大变更要报上级审批单位备案，不能随便变，除了非常重大的项目要变化。

最后我还要说一说炼油厂的位置问题。我觉得很多同行对那个位置提出意见是有道理的，我也不赞成这个位置。但我并不反对深圳要去搞一点油，这个我要说清楚，而且我是千方百计想用别的办法来解决这个问题。这个我就不展开了，总之，我的态度是赞成深圳要搞点第二产业，当然中心地区将来主要应该搞第三产业，我的总体规划中，宝安也是深圳的，而且宝安以外的地方有的也是深圳。

我感谢深圳为我们全国的城市规划建设工作做出了一个好的榜样，深圳推动了全国的工作。但是我也担心，而且非常担心。因为在研究后十年的城市规划工作时大家就讲了，我们前十年的成绩非常了不起，也是非常不容易，当时大家都有紧迫感，有危机感。在这样的一种心情下，各方面齐心合力把工作搞上去。后十年的情况跟前十年不一样，有许许多多的不一样。条件不一样，基础不一样，我们面临的经济情况、国际国内情况都不一样了，大家都知道。我们更应该小心谨慎，做好工作。要在这样一个成绩基础上进一步把城市搞好，不仅是不搞乱，而是要搞好，而且深圳要搞得更好，各方面要取得经验，在下一次全国城市规划工作会议上继续当排头兵，这个任务不简单，所以要充分估计困难，充分估计面临问题的复杂性。特别是要防止我们把布局搞乱，要防止规划乱、布局乱、组织乱、指导思想乱。我相信，如果这四条不乱，我们深圳的前景还是非常美好的。

深圳城市发展的几个重大课题的咨询意见

城市是现代物质文明和精神文明的载体和体现，城市的面貌和运行效率所表现的魅力，对经济建设和社会发展的作用很大。随着国际经济的大融通，世界各国城市都尽力改善自身的硬件与软件条件，以赢取投资和发展。深圳15年的建设取得了世人瞩目的成就，"一夜城"的速度和高质量的城市形象给人们留下了深刻的印象。面对21世纪，面对"九七"香港回归和珠江三角洲蓬勃发展的大格局，深圳市委、市政府提出的"二次创业，再造辉煌，建设国际性城市"的行动纲领是令人振奋的。在这富有挑战性的时刻，城市应该怎么发展，起到什么作用，城市建设应该做些什么工作，是一篇大文章。因此，现在着手讨论21世纪深圳的城市发展，特别是讨论未来15年的城市规划建设管理工作，是十分必要和及时的。

研究深圳未来的发展，必须站在"大深圳"的高度研究城市的定位、功能、方向和交通网络；必须从对自然环境可持续性的利用和保护的观念出发，明确城市的布局结构和发展策略；必须认清深圳的城市建设条件相对于国内外大城市的优势与不足，扬长避短，把深圳建设成21世纪的现代化城市。

通过福田中心区功能和环境的完美组合，对全市的建设起到带动与示范作用；通过对规划与土地管理机制的强化与完善，保证城市建设目标的逐步实现。本次研究的几大课题是相关联的，

本文根据周干峙先生保存的资料整理，写作时间为1995年12月14日。署名为周干峙、吴良镛、任震英、邹德慈、宋启林、徐循初、叶舜赞、胡开华、陈世民、薛凤旋、王景慧、周日良、陈之泉、房庆方、王凤武。标题由本书编者略加修改。

作为一直关注并参与深圳城市发展的城市规划专业人员，我们对深圳在15年里所取得的成就感到由衷的高兴；在深圳开始"第二次创业"的今天，我们有幸参与未来深圳城市发展的筹划，针对提交会议讨论的重大课题，为深圳市委、市政府的城市发展决策提供参考意见。

一、关于总体规划的修编工作

深圳市从一开始就注重抓总体规划，每一次规划都有较高的起点和标准，并留有余地。深圳在不断探索中高速发展，城市规划也积累了相当的经验。这次的总体规划修编面临的情况更加复杂，已经做的工作在深度和广度上已建立了相当的基础，下一步要在几个层次上加深工作，争取尽快完成并上报。

1．更深入地研究区域关系，理顺区域联系

（1）深港衔接

深港衔接的研究要从几个方面着手：首先是基础设施的衔接，包括交通、通信、供水、能源、防洪、排污、航道等方面；第二是产业发展的衔接；第三是在城市功能方面的衔接，要认清中国香港地区和深圳所拥有的条件和前景，从"双城"的特殊结构关系中明确共同发展的相互促进和互补关系。

深港衔接研究要超前开展，建议首先通过学术团体的共同工作，提出技术性的基础报告。要把香港地区和深圳两张同比例尺的总图结合成一张工作底图，研究共同发展的形态和多方面的关系。在研究中要有充分的想象力。未来的宏观问题目前很难把握准确，但可以进行多方案比较，再根据发展的趋势作出判断。

香港地区是在十分有限的土地资源条件下发展起来的高度密集

的城市，环境质量不高。深圳的自然资源相对充裕，一定要创造良好的城市空间环境，这是深港互补的基本前提，也是深圳建设国际性城市的基本条件。

（2）深圳与珠江三角洲的衔接

深圳在与珠江三角洲的衔接方面已经做了大量工作。珠江三角洲正在形成亚太地区的重要产业地带，未来将发展为密集度很高的城市群，而城市群的发展基于城市和城镇间较好的互补关系。深圳确定了"四个中心、一个基地、一个胜地"的区域功能，如何落实这些功能，要加深工作，即：一方面，要搞好交通联系，使深圳的交通系统与珠江三角洲形成整体网络，同时协调解决好通信、供电、供水、污水排放等基础设施；另一方面，深圳作为大都市，要靠珠江三角洲腹地的支持，也要为区域的发展提供高效的服务，在市场作用的同时要加强政府在产业协作上的协调作用。对于深圳的港口等方面的发展，要在区域协调基础上确定目标、避免造成不必要的重复建设和失误。

（3）深圳在全国发展中的特殊地位

全国的经济发展对深圳起着很大的推动作用，在未来的全国发展格局中，深圳将起什么作用，硬件与软件的条件对深圳有何影响，也需要研究。深圳的规划不仅要抓住城市发展的普遍规律，更要抓住其特殊性。

2．进一步深化与综合城市发展的各种因素

（1）城市结构

近年来，特区的用地结构正在调整，特区内外功能的关联性明显增强，促使宝安、龙岗两区的发展速度超过特区，城镇建设达到了一定规模和水平。本次规划建立了特区为中心城，向外放射的3个发展轴和功能相对独立的11个组团的发展框架，有利于避免发展为过分集中连片型的大城市，比较灵活。但目前各镇基本为粗放型的开发，布局混乱，沿路建设，应控制各镇用地规模，并引导其有序地发展。镇与镇、组团与组团之间要留出隔离带，防止进一步连片发展。

大深圳的布局，要考虑好综合交通系统。铁路的布局有很强的刚性，一旦定下来很难改动。大容量的客运轨道交通一定要超前规划，把用地预留出来。要认真研究港口发展的总规模，适当留有余地，对于投入大量资金建造深水港要慎重。

全市西部在一定时期内会是城市发展的重点，但同时要妥善保护好东部地区的自然环境，不要在这个地区放重工业和有污染的工业。从今后的发展来看，不仅东部，整个深圳都没有必要考虑发展重工业。应该看到，宝安、龙岗是未来深圳特区甚至香港地区城市功能发展的备用地，在保证两区自身发展的前提下要严格控制用地的开发量和完整性。

（2）城市规模

对于人口规模，要分为两个部分，对常住人口2010年发展到200万人这一点，省里与市里已达成共识，暂住人口可以有多方案，在规划中要有弹性。从各方面条件看，规划提出的2010年特区260万人，全市500万～600万人大体是恰当的，在供水供电和交通的计划上还要留有余地。在人口分布上，要控制罗湖上步的再增加，合理安排特区各片区的人口，特区外各镇要留有弹性，需要制定一系列政策措施加以落实。

用地规模上要进行合理控制，强调土地的集约化开发。目前特区外建设用地遍地开花，造成土地和资金的浪费，特区内土地利用强度过大，这些都会造成对环境的破坏。今后要更加强土地的统一管理，为城市的长远发展留出足够的空间。

（3）城市综合环境

环境是未来城乡最重要的资源。在世界经济发展方面的"城市之战"，到21世纪实质上将成为"环境之战"。深圳作为刚刚起步的城市，具有明显的优势，理应有好的运行条件、好的生活条件、完备的公共设施、优美的城市景观、高度的社会文明，这方能成为21世纪的世界名城。要坚持可持续发展的思想，慎重处理发展与环境的关系。罗湖上步分区可以说用十年建设了一个新城，又用五年由于发展得过分密集成了难以改造的旧城，要吸取这个经验教训，在福田中心区和其他片区的建设中加以避免。因此，本次规划应该强调两条主线，一是发展，二是保护和改造，后一点在成果中分量较轻，要加强。

（4）工业区调整

特区内工业区的调整，是大深圳整体发展的一个趋势，但要慎重处理，逐步落实。近期工业区的大规模调整会影响房地产市场和城市总的开发步调，远期工厂在城市中的存在可解决就业的平衡。所以改造多少，保留多少，需要认真研究并有相应对策。

（5）管理政策

一、二线城市的管理政策对深圳的发展具有重大影响。在方针尚未确定的情况下，规划中要留有跨线连接的充分余地。

3．规划的成果与报批

（1）报批的层次

国务院已经决定，经济特区的城市总体规划由国务院批准。从深圳规划面临的情况看来，总体规划报国务院审批是必要的。作为市场经济步伐超前的特大城市和处于改革开放前沿的经济特区，未来的发展还有许多问题需要探讨。因此，报国务院审批有助于请求政府系统中高层次部门加以协调，有助于加强总体规划的权威性，并为全国的城市发展提供经验。在报国务院之前，要由省政府组织审查，要按省里的要求办，力争把区域的各种关系协调好。

（2）专项规划的综合

城市规划的科学性在于对多种专项规划的综合性。本次总体规划要在珠江三角洲区域规划的指导下，依据深圳的国民经济与社会发展规划，从城市资源环境的可持续发展角度，对各专项规划进行全面的综合。对于铁路、港口、口岸、供水、供电等，还需要进行多部门间的专题协商，要积极主动，力争达成一致意见，若尚有分歧，可列入总体规划报告，国务院在审批时还要正式向各部门分发，各部门还会提出正式的书面意见。此外，成果中应补充农业用地规划和各类历史文化遗产等保护规划。

（3）成果表达的内容深度

建设部颁布的《城市规划编制办法》增加了规划文本的规定，并将其作为最重要的一项成果。在深度方面，总体规划针对不同的情况可粗可细。特区内要细，对罗湖上步要表达得更细，特区外可略粗一些。对于规划的规定性问题，凡属政府行为的，文字要明确、肯定，凡属适应市场经济发展方面的，可规定得灵活些。规划虽不是一成不变的，但要有相对稳定性，修改要经过法定程序。要建立长期跟踪与研究反馈的机制，经常性地调整发展目标与措施，做好滚动规划。深圳应对市场经济条件下的城市规划做更深入的探索，继续为全国提供经验。

（4）时效性

总的来讲，这次总体规划要为深圳的"二次创业"提供发展的蓝图，在时间上宜早不宜迟，要在已有成果的基础上，加强与各部门的协调，加强规划的公众参与，力争尽快完成，及早上报。

二、关于综合交通规划

深圳市在城市交通基础设施建设方面已取得了很大成就，在城市交通规划、研究等方面做了大量具体而富于探索性的工作，成果显著，在全国居于领先地位。

从与香港地区的联系、城市交通体系，特别是中心区交通等几方面，对深圳交通存在的问题和未来的发展对策有以下主要建议。

1. 深圳的交通规划要明确"大深圳、大交通"的概念

首先要搞好与香港地区在大型基础设施规划与建设上的沟通和协作，做好与周边城市的协调，强化与珠江三角洲乃至与全国的交通联系。要兼顾空间上的整体性和时间上的超前性。在交通规划中提出的深—港西部与东部通道，东、西部港口发展，轨道交通在皇岗、罗湖口岸与香港地区的连接，以及新铁路客站的选址等完全必要，且意义重大，应加紧搞好并落实方案。但港口建设的规模和功能，深圳与大京九铁路的联系，深—港—线口岸的交通协调建设等方面，要作进一步的深入研究和探讨。

2. 深圳的交通规划要以建立合理的道路交通网络和轨道交通网络为基础，要研究区域性的城镇空间形态，并与深圳特殊的城市结构相适应

首先建立区域性的均衡发展的交通骨架，强化深圳与外围地区，及内部区与区之间、镇与镇之间、组团与组团之间的快速交通联系。交通设施的建设既要满足城市交通量增长的需求，又要促进和引导城市的组团式集约发展，不要再走"沿路开发"的老路。总体规划中确定的全市道路交通网络结构合理、层次清晰。今后仍应加强两方面的工作：

一是在新的开发地区，尤其是福田中心区，要进一步优化道路

网络，提高道路密度而不仅仅是强调道路的宽度。要明确每一条道路的性质、功能，增加支路的密度等等。

二是在建成区，特别是罗湖上步分区，要加强道路交通综合治理，及时落实，实施罗湖中心区交通整治方案，严格控制土地开发强度，调整道路的功能，要及早打通和连接必须打通的断头路，避免路网系统中的"蜂腰"与"瓶颈"问题。

另外，轨道交通是解决城市客运交通的方向，要在现有网络规划的基础上不断加深研究，在规划上要充分、切实预留好轨道交通各线路的走线和站场用地。地铁投资巨大，可以考虑先修轻轨，同时大力发展地面公交。及早确定并严格控制客运交通枢纽站场，逐步建立合理、方便、可达性高的现代化、高效率的公交运输体系。

3．解决交通问题的根本出路在于"综合互济、协调集成"

必须制定合理的交通运输管理政策和法规，搞好交通运输规划建设和管理部门之间的协调。对机动车、非机动车，特别是私人小汽车发展要注意引导和控制。对交通设施的规划与管理等都必须有一个整体性的、与城市发展相配套的发展和管理措施。深圳的交通要建设与管理并举，"新加坡的环境，香港的运作效率"，首先就是体现在交通运输的环境和交通运输的运作效率上，通过加强对已有道路网络和交通设施的综合管理，可以极大地提高交通效率和通过能力。另外，要重视对交通的长期研究与规划工作，建议成立全市性的综合交通规划与协调管理的专门委员会，统一筹划深圳的交通发展与实施步骤。

4．深圳的快速交通系统要尽快形成

特区三条主干道之一的滨海大道应抓紧修建，与红树林的关系要处理好，尽量少损害红树林，作为保护单位要分清主次，顾全大局。

三、关于福田中心区规划与建设

福田中心区是未来深圳市以中心商务和行政文化为主要功能的城市中心，也是我国华南地区与香港地区衔接乃至全国对海外联系的核心之一。它的建成与运行，将对深圳市未来成为现代化国际性大都市起到关键的作用。福田中心区是深圳特区内留下来的一块面积较大和完整的风水宝地，目前基础设施建设已基本完备，今后将是深圳市开发、建设的重点地区。中心区的规划建设应统筹考虑它的社会效益、经济效益与环境效益，其建设规模应采用原中规院编制的控制性详细规划方案，建筑开发量应控制在800万～1000万平方米。若能确保每年有80万～100万平方米的建筑量，10年左右即可建成，其现实性是很大的。

第一，福田中心区的规划设计应面向21世纪，要有超前性和高标准。目前，中心区规划设计方案的总体格局基本可行，但局部的空间组织、规模、密度等方面还应在今后的设计中深入研究。建筑设计与外部空间设计应有一定的中国特色，使中心区的规划与建设成为中国城市规划建设的一个杰作。

第二，福田中心区南北两区不同的功能布局是可以的，但不要完全割裂开，而造成南"热"北"冷"的局面，应将两个片区有机地结合起来，特别是通过加深中轴线与中心广场的空间设计处理，使中心区成为一个有机的整体。

第三，福田中心区的规划设计要特别注重建筑、广场与绿地的系统处理，应与人行系统充分地结合起来，使人感觉充满艺术气氛和都市气息，使人能完全融入中心区的自然环境与人工环境中。

第四，福田中心区的交通系统应有全局的权衡分析，使其不影响地段的整体性和将来的持续开发。交通系统应该是高效率的，车行与步行系统应充分结合起来，为各类进出中心区的人员提供方便。

第五，福田中心区采用"竖向垂直"分流，将人行与车行分开，要深入研究二层步行系统的整体性、系统性与可行性，步行天桥数量不宜太多，应在不影响系统化的前提下减少步行天桥的数量。步行系统要与公共汽车、地铁等交通站点很好地结合起来，地下步行系统除地铁站及换乘外是否一定要布局，需要再研究。

第六，福田中心区的开发建设应以街坊为单位，在总体规划设计的基础上成片设计、成片开发、成片建成。街坊建筑组群要有层次、有主题。建筑布局不宜松散。

第七，中心区轴线北端的莲花山应以自然状态为主，多做绿化，不主张在里面尤其是山南面有过多的建筑。莲花山公园的开发建设应待中心区初具规模后，条件成熟了再考虑。

第八，中心区的开发建设最好采取"中心开花"的步骤，先建深南路两侧的中心地带，特别是市政厅要先建起来，这样有利于带动周围地段和中心区的开发建设。

第九，中心区的中轴线地段的规划设计最好进行国际招标或方案竞赛，进行多方案的比较，确保一流的设计、一流的建设、一流的城市面貌。

四、关于规划管理

第一，对于城市规划和国土利用这样复杂的系统，要坚持科学管理。规划管理体制包括机构、规章、程序、实施、监督等。目前城市中在这方面存在的主要问题是"法制不全，有法不依，执法不严"。《城市规划法》实施以后，总的情况仍是管得不严。深圳在城市规划与建设的立法方面已做了一定的工作，但有些立法还要抓紧补充。在立法过程中不要纠缠名词概念，而要把主要内容尽快确定下来。实行后，通过实践发现有不妥之处，还可以修订。

第二，城市规划的立法和审批仍是政府行为。此次规划国土局汇报的《深圳市城市规划条例（草稿）》中，城市规划委员会的职责应是对规划的审议而不是审批。审议是审批全过程的一个程序，不能代替政府的审批。规划委员会与市规划局在这方面的职能分工也应在条例中予以明确。此外，地方人民代表大会宜抓住审批程序这一法制过程中的关键问题，进行监督检查。

第三，规划的审批按《城市规划法》的规定，城市总体规划应由上级主管部门审批，总体规划纲要并未规定审批，只需市政府同意即可。重要地段的详细规划由地方政府审批或授权地方城市规划管理部门审批。总体规划中各专业规划只是总体规划阶段的规划，上报时列出主要内容即可。分区规划在《城市规划法》中并未规定审批程序，但许多城市也经政府审批。此外，城市规划区是一个法律概念，故规划区的覆盖面在地域范围上要足够大，因一旦审批之后就是法定范围了。

第四，考虑到深圳与香港地区的城市对接，在法制和条例等方面，只要可借鉴的，可以按香港地区的体系做。主要看实行后的效果是否有益于城市建设按已批准的规划有序地发展。对国家已颁布的法规和规定，地方性法规尽量与之一致。法规条例出台后要严格遵照执行，严格控制。

第五，规划选址意见书和"两证"还是要坚持。深圳市内原农村的用地如果无"两证一书"，就无法控制无序和不合法的开发。深圳市已经实行的"规划设计要点"可作为"一书"的附件，不必取代"两证一书"，对土地和开发的档案管理乃至地理信息系统

（GIS）的完善也是有利的。对多次转让的土地，也可利用新的"一书"来规定开发应遵守的内容。

第六，城市的规划权与规划审批权不能层层下放，因为规划是为全市和市民的利益服务的。在此前提下，规划方案要考虑服务的原则、房地产业的利益和管理实施的可操作性。规划要考虑开发，开发要服从规划。要把规划与法制规定交给群众，让群众参与。深圳市在这方面具有一定条件，可以先试点实行。

第七，对市里拟开发建设的重点项目，应成立专门机构进行管理。机构中应有规划编制、规划管理、设计、社会经济和环境评估、拆迁和政策等多方面人士参加，互相结合进行综合协调和控制管理。必要时应成立专家顾问组，进行业务上的指导和咨询。其他重大问题也可依此办理。

第八，城市有关领导要按已批准的规划办事，不要任意批条子和任意决策。规划实施的人员不能以个人意志随意改变规划及审批。容积率是有科学依据的重要开发数据，一旦批准定下来，不能任意修改，尤其不能因人情面子，讨价还价，任意加大数据，因为容积率的增大与环境质量的优化成反比。

第九，深圳今后的城市规划管理，对特区外要"治散治乱"，特区内要"治挤治密"。宝安、龙岗两市区的规划管理体制问题要研究，一定要强化土地控制和规划管理。

深圳城市建设的历史与未来

记者：周先生从特区成立伊始就参与了深圳的规划与管理，并经历了历次重大的城市规划改革，可以说是深圳历史的见证人，请您回顾一下深圳的历史发展情况及其影响？

周干峙：深圳是改革开放的窗口，它对于全国的影响和贡献越来越大。经20年的建设，深圳从一个边陲小镇发展到近300万人口的城市，建设效果良好，这不仅仅是城市规划的作用，更是汇集了国内外各方面专家的智慧和经验的结果。20年来，深圳的规划、管理、决策和建设都在不断变化发展。而最关键的是，深圳从一开始就高度重视城市规划，注重长远的设想。20世纪80年代，深圳即强调高起点、高标准，城市建设要与特区的地位相适应。现在"高起点"已成为人们的口头禅，而最早只有深圳提到。深圳一方面接触中国香港地区、向境外学习先进经验；另一方面则依靠全国力量，调动各路人马，从北京（主要是中规院）抽调了40多名设计人员，即现在中规院深圳分院的前身。当时的气氛非常开放，市政府善于听取各方面的意见，同时加强自身的力量建设，注重培养本地人才。

随着我国城市化的迅速发展，城市建设各方面的工作，无论是在观念的更新还是在管理的决策方面，内容更加复杂和丰富，也越来越重要。现在全国都处在一个极好的机遇期之中，经济形势很好，各地都在下决心搞好城市规划，虽然城市发展速度很快，但是

本文节选自1999年第5期《世界建筑导报》的同名文章，由梓人、黄绮莉访问、整理。

发展质量往往容易出现问题。现在有一个现象很有意思，就是有一些城市虽然一点经验都没有，胆子却特别大，这样就容易犯错误，而经历过一些事情后，才慢慢变得慎重起来。因此要好好总结经验，少走弯路。

记者：请谈一下您对深圳的城市发展过程中印象最深的几件事情？

周干峙：深圳市的规划管理，曾有过三次比较大的考验。一次是福田区规划。福田区是必然的城市中心地区，有30多平方千米，包括莲花山等在内，当时被一位港商收购了。这位港商请了欧洲的专家做了规划，但实际上一时建不起来。深圳市政府下决心收回该地块，并从两个方面加以妥善解决：一是从技术上，对规划提出质疑，展开讨论，说服了这位港商；二是从行政方面，以法律及行政手段收回土地。领导们下了很大决心，承认原来的处理不对并努力改正错误。事实证明这一决策是非常明智的。

第二件大事，是城市的发展战略，究竟是"两头先建"还是"中心开花"。从城市建设的经验来说，建设的时间越后，质量将会越好。早先的深圳，两头已有了一点基础，所以决定先建两头，后开发中心，这又是一次决策与规划紧密结合的例子，市领导也由此不断总结经验，从没把握到有把握，领导的思想认识得到了很大的提高。

第三件事是有关飞机场的选址。早期的总体规划已选定设在黄田，而有一些部门考虑到要与我国香港地区兼用，提出了将飞机场放在后海湾。这个方案从政治意义上来看有一定道理，但从城市发展看，机场邻近市中心，将产生噪声污染、建筑高度受限等问题。当时很多部门都同意此提案，只有规划部门反对。当时，中央领导同志专门为了这个问题来深圳考察，我作为专家工作组的成员，和环保部门是反对这一提案的。最后中央领导同志赞同专家意见，坚持了原来的规划方案，这三次重大的决策，深圳市都处理得很正确。

深圳市中心区规划建设是城市设计的一次完整实现

二十几年前一个仅有1万多人口的宝安县城，谁也想象不到会变成今天的深圳——一座户籍人口数量达120多万的现代化都市。深圳的迅速崛起是改革开放的丰硕成果。正如在第20届世界建筑师大会上深圳城市总体规划获得荣誉提名奖时所评价的那样："深圳作为一个新兴的城市，在这么短的时间内发展这么快，城市规划实施得这么好，是在几代规划师的努力下，将自然环境、城市建设和社会经济发展有机结合起来，既满足了城市人口和经济快速增长的需要，也妥善解决了城市与区域的关系，使深圳保持了良性的持续发展，堪称是快速发展城市的典范。"

作为深圳城市规划建设重中之重的市中心区也将成为一个按完整城市设计实施的典范。深圳市中心区是市级行政文化中心和城市商务中心，具有良好的城市总体规划基础，前期工作和后期工作浑然一体。这是几代中国规划师和领导人正确决策的成果，是中国城市规划的一个结晶。在城市设计阶段，不断汲取国外先进经验，由国内外著名专家共同参与，进行了多次方案竞赛和深入细致的评审工作，形成了整体完善、操作性强的实施方案。现已进入了全面建设的阶段。

城市设计是深圳市中心区规划建设过程中的重要环节，早在20世纪80年代后期就开始进行规划探索，为科学的规划设计任务研究

本文根据周干峙先生保存的资料整理，写作时间为2001年8月，署名为吴良镛、周干峙。

（programming）逐步奠定基础。之后中心区共进行了四次较有影响的城市设计：1996年中央核心区城市设计、1997年中轴线复合空间系统城市设计、1998年CBD街坊城市设计、1999年中心区城市设计与地下空间综合规划。每次城市设计都是在前次基础上的深化调整。值得重视的经验是：在中心区城市设计发展过程中，重大调整事项都在咨询专家后慎重决策。例如将会展中心从滨海地带调回中心区，既带动了CBD开发，二者又相辅相成。这是最近一次成功的调整。

1998年进行的中心区CBD街坊城市设计，通过细分地块、确定控制指引，并规定必要的建筑形式要求等，使各地块之间室外环境景观连续、人行系统连续、建筑造型与色彩整体协调，使城市规划和城市设计真正成为各单体建筑方案设计的总谱。从而实现规划设计的两个目标——激发片区的土地经济及城市活力，形成优美的城市景观环境。这种城市设计及其实施方法，在我国近年来城市建设中尚属首例。

为了更好地执行城市设计，把握好单体建筑报建这一环节，1999年深圳市中心区在城市建设决策实践中率先建立了城市仿真系统。它通过虚拟现实的街道尺度、建筑造型、室外环境，可以预先把握城市设计的空间形象艺术效果，并对拟建项目进行多个建筑方案的比选，这是实现中心区城市规划、城市设计、建筑设计、环境设计整体优化协调的有效的现代化工具。

深圳市中心区的城市建设，通过城市设计，既把城市规划、建筑设计、环境设计等相互关联的问题有机地协调起来，又不断寻求政府规划与规范了的市场开发取得动态平衡，从而保证城市规划、城市设计的完整实现。我们希望中心区一如既往地执行既定城市设计。城市的规划、建设，永远是一个过程，生活发展不息，总会不断地提出这种那种问题，今后的建设更要珍惜既有的经验与所取得成果，更要倍加谨慎行事。尽管中心区仍在建设中，尚未全部完成，但上述几点成绩与经验是得之不易的，值得深入总结。

深圳规划的历史经验

深圳规划在我国的城市规划史上有着重要的地位。它标志着中国的城市规划由计划经济时代进入市场经济时代，翻开了新的一页。

深圳是我国当代独力按照规划建设起来的城市，也是新中国第一个按市场经济体制规划建设起来的城市。这个规划是由中国的城市规划师主持编制的。

深圳规划的历史经验很值得总结。

回顾深圳经济特区早期的规划，按工作的规模和特点大致可以分为两个阶段。我认为，划分的标志是中央领导派出专家顾问组（即五人小组，组长袁镜身，副组长李云洁，成员龚德顺、周干峙、扬芸）。

深圳是改革开放的排头兵。深圳经济特区刚成立的时候，几乎是一无所有，缺乏规划专业人员，缺乏经验。广东省政府、深圳市政府先后组织了两次规划，以当地的力量为主，也有一些外地的规划设计人员以及境外的专业人员参与帮助深圳编制规划。由于经济特区是个新事物，当时对于特区的性质、规模和发展目标都还不十分明确，只能沿用计划经济条件下习惯的做法来编制特区规划，很难适应特区建设的需要。随着特区工作的全面展开，中央对于深圳经济特区的性质目标等也有了进一步的明确，为深圳的发展指明了

本文为周干峙先生为《与改革开放同步的城市规划实践——深圳城市规划十五年》（深圳市规划和国土资源委员会编著）所作的序，载于2010年第4期《城市发展研究》（发表时略有删改）。

方向；中央领导派出五人小组帮助特区建设，也就是在这个时候，深圳规划进入第二阶段。第一阶段实际是特区规划的准备阶段，所做的大量工作为后来的规划提供了基础，比较系统完善的规划在第二阶段。

经济特区的规划不同于过去的城市规划。特区规划怎么做，大家都没有经验，规划的目标方法均无从参考，发展的规模速度也难以确定，只能"摸着石头过河"。

五人小组进入深圳后，首先碰到了两个问题。一是许多建设项目（道路、口岸、旅馆等）必须先行，等不及规划。二是已有我国香港地区专家提出了上步、福田一带的规划方案。该方案模仿了英国霍华德的"田园城市"设想，完全脱离深圳特区实际，必须更改。当时就和市规划局同志（郭秉豪等）一方面共同努力满足当前建设需要，一方面和胡应湘力争规划的科学合理性，并得到市领导积极支持，最后决定收回福田30平方千米土地，给予一定的经济补偿，排除了合理规划的障碍。作为规划人员，深深感受到专业人员的意见受到重视。

行政领导与专业人员紧密结合是解决问题的"金钥匙"。回顾总结深圳经济特区早期规划的经验，这是我感受最深也是最首要的经验。

面对规划建设中遇到的问题，深圳市的领导，周鼎、罗昌仁，以及后来的李灏和几位分管领导，都不是把自己的想法、意志强加于人，而是放手让专业人员去研究、想办法，尊重他们的意见。决策者和规划者一起深入实际调查研究，平等讨论，密切协作。在这种氛围下，大家的工作更加尽心尽职，敢于开拓创新。大家的精力都集中在千方百计把深圳规划建设好，并对违反总体规划、不利于总体发展的问题提出意见。只要讲得有道理，领导就敢于拍板，立即纠正。这样不仅避免了很多失误，还节约了大量资金。这样的事例还有很多。

例如，机场的选址问题。我们做深圳经济特区总体规划（1986版总规）的时候把机场定在黄田。后来，有关部门把地点改到南山区白石洲，并已准备开工。此举引起规划专家的强烈反响，因为机场靠近城市的中心区，占用大量发展用地，将严重影响深圳的发展，其他城市类似的教训已有很多。专家们多次提出不同意见，并直接向国务院领导反映。最后，时任代总理李鹏亲自坐飞机实地考察，肯定了规划专家的意见，因此才有了现在的深圳机场。

还有，我们考虑作为带形城市，将来东西向的交通是个大问题，规划将东西向主干道深南大道定为80米宽，中间的绿带是为轨道交通预留的位置。开始有的领导觉得这没必要。在规划人员分析了关于城市和城市交通的发展趋势以后，规划方案得到了尊重。因此深圳建造地铁拆迁量比较少，造价要比其他城市低许多。

1986年，深圳市政府成立深圳市城市规划委员会，李灏市长任主任，聘请陈占祥、任震英、吴良镛等20多位国内外著名专家任顾问，我有幸被聘为首席顾问。尊重规划、重视专家意见形成了制度保障。之后连续多年，每年都召开规划顾问会议，就规划中的重要问题向专家们咨询。它不仅保证了规划达到先进水平，也确保规划得到认真严格的实施。

历史证明，尊重科学、尊重专家，决策者和规划者互相尊重、平等讨论，才能真正做到科学决策和民主决策。这是深圳早期规划最重要的经验。

第二条经验是城市的规划建设走好第一步非常重要。一个城市的格局、框架、发展思路是在一开始就确定的。这个决策如果出了问题，很难纠正；这一步走对了，步步紧跟，城市才能顺利发展。

滚动发展，弹性规划理念的提出，组团式带形城市格局的确定，不仅适应深圳的地理地形条件，也为特区的快速启动和迅速发展提供了条件。深圳经济特区总体规划的构思是专家们反复讨论、结合深圳的具体条件认真研究后提出来的，既适应市场经济的需要，又吸取了发达国家的经验。

第三条经验是规划与建设紧密结合。特区建设的要求急，不可能等规划好了再建设，特别是一开始，规划和建设是同步进行的。但建设的时候都首先同规划商量，一起做现场调研，尊重规划的意见。我到深圳首先碰到的问题是蛇口到罗湖的路怎么修，搞出口加工的工业区怎么摆，新的建设与原有铁路的矛盾怎么解决，等等。深圳的主管领导和我们一起搞现场调查，商量解决办法。关于修路问题，有的主张赶快把深南大道建起来。我提出为满足建设运输的需要，先在特区的北边修北环路，这与将来的深圳总体规划不会产生矛盾。搞公路建设的单位提出修15米宽的方案，我认为北环路不是公路而是城市道路，起码要修18米宽。这些意见都得到了采纳。后来，深圳上的一些比较大的项目，每一个大的建筑，摆在哪里，交通怎么处理，都先跟规划部门商量，听取规划的意见。正因为规划与建设不是脱节的，建设中尊重规划的意见，满足了快速建设的需要，深圳建设才没搞乱。

第四条经验是认真执行规划。有了一个好的规划，还得要很好地落实。规划贵在坚持。特别可贵的是深圳市几届领导班子都十分尊重已确定的规划，严格按规划建设，而不是"一个市长一个令"。在深圳，没有哪一栋建筑是不按规划、由行政领导自己定的。对于我们发现的一些不符合规划、不利于深圳整体发展的问题，一经提出，讲清道理，领导十分重视，即使付出代价也坚决纠正。在福田中心区刚开始启动的时候，深南大道南边的土地都批出去了，我们觉得这和中心区的规划要求不符。市领导一家一家地做工作，把地收了回来。执行规划没有走样，保证了深圳按照规划的蓝图建设起来。

第五条经验是坚持继承和创新相结合。在福田中心区，继承我国古代城市的成功做法，规划了中轴线、方格路网。特区是新事物，要吸收国际上的先进理念、新的做法，要结合深圳的实际，努力创新。结合地形，整个城市采用组团式的布局，形成带形城市；工业区采用小块分散布点，一般工业区不大于2平方千米，全市规划15个工业小区，便于上马，搞一个成一个；城市交通留下地铁余地，还通过计算交叉路口的流量，确定需要设立立交的路口，并规划设计了快慢车分行的两个路网系统。同时优先建设好口岸和对外通道，保证了"门户"的功能和形象。

第六条经验是不崇洋媚外，坚持以自己的力量为主。城市总体规划要从国情市情出发，要紧密结合实际，要构想城市美好的愿景，这个当然是国人最有发言权。五千年历史的文明古国，曾经创造过许多城市规划的辉煌，应该相信自己的专业人员能够创造新的辉煌。当然，对国外好的理念、先进的方法绝不排斥，要广泛学习，认真借鉴，但不是生搬硬套。古今中外一切好的东西，都要吸收、利用，为我们服务。1999年，深圳规划荣获国际建筑师协会亚洲地区的第一个阿伯克隆比奖，有力地说明了中国的城市规划师完全有能力、有水平规划好自己的美好家园。

深圳规划的历史经验，还不仅是这些，应该进一步深入挖掘、总结、提高。我希望在迎接深圳经济特区成立30周年的时候，再一次进行全面的总结。

深圳的总体规划和重大建设项目，总的看来，成功的不少，很遗憾的败笔不多，但历时二十多年，我感到也有一些关键性缺陷，影响深远，而且难以更改。如早就发觉的城中村问题和特区外围的城镇规划混乱，都由于规划失误，现在总结之重要，就是从失误中取得经验教训，对后续工作大有裨益。

　　总结市场经济下城市规划的特点，我曾概括为"滚动、灵活、深细、诱导"八个字，看来还不足以完全说明问题。目前，深圳规划又进入一个新的历史阶段，一个城市和区域发展关系更为密切的时期，理应进一步有所总结，有所发展，再次成为规划建设的排头兵。

口述深圳城市规划设计历程

你们收集记载深圳城市规划的历史资料，保存档案有价值，很有价值。就整个深圳市来讲，委里是重视的，但据我知道，有一些老同志有意见，觉得对过去的事情还不够重视。深圳市很特别，我可以讲好多话！现在很多人不知道。她（陈一新）知道一点。但初期的她也不一定都知道。

伦永谦同志现在已经瘫痪，神志不清了。其实这段历史，他最清楚。为什么呢，当定了深圳是特区以后，省里面马上就派去工作组，马上就画了一个图，这个图就是现在的罗湖区。深圳开始是1万人，就是罗湖区这个镇上，这老街，这一小坨，这个坨坨稍微要扩大一点。是伦永谦他们画的。这个不知道有没有资料，我觉得应该有。（陈一新：有一些的。有罗湖22平方千米的。）没有22平方千米，因为你这个老城啊，就是1个平方千米。那是1980年初，这个文件是1980年初定的呀。1980年下半年，国家建委（指国家基本建设委员会）主任谷牧同志反应很快，就下令组成一个五人小组去帮深圳。五个人的名字都有，袁镜身带队，部设计院的院长，建筑设计院，不是搞规划的。有袁镜身，有龚德顺，还有一个叫扬芸的老建筑师，还有李云洁（国家建委设计局局长），还有我，就这五人。五人里头，两位是老干部、行政领导，两位是老建筑师，我是搞规划的。我们很快以"国家建委五人小组"这个名义到达了深

本文为周干峙先生2011年5月9日接受"深圳规划国土档案补缺及口述史料汇编"项目组访谈时的口述材料。访问人员包括陈一新、张秦、刘勤等，访谈地点在周干峙先生家中。本文根据周干峙先生保存的资料整理，标题由本书编者所加。

圳。到达深圳以后，碰见的第一件事情就是香港人很不简单，已经有一些建筑师自我推荐来做方案。那时候有位建筑师叫胡应湘，因为他是香港人，有特殊地位，有机会跟谷牧汇报。他听到这个消息后，马上请人画了一幅图，说是最先进的，就在谷牧面前，拿着这个图汇报。我们有机会看见了这个图。我一看，这是书上抄来的英国"田园城市"那个图呀。一个外行搞的。这些建筑师，从来没有经验搞一个多少万人的项目，都是搞的小地块。无论是伦永谦做的规划，还是香港人做的规划，很显然，都太小，是不适合的。我们到深圳要处理的第一件事情就是"胡应湘方案怎么办"。折腾了好久，在深圳找他来谈，又到广州去开会。广州开会时，我们五人小组力量有点薄弱，我还拉了一个人，陈占祥。为什么拉陈占祥，陈占祥是英国留学回来的，资格最老的，业内有威信的行家！而且他有英国皇家建筑师学会的执照，叫RIBA，Royal Institute of British Architects。这个执照在香港都是有效的，终生有效。论资排辈来看，胡应湘的资历和陈占祥的资历没法比。然后，这样我们才能重新去做规划。不然人家的规划摆在这里，可以说服领导的。他说这是欧洲什么国家的什么建筑师搞的，领导不懂的呀。我们现在懂了：即使是最著名的建筑师也做不了城市规划，两码事啊！那时候不懂，大家都不懂。所以说，深圳是我们国家第一个搞特区规划的，而且现在看来规划还是成功的，起了很多重要作用。深圳是从这里开始的，后头的具体事例就多了。

我今天非常欢迎你们来，以后你们找些资料，不要说空话，要把过去的图都拿出来。过去有多少图啊！1986年通过规划以前，画了多少图啊，不是一张图呀。反复地修改、研究，最后上报、批准。我担心你们还不全，因为有些草图很重要的，你要看我们当时怎么画的草图就知道我们的规划思想是怎样的。为什么到今天不是一句空话，为什么今天说深圳作为特区的城市规模是很成功的？当然，现在可以论证，你看，过去预留的，现在的深南大道怎么怎么样，这都可以这么说，但远远不止这些。

我给《与改革开放同步的城市规划实践——深圳城市规划十五年》写的序，对深圳规划的历史经验的总结都非常简单，其实远远不止那些。如果有条件把这些例子、演变过程都重新理一下，而且讲出道理来，为什么这样做，做了有什么好处，哪些是成功的，哪些是不成功的，这个一本书都可以写出来，甚至多于一本书。我今天跟你们大体地讲一讲，以后再给你们细说啊。我脑子里现在毫无准备就能讲的，是我印象最深刻的地方。

第一个印象最深刻的地方就是要把一些不正确的方案首先否定掉，然后才可以做。这马上面临一个问题，规划跟建设应该是什么关系？这个现在在我们很多城市都没有处理好。深圳规划的一个特点就是它不可预见，它是新事物，谁也说不准特区的规模怎么定，特区的功能分区怎么摆布，它的市中心形态等应该怎么样，都没解呀，都不知道怎样。但有一条，建设不等于规划。比如，我们刚刚动手做规划的时候出现一个问题，就是与蛇口要有联系，要方便联系。过去只有一条土路通蛇口，而且不规矩，不正中，那么，这条通蛇口的路怎么走？搞规划的人懂了，就知道这是一个带形的地带，无非是三条线路——或走南边沿海，或走中间，或走北边。应该怎么定？这就是当时规划和建设第一步开始，且结合得比较好，不像现在，建设是建设，规划是规划。规划图纸，审批通过了，等到去实施时，不行了，这里修了，所以规划不起作用。那不是复杂的问题。搞规划的人都有常识，就知道城市中间的那条路是最重要的，就是福田区的那条路。但是第一步还没有规划的时候，路又不能等，搞规划的人也希望修出来。当时规划就提了一个意见，先修现在的北环，后修南边，这就叫决策性的意见。这个意见，规划小组提出来以后，大家认为有道理，就这么执行了。我举这么一个例子，就是说，要做好城市规划，不能跟建设脱节。这个道理很简单，但是现在往往不像过去那样。从这个事开始，我觉得我跟深圳市的领导就非常接近了，因为觉得都说得通，好沟通。

然后规划专业人员就要研究，特区是什么建设程序，是一个什么情况？当然，首先是规模多大，该往哪里发展，等等。这些需要规划的知识，有一个理想的东西，但不一定能够符合实际，那么这个实施过程中，我们从北京派去的人，要跟地方领导反复地商量、反复地商量，跟现在完全不一样。所以，领导之间，行政领导跟专业人员之间，配合得像深圳这么好的，现在反而没有啦！我可以说，没有了，几乎是！但它好就好在，这样的配合，让针对问题所作的规划决策比较全面。我举一些例子。譬如，首先深圳往哪里发展，搞多大规模，当时我们领导的思想经过"大跃进""文革"，国家已经有了正反两方面的经验，都特别谨慎，不要盲目搞大，因为吃过大亏了。所以，那个时候，谷牧同志从全局的角度提了一个建议，深圳不要超过70万人。但只有我搞规划，我一琢磨，恐怕不行吧，因为深圳特区范围136平方千米，特区范围能不考虑吗？当时，香港人、外国人也觉得不能太小，要考虑大一点。怎么考虑大一点？按现在，一般领导说70万人就画70万人。当时不是啊！我们说不行啊。为什么不行，跟他讲道理。这个道理现在我不用展开说。一听以后，至少市里全统一。谷牧同志，虽然我们没机会见到他，但我们可以把道理向他讲清楚，我们按70万人控制，但我们要预留，我们要考虑这个、考虑那个，我要按多少人口考虑，最后把这个问题变成一个活的问题，不限定那么死。人口我要考虑，交通我也要考虑，还有外来人口怎么考虑，所以加起来，按120万人控制，按130万人、140万人考虑外来人口，交通要考虑多一点，（陈一新：1.5倍。）我们是这样处理的，因为是特区嘛。都要经过多方面协商，大家实事求是，以负责任的态度……

这个中间大的项目不少：蛇口码头放在哪里，工业区放在哪里，搞多大，都是新问题，不是随便画的。我们也是反复讨论。送到北京来的"大问题"是关于飞机场的，时间上已经相对晚些了。我刚才前面讲的什么人口规模啊，香港人的那个方案啊，都还在以前。保留老城不动，以及口岸的位置，原来在东面还有个小口岸，比罗湖区的人口还要多。为什么？贩运东西，那里容易过来。（陈一新：您是不是讲沙头角？）沙头角，这个就不是规划院要定的，要跟香港商量。那时候就商量了如何往东，现在叫什么？市中心南面那个。（陈一新：福田皇岗口岸。）这些口岸都摆好，然后做一个大盘子。最重要的特点是，这个大盘子，当时一个指导思想是灵活，不要像原来的规划，100万人，必须做满才像个样，100万人口，80万不到，也还是很完整的，120万也行。当时这个主要思想，就是不抄别人的。另外一个很重要的——工业区的选择，当时的目的是要把香港的加工企业引进来。深圳规划很重要的一个特点，完全与其他地方不一样的，就是恰恰不搞大工业区。我们当时的经验，搞大工业区搞不完整。加工业区都是小的，而且往往厂房是二层楼的，楼上一家，楼下另一家，香港就是这样。当时工业区的规划，现在看来完全是对的。而且确定了每个工业区面积不大于2平方千米。所以，136平方千米的特区范围以内，要几十平方千米的工业区，不搞几个大的，恰恰搞了19个2平方千米的工业区，这是我的印象。那适合发展具有弹性的情况，这也是很特殊的事，现在看来特区在这块的处理是成功的。

另外就是交通。交通规划专业性很强。那个时候首先有一条，就是要留下发展余地。那个时候，大多数人都不知道地铁的问题。我们搞这个行业的难道会不知道？一般人口达到一百几十万人，这样一个城市就不能没有地铁。那个时候就预留下了地铁的建设空间，到今天为止还在起作用。深圳亏得深南大道是80米宽，而且中心区多留了20米。留20米干什么呢？就是修地铁。当时并没有经验，还没有计算多少人口地铁多大规模，但已经知道，必须有地铁，而且地铁有大有小，多过2万人是地铁，多过8万人也是地铁，十几万人的地铁，不可能预见，所以光留下20米的通道。这20米的通道，我当时的思想，都是要勤俭节约，要省钱，还没有考虑像现在这样的地铁呢。说老实话。我还考虑到做个地沟，半地下的地铁，车子地上走，那样花钱不多，而且还容易穿越。当然，规模到一定程度，要全部埋在地下。现在看来，当时考虑得还小了呢，还要更大。现在为什么深圳的地铁修得那么快呀？没有当时规划预留的地方，根本不可能。现在很多城市修地铁很困难，深圳修地铁不困难。这也是跟罗昌仁、周鼎啊，我们讨论的关系可密切了！到现在为止，我们还是老朋友，友谊高于一切，根本不是领导跟被领导的关系。

还有一个突出的例子——飞机场。修飞机场，意见很难统一啊，最早飞机场修在哪里啊？修在深圳湾里头。那个方案也有道理：修在深圳湾里头，往南走到香港，往北走到深圳，都最近。当然，工程大，填海，等等。这个方案也费了很大劲。这个方案是地方上专门定的。但是，提出飞机场放在现在这个位置的，只有两个人：一个我，一个曲格平。曲格平是环保局的局长。搞航空的人，都主张放在大小梅沙那个地方。咱们福田区往北是梅山，在山顶上把它削平以后……最早的设想是放在深大北门，深圳湾里头。我后来考虑主要是四个方案：一个是湾里头；一个是大小梅沙，小梅沙可能是小，就是福田中心区有个观光台，下来有个小山包，过去这个山峰叫梅山，在这个北面，现在很方便过去，也是在136平方千米的特区以外；另外还有一个方案是在大铲岛和小铲岛，把大小铲岛连起来，填海，也是很好的一个方案；还有一个就是现在靠虎门大桥那个方案。这个方案专业性非常强，影响也非常深远，一直惊动到北京，李鹏亲自出马。李鹏带队来看机场究竟放在哪，这一点罗昌仁他们非常清楚。大概就我和曲格平主张机场不要到海里去，一定不要到海里去。一到海里去，深圳市的高度各方面都要受限制的呀。马上不一样了。就是现在的宝安机场，原来叫黄田机场。这个过程说明，规划跟建设紧密结合，行政跟专家紧密结合，部门之间也是联网起来。大家都没有经验反而好，不像现在，都自以为有经验，自以为我这个就行了，其实很多都只知其一，不知其二。特别是民航的人，极力反对现在这个地方，为什么呢？民航的人都希望机场越靠近城市越方便，从他自己职工生活考虑。盖在深圳湾也好，盖在大小梅沙也好，都是到城里最近的。要搁到黄田去，太远了，黄田那时候什么也没有，都是沙滩。这样的事情决策非常关键。你看，飞机场若摆在深圳湾里头，现在糟糕了，或者大小梅沙也不行，对机场不利了。这些重大事情的处理，我觉得关键就是规划跟建设结合起来，以及领导跟专家结合起来。

中国开始搞高楼大厦的成就第一个在深圳。最早深圳用香港的力量，建了什么高楼大厦呢？我现在都叫不出名了。在福田区有三栋房子插在一块，陈世民设计的。（陈一新：就是金融中心。）金融中心也好，包括大剧院本身，包括现在罗湖区里头最早的一座高楼——国贸大厦，全是规划跟设计一块定的。那时仅仅有几栋高楼，我都去看过，规划去看过，反复商量。过到香港那个铁路，跟深南大道交界的地方，怎么处理？交通很拥挤，搞立交没有问题，搞多大的立交就有不同意见。当时深圳规划局有一位领导，提出了一个意见，一定要在广深铁路和深南大道搞一个大立交，跨在铁路上，铁路上面搞一个大立交。这位领导不懂专业。实际上我们搞城市规划的人都知道，大立交是搞在郊区的，在城市中心区要避免搞，因为它是快速地通了，但也影响了别的交通啊！很多不搞专业的不懂，她也出了这个主意。是好心，但我们不赞成。我是带头的，那时候进行规划的讨论，我们知道这个东西该放在哪里，不该放在哪里。我就说要用最简单的办法，恰恰不能用复杂的办法。这样一些具体的意见不少啊，特别值得大说特说的：规划的大小、规模的灵活、工业区的规模，还有当前建设要跟长远结合起来，不要造成矛盾，还有一个交通的预留，还有一个就是市中心！陈一新同志从这开始就知道了。也是很特殊的。

很少城市能够早期就把市中心规划好，很少，留下一个位置，以后再慢慢去做。深圳不，深圳是全国第一个搞招投标的城市，因为搬用香港的经验嘛。最大一个招投标项目就是福田中心区概念规划。福田中心区最早规划的图，是我画的那些图。当时我的指导思想也不复杂。深圳是个口岸，我觉得中心区要有点中规中矩，别的地方你可以随便怎么自由式地去做，但这块我要做方方正正的深圳市中心。所以呢，有南门、东门、北门、西门，在中间这个位置，我放个市中心。最早的方案是这样，而且市中心中间是一栋最高的楼。当然要具体做起来不是这样的，所以招投标，搞方案。招投标一开始，马上就发现，搞开发的人非常敏感，这个土地将来值钱啊，赶紧挤进来。方案没有定，深南大道、福田区中心、路南这一路地皮都划出去了。我一看就着急了，这地方还没规划好呢，就这个单位、那个单位，去盖了房子，不大不小，往往是不够大，占领了我们重要的地方。于是我们提出建议。那个时候领导一听也明白了，马上下决心，一个一个去做工作。大概有好多个单位了，我记不清了，告诉他给他换地方，要他搬走，反正你还没盖，这个地方不划给你了，还得赔人家损失。就这样把已经批出去的地方居然收回来了！这是深圳市的"厉害"，别的城市很难做到这一点。也因此才造就了今天的成绩。从这里开始，再把深圳的这个中心地区，按一块整个的规划方案建设。因为究竟这一块多大，当时三个方案：一个盖800万平方米，一个盖1000万平方米，一个盖1200万平方米。那个时候很有派，"不要太密，800万平方米。"

　　做这个方案的建设也是公平合理的。好多方案的外来投标都不错，但是我们意见比较一致，用中国人，所以我们用了现在这个方案。现在这个方案不叫"市中心"，叫"市民中心"。这是谁的意见？不是市长的意见，不是外国人的意见，我的意见啊。我吃过一点洋墨水呀，我知道英文是叫civic center，civic的含义不是city，不是citizen，直接翻译应该叫市政，它不完全是市政府的大楼。我们的理解，中国人现在叫市中心，市政府盖的。外国人不是这样，外国是市政中心，恰恰市政府在边上。我当时也有我的观点，我们党叫作中国共产党，我们国家叫作中华人民共和国，"市政"也不合适，我就叫"市民中心"。而且恰恰改变过去做法，市政府不要居在中间，往一边，另外一边搞些别的东西。这个当时都是规划的意见啊！而且突出的是我的意见，可以这么讲。我说这个就是想说市里要听这个话，市里不一定能听这个话呀。当时的市长同意叫市民中心。到现在为止，深圳市民中心这是"打到天下都打得亮"的牌子。市民中心，要考虑市民活动，考虑市民可以在这周围活动，不是一个官衙门，不是这样的。（张秦：咱们市政府也没有围墙。）这很好呀，清明嘛。规划不可能想得很周到，想到的都能讲出来，讲出来以后大家商量，好的被大家接纳，你说这样搞规划不是越搞越有劲吗？不像现在，规划越来越不起作用了，我可以这么讲，我都知道啊。（陈一新：所以每次一开会，我最担心的就是，规划开完会就归档。）

还有一个例子，也很有意思，就是市民中心南边那个叫国际展览中心的，（陈一新：会展中心。）会展中心本来不在这个地方，这个历史也要反思。会展中心原来在深圳湾海岸边上，原来光考虑人流多一点，不要都在这里集中，都挪到外头去，挪到外头去马上出现一个问题，交通非常不方便，而且一定要有地铁拐进去才可以，当时不可能有地铁嘛！所以也是搞规划的人提出来的，这个不行啊，你挪地方吧，一定挪到现在这个位置。最后从展览的角度，当然挪到市中心最好。规划也没太大矛盾，同意了。现在看来至少比原来那个好。深圳市中心的形成比较早，不像有些城市那样，大部分面积盖起来后，才有个面貌。这个时候，从我们搞规划的人的角度来讲，我也要讲城市面貌呀，我要让一个好的面貌先露出来，还有一些细节上的问题我不一一说了。

别的市中心都搞高楼，深圳市民中心不搞高楼，42米高，恰恰让周围一圈都是高楼，这是一种艺术观点。不一定是高的突显出来，有时候矮的还一样突显出来。市政府盖几十层楼没那么多人办公，所以有一半就够了。另一半边，当时考虑给人大，给政协，给很多高级的学术团体，所以中间是矮的、边上是高的。这个方案一直也不被同意啊。我是坚决主张这个方案。现在市民中心是李名仪的方案，（陈一新：现在看来这个方案选得非常好。）也不！（陈一新：相对其他三个方案来讲，总共四个方案。）这个方案很有特点。（陈一新：其他方案都比较传统。）这个方案，你说好看不好看，每个人观点不一样。说它漂亮？我看不出来它漂亮。（陈一新：它有特色。）但是，我的主张就是有特色，有中国人的特色！

因为是非常现代的呀，有中轴线的突出，中国中轴线上那些传统的大殿也并不高的呀。当时就是考虑这么一个价值，我觉得现在也还是可以的。（陈一新：它这个方案我觉得符合您刚才讲的中心——现代的、中国的、深圳的。因为深圳是鹏城嘛，它就是借用鹏城这个"羽翼"，鹏城1996年二次起飞，这个寓意，所以它非常符合深圳。）当时，我考虑都装太阳能，我倒觉得现在是可以考虑的。（陈一新：现在是时候了啊，价格下来了，当时周部长就说没有国产化，价格下不来。）这个意见是李名仪的意见，不是我的意见，李名仪的设想，市民中心顶上全是太阳能板。深圳市民中心这个形成，我觉得规划功不可没，我刚才讲的过程不是一个人搞成的。要决定一个好的规模，决定一个结构，然后用不同的方案实施起来，别的地方做不到，就是深圳，有这么一个好的组合的团队，能够长期地坚持下来，不容易，太不容易了！所以其他城市很难拿出一个漂漂亮亮的大规模的市中心，这是不容易做到的。因为你有这样的想法，他有那样的想法，一天到晚在市长那里捣鼓。深圳不是这样，做了多少图呀，后来出了一本书呢。我的印象里，深圳中心区有一本书，所有的方案都摆在那里，为什么选这个方案，当时记录大概都有，这个资料我估计是全的。（陈一新：我们中心区的资料很全，出了12本书。）我刚才讲的，不是出12本关于深圳中心区的书的问题，至少要出12本写深圳规划的书。（陈一新：现在就是这个难度很大。）当然难了，资料都没有了，福田中心区的草图不是一张，我画了很多草图。（陈一新：我们就是希望您能找找最早时间的草图。）从深圳的第一张图到现在，完全可以出一本书。

行业专家跟行政领导结合得好，而且理想跟现实结合得也好。所以我刚才讲的，从我作为专业人员来讲，我有这个机遇碰见这个条件，我很幸运，所以做了一些事情，不然也做不了这事，对不对？我那个时候并没有任副部长，那时我只是工程师，不像现在，有官衔了。（陈一新：20世纪80年代初，您任中规院院长，对吧？）没有，那时候还是研究所，人很少，大量人员下放下去。中规院原来有一个几百人的院，"文革"期间分散了，那时候改革开放刚要准备恢复这个中规院，但还没恢复呢。当时还没有中规院。若中规院恢复运行了，我肯定以中规院的名义去了。我当时去的名义是国家建委规划局处长。从工作来讲，我很欣慰能做这件事情。

今天深圳地铁能够这样做，别的城市是没有的，特别是现在深圳市中心地铁的布置，不是我们当时所能够想象到的，但是，也为今天的高铁创造了条件。当时考虑到有东西的地铁，还没有考虑到有南北的地铁。你知道吗，陈一新？中规院的规划有创新思想啊，它既考虑了市民，也考虑了市民的公共活动，所以留下两个立交桥，对两条商业街。当时两条商业街的设想你可能知道。（陈一新：就是金田路和益田路。）一条主卖国产的东西，一条主卖外来的商品，两条"双人街"。当时这样想，现在这个思想不适宜了，也没有真正形成商业街。当时想的也没像现在这么大，现在的规模比当时更大一点，但是规划不可能都想到，这一点咱们实事求是，神仙才能想到。（陈一新：我记得您当时提过东市西市，两条商业街。）跟我当时想的东街、西街、南街、北街也不一样的啊，这个要根据情况变化，规划的人要根据情况变化，决策的人也要根据情况变化，大家要说到一块去才行。

也不见得所有的东西都能实现。比如，福田区，有一个构思，没有能够实施。关于交通方面的认识，对于我们这些专业人员，我们已经想象得到未来交通的繁忙程度、复杂程度，有些领导不理解，这个我可以说得很明白，很简单。深圳福田区，当时我花了很大的力量，让当时倪学成做的。他带队的一个人，还找了一个南大专门搞交通的一个工程师，就是要搞快慢两个系统。那个图我不知道还在不在。（陈一新：在的。倪学成他们为福田区和福田中心区都做过这个快慢交通系统的设计，机非分流。）快慢交通系统在设计上不是一个新东西。（陈一新：当时说的叫机非分流，机动车和非机动车分流。）从真正学术上来讲，是美国人学的中国苏州这个交通。一个水路，一个陆路，两个交通体系。前门上陆，后门下船，多好啊。我前门是汽车，后门是自行车，都不相交。我们花了好大的力量做出来了，但光我们技术人员说了没用。这事情最根本的一条，我后来才知道，跟领导还不相干，首先反对的是市政工程组。市政工程组是修马路的，如果把快慢车道分开以后啊，他这个修马路的工程就一分为二了。他只负责修汽车的路，自行车的路不归他们修啊。因为自行车的路都是小区里的，他不管。市政局坚决反对，方案就通不过。后来我也慢慢离开了，也没再坚持这个。当时的很多决策，从专家的角度，也并不是都理想。要搞立交，很多城市很少像深圳这样，在只有几十万人口的时候就想到以后一百几十万人口的交通出行情况。地面做在哪，每天从哪到哪，要画出图来，叫"出行预测"。只有深圳这样做。深圳这几个"书呆子"，我说倪学成也好，搞交通的也好，真是"书呆子"。无非是学外国人的，做了交通预测，而且计算出来，哪些地方会超过多少多少车辆，超过多少多少人口，所以必须要做立交桥。我只记得一个数字了，那时做了出行预测调查以后，可以说明，深圳这么一长条地带，130多万人口，要修40多个立交桥。这个图不知道在不在，我为什么记得这个事呢？每个路口车流超过四万辆还是几万辆以后，这是一个技术根据，目的是要在这些路口多留出地来，不要都盖满了，盖满了就不好做了。这个也是很先进的，从现在来说也是很先进的。当时考虑到，做了工作，算出来了。当时李灏开始任副市长还是什么，我就跟他说，深圳好像要留出几十个立交桥。他听了，一愣，"修那么多立交桥啊？"我当时也给他算了算，为什么当时显示那么多。因为当时北京市才40个立交桥。（陈一新：周部长，您当时的思路是少在市中心建立交，这个思路现在验证是正确的。）但是没有用的呀，深圳和广州封杀自行车。你看，最近欧洲大力提倡自行车，报上不断地宣传。但自行车多了也有问题呀，快慢不分行。有两个交通系统就好办了。香港都是这样，香港新界区，人和自行车单独分行，分行一点也不先进，普普通通的技术问题，在深圳没有得到贯彻。（陈一新：周部长，您是不是觉得这是我们很大的遗憾啊？当时自行车道没有修起来。）这难就难在技术的观念和流行的世俗观念不一致。北京那么大一个地方，为什么不搞这个呀？脑子里就一个概念，这是落后的。汽车是先进的，现在大家有了一点钱，第一件事就是想坐汽车。坐了汽车才够气派，北京就是这样。它为什么交通堵啊！你去看一个车子里只坐一个人，都是这样。明明车子可以坐四五个人。他上班开汽车，马上表示他身份不同，这要命了，怎么会不堵啊。中国人这个观念会不会老这样？不会老这样的。日本反过来，有车子他不坐，他是礼拜天坐一坐。平时上班就是轨道交通、公共交通，地铁又快、又省、又方便，为什么不这样？

规划涉及很多东西，规划难做就在这里。规划要看远一点，而且跟一般世俗的观念不完全一样。所以一定要有领导支持，规划人自己也要坚持才行。一碰钉子马上打退堂鼓，哪里做得好？但现在的社会情况是，他非打退堂鼓不行，如果不打退堂鼓，明天就给他换个"位置"。我去还可以说说。这些问题要总结起来，对今后有多大的指导意义啊！要解决我们现代化的问题，都不是靠单一的部门、单一的层次能解决的。光是领导层解决啊，光是几个主要部门解决啊，不是的。这是一个系统的问题，是一个综合的问题。要有一个科学观统一认识的问题。领导要高明，领导不高明，老是计较自己的权力，那种权力也长不了。所以总结深圳经验非常重要的意义还不完全是技术上的意义。改革，我们国家已非常明确，要改革发展模式了，要走民主的道路、科学的道路，要听多方面的意见，要合作。现在慢慢地都这样了嘛。现在搞交通，建设部不管，国土资源部也不管，交通运输部去管，只靠交通运输能管得好吗？一个部门是解决不好的。所以总结深圳这个经验非常宝贵。

深圳的经验很早便得到国际上的重视。深圳搞出来不久，陈占祥的同学，跟他一同在英国学城市规划的，名字一下子我想不起来……（陈一新：是不是沃尔特·波尔？）沃尔特·波尔就来了。沃尔特·波尔当时就是英国皇家建筑协会的最高权威，他一到深圳，看这架势，大为惊叹：深圳，你们是怎么搞得这个样子？他能看明白这个规划布局。因此，回去以后，就呼吁把阿伯克隆比奖授给深圳市。

阿伯克隆比是英国近代城市规划开天辟地的祖师爷，陈占祥和沃尔特·波尔都是他的学生。所以后来有一个专门颁给城市规划的奖项，叫作阿伯克隆比奖。在外国人眼里，深圳是个什么位置，由此就看出来了。当时不像现在，不计较个人，给深圳市这么一个奖，深圳市找了个市长代表来领奖。到现在为止，中国还没有第二个城市获过这个奖，世界上也不多。所以深圳规划的价值，从这点上你们可以作宣传，在世界的影响力少有的。我们自己吹还不行啊。现在好多事情都自己吹做得怎么怎么好，你应该给我什么什么奖。那时候我们根本没这个概念，而且看不起这种宣扬个人的事情。都是集体的成果，这不是很好嘛，由市长代表来领取。（陈一新：当时也评价说，是几代规划师的努力。其中对深圳规划很重要的一条评语是，城市规划和环境保护两方面做得都还比较好。）

　　那时即使搞个小工程，也要跟大局结合起来，还要听专家的意见，专家的积极性很高。现在没有的呀。现在规划费是多少，首先关心的是这一条。规划院钱赚得越来越多，起的作用越来越小。我也不完全是专家，我也是官员。我官员的资格比你们老。我不放心的就是，这个历史的东西流失掉了，烟消云散，很可惜啊！深圳经验是过去的财富变的呀，过去那么大的投入，很少有这个机会，特区城市嘛，在全国比例不是很大，取得这么多经验。现在却都把它变成老古董，还要批判?！

对杭州城市总体规划方案的意见和建议

一、杭州城市建设存在的问题

杭州风景美丽而城市破旧，几年前就这样叫出去了。这次来觉得突出的问题不仅是城市破旧失修，而且内部越来越拥挤，城市设施的所有方面，包括居住、旅游、服务、交通、给水排水等都处于过饱和、超负荷运行状态。破旧加上拥挤，说明城市建设的缺口问题仍然很大。这两三年来，虽然做了不少市政建设工作，但实际上是补得少，缺得多，补不胜补，这种情况有必要进一步调查研究，向领导部门反映，研究有效措施。

1. 旅游接待紧张

杭州是我国旅游业的明珠，享誉中外。1978年接待旅游外宾和华侨58000人，今年可能要接近100000人；国内游客无统计数字，从旅馆床位、铁路运量和游船卖票等几个方面计算，包括因会议而来杭参观浏览的，全年至少在120万人次。杭州国内外旅游者总数量为我国有数的几个风景城市的首位，承担了全国旅游任务的相当大部分，但现在稍微多来一些人，住宿、吃饭、交通就很困难。人说"天堂住宿难"已有多年，今年更加突出，杭州除外宾床位1000个、招待所床位5000个左右以外，为国内游客服务的旅馆共8000个床位，加铺2000个床位，每天还要开放浴室，住1100多人，有时往往还有几百人无处投宿。普通游客，在杭州饭馆吃饭，

发言时间为1979年5月10日。本文根据周干峙先生保存的资料整理，标题由本书编者略加修改。

常常排一两小时队；交通也极拥挤，出去了不能按时回来是常事。游客们反映很多，我们也深有体会。杭州原有50多个风景点，目前经常开放的只有10多处，灵隐、玉泉、六和塔等买票进门以后，还挤得像市场一样，一些外国同行向我们介绍过的旅游点过分拥挤以后，环境恶化，卫生差等所谓"观光公害"，超过"环境容量"问题，在杭州已经出现，看来有许多游览服务设施亟待跟上，一些旧有的风景点应尽快恢复。

2．城市交通紧张

杭州市内交通和风景区交通都十分拥挤。目前全市车辆并不算多，机动车只有1万多一点，自行车有30万辆。交通拥挤、混乱，有种种原因，其中道路建设跟不上是一个根本原因，多年来车辆持续每年增长百分之十几，而很少增修道路。目前杭州全市共有道路面积（车行部分）169万平方米，如果四辆自行车折合一辆汽车，平均每车只有20平方米，这一指标意味着一旦有情况，所有车辆都上街，只能排队缓行，已经跑不起来了。现在虎跑等风景区内已经出现阻塞情况，市内阻塞的地方就更多一点，看来，必须抓紧搞好交通规划，南北过境线、中河干道和风景区环线应很快搞上去，然后逐步增辟其他道路。

3．居住房屋紧张

新中国成立以来，杭州建了不少新住宅，但老房子大部分未改造，缺房户还很多，许多居民居住条件极差。据统计全市共有缺房户、无房户26000多户，占总户数13%左右，有危房110万平方米，占住宅总数20%。解放时，杭州40多万人口，平均居住水平每人4平方米多一点，现在人口与住宅面积都有所增加，但平均每人居住面积降至4平方米以下。看了一些旧街边，许多旧式房屋多数在院内外经过搭建，采光、通风、防潮、隔声等条件，多数比过去恶化，不合乎卫生要求。看来仅从每人几平方米住房还不足以说明实际情况，建议作一些调查分析，看看哪些住宅可以利用、改善，哪些必须改造，想方设法加快住宅建设发展，改善居住条件。

4. 工业和人口还趋于集中

有些与杭州城市性质无关的项目，由于挑地方，也挤进杭州，增加了城市压力。许多全国性会议，如保温瓶技术协会会议、机械学会热处理会议等，也在旅游旺季到杭州开会，实际上挤了一般旅游。工业和人口集中，加剧了环境污染。这几年杭州水污染发展很快，全市共有60多万吨污水全部排入运河水系，有将近10万吨排入钱塘江。连远郊临平、塘栖一带的河边也全部变黑，市内的中河、东河黑、臭、油、黏已远远超过过去龙须沟、肇家滨等"著名"臭水沟。杭州地处运河水系最上游，静水位时间长，冲刷能力小，将来则金属离子沉积，净化不畅。由此看来，一方面要让各污染单位按环境保护规定治理，一方面应尽快建设城市污水管道引污出江，然后考虑处理。此外，西湖水质，风景区烟尘，市内几个水泥厂、炼油厂等问题很突出。江干一带，20世纪50年代还只有少数几个厂，现在工厂集中，烟尘滚滚。控制城市发展、积极治理三废，应该真正提到议事日程，切实地解决问题。

总的印象，杭州城市建设欠账多，但现在财力不足。据介绍杭州城市建设资金包括三项收入和5%提成，总共每年不到3000万元，能用于基建的不多，诸如排水系统等工程，市里解决不了。城市建设问题按目前补缺口的办法和进度，远远跟不上需要，应该通过规划，摸清情况，向国务院有关领导部门报告，争取有计划、有步骤地解决问题。

二、意见和建议

城市工作会议以后，许多大中城市抓紧编制规划，比较起来，杭州的进展不算慢，主要因为省市领导重视，由规划领导小组具体抓，对杭州的发展方向、城市性质等重大问题有了明确指示，规划局的同志也已做了不少工作，为编制总体规划打下了基础。但是，从上报国务院审批要求，从要求这个规划作为一个时期内法定的指导建设的文件来看，目前规划的深度不够，方案还不完整。按照《城市规划编制审批暂行办法》的要求，我的初步意见：

第一，总体规划应从较大范围着眼，包括七县统一考虑工业、旅游等问题。通过区域布局，从严控制市区规模，控制工业发展，不必要放在杭州的不要再接纳进来，必须放在杭州的也要放到卫星城去（如三汽发动机、铸造以及录音带厂等）。我们看了萧山，觉得像萧山那样发展很好。旅游布点也要散出去，如富春江一带建德、桐庐、富阳三个县城，看来都已有接待外宾、华侨的基本条件，那里共有五六百个床位稍加整理即可开放。

第二，要有一个长远的战略布局，给可以预见到而一时又不一定完全实现的发展留出预留地。西湖风景区划定保护范围后，里面就不再杂七杂八地放建设项目。艮山门至武林门一段运河地区位于城市中心部位，应该停止在那里发展工厂和仓库，逐步改变其用地性质。江干地区是杭州枢纽，也有必要控制这里铁路、工业的再扩大，将来更加合理地使用这一地区。

第三，做好现实可行的近期规划。要综合1985年前可能达到的目标，估算城市建设总造价。考虑国家经济情况，提出重点工程项目，像城市排水系统和旧城市改造应争取列入国家计划，把自筹资金用来搞市政、园林等建设。

第四，布局要大分散小集中，无论工业、旅游都应本此原则。原图上画的工业用地太多，风景区内有几十个厂，摆得不适当的应逐步迁出。城区内对环境无害的工厂则尽量少迁运。旅游宾馆也不宜集中布置，最好分散布局，少量集中在几个地区。如果把2万张床的旅馆集中在一处，配上三四万服务人员及其家属，将会形成一个几万人口的城镇；如分散布局，则可以避免集中的交通流，避免一次性市政建设投资，而且有利于城市劳动就业，有利于旧城市改造。目前杭州风景区内及市区内还有一些原有的房屋可加以利用，我们搞"无烟工业"，也要挖潜改造，大中小并举，以中小为主。

第五，总体规划要包括若干专项工程，重点是旅游、工业和市政工程。关于铁路、大坝和越江隧道等大工程，要和专业部门统一后再提出。铁路车站东移一千米多，好处不大，惊动不小，似以缓提为好。

第六，杭州规划建设，先要有个总体规划，但仅有总图不解决问题，建议把总图工作做得细一些。对一些影响大、要求高的重点建设地区，如湖滨、外宾旅馆较集中的地区、火车站等做细节规划草图，早点提方案，定基本布局，使详细规划和设计工作少走弯路。

对下一步的总体规划编制工作，参照兰州的经验，建议：

① 再作必要的调查研究，充实基础资料，加以分析论证，使规划方案具有说明性，特别是关于旅游、工业小城镇、旧城改造和城市交通几个方面；

② 组织有关部门参加规划，要有有关部门、各行业的直接参与，尽可能在共同规划过程中解决矛盾，统一认识；

③ 由规划局综合修改一次总图，按规划编制程序要求草拟主要图纸和文件，提请领导小组再讨论研究；

④ 向国家有关领导部门多汇报，有计划地安排几次报告、简报，必要时直接找上门作过程汇报。

附带谈一谈规划管理问题。从许多城市的经验来看，规划管理问题十分重要，许多建筑，特别是风景区建筑，搞乱了难以改变。许多城市共同的经验是要坚持统一规划，领导批条子临时安排的办法，常常是不妥当的，要发挥规划局的汇总作用，由规划部门提出方案，再由有关领导定案。

还有，保护风景区问题。我们局最近开了肇庆和杭州两次座谈会，已经发现许多教训。许多外国朋友向我们提醒，说搞现代化建设不要把风景资源、文化传统丢掉。前天经过萧山湘湖，情况很突出，一个有点名声、条件很不错的风景区被二十几个砖瓦厂围垦，已经彻底改观了。我们一方面发展"有烟工业"，同时还要保护好"无烟工业"。

苏州城市规划建设的问题与对策

许多领导与会，说明对城市规划和建设的重视。但这次我们停留时间短，总的了解是不深的，仅谈粗浅印象，不对之处请指正。

苏州的城市建设是有成绩的，从二十多年来的进程看，主要有三。第一，充分利用原有基础，把一个消费城市变成了具有相当配套能力的综合性的生产城市。第二，在国家花钱很少的情况下，城市建设办了许多事情。由于利用老基础，新中国成立以来国家给苏州的城建投资只有700万元（路200万元，水500万元），但苏州自力更生，还解决了不少问题（新建很多住房；铺装道路由58千米增至353千米，高级路面有58千米；自来水方面，建一、二两个水厂；公共汽车110多台）。当然问题也有不少。第三，城市规模得到控制，市区发展比较紧凑，人口和用地的增长极小。苏州这方面比较突出，43万人口，比1949年增两三万人，用地受土地好、郊区小限制，由里往外伸展了一些，由19.19平方千米增长至26.8平方千米，增加了40%。但工业产值增长三十倍（由0.67亿元至21亿元）。现每人（按城市人口算）产值4900元，每平方千米（按总用地算）产值7800元，在国内城市中都是比较高的。

常州用地增1.5倍（23.5万～28万人），产值常州高些，每人8100元，每平方千米近万元。南京，每人3250元，每平方千米24000元（苏常不同，可能基建投资常州大于苏州）。

通过这几天的观察，感到城市建设的欠账确实很多，不适应现

发言时间为"5月19日（五）"，由该时间（星期五）及文稿内容判断具体年份为1978年。本文根据周干峙先生保存的资料整理，标题由本书编者所加。

状，更不适应形势发展。生产发展很快，城市破旧，环境污染都很严重。比1972年的工作有些进展（规划园林、环保），但城市面貌总的变化不大。旧房失修，交通阻塞，河道污染，都比前几年有增无减。配合生产建设发展和逐步改善人民生活，迫切需要做的事很多。应先解决住宅、污染问题，计委要综合平衡。全国要解决这个骨肉比例和投资渠道问题。苏州除了一般性问题外，水乡、风景园林，有特殊性问题。粗略汇总缺口，感到需要解决，但按前几年办法，解决不了问题。

今天就我们的业务范围，主要谈一谈苏州的规划和近期的城市建设问题。

一、关于苏州规划，总的意见是要及时地深入细致地搞好城市规划

毛主席早就指示：城市要有全面规划，农村还有规划呢，你城市有这么多臭水沟就不规划！（1956年2月在重工业部汇报时的插话）谷牧同志在对我局的工作指示中也强调："抓城市建设，根本的一条是要抓好规划。"新中国成立以来的经验证明，有规划比没有规划好，曾有十几个城市经过审批按规划进行建设，建设都比较好（50万人口的有石家庄），最近还准备批一些城市，不过中小城市可能都要省里批。还有一种虽未批，但省里讨论决定了，如桂林，也有好效果。

苏州的规划，过去搞过，未审定，后来受"文化大革命"干扰，有一些未按规划执行。工业布局有些不合理，这也从另一面证明，规划非要搞好不可。

这次在南京，着重了解了铁路以北地区。那是新中国成立后白

纸上画的画，又乱又散，五十多个工厂，在八十多平方千米范围内散布开了，有些自由化。八年未搞规划，现在很难收拾，已经引起重视，要控制、规划。苏州的工业布点也比较乱，特别是四面八方的化工厂，造成了大面积污染，乱了要治，不能再乱下去了。

近二三年内，虽然有干扰，苏州的规划工作还有不少进展。城建局规划处的同志做了大量工作。已经有了一个大体的轮廓，可以说有了一个基本方案。我们看了，认为基本上是合理的，局部问题可再斟酌。现在需要经过一些工作，较快地定下来，轮廓性的总体规划不宜定得太晚，早一点定对指导建设有好处。总的轮廓规划，只解决城市的发展方向、性质、规模、骨架方案、大体的步骤，局部问题允许不断修正。希望市领导审定，大家按照统一的方向去安排各项建设。同时需要报上级审批。

汇报一下轮廓规划情况，说明一下为什么我们认为它大体可行，已具有一定基础。关于城市性质问题，有了明确提法。（对化工发展可能有点争论）区域布点计划打算已对省建议，为苏锡常地区。市里经过研究，许多领导同志也谈过，我们很赞成。规模也合适，由43万人，近期至45万人，远期控制在50万人以内。毛主席讲：城市大了不好，有几十万、四十五万到五十万就好了（1961年对蒙哥马利谈话），苏州完全符合。

用地，由26.8平方千米增至31平方千米，再增至40平方千米。这是从每人用地定额经验指标和每年拨地经验指标匡算的。每年500亩左右，每人75～80平方米，大体上符合实际。图上40平方千米范围可能偏大，宜于紧缩（到20世纪末）。工业用地，城内迁出一批，城外原址扩建一些，迁建、改建一些，另外开辟上方山工人镇，那地方是很好的。从步骤上可能，先搞上方山。化工只有在东南角，仅这两片工业用地有65公顷（975亩）和83公顷（1245亩），够分给一二十个中型工厂了。道路，基本利用原有基础，都是必要的（两处方案问题）。绿化，"三台戏"。河道，排水。上海做了方案，"活、清、美"。还缺少的部分：近期发展哪些，郊区农村（四个公社，将来即四个镇）图上的供电、航运、人防情况。

规划结合工业发展，为工业生产服务。苏州规划布局的根本问题、许多矛盾的主要方面是工业，今后工业究竟如何发展、调整，大有文章。即使没有新工业，原有400多个厂，可充分利用原有基础，合理组织，积极改造，挖掘生产潜力（另一说法，组织起来，革新、改造、挖潜）。规划总图要和各工业系统的发展规划结合起来。过去城市规划对生产发展研究不深，就不能及时解决生产需求。像苏州这样综合性的生产城市，即使方向定了，具体问题还有许多。城市规划和工业规划必须很好结合，要主动了解情况，为工业发展创造条件。这方面常州、上海有些好经验。现在城里小厂，不解决场地，就发展不了。往哪里去，如何调整？应起积极的参谋作用。建议规划组内有专人研究（主要是指导思想，把工业和城市、生产和园林统一起来）。计划部门也注意使用这力量。定厂址，和规划共同研究。规划要很好地征求各部门包括工业部门意见，走群众路线，比如，唐山规划开了几十次座谈会，桂林搞了几个月公开展览。

苏州的规划还要搞深搞细。苏州是有历史价值的世界闻名的古城，不仅有园林、风景，其在城市规划和城市建设史上有重要地位，历史上就以具有高水平的城市规划著称。宋代的《平江图》是距今最早的一张完整的规划图、现状图（约900年前），至今有许多学者在研究、赞赏。苏州也是唯一的一个2400年在一个地方发展的古城。当时如此完整的规划设计（有路、河的结合，城、郊的结合，建筑形式和历史自然条件的结合，有些思路符合现代城市规划

175

思想，快慢两个交通系统的概念即从苏州和威尼斯来的），单凭这一个传统特点，苏州的规划就不能马马虎虎。刚才讲，石家庄不错，但像石家庄那样建苏州，就不能说好，会有国内外许多人，来品头评足。苏州要有苏州的风格、特色。彭冲同志指示，"细"完全符合苏州的特色，市内一切规划设计都有这个问题。建筑、公园、桥梁、驳岸都应精心设计，搞得细致。这样规划设计的工作量就比较大。从这一点考虑，设计院以放在城建较合适（如北京，等）。

苏州规划也比较复杂（和一般50万人左右城市比），城市不单是新建，也不是推光头改建，各方面都有新旧结合的问题。搞规划的人（包括设计、测量）少了不行（三山400人、桂林40人）。

总的意见，先定轮廓规划，抓好布局，配合工业，搞深搞细。

二、当前城建问题，要重点改造，搞好推行管理，逐步还清欠账

为了配合生产建设发展，城市建设迫切需要办的事是重要的政治任务。城建要解决住宅、污染问题，基本上解决无房户，交通能顺达，而污水能排出，园林、环境能保持，改善。

三年大见成效，就应在以上几个方面见效。匡算如下。

① 住宅：2000多户无房，600多户落实政策，3000户，共10万平方米，700万元。

② 排水（按上海设计）：第一期解决重点污染河道和受淹积水，配合疏通45千米河道，部分拓宽，驳岸修整。第二期，形成系统（城内），并经处理后支农，进一步搞4.4千米，基本解决问题（清、活、美）。第一期1017万元，第二期1363万元。

③ 道桥，主次干道27～28千米（8条，人民1千米，娄门1.8千

米，临顿1.6千米，景德1.85千米，货场城3.2千米，北半环3.2千米，南环里4千米外5千米，白洋湾扩建4千米）。

④园林，6项（"三台戏"），750万元，急需第一期400万元。

⑤公共交通，今年20台车，即120万元。

⑥给水配套，三水厂即有2条管，54万元。

⑦500多万吨货运量（上海1973年5000万吨，1949年不到200万吨），还不算城外航道，其问题也很大，迫切需要解决（穿插讲，需解决一、二出口）。整体要4000多万元。如稍要求快一点，排水再加1500万元，园林250万元，可能要6000万～7000万元。规划科有个近期设想，10年1亿元，可能差不多。这笔投资的来源还是很大的问题。

我们算南京缺4亿元（房、给水、排水、道路、交通、商业服务），每人300元，则苏州急需1.7亿元。

要实现以上设想，快则五年，也许还要更长时间。实现这一目标，还不是轮廓规划图上的情况。落到图面上还是重点改变，沿主要线的改变。

我们设想，一方面要呼吁，另一方面主要还是自力更生，从多方面开辟渠道。如住宅，按三方面解决的路数，集体企业是否也拿些钱来；道桥，公交系统共同协作，路、河、排水要一起修，不能来回挖，这笔费用较大，是急需搞的主要部分；排水，是特殊问题，要专门解决（省里安排些）。

规划、建设的指导思想还不能大拆大建。毛主席说："旧城要逐步改良，修理、改善一点，不能统统拆掉，另起炉灶。"新建改建要有重点，维修管理放在首位，配合生产大发展，逐步还账搞配套。

再着重谈谈维修管理问题。城建欠账不少，最多的可能还是维修。基建挤了三项收入（问题有普遍性）。

房屋，520万平方米住宅，危房20万平方米，超龄156万平方米。新建毕竟少数，还必须尽可能利用。要修、补、改。保留一批好的老房子，有必要（几乎所有外宾都有此意见）。从更高的经济水平来看，可用。道桥，小街小巷，管理有潜力。禁建私房，群管群修，降低费用，提高质量。交通，近3000台机动车，86000辆自行车，不能无管理，现人员少，并且能开则开，不能开，设反光镜改善。航运，如何循序渐进。苏伊士运河没有管理，也会阻塞。还有污水，垃圾问题。

规划建设，总的指导思想是从苏州是一个有历史价值的古老城市出发，从经济条件出发，不可能、不必要推倒重来。要发展新的，也要保护旧的，新旧结合。古城有新貌，但终究不是新城。在相当一个时期内，首先抓好维修管理，重点进行改造新建。设想，城外新的，城内几条线，有古有新，环境整洁，生活方便。参考保圣寺的做法，如盘门三景的处理，石湖风景区。"三年大见成效"，即使是想法可能保守，但逐步会走向统管问题，也是两次城工会的要求。还可参考延安规划。

最后谈谈，加强对城市规划建设的领导问题。规划部门只起参谋作用，特别是苏州城市的特殊性，既要发展生产，又要保持园林风景。原则上定了，实际做起来也会有许多具体问题不好解决。经验证明，党委领导是关键，不少城市有领导小组，能在政策方向、综合计划方面，加强对城建的领导。现形势大好，苏州大治，城建大治，设想一定会很快实现。

保护古城是苏州城市规划建设工作的
核心问题

——在苏州城市总体规划鉴定会上的发言

时隔四年再次来苏，看到苏州经济繁荣，生活安定，城市建设有所发展。特别是看到苏州的城市规划，指导思想逐步明确，地区布局的局面开始打开，心里很高兴，但也看到还有不少问题，尤其是城市规划还跟不上形势需要，也很担心。

为了使苏州建设得更好，谈一点纯属个人的想法，着重谈谈对古城保护的看法。

苏州作为历史文化名城，有特殊重要的意义。在历史上苏州的城市规划建设长期以来是世界第一流的。从学术上看，宋代的《平江图》所反映的城市规划水平在某些方面还高于明、清的北京城，因为：

① 古苏州有科学的城址选择，适应了2500年之久的发展；

② 古苏州规划了内外水陆密切结合的两套交通系统（所谓双棋盘），目前最现代的人车分流的（60~70年前始行于美国）规划思想也不过如此；

③ 古苏州规划有良好的多功能的河道设计、竖向设计（运输、排水、防洪等结合），远远超过威尼斯；

④ 用地布局和交通结构密切结合，前街后河，大小地块分割

发言时间为1983年4月19日。本文根据周干峙先生保存的资料整理，标题由本书编者所加。

和用地性质配合，现代城市规划的思想精华也不过如此；

⑤ 用地材（砖、石）按当时生活要求创造了各类建筑物和建筑艺术。

如此等等，这些东西至今对我们还有所启迪。国外专家了解这些以后，无不佩服。苏州古城是我国城市文明的宝库，是世界城市中的瑰宝。

面对这样一个城市，我们社会主义国家这一代人如何做得无愧于前辈呢？这是个负有历史责任的大问题。

保护或考虑古城因素是苏州城市规划的一个核心问题。新中国成立30多年来一直在这个问题上有争论，有矛盾。我的看法：要全面保护古城，所谓保护既不是复古，也不是改造，而是"保护利用，更新改善"。

总体规划说明中"点线面"的提法，和现在建设的实际情况，还不完全符合国家保护24座历史文化名城的精神。我所了解，定24名城原因是总结30多年城市建设和文物保护经验教训，仅仅定重点保护单位不足以控制愈来愈多的建设性破坏，定名城性质，有保护整个城市的格局、特色的意思。这是一个精神文明建设的问题，也是世界城市规划城市建设的一个共同趋向。愈向现代化发展，愈重视保护传统。现代化和传统化是需要结合的。

日本欧化得厉害，同时强调保持东方文明，洋住宅建筑中都有一间"和式"房间；欧洲城市十分注意历史传统和地方特色；德国是现代建筑的发源地，但现在它越来越强调不走美国的路子，极少搞方匣子摩天楼，大力发展自己的特色。它们主要的办公建筑、高级住宅、高级旅馆、公共建筑大量利用古建，既古典化又现代化（也有纯作为保护，不让随便进的）。总之从发展趋势看，一些现代设施愈益不值钱，古典的东西越名贵（价值观念不同于我国所流行的）。

我国历史文物众多，地方色彩丰富，但现代城市建筑不分南北东西，一个模式。如果认为这样发展好得很，那么不讲别的问题，孩子们何来乡土观念、乡土感情，又何来祖国的观念。最近北京市人民代表大会重新提出要注意建筑的民族形式问题（这当然不是主张都搞大屋顶，而要使新的建筑有北京的特色）。

现代化与保护传统是不可分割的。因为我们要文化，高度的文化，没有文化的国家，不可能高度现代化。所以现代化建设中如何保护苏州特色（不仅城市和建筑）是苏州发展的重要问题。

现在苏州古城保护的关键问题是保持古城内的环境容量，解决目前超负荷的问题；解决超负荷问题的关键是迁出工厂和行政经济管理机关。我国许多旧城市都要扩一点才能腾出地方改一点；苏州更需要这样。建设新区（副中心或新中心），一定要有工作、有生活、有良好的配套先行。如只建新住宅，新区起来后将对古城压力更大。只有把机关、工厂、商业都拉一部分出去，古城回到25万人以下，才能解决保护问题。

将来还是应设工业、机关、经济管理机构在城外，住宅、文化、旅游、学校在城内。古城、古建是国家无价资源宝藏，应千方百计保护、发掘、恢复利用。古苏州，不能成为"新""洋"州。

引申一下，保护传统问题，实质是城市文化因素问题将越发被人们认识，城市的经济中心作用很重要，城市的文化中心作用将更加重要。城市应是文化教育、科学技术和信息中心的作用。增加文化教育科技方面的因素是一切城市经济发展不可少的。主张从长远看多放一些院校，发扬苏州在文化、艺术、技术各方面之长。

以上述这种指导思想"改造"苏州，是否现实？我认为有很多困难，不是短期能实现的，但只要方向明确，一定可以实现。

第一，从宏观经济发展看，世界各国都面临一个迅速工业化和工业化以后的科技发展的冲击，我国现有城镇的经济结构、工业结构、社会结构不是一成不变的。江苏许多城镇从初级产品到一般工业产品，再到高、精、尖产品将在一代人以内完成。今后20～30年发展，不能与前20～30年等量齐观。我们搞城市规划都要有一个现实的近期规划，又要有合理的长远规划，而且总要为后人办事留下余地（这是中外共同的经验）。

第二，回顾1976年以来，特别是三中全会（应为十一届三中全会）以来，城市发展也是快的。住宅建设速度不慢，电视机基本普及。城市绿化、有些原先一时做不到的，有可能做到了。赞成绿化城河。天津海河航运退出去后，市内岸线港务局一直占用，去年市里下决心征用，甚至把军队沿河仓库用地也征下一条，十几千米海河绿化即将完成。西安12平方千米外围，已定用5000万元投资，修城墙、绿化、城河、马路。西安这种做法不可能所有城市都来搞，但苏州20～30年后实现总可能吧？目前实现不了，适当维修老的，不准搞新的永久性的，城内老房子更新改善也是逐步来，不去维修、改善，群众当然有意见，如认定老的都落后，将来拆，我是不赞成的。

据苏州本身经验，逐步迁出工业，是可能的。现在没有设想，就没有目标，不能体现合理布局。城市留下老土宅，改宾馆、博物馆、展览馆、书画社、学校；城外留高速路、办公楼，适合苏州发展的新工厂是赞成的。主张规划控制用地再划大一点。现在看来，55平方千米容纳65万人少了（因预测不准）。如城建学院已到外面去了，大运河两侧会有发展。

城市规划是综合考虑问题的，规划和各部门有矛盾，往往是矛盾焦点、是少数（建设单位相对是多数）。同时许多政策不一致，规划部门应坚持原则，市领导要支持。对规划局局长总是有人不满意的，在现阶段人人满意是不可能的。苏州要保护古城，不经斗争不能实现。

顺便讲讲：一要重视法治化，要立本市城市管理细则，靠法来管理。人治总是不好。有规划，无严格管理不行。

最后再想讲一点，就是苏州必须重视建筑设计问题，讲点儿建筑艺术。现在可见到许多新建筑，但我感到设计好的不多，也许设计人有困难。车站、西环新村看来不成功，没有苏州特点。来一次感到苏州特点少一点。还有征地问题，既要节约土地，也必不可少地要征用土地。从全国看城市占地比重为6%，而其中工业仓库用地又占一半以上，所以不应把生活用地卡得过紧。必要的地皮要早征下来，才能先地下后地上，合理开发。

我已经占了不少时间，总的认为苏州规划还有待补充改进，城市建设中许多问题也还未解决，但感到现在已引起大家重视，领导思想明确，前景充满希望。虽然还有所担心，但也增强了信心。

这次是带了信心而离开的。祝苏州城建取得新进展，愿姑苏这颗城市规划的明珠重放光芒。

关于苏州规划建设情况的报告与建议

近日我去苏州参加干将路拓宽和城市总体规划修改的论证会，看到苏州市最近经济发展和城市建设的巨大变化，感到有些情况应该引起我们的注意。

第一，改革开放以来，特别是小平同志南方谈话以后，苏州市的经济飞速发展。现全市人口570万人（含昆山、太仓、吴江、张家港四市和吴县），人均国民生产总值为8770元，约合1500美元。苏州市工业总产值不久即将超过天津、广州，跃居全国第三。苏州市辖范围内各县级市的发展速度，超过市区，在全市国民生产总值中所占的比重超过四分之三。城市建设日新月异，新区建设、旧城改造都十分活跃。市辖范围内已有建制镇83个，集镇75个，合计建成区面积分别为102平方千米和35平方千米，超过市区建成区面积（60平方千米）一倍还多。以上情况说明苏州地区已形成相当密集的城镇群体。

第二，1992年10月苏州市和新加坡方面商定，在苏州古城东面合作开发建设工业园区，规划面积70平方千米，容纳人口60万人，国务院已批准起步区8平方千米。这个新区将引进新加坡的管理方式，但无论如何它仍是苏州市的一个组成部分，为此苏州市1986年经国务院批准的总体规划要进行修改。新的规划方案苏州为带状组团结构，自西向东为浒关、技术经济开发区、运河西新区、河东新区、古城区和新加坡工业园区，到2010年，苏州将成为建成区面积

本文根据周干峙先生保存的资料整理，写作时间为1993年12月30日。标题由本书编者略加修改。

210平方千米，人口超过200万人的特大城市。

第三，联系到上海浦东的开发、苏锡常地区经济的高速发展，可以预料，在20世纪90年代，长江三角洲地区将取代珠江三角洲成为发展建设的新的热点，这里的城市建设投资可能要占到全国的1/3以上。

根据以上情况，我部应该对这个地区予以特别的关注。具体意见如下：

第一，组织推动苏锡常地区的区域规划工作。苏、锡、常连同上海将很快发展成为高度城市化的地区，形成高度密集的城镇群。各市之间的关系十分密切，各个城镇的发展战略、空间形态、用地发展方向以及基础设施系统、产业结构、投资方向、劳动力流动、土地使用功能等相互作用、相互影响。所以应该及早进行区域规划，及早防止相互干扰、相互矛盾。

第二，对苏州市及苏南地区的城市规划给予重点指导帮助。20世纪80年代，我部曾对深圳发展予以高度重视，及时抓了城市规划的指导工作，派人作出水平较高的城市总体规划，深圳从一个一万多人的小镇建设成为今天这样百万人口的大城市，基本上是有秩序的建设，没有建乱，城市规划是取得了较好效果的。20世纪90年代经济发展的重心转到了上海及苏南，这里是改革开放的前沿，其中苏州又是处理保护与发展最令人瞩目的地方，我们应该像当年帮助深圳一样，对这里进行深入具体的指导。

第三，苏州市区狭小，目前建成区已被吴县紧紧包围的局面必须尽快改变。苏州市区只有178平方千米，现正进行的城市总体规划修改方案中，规划建成区面积即达210平方千米，规划中的新加坡工业园区已在吴县地界，吴县正在建设的新区与苏州古城紧紧相接，在形态上和苏州市区是一个整体，城市道路、供水等和市区也是一个系统。目前人为的行政分割对城市发展和产业结构、用地功能的调整都是十分不利的。据说吴县正在申请设市，我认为，非但不应设市，反而要扩大苏州市区，甚至可以考虑撤销吴县改为苏州的郊区。

　　以上想法建议以适当方式向民政部反映。

城市规划工作的"变"与"不变"

——苏州阊门石路地区详细规划和城市设计工作小结

这个题目的提出是由苏州石路地区规划引起的。这篇文章是我们对一年半以来苏州阊门石路地区详细规划和城市设计工作的一个小结。

一、项目的由来和规划设计思路的形成

石路位于苏州市金阊区，地处著名的水陆码头阊门外，很久以前就是苏州仅次于观前街的第二个商业中心。从历史上看，它诞生在观前街商业中心之前，在宋朝就是平江府最为繁华之地。新中国成立以后，特别是改革开放以来，这里陆续进行了很多建设，但多是零敲碎打，缺乏长远打算和整体布局，目前功能混乱、相互干扰；交通不畅，停车场地不足；商业设施规模小，商品档次低、重复多，与苏州市商业次中心的地位不相适应。于是，苏州市规划局根据苏州城市总体规划的要求和实际情况，提出了石路地区55平方千米详细规划和城市设计的任务，旨在通过地区的改造，完善功能，繁荣商业，改善交通，服务旅游，使石路地区成为名副其实的苏州市第二商业中心。

这个项目该怎么做？我们在初步调查研究的基础上明确了规划

本文系周干峙先生主持"苏州阊门和石路地区专项规划"项目完成后所写的总结报告，定稿时间为2007年4月29日，署名为周干峙、冯利芳。

的基本思路和指导思想。

首先是规划的范围要扩大。石路地处金阊、平江、城北三区的交会处。无论是改善交通、繁荣商业，还是发展旅游，仅仅就石路论石路，不可能达到预期目的，必须同时把阊门、山塘街等重要地段考虑进去。因此，我们的规划不能局限在55平方千米的范围内。经过商定，规划范围突破石路地区，项目名称也由原来的石路地区的规划设计改为"苏州阊门石路地区详细规划和城市设计"。

其次是规划的程序要改革。变一次规划为多次规划，因此规划是个动态过程。我们在明确了思路、主要问题并有了初步解决办法后，提出初步方案，听取各方面的意见，反复补充修改，等绝大部分问题都有了比较妥善的解决办法后再出最后成果。在苏州市政府于2006年底批准了该地区规划方案的第三稿后，我们又进行了几处修改。这次交出的成果是第四稿，在实践中可能还会有相应的修改完善。

我们在调查中发现，阊门石路地区存在的问题不仅仅是交通、商业两个问题，还存在另外两个突出问题。

一是对当地资源特别是历史文化资源利用不足。阊门石路地区有许多名胜古迹，特别是阊门，它是苏州古城去虎丘、寒山寺、西园、留园等名胜的必经之地，是古城的核心枢纽之一。阊门水陆城门的城墙已经恢复，要不要恢复阊门城楼却长期引发争论，尚没有结论。这次调查发现，各界对恢复阊门城楼的呼声甚高。我们具体分析后也认为，恢复阊门城楼并对阊门周围环境进行规划整治，对发展阊门石路地区的经济和苏州的旅游业有重要的作用。

二是历次扩建改造缺乏总体、长远的考虑。新的商业建筑不断开业，路也不停地在修建，但建设中往往从满足眼前的需要考虑多，整体、长远的发展和综合整治的考虑比较少，没有把各种资源、有利因素整合起来，缺乏一个科学合理的规划。

问题找到了，解决问题的思路也逐渐理清楚了：整体的观念，总体的考虑；既有整合整治，又有拓展新区。

我们认为，这个规划不在于图面怎么漂亮，叙述怎么吸引人，而一定要从阊门石路地区的实际出发，是能够解决问题的规划，是确实有利于阊门石路地区发展的规划。

经过一年多的努力，在阊门石路地区规划的过程中，我们感到现在正处于构建社会主义市场经济的转型时期，城市规划的背景条件变了，规划的经济依据变了，规划工作必须改革，规划设计思想、具体做法以及最后的成果表达也应该作相应的改革；同时，又有一些基本原则不能变。我们对这些问题有以下体会和思考。

二、规划的背景和规划的依据有四大变化

一是规划的依据变了。在计划经济的年代，不仅有国民经济和社会发展五年计划，还有长远计划，城市规划的依据指标明确。现在，国民经济发展计划变成了"规划"，只有指导性，没有规定性。20年后的经济目标更是说不具体，甚至没人回答了。规划的其他一些前提条件也在变：自然条件也好，市政配套设施也好，还有土地供应、水资源，乃至港口等，很多是不确定的，不可预见的因素多。

二是规划的服务对象变了。以前规划的业主只有一家——政府，服务的对象——市民。现今，规划要重点体现公众利益，同时兼顾方方面面的利益。规划直接的服务对象不仅是政府，还有开发商、外商、不同阶层的市民，还包括相关的农民。

三是规划的执行主体变了。以前，根据国民经济计划编制的城

市规划，一经确定就是实施的问题。执行主体是政府一家，强调规划的权威性。现在，城市建设不完全是政府行为，比如住宅建设有相当一部分是市场行为，一些基础设施也是市场化经营。规划的执行主体多元化了，决策的机制实际上也并非一元化。

四是规划的管理机制变了。以前是规划管理部门执行规划，决策管理权往往上调，具体审批常常是市长拍板做决定，缺乏公众和舆论的监督。现在强调公众参与，要广泛听取意见，进行协调改进。还有，区一级政府作用上升，往往要多级协调。

由于规划背景条件的变化，城市规划要考虑的问题比以前复杂得多，规划工作的思想、方法也必须有相应的变革。

三、规划思想和规划方法也要有四个变化

规划思想、规划的具体做法和方法的变化，归纳起来就是重调查研究，重规划过程，重协调；把详细规划和城市设计结合起来，把规划和实施结合起来，变一次规划为多次规划。具体表现在四个方面。

1．规划"由死变活"

现在编制规划有许多不确定因素、不可预见因素，规划的目标也不一定有定式，可能有多个目标、几种实施方案，所以规划要有一定的灵活性、可塑性、适应性。

就石路地区来说，它是苏州的第二个商业中心，这是历史形成的。其性质、定位不会变，但建设规模、具体内涵、配套措施等就不一定不变。由此，根据苏州观前街以及各地的实践经验，同时考虑环境容量等因素，我们提出商业面积50万平方千米这个总的控制指标，其他方面根据发展情况，都要留有调整的余地。

石路规划要解决的重要问题是交通。苏州已经获批修建地铁，而且地铁要通过石路地区。但是地铁线路的具体走线和采取的制式等尚在研究之中。为适应这种情况，我们在规划中考虑了四条可能的线路走向，预留了地铁站的两个可选地址。这样，规划的适应性比较强，也比较主动。

2.规划"由窄变宽"

过去一般认为，城市规划主要是空间规划。其实，城市规划最根本的是经济社会发展的规划，空间规划是派生出来的，是经济社会发展规划的载体和落实。城市的资源有限，不可能永远是扩张式的发展。规划研究的内容就由空间布局这类技术性的问题延伸到研究资源、环境与经济发展的关系，以及社会发展中的问题，规划的内涵明显拓宽了，规划的专业范围大大扩展了。例如：考虑地铁布线要有地铁的相关知识；考虑社会问题要有社会学的知识。还有，规划实施离不开行业协调、部门协调，协调成为规划工作中很重要的内容。规划能不能实施又与经济有密切关系。规划方案还需对当前要安排的关键工程提出建议，搞这些工程到底要花多少钱，规划方案中也需要提出投资估算。

3.规划"由粗变细"

规划做深做细才能暴露问题，从而促使规划者提出解决问题的办法。

首先要有周密细致的调查基础。如南浩街是比较早建成的一条小街，紧挨护城河，有万人码头、神仙庙等名胜古迹十余处，应该是环境优美、历史文化底蕴深厚、颇具特色的地方。沿河挤满了密密麻麻的小店，显得很繁荣，然而不少房子很简陋，在街上很难见到护城河。如果沿河打开几个缺口，建几片小绿地，把名胜古迹露出来，南浩街的环境将大为改善，商业价值也将显著提高。但怎么打开缺口，在哪里打开缺口，打多大的缺口，必须对沿河的一幢幢建筑进行调查，才能提出可行的改造方案。

沿广济路的东边，将建一幢16层的大楼，设计已经完成。我们看了图纸后感到，这幢大楼的出入口位置、进出交通线路、停车场地、地下空间利用等都有问题。于是我们跟业主、设计单位一起商量，对设计方案进行了修改，解决了问题。

在石路步行街的西头、邮电局东边，土地已经出让，业主准备建一幢经贸大厦，已经有了初步方案。我们从步行街的城市设计、功能布局以及交通集散要求等方面考虑，认为最好是与小河西边的地块一起考虑，形成一个整体。于是，我们提出了一个跨过小河、有主楼副楼的方案。这个建筑将成为石路步行街上的主要建筑、新的标志。小河东边地块上现有的电影院、银行、眼镜店等都安排在新楼中，它们的经商环境、条件将得到显著改善。这个方案还可以为这个黄金宝地增加商业面积3万多平方米。有关各方面都很赞同这个方案，但涉及谁来投资等问题，能不能完全实施，还需要做许多的协调工作。

4．规划"由虚变实"

规划要起到控制和引导作用，光有好的概念、原则是远远不够的，必须具体化、可操作性强。

就改善石路地区的地面交通来说，必须构筑干路、支路配套的路网，增加停车场地。我们提出，在现有道路的基础上，打通三纵三横的干路。为减少拆迁量，内部道路不搞一般的方格网，而从现状出发增加支路，形成小环路。由此看来，在建筑密集的地方，采用多种措施综合挖潜的办法比较可行。

整合整治，对一些有使用价值的建筑尽量改造利用，不搞大拆大建，也是现实所必需。金门商城是近年陆续建成的，地理位置很好，建筑还有些地方特色，曾经辉煌，但周边小巷纵横交叉，商店低层次重复，环境脏乱。若完全推倒重来，损失浪费太大。按照整治的原则，我们提出适当拆除一些质量较差的房屋，组成春、夏、秋、冬四个主题庭院的改造方案。改造后，购物环境、就餐环境显著改善，提高了档次。方案还在金门商城的东北角规划安排了新的综合楼，安置被拆迁的部分，使规划更具可行性。

四、规划设计的基本原则和基本观念也有四个不能变

古今中外，城市规划有一个共同的目的：创造一个适合人们生活、工作的环境条件。城市规划的本意是制定一个合适的发展目标，对城市建设进行综合部署和具体安排。为此，有一些基本原则和基本观念是不变的。

规划设计的具体原则看来是会有所发展、有所变化的，但基本原则应该是坚持不变的。归纳起来，我们认为至少有以下四条基本原则，即人民受益、整体组织、文化传承、科学合理。

上述四条基本原则（也许还有其他）已为大家所熟知。不过有一点新情况应该注意，就是规划方案往往涉及不同方面、不同角度的利益牵制。目前社会的利益集团已经凸显，一些规划措施，利益集团受益多的就受其欢迎，受益少的就受其反对，利益机制往往左右着规划。规划必须考虑研究这一因素，否则规划的目标就难以达到：不是被迫修改规划，就是回到"墙上挂挂"。

阊门石路地区规划曾有一个关于开发次序的问题，就是先开发新商业区（西区），还是先整治老商业区？规划组的意见是先整治老区、后开发西区。显然，开发新区投资大，但实施易，只要划出地皮就能启动；而整治旧区，代价小，但难度大。我们从发展的整

体性、科学性等考虑，坚持先整合整治、后拓展新区的意见，希望改变过去的建一块丢一块、缺乏整体效益的做法。最后两种意见统一为整治先行，同步开发，力争全面受益，取得全面效应。这一战略涉及将来该地区的主体、核心，涉及地铁车站位置等一系列基本格局，尚有待一步一步地具体落实。

鉴于除了考虑技术上的综合以外，还必须考虑实施上的易行。既要坚持城市的整体利益、长远利益，又要考虑一定的利益机制的平衡，规划设计的工作量大大地不同于过去。

最后，提出七件当前要办的大事：① 阊门城楼、山塘饮食街改造；② 规划可以不打伞的步行街；③ 规划一幢核心商业楼，协调一幢商业大楼的布局；④ 完善路网，预留地铁位置；⑤ 小环路与停车场的整治；⑥ 利用烂尾楼；⑦ 商业区西扩，以及实现"凤凰于飞"的隐喻——表达规划设计的核心思想和期望起到的具体作用。应该讲，一年半来，由于和市、区各方面的良好配合，工作得以深化，规划目标应能大部分落实，实现了本小节题目所表达的意愿。

2000年天津市城市建设总体规划纲要
（提纲讨论稿）

天津地处北京门户，为畿辅之首邑，一百多年来都是我国北方的一个交通枢纽、工商业中心和外贸口岸。天津的发展对卫护和巩固首都的地位，分担和补充首都的经济、文化、外事、旅游等需求，起着重要的作用。

今后，在"四化"建设中，天津应当充分利用现有工业、技术基础，利用就近资源、交通方便和用地较宽裕等有利条件，扬长避短，加快经济建设，为国家积累资金、外汇，取得建设、管理经验，提供先进技术，培养和输送各种人才。天津应当根据资源、水源条件，着重发展加工工业，当前重点发展轻纺、机电和化学工业，发挥商业、贸易的积极作用，把天津建设成为工商繁荣、城郊协调、科学文化发达、交通便捷、环境优良、文明有序、服务周全，并具有防卫能力的城市，成为我国北方的一个经济中心、工业基地、科学技术基地和外贸出口基地。

展望天津城市发展，规划考虑到以下要点。

一、迅速消除地震灾痕，调整好"骨头"和"肉"的关系，促进经济大发展

从1981年开始，用3年时间消除震灾痕迹，5年缓和紧张状

本文根据周干峙先生保存的资料整理，署名为天津规划工作组，时间为1980年7月，当时周干峙先生为天津市恢复重建规划工作主要技术负责人。

况，平均居住水平达到5平方米，1979年为3平方米左右。3年增加居住面积650万平方米，人均达4平方米，以后每年增加250万平方米，人均可达5平方米。目前北京人均居住面积为4.5平方米，天津六大片，人均居住面积为4.93平方米。10年还清城市建设欠账，使市政公用事业基本配套，平均每人居住面积达6.5平方米；20年打下现代化城市的基础，使各项旧有设施都得到基本改造，城市生产、生活都能高效率运行，平均居住水平达到9平方米；之后10年，每年还要新增居住面积300万平方米。在不断抓好城市建设，合理调理比例关系的过程中，逐步提高工业生产能力，使3年以后工业增长速度超过全国平均水平，至1990年全市工业总产值达400亿元以上，至2000年接近1000亿元。

二、在经济迅速发展的同时，严格控制市中心区人口在目前300万人的水平

到20世纪末，全市人口将达820万人，市中心区人口由于自然增长，增设科研、院校和经济贸易机构，也有一定的增长因素。要采取有效措施防止中心区人口过分集中，使增长的人口有计划地疏散到卫星城市和郊县城镇去。今后，在市中心区内不再安排新建工业项目；在旧市区（61平方千米）内还要严格限制扩建规模。要在不增加生产用地，不增加城市人口的前提下对旧有企业进行挖潜、革新、改造；要结合工业、文教、商业服务设施的调整，把市中心区内的一部分职工和青年迁到外围城镇和卫星市镇就业、定居，还要通过培养大、中专学生，提供技术支援等向外地输送人才。另外，随着工业化和农业机械化的发展，至20世纪末，城乡人口的比例可能由目前的1∶1发展到3∶2或5∶4，城镇人口的比重将会

有所增长。要解决好农村剩余劳动力的出路问题，通过发展社队企业，走农工商综合体的路子，就地安置，发展小城镇，使214个公社都由1千～2千人发展为几千人的城镇。每个2万～3万人的县城都发展成为8万～10万人的小城市，使天津市成为一个城乡结合、大中小城镇相结合、布局合理，既有利于经济高速发展，又能逐步缩小城乡差别的社会主义城镇网。

三、重点发展以塘沽为核心的滨海地区，总人口规模达到100万人左右

塘沽地区有新港基础，靠近油、盐资源，还有几万亩荒地、次地，是天津工业和城镇发展的主要去向。塘沽新港要以集装箱运输为主，兼有煤、粮等散装货进出口，航道、泊位考虑5万吨货轮需要，港口规模达到1亿吨左右。要开辟大沽沙航道，适应海洋石油开发和渔港建设需要，合理分配使用岸线。要进一步发展原有大型化工厂、造船厂；新辟轻纺工业区；准备建立外贸加工区；安排与化工、海洋、外贸等有关的大专院校；建设为外籍海员、专家服务的文化游憩场所。把塘沽先期建成具有相对独立性和吸引力的现代化港口工业城市。

四、逐步形成多核心的城市群，比较合理地分布人口和生产力

津、塘两个核心城市形成以后，根据天津市辖区南北狭长和京津唐城市均匀布点的需要，应在蓟县和静海再形成南北两个较小的核心城市。通过分期建设，发展多核心的城市结构，形成几个对市

中心区起"反磁力作用"的核心城市。具体设想：

① 市中心区及近郊城镇共350万人，其中市中心区300万人。近郊杨柳青12万人，现5.7万人；永红村8万人，现0.4万人，14厂；军粮城10万人，现2万多人，9厂；咸水沽5万人；引河北4万人；其他近郊工业区共110万人。

② 滨海地区100万人，其中：塘沽、北塘70万人；北大港、官港20万人；汉沽10万人。

③ 蓟县15万人。

④ 静海15万人。

⑤ 宝坻、宁河、武清共20万人。

⑥ 农村社队，包括农业人口及非农业人口340万人。

五、选择重点，把已经铺开的近郊工业区和工业点逐步配套完善

首先配套发展杨柳青、永红村和军粮城三个工、农、商、学结合的卫星城。在杨柳青发展以机械工业为主的综合性卫星城，以汽车制造业为核心，安排汽车配件工厂、汽车制造学院和其他有关机械行业的技术研究机构。在永红村发展以纺织工业为主，包括棉、毛、染、织及其相应的科研、学校机构。规划后期，将军粮城发展为综合性卫星城，安排与津、塘两地关系比较密切的企业事业单位。在程林庄发展染化工业，作为市中心区的一个化学工业区，由于程林庄距市中心区很近，相应的住宅区就进入市中心区范围。另外，保留胡张庄作为发展备用的工业区。其他如咸水沽、韩家墅、引河北、宜兴埠、大毕庄等作为近郊工业区，也要逐步建设生活区，尽可能使职工就近居住。对于现有分散在外围的其他零

星厂点，则要通过调整，区别对待，有条件保留发展的再逐步配套完善。

六、逐步调整市中心区的工业布局，分期分批迁出污染大、干扰大、运输量大等不宜在市中心区发展的工厂仓库

按照专业化协作的原则和高、精、尖的方向，合理调整工业用地，进一步完善已有的十大工业区，并结合旧区改造组成若干个工业街坊，把无害的小工厂合理规划组织到住宅区内。要结合环境治理和生产发展需要迁出一批工厂。首先迁出危害最大的7个染料厂（10700万元）、5个纸浆厂（2020万元）和2个冶炼厂；至1990年将迁出140个严重污染扰民的工厂；至规划期末将迁出200个有害工厂。另外还有354个有噪声、振动、废气、废水等有害的工厂，要求就地治理。到20世纪末要基本上解决市内工业严重污染扰民的问题。

七、在1985年以前控制污染，1990年消除严重污染，到20世纪末基本消除污染危害，实现清洁城市的目标

要切实贯彻国家环境保护规定，重点做好化工、造纸、冶金行业的三废治理；建设城市污水处理厂；实现消烟除尘；对粉煤灰、碱渣、钢渣等进行综合利用，在机动车上普遍安装消音器；要实现垃圾收集密封化、运输机械化，远期建设垃圾焚烧厂；还要保护自然山林和海域，保护鱼虾生物，保护好名胜风景区，实现大地园林化，保持生态平衡。

八、要使旧区改造、新区扩建、卫星城镇建设相结合，在旧区不断更新的同时，逐步增加卫星城镇的建设

近期规划由于迁厂和房屋拆迁等条件限制，必须要有一定数量的建筑安排在中心区附近，迫使中心区有所扩展，但扩展的趋势应逐步减弱，要逐步疏解市中心区的负担，不断增加在卫星城镇和近郊工业区新建的比重。

规划市中心区的扩展主要限于增加居住用地、公共建筑用地、市政公用事业和绿化用地，以及必要的仓储运输用地、大专院校用地、科研机构用地，一般不再增加工业用地。总用地规模按300万人口的需要，控制在250平方千米以内。

今后，市中心区的改造，重点是：旧区要降低建筑密度、人口密度，解决交通拥挤、环境污染等问题；新扩展区则要解决配套建设问题，建设有吸引力的副中心区。无论在旧区改造、新区扩建或在卫星城镇新建方面都要注意集中成片成套，做到建设一片、完成一片，取得最好的经济和使用效果。

九、抓住水这个城市发展的关键，开源节流，城乡兼顾，优先保证城市用水，充分利用好一切可以争取到的淡水资源

今后相当长的一个时期内，天津还是缺水，必须在水利部海河委员会的统一安排下，加强水源规划和调度管理，进一步合理分配用水。要充分利用上游河道来水和水库分配来水，积极修建蓄水工程，尽量拦蓄汛期弃水。还要力争多辟外调水源，要求密云水库继续调水，实现引滦入津，争取引黄引江。同时勘探地下新水源，

控制地面沉降，试验海水淡化和海水利用。近三年内要加快引滦工程，先用渠道输水，同时进行由邱庄水库到市区输水管道的设计和工程准备，将来供应市区和塘沽；扩建团泊洼水库、新建尔王庄水库，供应市中心区城市用水；以北大港水库供应滨海南部地区的城市用水；近期内建设于家堡水库，供应北部滨海地区城市用水；于桥水库供应蓟宝地区城市用水；其他中小型水库、郊县地下水和处理后的城市污水供应农业灌溉用水。要千方百计节约用水，工业方面推广循环用水和海水冷却，农业方面推广喷灌、滴灌和渠道防渗等节水技术。还要扩建、新建市区和塘沽的自来水厂，总能力达到日产水250万吨，并在其他卫星城和郊县城镇建立自来水厂；同时新增管网，调整改建旧有管道，提高水质水压，使每人每日生活用水由75升提高到200升以上。

十、大力发展和节约能源

积极勘探开发大港、渤海油田，联合开发煤炭资源，大力增加供电能力，积极研究利用地热、太阳能、核能、沼气等新能源，加快城市气化、热化建设。要以节能为中心，推动整个工业技术改造、设备更新和经济结构改革，为发展国民经济、提高人民生活水平提供保证。

第一，要继续扩建大港、军粮城电厂，新建北塘、蓟县两大电厂，完善输配电线路网，在华北电网统一平衡下，使全市发电设备总能力到1990年达到300万千瓦，2000年达到720万千瓦。

第二，要加快城市气化步伐，近期内积极筹建煤制气厂，努力增加液化石油气的生产，大力增加民用气源。要合理调整天然气，将工业烧气锅炉改为烧煤，压缩工业，发展民用天然气。通过压缩工业锅炉用油，争取搞油制气，以弥补民用天然气的不足，充分发挥现有输气设备能力，逐步争取人工煤气、天然气、液化气并举，多种气源供气。使市区居民气化率五年内提高一倍（达到60%以上），到1990年基本实现气化。

第三，积极发展集中供热，除近期将发电一厂改为热电厂外，工业区要逐步实现集中供热。城市居民取暖用热，要根据不同情况分别采取集中锅炉房、地热取暖、单元取暖等多种形式供热。新建和改建住宅，要统一安排供热、供气设施，争取不欠新账。

十一、建成铁路枢纽南北环线和两大编组站，改造扩建客运站，调整货场，形成完整的铁路枢纽

首先配套完成北环线，配合天津港和工农业发展的需要修建北塘编组站；再开辟南环线，建设西北环线和津保大（同）新线，以解决山西原煤在津出口的问题。要迁出市中心区三个站的货场，在西营门、大毕庄、汉沟、张贵庄分设大型综合性货场。在天津东站原址扩建客运中心站，建成面向海河、两侧贯通、具有现代风格的天津主要客运站。迁出东西货场，到远期逐步拆除下九股编组场和第一发电厂以北的专用线。考虑在京津间开辟第三条高速客运线的可能，以及在津塘、津杨（杨柳青）、津永（永红村）、塘宁（宁河）、塘大（大港）间建设近郊电铁，开行旅客电气列车。另外，考虑战备、旅游及地方建材运输需要，把津蓟铁路升级为一级干线，方便市中心区与各卫星城的交通。

十二、充分发挥海河功能，发展内河航运，创造海轮进市条件

要准备3000吨级海轮进到四新桥以下，1000吨级拖驳担任疏港任务，在崔家码头和军仓库设客货港（将原军仓库迁出），恢复海河通海航运；四新桥以上通航100～300吨级船只，海轮不再上溯。要发挥海河供水、排水、泄洪、灌溉航运的综合功能，保证水源水质。要加快船闸防咸试验研究，要求在明年作出结论，同时做好清淤，为海轮进市创造条件。另外，在西河、新开河、北运河、蓟运河设内河港，逐步形成全市河运网。

十三、规划适应21世纪城市运输要求的道路交通设施，市内交通要使30万辆汽车及60万辆自行车能顺畅运行

要积极开拓主次道路、自行车专用道路和连接工业区的货运环路，完成占总用地面积15%的常规道路系统；要大力发展公共交通，抑制各种个体车辆的发展，使目前70%以上由自行车承担的客运量改变为50%以上由公共电、汽车完成；还要合理组织货运，在靠近市区外围地区设置卡车货运流通中心，减少大型货车穿城运输。在所有公共活动中心和集散点设置地面和地下停车场；在市中心区和副中心地区要划定步行区，在人车繁忙的路口建设人行天桥和地道。要逐步建设一个贯穿市中心区环接各主要分区中心的地铁线路网。地铁线路在外围地区尽可能敷设于地面，并要和其他公用交通之间方便换乘。另外，保留一条和市际高速公路衔接的，尽量走地面、必要时走高架的市内快速汽车专用线路。

十四、在多核心的城市布局之间，形成方便、快速的公路交通网

要求提早建设京津塘高速公路，使津塘段成为天津地区大量交通的主要动脉。同时，提高市中心区对外放射干线的等级标准，便于城市向外疏散，要将主要货运线和疏港的主要线路改造为重车线，以适应现代化运输的需要。还要增辟津蓟之间的公路干线，加强市中心区到五个县和各卫星城的公路交通联系。在海河下游准备三到四处桥梁或隧道。发展县、社与社、社之间的地方公路，以及结合军事需要增辟环行线、迂回线和滨海线，形成四通八达、快速舒适的公路运输网。

十五、完善城市雨污分流的排水设施，分期建设污水处理厂，利用污水灌溉，清除对近海的污染

要大力修建雨污水管道和泵站，完善市区和卫星城镇排水设施，要提高排水设计标准，彻底解决市区积水。新建城市排水系统，实行雨污分流，雨水就近入河；市中心区原有合流管道逐步改造为分流系统，避免污染水源河道；郊区排污河和农田水利规划要纳入城市总体规划；各县城镇也要开辟排污出路，保证城市污水顺利排放和利用。要加强工业废水管理，按谁污染谁治理的原则，分级处理，达到排放标准。近期建设纪庄子大型城市污水处理厂，并陆续建设各排水系统的污水处理厂，污水处理要达到农灌水质指标，同时做好污泥综合利用，化害为利，充分利用水资源。

十六、采用多种类型的住宅建筑，建设多样化的完整的住宅区

今后住宅建筑以五六层为主，但此外还要有一小部分十层以上的高层住宅、二三层的低层高密度住宅和一二层的独院住宅。各种不同层数的住宅都要具有两三种标准和若干种类型，既标准化又多样化。要通过综合设计，建设高低层搭配、外形多样、装饰得体、室内外设施齐全、环境安宁、各有特色的住宅小区。所有住宅区的建设，都要做好室外庭院绿化，有儿童游戏场、围墙、灯柱、座椅等建筑小品和其他配套工程。

十七、合理分布大型公共建筑物，以海河为主轴形成丰富多彩的城市面貌

海河在市中心区段100～200米范围内主要是增加绿化，布置滨河公园、图书馆、博物馆等公共场所，成为全市性文化游憩的中心。

在解放路、和平路和东站附近，利用原有永久性建筑，改建为以商业贸易、金融等经济管理机构为主的地区，反映城市繁荣的景象。胜利路也要改造建设成为反映城市面貌的主要地段之一。要保护文物，保留一部分天津卫和旧租界地区建筑质量较好、具有一定特色的街区，反映城市的历史面貌。

在中心门、南北仓建设两个具有全市性商业文娱服务设施的中心，并按照生产生活合理组织要求建立若干地区中心，以分散市中心劝业场的压力。

在市中心区西南和西北部适当布置大专院校和科研单位，形成

院校比较集中的两个文教科研区。

在津塘交通干线附近，保留能建设举办博览会、交易会、学术会、运动会，以及国际会议的地方。在天津宾馆、友谊俱乐部一带保留旅游建设用地。

十八、在近郊和山区大面积造林，在市内见缝插针地大搞绿化、美化

利用海河、北运河、子牙河等河道形成沿河风景林带；利用西南郊的卫南洼、东北郊的南淀、西北郊的屈家店河滩形成三处近郊大型野外公园；利用市区内文物古迹和可争取的空地，增辟6个大公园、48个小公园；并用街道绿化将公园绿地联系起来，使多数居民能就近享用。平均每人公园绿地面积从现有的1.23平方米提高到8～10平方米，覆盖率由8%提高到40%。

十九、建立口岸城市必须的通信便捷和服务周全条件

要建设天津、塘沽邮电通信枢纽，发展国际、省际长话和电报业务，采用卫星通信、数据、传真网等先进的通信设施，建立党政机关机要通信网、外贸通信服务网，提高市话普及率。要大大提高服务行业的水平，发展一些高级的有传统特色的饮食、服装、医药等行业，使国内外旅客在其中采购、休憩、饮食、文化娱乐、体育活动等方面都丰富多彩、引人入胜。要提高服务人口比重，使从事服务业的职工占职工总数达一半左右，占总人口25%左右（目前为19.5%）。

二十、考虑抗震、战备和人防，建成具有防卫能力的战斗城市

要按照抗震区划，使各种建筑物、构筑物及市政公用、电力设施都达到抗震标准。在市中心区要逐步建立健全疏散广场体系；在宁河、宝坻等高烈度地震区不搞大型建筑物。要建立人防、消防、防灾指挥中心，重点突出战区和人员掩蔽需要，在住宅建筑和机关办公楼、学校等公共建筑中构筑地下室；在市中心、车站、中山门及北仓四个中心建设地下街；利用地铁线路和综合管沟作为地下通道和现有地下人防设施串联起来；在沿海建成滨海高速公路和滨海铁路线，在北塘等地区设渔港，使沿海间距不远就有一个城镇居民点，在战时作为反登陆的桥头堡。

二十一、在三年恢复重建的基础上，继续保持城市建设的速度

从1984年至1990年，至少还要建设住宅1400万平方米，进一步解决水源、蓄水和引滦管道输水问题，要初步建成常规的干道系统和地铁干线，建成火车站、副中心等若干公共活动中心，以及相应的市政、公用配套工程。匡算共需投资54亿元（住宅35亿元占65%，其他配套项目占35%，与原计缺口78亿元减去三年24亿元大体相当），平均每年7.7亿元。如国家经济情况良好，还应超过此数，并超过近三年每年8.2亿元的水平。

资金来源按照用经济办法建设城市的精神，建议1984年以后除从现行的地方自筹、工商利润提成以及列入国家基本建设计划以外，要扩大私人集资建房，征收城市土地开发费、机动车辆养路

费、工业废水排放费等。另外，在工业卫星城镇建厂的单位，必须分担一部分所在城镇的市政建设费。总之，要从多种渠道解决城市建设的资金来源问题。

二十二、制定有关政策措施，保证规划的实施

要根据国家城市建设和环境保护等有关立法，建立和健全以下十项规定：

① 关于住宅统建的规定；

② 关于征地拆迁的规定；

③ 关于保证配套建设和建设分工的规定；

④ 关于工业搬迁的规定；

⑤ 关于改建区中对待私有房产问题的规定；

⑥ 关于拆迁住宅区内集体所有制工厂作坊的规定；

⑦ 关于住宅分配的规定；

⑧ 关于卫生、市容管理的规定；

⑨ 关于保护绿地、洼淀和风景文物的规定。

贯彻全国城市规划工作会议精神，搞好
天津城市规划建设工作

全国城市规划工作会议是国家建委召开的一次重要会议，《人民日报》为此发表了社论。虽然这次会议的主题是城市规划，但是还涉及城市建设和城市管理的问题，它直接关系到广大市民的生活，关系到城市发展的百年大计，是我们当前工作的一项重要任务，各有关部门都要认真贯彻执行。

我想还是结合天津的情况先谈问题、再谈看法，讲一下天津城市规划和建设中存在的问题、我们的认识和准备采取的措施，请大家研究。

一、问题

天津的规划建设在全国占有重要位置，因为天津是我国的大城市，将来是北方的一个经济中心，可以说是国家、社会精华所在之地。天津刚解放时有170万人口，市区面积61平方千米。经过30多年的建设，市中心区发展到300万人，建成区面积达160平方千米，城市建设是有成绩的。但是，如同规划会上许多兄弟城市反映，按道理社会主义城市是有计划地进行建设的，天津本应建设得有条不紊，但是从实践结果看来，并不如同理想那样，有不少问题。主要表现在布局混乱、欠账很多、过于臃肿等方面。

发言时间由内容推测为1980年11月前后。本文根据周干峙先生保存的资料整理，标题由本书编者所加。

1．布局混乱

天津虽说是个老城市，新中国成立后新的市区、新的建筑和设施，数量上都已经大大超过原有的基础。这些新的建设、新的市区，像丁字沽、王串场等都是平地起家、"白纸画画"，但还是工厂、住宅混杂，商业服务稀少，市政公用事业不足，绿化、环境和旧市区没有多大差别。从实用、经济、美观等方面来看，都不能令人满意。

天津的城市规划开始很早，过去做了不少工作。从20世纪50年代开始，至今做了18次方案，大的方案就有5次，但问题是变化的原因很多，总的是变动过多。规划赶不上变化，也就等于没有规划。1976年天津受地震波及，损毁了许多房子，盖了大量临建棚，加上管理松弛，到处见缝插针，城市就更加混乱了。

2．欠账很多

在极左思想影响下，长期以来强调了"先生产后生活"，住宅和城市建设，被挤到可有可无的地位，"骨肉失调"造成的欠账十分严重。

天津的城市建设，基础本来就很差。但从"一五"计划以后，城建投资比例大幅度下降，由每年占基建投资10%降到1%以下。有许多早该解决的问题没有及时解决，造成现在住宅、供水、交通、环境污染等问题成堆。天津的居住水平、居民生活用水标准、排水普及率等均在全国名列"后"茅。初步匡算，欠账总共有70亿～80亿元。这个欠账包括该建而未建的和该配套而未配套的。要比较彻底地解决这些问题，需要10年或更长时间。欠账多了，实际上造成一种浪费。如市区积水，泡一次水损失若干万。10年、20年下来花的钱，比埋管子还多。老红桥和河北大街，早在20年前就应该随着丁字沽的发展而扩建完成。当时，那里人口还稀少，修一座桥一二百万元就可以了。但是拖到现在，那一带挤成了疙瘩，再修此桥造价要增加好几倍，而且实施起来困难得多。

许多地区，只建工厂、不建住宅；建了住宅，不建商店、学校以及交通、排水等设施。既打乱了城市的合理布局，又给居民造成生活上的不便。从长期看，对国家是一种浪费，是经济的损失。

3．过于臃肿

由于工业和人口过分集中，天津中心区十分臃肿。天津市4001个工厂，有3557个集中在市中心地区。现在几乎每个街区都有大小工厂，人流、货流相当集中。和平区约50万人口，用地约10平方千米，平均每人只有约19平方米，在世界上大概仅次于我国香港地区和上海。

许多国家的共同经验是城市规模过大，改造起来非常困难，住房、交通、供水等很难解决。天津市中心区臃肿的矛盾已经相当突出，特别是供水和交通这两大问题，在很长时期内难以根本解决。

天津在城市规划和建设上存在的这些问题，是比较严重的，而产生这些问题的原因是多方面的。我们应该很好地总结30多年来的历史经验和教训，提高我们的认识，改进我们的工作。针对问题，做好规划。初步看来，首先要把城市规划提到各级领导的会议日程上来，要有一个正确的指导思想，那就是要按照客观规律来认识城市和规划城市。具体来说，就是要从天津的特点出发，为天津的城市发展、战略布局制定一个正确的方针。其次要有一个长远规划，例如，对市中心区是继续扩大，还是控制或者压缩？市中心区的人口和用地、新建和改造分别采取什么对策？周围的城镇群和滨海地区如何布点，等等。这些问题，没有一个长远明确的战略方针，什么问题都从眼前考虑，就会在战术上摇摆不定、变化无常，布局必然会乱，发展会失去控制。这些问题，有不少会议报告、纪要中写了，还有许多方面问题，要进一步研究。

　　天津的规划怎么做，我想从规划思想方面讲几点认识。首先要反对和肃清国民经济中"左"倾思想的影响。例如，对经济发展估计过快过大，使规划的依据不能实事求是；生产建设和城市建设不平衡，造成缺口；想过早过快地消灭和缩小"三个差别"，削弱了对现有大城市的改造和提高，而新工业的布点又过于分散，等等。这些问题，要认真总结经验、加以研究。其次是必须强调城市规划的科学性。"左"倾思想的影响，导致了否定和取消城市规划，不讲功能分区、不讲城市建设的科学与合理，随便定点、乱占乱建，这也是造成布局混乱的一个重要原因。当然，这方面表现在领导工作上更严重些。这些问题，今天只提个头，很多具体经验，专业部门应该认真总结和研究。

二、认识

　　谈到对城市规划的认识，天津有一个曲折的过程。中央领导同志指出，总的讲是长期以来重视不够，没有真正提到议事日程，因此造成问题多、主意多、变化多，助长了混乱的情况。现在编制天津的城市规划，比20世纪50年代要复杂多了。现在的天津规划是在一个相当特殊的基础上进行的。这个基础就是，历史上有租界割据，原有市政设施贫乏，新中国成立后改造老城市不够，新的规划又长期摇摆，加上地震的损失严重，可以说是一个烂而且乱的摊子。先天不足，后天失调，飞来横祸。要在这样的基础上建设新天津，显然不是一朝一夕的事情，更加需要有一个科学的城市规划。编制这样一个规划，将是十分复杂细致的工作。前一段工作，在市委、市政府领导下，有各有关部门（委、局）、专家参加，做了许多工作，编制了专业规划，城市总体规划正是在这个基础上才能比较深入地进行。按照全国城市规划工作会议精神，为做好城市规划，应当注意总结经验，吸收各行各业参与，特别是计划、经济等综合部门参加，等等，有许多要进一步注意研究的问题。在这里我想着重讲三点看法。

1. 一定要坚持城市的整体性、全局性和统一性

城市规划是建设城市的总蓝图。它有别于一般设计的特点之一就是它的全局性。谷牧同志在这次会议报告中指出，城市规划涉及城市的全局和长远发展，对城市建设具有综合指导作用。城市中的一切建设，应当服从城市的总体规划，布局要服从整体的道理是很明显的。古今中外很多名城都是严格按照统一的规划方案建设起来的。我国明清时期的北京城，在世界城市建设史上有辉煌的成就，它就是在一个统一的规划方案指导下精心建设起来的；华盛顿的规划，是18世纪末一个法国军事工程师搞的，方案不见得有多高明，但是美国人一直按这个规划进行建设，最终建成一个美丽的城市；再如西安、兰州、石家庄等我国"一五"期间规划的几个重点城市，按照规划进行建设，都取得较好的效果。经验证明，城市规划很重要，而坚持按照统一规划方案来建设城市尤为重要。

天津过去由于租界割据，新中国成立后又没有一个能坚持贯彻下来的统一规划，从而形成今天的混乱局面，可以从反面来认识这个问题的重要性。

一个城市的总体布局、用地划分、道路系统，以及一定的建筑要求和建筑管理必须是集中统一的，而且不能轻易更改。像道路红线就不能随便改变。现在有些道路红线，多年来时宽时窄，这是很不合理的。本来，道路宽度在一定范围内需要有一个统一规定，否则地下管线、两边建筑非乱套不可。旧城市里控制红线往往要经历

一个很长的过程，上海的北京路红线宽度30米，是作为英租界时定的，经过57年，在前年全部实现红线控制，对改善交通起了很大作用。旧城市改造没有这种统一的方案并长期坚持是难以奏效的。城市规划中有一个基本合理的方案比没有方案要强得多。天津客车站，在东站扩建还是迁到三线，20世纪50年代就有规划设想，但20年来摇摆不定，时而这样、时而那样，拖到现在，问题复杂化了，决心就比较难下。

城市规划不能集中统一，往往还由于领导多头，不尊重统一规划的缘故。一个将军一个令，也会把城市搞乱。这方面许多城市都有教训，天津也不例外。由于领导多头，规划无所适从，"规划、规划，不如领导一句话"，挫伤了搞规划同志的积极性，这个责任在做领导工作的人。从市里来讲，今后要改进领导方法，在规划方案讨论决定以后，严格按规划办事，任何人不得擅自修改，遇见矛盾也要由主管市长来仲裁。总之，要做到由"一支笔"批，按"一个法"办，从而有众人支持。一个讲科学、讲文明的社会主义城市是应当能做到这点的。

2. 既要从现实条件出发，又要考虑长远发展方向，当前要强调长远打算

城市规划的另一个特点，是要有长远打算，有一个远景目标。我们的一切建设都要既现实可行，又和长远发展衔接起来。城市规划中"重远轻近"和"重近轻远"都是不对的。从当前规划的倾向来看，主要问题还是考虑长远不够，目光比较短浅，只顾本单位的当前利益和局部利益，不顾整个城市的长远利益和全局。比如，在旧市区内为了争取用地，搞"见缝插针"，这也是这次会议上多地普遍反映的问题。一点空地、绿地都不留，不考虑环境问题，将来必然要贻误子孙后代。有许多单位从一时方便和眼前利益出发，

在住宅区里盖工厂，在工厂里盖住宅，甚至不管红线不红线，搞违章建筑，对今后的建设按下了不少"钉子"。在新建的大港地区，本来有统一规划，哪里盖工厂、哪里建住宅，可以合理布局，集中建设一个完整的新城镇。但二五〇厂在厂门前一路之隔的地方，建起了几千人的临时宿舍，并且越滚越大，成了一颗"钉子"。这种做法在北京石化总厂等地方早已作为教训，显然不利于工人健康，不符合群众生活的长远利益。

在城市发展方向上，要重视向郊县发展，逐步准备条件，建设作为卫星城镇的郊县小城镇。

由于"文化大革命"，经济不稳定，我们的一些城市建设往往有穷过渡、穷凑合的思想，这是可以理解的。但是，今后我们的建设，要考虑适应"四化"的要求，要讲求经济效益，就一定要有相当的质量标准。我们既不能搞脱离今天经济水平的东西，也不能搞那些用不了几年就要拆除重建的"临时性"建筑。像住宅设计，我主张要考虑适用，室内、室外的附属设施要基本配套齐全，否则像一件衣服不做口袋、不按纽扣，这种节约并不是真正的节约。我们的市政公用管线，过去搞的几乎都是偏细、偏小、偏少。要适当考虑远景发展的需要，留有余地。以免来回开挖，造成浪费。

城市规划要在调查研究基础上，总结过去经验，对具体情况进行具体分析，科学地预见发展趋势，把思想和现实结合起来，做到既有远见，又切实可行。这样才能综合安排好建设布局，满足城市生产、生活、交通、文化休闲等各种功能的需要。当然，客观事物和人的认识都是不断发展的，任何一个规划都不可能算准未来而一成不变。但是主要的趋势、大的框框，应当抓准，使方案符合实际、相对稳定。

安排各项建设时要有一定的远见，在这一问题上，不仅是城市规划，还希望计划和建设部门都能注意总结经验，统一认识。

3. 要建设好城市，除了要有科学的规划，还要有正确的管理

规划管理在一定意义上讲，也是规划，所以有些兄弟城市有"三分规划，七分管理"的说法。可见，广义一点讲城市管理包括用地管理、建筑管理、市容管理、交通管理……都是具体落实的重要组成部分。这里着重讲讲规划管理。管理好现代化的城市，我们的经验本来就很不够，后来受到"文化大革命"干扰，走后门、官官相护等不正之风，又严重地破坏了城市的管理工作。管理是一门科学，我们要花大力气去学习、改进；管理又是一项原则性很强的工作，我们必须端正思想作风和工作作风，对一切不良倾向要作坚决的斗争。

搞好城市管理不仅有经济意义，还有社会意义。把市容卫生管好，使交通有序，这不仅是美观和秩序的问题，对于培养人们的文明、道德观念，特别是对青少年的教育有重要作用。北京今年铺了草皮，改善了市容，增进了人们爱护自己的环境的感情。我们在清理拆除临建棚子以后，应当狠抓一下市容管理和交通管理。可以设想，如果到处是垃圾，人人漠不关心，就谈不上建设文明的城市。管理工作不加强，很难设想建设好现代化的城市。方案未定怎么办，不能个人说了算。规划管理的总的目的是帮助促进建设，要为建设服务。管理职责不清，规划管理设计细部也管，容易混乱。城市管理方面的问题很多，以后还要专门研究、解决好这个问题。

总结来说，我们要大大提高对城市规划和城市管理的重要性的认识。市、区、局各级领导都要加强学习，报刊和学术部门要多作一些介绍，并且要普及到人民群众中去，特别要介绍城市规划的科学性，使各个相关部门和广大群众都为实施和监督城市规划而贡献力量。

三、措施

今后应当采取哪些措施？这方面的头绪很多。

第一，要编制修订好全市的总体规划，还要及时编制三年建设的详细规划，做好重点项目的修建设计。在今年年底前提出城市总体规划，经市政府讨论后，提交市人大常委会和市委通过，再上报中央。

第二，要把三年建设规划做深做细，一定要做到按图纸，先地下、后地上，先市政、后建筑，先公建、后住宅，各专业、各区县的规划配套要建设起来。

第三，要以法制来管理好城市。要根据国家规定，结合本市的情况，制定天津市城市规划管理实施细则和其他各种城市管理的规定或条例。

第四，建立一个城市规划委员会，发挥城市规划部门的综合职能。城市规划委员会由主要的有关行政领导和专家组成，作为市政府的咨询和审议机构，帮助制定城市建设的大政方针。

第五，改进计划体制，使城市建设计划和城市规划密切结合起来。

第六，整顿充实规划设计和规划管理队伍，加速人才的培养。

第七，吸收群众参与规划。要依靠群众力量、企业和基层的力量来建设自己的城市。到一定阶段举办规划设计展览会，公开征求群众意见。

此外关于建设方面的问题，试办开发公司，等等，准备另开一次基建会议来研究决定，不在这里细说。

天津城市规划建设的任务是十分艰巨的，从现在开始狠抓，还要有一个相当长时期才能扭转被动局面和改变落后面貌。我们应当看到，我们国家正处在一个历史的转折点，虽然目前经济有些困难，但前景是很好的，我们应当充满信心、振奋精神、齐心协力、做好工作。天津的地震灾害一定能较快地消除，城市建设一定能改变落后状态。一个新天津一定会在20世纪内呈现在祖国的大地上。我们要努力去完成这个光荣的任务，让我们为建设新天津作出应有的贡献。

关于天津城市规划重要问题的意见

在党中央和国务院的关怀下，根据国家基本建设委员会的指示，我们组成了天津规划工作组，从1980年5月中旬至年底，在天津市委和市政府的高度重视和具体领导下，与天津市规划局及其他有关部门一起，进行了天津市三年建设规划及总体规划的编制工作。

天津的城市规划工作，是有基础的。新中国成立至今，已经编过18稿总图。在资料收集、总图编制、详细规划以及各项专业规划上都做了大量工作，积累了很多经验。1976年遭受强烈地震后，又编制了比较完整的总体规划，于1978年完成。这为很多问题的分析研究，提供了有利有条件。这次工作，就是在这个基础上进行的。

天津是个特大城市，又是一个旧城市。历史上有九国租界，形成各自为政的布局结构。新中国成立以来，改造伊始，但不久即受到1958年"左"倾思想的影响。盲目发展工业，加剧了布局混乱，长期以来生产性建设与城市建设的比例失调，再加上严重的地震灾害，更加深了住宅短缺、水源紧张、交通阻塞等一系列问题的严重性。现在，既需要解决大量现实问题，又需要从战略上为天津今后20年以至更长远的合理发展，作出一个既有一定远见，又切实可行的总体规划方案。这是一个矛盾很多、难度较大的课题。半年多来我们作了一些调查研究，与很多部门的专家、技术人员进行了座谈讨论，听取了各领导部门和各阶层人士比较广泛的意见，受益匪

发言时间为1980年12月。本文根据周干峙先生保存的文件资料整理，署名为国家建委天津规划工作组。周干峙先生时任国家建委天津城市规划工作组组长。标题由本书编者所加。

浅。在此基础上，就我们接触到的有关天津市城市规划中的几个主要问题，作了一些分析和探讨，现提出来供最后确定方案时参考。

一、天津的经济发展与城镇群的布局原则

天津是我国的大城市。就其城镇人口规模而论，在世界上百万人口以上大约130个特大城市中，可列入前20名。至1979年底，全市总人口739.42万人，面积11305平方千米，其中市中心区（六个区）人口295.6万人，建成区面积160.89平方千米。

100多年来，天津凭借其优越的地理位置及方便的水陆运输条件，工业、贸易、交通得到了较大的发展。1935年，市中心区人口已经过100万人，1949年人口增加到179万人，新中国成立后30多年来又净增116.6万人，中心区已经成为接近300万人口的特大城市。

新中国成立后，天津逐步建设发展成为我国北方的一个经济中心城市，是我国重要的港口工业基地、出口贸易基地和科学技术基地。30多年来，天津的工业产值，从6.5亿元提高到175亿元（1979年），增长了27倍，大大超过人口增长速度；向国家提供的利润税金总额527.36亿元，为同时期内国家给天津的基建投资总额130亿元的4倍。这说明，天津和上海等特大城市一样，投资的经济效益是比较高的，对国家的贡献是比较大的。

在今后20年，国家实现"四化"的新的历史时期内，天津应该继续作出贡献。天津的工业、港口、贸易、科学、文教等客观上有发展的需要，这是因为：

第一，天津的工业，有一定的基础，在工业结构上具有门类齐全、中小为主、适应性强、比较灵活和便于按专业化协作的原则组

织生产的特点。一部分工业生产技术和管理水平比较高、技术力量比较强，因此，其产品在国内外市场上有较好的信誉和竞争能力。例如，产值在5000万元以上的"拳头"产品已有54种；产量在全国位列前三名的产品有13种。给予这些工业一定的发展，可以做到投资少、经济效益好，对国家有利，对全局有利。

第二，天津的不少行业，设备陈旧、工艺落后，为了在国内外有一定的竞争能力，必须进行技术改造。在这类工厂分解、合并以及向高、精、尖方向发展的过程中，需要进行一定的扩建，以至包括一些必要的配套项目新建。

第三，天津的滨海地带有一定的海盐、石油和天然气资源，海上石油正在勘探之中。天津的海洋化工及石油化工业已具备一定的基础。随着资源的进一步开发，充分利用运输条件，石油化工与海洋化工进一步结合起来，将会有新的发展。

第四，天津新港是我国北方最大的商港，港口腹地辽阔，码头陆域宽广，有进一步发展的有利条件。天津历史上就是重要的通商口岸，随着商品经济的活跃，大城市经济中心作用的加强，港口会有进一步的发展，也将促使贸易、金融、仓储等行业的发展。

第五，天津的科学研究、高等教育、通信、出版、旅游等方面的发展水平，与国内外很多大城市有较大的差距。在实现"四化"的进程中，这些要素都需要适当发展。

天津这个大城市，物质文化设施的水平比较高，生活比较安定，尤其在我国经济还不发达的情况下，对于工业、人口的增长，有较大的"磁力吸引作用"。即使从市政建设的角度来看，也只有经济发展了，市政建设才能有较多的资金。从劳动力平衡来看，预计今后10年内还将有几十万剩余劳动力，需要有相当的工作岗位来加以安置。但是，天津的城市规模（主要是中心区的人口规模）已经相当大了，住宅和市政建设缺口很大。尤其突出的是，水源不足已成为城市发展的严重阻碍。从这方面看，天津中心区的规模必须严格控制，全市总人口规模也要控制。因此，如何从天津的具体条件出发，解决经济要发展，规模要控制的矛盾，是天津市规划布局的一个中心问题。

对于这个问题，我们的意见是：

1．从地区范围来合理分布生产力

根据国内外的经验，大城市的规划必须突破单一城市的概念，而着眼于地区的生产力、人口和城镇的合理分布。像天津这样的经济中心、特大城市，应该依据具体条件，选择适当的布局形式，在空间、时间和发展步骤上，引导其均衡合理地发展。

根据合理分布生产力的原则，关于在天津新建150万吨的钢铁联合企业和30万吨的水泥厂的问题，有关部门已经作了大量的调查研究。我们认为，天津缺少矿石、煤炭及石灰石等资源，又受到水源、能源、交通运输的限制，这两个项目不宜在天津发展，应从大区域范围来加以平衡和安排，以利于控制天津的规模。

2．今后20年天津的发展重点将逐步转移到滨海城镇群

港口、海洋石油以及外贸、交通、能源的建设，是我国在调整时期需要发展的事业。这就决定了塘沽在近、中期将有较大的发展。根据推算，到20世纪末，塘沽可以发展到50万人口的规模，成为天津地区第二个中心城区。

大港接近石油资源，便于利用海水，并且已具备石油化工的基础。随着大港油田和海上石油资源的进一步开发，中期（1990年）后，可以继续发展以乙烯为中心的石油化工企业，使石油化工与海洋化工结合起来，形成新的生产能力，进而改变天津轻化工业的原料结构，促进这部分工业的新发展。据推算，大港可以发展为

10万人口左右的滨海地带第二个工业城镇。官港离大港较近，临近湖塘，自然条件比较好，南环线建成后，与大港联系很方便，近中期宜予以保留，不要轻易开辟工业区；必要时，可以作为远期进一步发展的备用地。

汉沽以盐业和海洋化工为主，会有适当发展，人口规模可为10万人，但由于处在地震断裂带附近，不宜发展过大。北塘在中期以后建设新的电厂，接近铁路，可以利用海水冷却，再适当保留一些工业用地，规模不宜过大，以5万人左右为宜。

滨海地带这组城镇群的布置，预计可以适应天津今后20年在港口、石油化工等方面新发展的需要，并且对中心区起到一定的反磁力吸引作用，有利于控制中心区的人口规模。这种作用，是指滨海城镇今后发展所需的大量劳动力，应该主要吸收中心区的新生劳动力，并尽量创造条件，使其定居下来，而不是从中心区迁出大量的工业和人口。在我国经济水平还不发达的条件下，这样考虑，可能现实一些。

3．控制中心区的人口规模，但是在用地和空间上保持一定的弹性

控制中心区的人口规模，既有必要，也有可能。中心区的10个工业区已对城市形成包围的态势。新建大型工业已不可能再布置在中心区。在调整期间，以具有优势的骨干企业为主组织专业化生产，优先选择节水、节能、污染不大的企业。保持以加工工业为主的特点，向精加工、深加工的方向发展，并兼顾技术密集及劳动密集两种类型。同时，把一部分低档产品的生产，有计划地扩散到郊县去，促进那里的经济发展。抑制和淘汰一部分耗水、耗能大，工艺落后的工业。中心区要增加贸易、金融、通信、出版、旅游等"第三产业"和科研单位、高校的比重。

由于中心区人口密度大，建筑密集，现状用地指标较低，所以需要在用地和空间上有所扩大，这方面应该有足够的弹性，留有余地。因此中心区在规划上采取严格控制人口，适当扩大用地的方针是完全必要的。

4. 有重点地发展并配套完善近郊卫星城镇

天津在离市中心20～25千米半径的范围内，已经建设了一圈初步成型的5个卫星城镇和30个分散的工厂据点。天津市从1958年开始建设卫星城镇，但是由于经济条件的限制和某些政策方面的原因，这些城镇在住宅、市政公用设施、交通运输等方面都很不完善。据近远郊7个卫星城镇（包括大港、官港）统计，20年来，总人口只有15万人左右，其中从市区迁居来的7万多人，只占中心区人口的2.47%。实践表明，将中心区内现有的工厂迁到卫星城镇以疏散和压缩大城市人口的做法，收效甚微，国内外很多大城市的经验也证明了这一点。但是，把新建、扩建的大型工厂集中建在一些具有一定规模的卫星城镇，并下力气把生活设施配套建设好，对于控制大城市工业和人口的继续集中，还是有好处的。

天津的5个近郊卫星城镇，杨柳青、永红村、咸水沽、军粮城、引河北，要有重点、有步骤地予以充实和完善配套，作为中心区一部分工业扩大生产能力，迁址扩建或进行一些必要的新建之用。规划期内，不宜再开辟新的卫星城市。在现有基础上，对这些城镇应分别确定其性质与规模。卫星城镇的性质不应追求"综合性"，但也要注意轻、重工业的搭配，解决好男女职工的比例，并且有一定的规模，便于比较完整地安排公共服务设施，使人们能够定居下来。例如，杨柳青宜以汽车及机械工业为主，约10万～15万人；永红村以毛纺织及轻工业为主，不超过5万人；引河北以合金钢及冶炼为主，约5万人。近、中期可以重点充实发展杨柳青和永红村，不要全面开花。除了适当集中资金及物力外，还应调整某些政策及设置开发和市政管理的机构。

现有30个分散的工业点，在布置上带有盲目性，今后一定要避免再搞这种分散的工业点。在经济不发达的条件下，相对地集中紧凑，总是比较经济合理的。这些厂点，不可能一一加以发展配套，只能就近利用中心区和近郊城镇的设施。在可能条件下，加强道路交通的联系。

5. 远郊县镇是后备的发展地带

天津郊区的农业，由于得到工业和大城市的支援，机械化、电气化的程度比较高。在耕地不可能再扩大的条件下，农业劳动力逐步转向工、副业的趋势在不断发展。据1979年统计，农业劳动力中从事工、副业的，占42%左右。据农业部门推测，今后20年，郊县可能将有70万左右的劳动力从农业生产中转化出来。我们设想，其中一部分应向农工商企业发展；另一部分将被吸收到县镇周围。从长远看，大城市周围地区城镇化的趋势是不可避免的。要使一部分县镇的工商业经济发展起来，吸引农业的多余劳动力，才能减轻这部分人口对大城市本身的潜在压力。

天津的五个县城，除宁河外，均沿着津蓟、津浦、京山铁路分布。县城现有人口一般为2万～3万人，都有一定的县社工业。县城及主要集镇周围，一般都是人口较多，人均耕地较少的地带。可以有计划地选择一部分建设条件较好的城镇，作为扩散中心区工业，吸引农业多余劳动力的据点。例如，沿着津蓟线向北的崔黄口、大口屯、宝坻城关、下仓、蓟县城关、邦均等；沿着津浦线向南的良王庄、静海城关、唐官屯以及杨村、河西务、芦台等，都有发展条件。北线的蓟县城关和南线的静海城关可以适当发展成为两个稍具规模的地区中心城镇。建议进一步做好五县范围的地区规划，进行合理的城镇分布和规划布局，使农副业、工业、水利、交通、动力等得到协调的发展和布置。

6. 均衡地发展和建设城市

恰当的布局形式确定以后，如何均衡地发展和建设城市是一个有利生产、方便生活，取得较优效果的关键问题。城市中心各种要素的平衡，问题很多，错综复杂，只能依据各个时期的经济条件，经常加以协调。在诸多矛盾中，有两个问题应该特别重视。一是灾后恢复，填补住宅和市政建设缺口与新建工业的关系；二是水源、能源、交通建设与城市整个经济发展的关系。这两个问题，是天津市从全局看比较突出的矛盾。在调整时期，近三五年，应该集中全力，把住宅、水源和市政建设搞上去。塘沽、大港等也要在城市建设上填补缺口，打好基础。三年专款计划完成后，在住宅和市政建设上，如能保持一定的投资水平，我们估计至少也还要10～15年时间，才能使缺口有所缓和。

因此，我们设想，天津今后20年的发展，应该是有重点、有阶段、有步骤的。

1985年前，重点应该放在灾后恢复和进行住宅、市政建设，抓紧水源工程。工业主要结合体制改革，进行调整和挖潜。港口主要完成在建泊位的配套，发挥综合能力，做好扩建的准备。

1990年前，继续进行住宅和市政建设。争取主要水源工程发挥效益；军粮城等电厂扩建完成；铁路北环线复线及南仓编组场建成；北塘西编组场部分投产；港口可以继续扩建；海洋石油进入开采阶段。塘沽、大港的市政设施及水源、电源、交通等争取具备一定的条件。近郊重点建设杨柳青、永红村，使其初具规模。

1990—2000年，城市建设缺口逐步缩小，争取水源、能源、交通、通信等工业发展比较适应，港口建设及石油开采可以适当加快。根据石油资源的开发情况和水源的落实程度，大港可以进一步发展石油化工，形成新的生产能力。环境污染得到控制，并有了重点改善，整个天津的工业结构和生产水平，有可能达到一个新的高度。在此基础上，近郊五个卫星城镇争取基本建成；远郊县镇有一定发展。城镇群的布局形式，可以进一步得到完善。

二、中心区的人口控制和用地发展

中心区总体规划中两个比较关键的问题，就是人口控制和用地发展的问题。20年内，人口规模是控制在300万人，还是压缩到250万人？用地范围是严格箍住，还是适当扩大？对这两个问题，需要作出论证。

1．关于人口控制问题

中心区现有人口已接近300万人，各方面的设施和交通显得十分紧张。人口太集中，问题很多，确实不好。因此，很自然地会考虑到，应该压缩中心区的人口。比如，20年后，把人口压缩到250万人。这样是否可能，有些什么问题？我们简单算了一笔账：

中心区现有人口，按自然增长率，用"年龄移算法"计算，20年内大约净增10万人，机械迁入估计15万人（包括征地后郊区农民转为城市人口5万人），共计增加25万人。

估计20年内，通过培养大专学生，输送技术人才，以及被塘沽、大港及卫星城镇"吸"走大约也是25万人，增减基本相抵。如果要使人口压缩到250万人，还须迁走50万人。

迁走50万人，按照目前全市工业职工占总人口的比例，意味着带出去17万左右工业职工。如果拿目前全市工厂平均每厂职工数及固定资产折算，相当于迁出500多个工厂，需要迁建投资约15亿

227

元。此外，在郊区新建工业城镇，住宅、公建、市政设施等综合投资按每人3500元计，50万人口需17.5亿元。以上两项就要约32.5亿元。若再加上铁路、公路、水源、供电等外围工程，至少要约40亿元。这种可能性是不大的。

中心区当前欠账很多，估计还清城市建设欠账大约需要10～15年时间，投资70亿～80亿元，如果再迁出50万人，投资40亿元，势必加重中心区的欠账。何况，由于迁出这么多工厂和人口，必然派生出一系列问题（如迁居、夫妻就业以及大量的组织工作等），都要慎重考虑。由此看来，外围的发展和疏散中心城市必须有一个过程，步子太大了不行。因此，我们认为，至少在20年内，人口规模压缩到250万人是不现实的。控制在目前的300万人左右比较合适。主要依据如下。

第一，今后20年，人口自然增长率由于严格计划生育，数值较低。其变化趋势可能是：1990年以前稍有上升；1990年以后又逐年下降；1995年左右可望出现负值。因此，总的增长数量不大。

第二，机械增长，根据天津前30年的趋势是比较缓慢的，数量也不大。30年总计，人口进出，大体相抵。最近两三年增长多一些，主要是知青返城和落实政策所致。据了解，这两方面的问题大部分都已解决，大量增长的势头已基本过去。

第三，中心区今后基本上不再新建工业，所需劳动力主要依靠本市待业青年。今后严格户口管理，限制外地人口迁入，对控制人口是一个重要的保证。

主要担心的是估计20年内迁往塘沽、大港及卫星城镇定居的10万人，是否能够落实。其主要条件就是要看这些城镇建设得如何。因此，我们认为中心区300万人口的方案，总的说来是可行的，是一个严格控制并适当压缩的方案，实现它必须要使各项措施真正落实。

2. 关于用地发展问题

中心区的建成区面积现有160.89平方千米，用地架子已经不小。工业区基本包围着城市，周围大部分是菜地、农田，找不到多少可用于建设的空地。因此，出现了对规划区用地是就现有范围严格箍住，还是适当扩大，这样的两种主张、两个方案。

经过调查研究，我们认为天津中心区的规划用地，还必须适当扩大。主要理由如下。

第一，现有建成区范围内，85%以上的土地已经为城市占用，剩下的只有大约20平方千米的农田和零星土地，而其中大部分都是菜地。能使用的，充其量只有10平方千米左右。

第二，天津市现状是建筑密度高，用地指标比较低。城市总用地每人53.2平方米，生活居住用地每人大约20平方米，比一般城市低。在国内大城市中，仅高于上海等少数城市。用地指标低，某种程度上是反映了住宅及非生产性建设上的欠账。30年来新增住宅用地只占新征地的17%。按照规划，天津今后需要增加大量的住宅和大型公共建筑、大专院校、体育场、绿地公园等。还要拓宽干道、增设停车场、增加公用事业设施等。这些建设都需要一定的土地和空间，不扩大用地，是无法解决的。

第三，以住宅建设而言，近三年的建设规模，对天津来说是空前的。如果按照每人平均达到9平方米匡算，三年600万平方米完成后，还要新建3000万～3500万平方米。这样大的住宅建设量，不可能完全依靠旧城改建来实现。因为：① 旧城现有空地很少，而且需要适当降低密度；② 旧城区即使拆除所有破旧房屋后得到的居住用地，数量也不大（粗略估计10平方千米左右），如按五、六层计算，只能容纳1000万～1200万平方米；③ 旧城改建的步伐，在近中期不可能太快。因此，我们认为继续扩大规划用地势在必行，不得不为。

继续扩大用地，必然有一部分新居住区摊到工业区以外，形成"千层饼"的形式。这样的布局好不好？从城市规划一般原则来说是不理想的。但是，我们认为天津原有的工业紧靠市区布置，没有考虑足够的居住用地。居住用地严重不足，工业用地与生活居住用地比例失调是国民经济比例失调的反映。现在，在一部分集中的工业区外缘新增一部分住宅，虽是不得已的，但可以方便职工上下班，减轻交通压力。

扩大多少？在总体规划纲要中初步拟定规划区范围控制在250平方千米。我们认为，天津在土地使用上一定要精打细算。首先，对旧区的土地和各种密度应该作出详细的调查（目前还缺少资料），以便取得确切的数据，作为精确计算旧区可能容量的依据。其次，在此基础上，对今后新区和旧区的住宅层数、密度、容积率制定出明确的政策。初步看，为了节约土地，今后搞一定数量的高层住宅是必要的。

三、工业布局的调整

天津目前的工业布局，就中心区及近郊范围而言，主要特征如下。

旧区（即解放时的市区范围，约61平方千米）工厂点多，分散，与居住用地混杂，普遍的问题是：生产用地十分拥挤，发展受到限制，不同程度地存在着污染扰民的问题。

10个新工业区，是新中国成立后新建或扩建起来的。主要问题是：工业区的性质比较混杂；协作关系不够合理，纺织、冶金行业中有些协作厂相距过远；工业区的内部建设不完善；与生活居住区的布局关系不协调，使城市交通增加负担。

20多年来，在近郊形成了几个工业城镇和30个分散的工业厂点。主要问题是：摊子过散，除少数几个原来有一定基础的城镇外，新厂点形不成城镇或完善的居民点，生产、生活都不方便。

规划局对现有工厂的现状、行业分布及旧区工厂污染扰民的情况等，都作了相当细致的调查研究工作，为工业布局的调整，提供了比较完整的基础资料。

工业布局是城市布局的基础。尤其像天津这样一个老的特大城市，不认真细致地做好工业布局的调整规划，是不可能搞好城市总体布局的。我们认为，对待天津的工业布局，应该从实际出发，明确以下几点认识。

第一，工业是城市的主要经济命脉。在我国的经济条件下，对天津市现有工业布局大动干戈，大搬大迁是不现实的。只能采取在现有的基础上调整、改善的方针。

第二，中心区人口规模需要严格控制，今后新建的大型项目不能再放在中心区。但是，为了解决旧区内现有某些中小工厂由于污染扰民、缺少必要的扩建或配套而又无力迁往远郊的问题，在现有工业区及近郊工业城镇应保留适当的余地，允许有一定的发展，但前提是，不引起城市人口的增加。

第三，旧区内分散的厂点，虽有扰民的不利方面，但有便于上下班、分散交通流量的有利一面。因此，于环境无害或危害较小，又能够治理的，应该予以保留。这种状况，国内外很多大城市都是不可避免的。例如，东京都23个区的范围内有工业厂点8万多个，比天津多20倍。

在此基础上，我们的意见如下。

第一，旧区现有的3500多个厂点，应区别情况，作出分类规划。严重污染扰民而又无法就地治理的141个厂点，应有计划地迁往指定的工业区或工业城镇；因拓宽道路或市政建设需要，以及生产发展在原址无法扩建而必须迁出的，应当指定去处，有所归宿。余下的大部分，应该明确可以永久保留或就地改造。这项工作，在总体规划阶段可以先拟定原则，以后还需要做细致的工作，予以具体落实。

在总图上确定一部分工业街坊和地段的位置和范围，是必要的。

第二，对于10个工业区，在总体规划上分别确定了工业区的性质、规模和用地范围，这是适当的。应该进一步对每个工业区进行详细规划。土城、东南郊、南郊等工业区，现状已经"客满"，职工相当集中，应严格控制不再扩大。但是个别车间的合理调整（如轧钢一厂开坯车间的迁并），在具体条件许可时，仍可有点灵活余地。一部分尚未"客满"的工业区，如北仓等，可以保留一些备用地，但要注意集中紧凑发展。粗略计算，几个工业区加起来还有余地2平方千米左右，约占中心区全部工业用地的5%～6%。留这点余地是需要的，但是在规划上应该定出具体原则，规定放何种性质的工业。

在工业区的详细规划中，应该做好工业区内的用地组织、道路系统、管线综合，布置区内绿地、防护绿地及公共服务中心。设置必要的公用工程（如集中供热、变电站等）。

第三，去年以来，中心区的近郊边缘地区出现一部分"联办"工厂，这是工业布局中的一个新问题。"联办"这种形式，可能是建成区内工业发展的一种新途径。对于它的发展方向、存在问题，值得深入调查研究。目前，应制定一些措施，对它的选点和位置，作出一定的规定和指导，以免形成新的不合理布局。

第四，抓紧近期工业布局调整的实施。冶金、造纸、染化等三个行业有严重污染必须搬迁的13个工厂，已经做好了规划、确定了新址，并有了实施方案，条件比较成熟，广大人民群众也迫切要求尽快实现。尤其是染化行业的外迁，市领导也已指示按规划执行。目前的关键是资金问题，希望把这个问题作为一个重要问题，研究解决搬迁的资金。这13个厂如能首先迁出去，对减轻市区环境污染和调整工业布局，将是一个良好的开端。

四、塘沽发展中的几个问题

塘沽是一个发展中的城市区域。解放时市区人口5万人，至1979年底已经发展到27万人。新中国成立前，塘沽以盐业和化工为主，港口规模很小。新中国成立后，随着新港的两次扩建，城市发展很快。20世纪70年代以后，又建设起海洋石油的后方基地。今后20年，港口要扩建，海洋石油正在勘探，塘沽将继续发展。

经过测算，到20世纪末，塘沽人口规模将达到50万人左右。塘沽今后的人口增长，主要应该吸收中心区的新生劳动力。因此，把塘沽重点地建设好，对控制天津市中心区的人口将起到反磁力吸引作用。塘沽的总体规划，已经有了初稿方案。现就几个主要问题，提出以下意见。

1. 港口无疑是塘沽发展的一个主要因素

新港，就其本身的位置、历史及建港条件来看，今后发展仍应以件杂货及传统的散货为主，重点发展集装箱运输。港口的规模（吞吐量）1990年预计为3500万～4000万吨；2000年发展到6000万吨以内。吞吐量的增长决定于腹地经济贸易发展的速度。作为件杂货为主的商港，就目前能够看到的前景，我们认为这个规模已经不小。而且，6000万吨的规模，对于北塘西编组场的疏港能力，已经达到饱和。港口的发展方向，根据疏港的铁路和公路条件，主要在北疆，向东扩展。

2. 港湾、航道的岸线，应该从现实出发，统筹兼顾，合理分配

目前，新港地区以港为主，海洋石油及渔港都需要适当发展，在岸线使用上存在着矛盾。如何解决？有一种意见主张开发大沽沙航道作为浅水航道，供海洋石油及渔港使用，符合"深水深用，浅水浅用"的原则，这个方案一般讲来是合理的。但是，开发大沽沙航道，从技术上，要对淤积的问题作出论证，要进行模型试验；经济上，要修建9～10千米防波堤，投资估计要上亿元；建设周期长，五年以内很难完成，适应不了海洋石油的发展。因此，对于解决当前的矛盾是不现实的。综合各方面的情况和不同意见，我们认为，解决这个问题要从实际出发，在近、中期必须采取充分利用南疆的方针。对大沽沙航道，只能积极研究其今后开发的可行性，再作决策。

海洋石油的后方基地，现在已经在南疆建设。除了已经确定的1500米岸线外，应允许适当地合理发展。必须延长的岸线，应该精打细算。尽量采用挖入式港池，以争取泊岸长度，基地建设不应该妨碍航道标识。为南疆今后发展所需的铁路专用线及公路，必须留出足够的位置。

渔港的大型冷藏船，可在主航道一侧布置挖入式港池停泊。水产加工厂不宜放在南疆。一般渔轮不应进入主航道，以免影响航行安全。

凡是不占用岸线的项目，一般不应在南疆发展。为了做好统筹安排，我们建议由主管部门牵头，有关单位参加，共同制定南疆的详细规划方案，审查各单位的总平面布置，并建立日常的管理机构和制定管理办法。

为了适应南疆的发展，主航道将拓宽。主航道的南侧，是否可再辟浅航道，供不同船只分道使用。这方面的开发和建设费用，各有关部门应该合理分摊。

3．天津碱厂的碱渣已成为塘沽一害，必须下决心采取措施，予以解决

天津碱厂生产70多年来，废渣堆置已占用土地2.5平方千米。按照目前生产规模，每年出渣30万立方米左右，需要扩大渣场6.67～13.33公顷（约合100～200亩）。从1981年开始，又新辟六号汪子渣场80多公顷（约合1200多亩）。渣场与新港地区的发展，矛盾很大，土地浪费，使布局很不合理。

根据国内外同类工厂处理碱渣的经验，不外乎排海、排河或排入废矿坑等几种办法。综合利用虽在技术上已经成功，但是成本较高、用量不大，不能彻底解决问题。根据天津碱厂的具体情况，排海是唯一出路。如何排？用船运、用管排是两个可能的方案。船运方案必须要有码头设施，而且日常费用较大。根据天津碱厂和新港的具体条件，用管排海是比较现实的。关于排放的位置、对海洋及水产的影响，应该会同港务、环保等部门做具体研究及试验后再确定。

天津碱厂是我国重要碱厂之一，适当扩建，为国家多生产纯碱是必要的。但是应该按照"三同时"的规定，在扩建的同时，必须解决碱渣的处理问题。

4．塘沽与新港今后要互相靠拢，以便组织好各项市政设施

塘沽的城市布局，原来就被河流、铁路分隔成几片。今后城市人口的增长，主要因素是港口和海洋石油。因此，在新港地区应该下决心占用一部分盐田（三分场南部），开辟新的生活居住用地，并适当安排轻工业区，以平衡男女职工。塘沽地区在近、中期应集中建设好长征新村，不宜再往西或往北另辟新区。近期应在新港地区形成一个商业、文化及服务设施的中心。将解放路充实提高，打造成为一条繁华商业街；中心路南北可布置文化、体育、青少年活动设施，加强绿化。由于塘沽和天津中心区在人口及运输方面都有密切联系，因此要特别重视在津塘之间组织便捷的交通。河北路浮桥建成后，要完善和提高津沽公路的等级。津塘间铁路客运，要深入新港地区设站。这些在近期内都应解决。中期要争取建设津塘高速公路，使两地在30～40分钟即可到达。

五、水源问题

天津水源不足和遭到污染，已经到了相当严重的程度。从历史上看，1965年以前，天津的水资源尚能满足需要；1965年后日趋紧张；1971年后，上游从多库来水变为仅密云水库一库来水，紧张程度日益严重。这个问题，各方面都很重视。天津市的领导和专业技术人员，做了很多研究，有不少很好的见解。我们通过调查研究，初步有以下几点认识。

1．海滦河全流域都存在水源不足的问题

海滦河流域，人口和耕地约占全国1/10，年径流量却只占全国1%。而且分布极不均衡，年际变化幅度很大。因此，全流域都存在水源不足的问题。天津处于流域下游，缺水更为严重。这个局面，会长期存在，对此应有足够的认识。

2．天津的地下水源并不丰富，现在已经过量开采，造成大面积的地面下沉，出现数处漏斗中心

据有关部门论证：天津地下水的开采量，全市范围不得超过7

亿立方米。只能合理开采有补充来源的浅层水，对深层水的开采要严加控制，并应采取回灌措施。

3．天津水源主要应依靠地面水

应该采取逐步实现多引水，多蓄水，形成多水源城市的方针。规划期内可以采取的具体措施是：

（1）加大地面水库的蓄水能力

近期扩建团泊洼西库，建设速度快，水质好，输水距离短，是比较现实可行的方案，缺点是保证率偏低。但我们认为，多一个蓄水工程，也就是多一层保证。在引滦工程未实现以前，南系水源的主要指望唯有扩建团泊洼。北系修建于家堡水库，供应滨海北部地区的城镇。

（2）积极建设引滦入津工程

引滦工程一直有管、渠方案之争。采用专用管道引水，保质保量，对于城市水源来说好处是十分明显的，国内外都有成功的经验。但是，考虑到目前财力、物力的困难和用水的急迫情况，渠道虽有损漏大、易遭污染和被沿途拦截的缺陷，但也有造价低、上马快、工期短的优点。因此，我们认为应管渠并举，在安排修建管道的同时，先修渠道以应急需，是一个比较可行的方案。建议把原渠道方案按三个月送水的期限适当延长，以减小渠道断面，可以取得少占地、工期快的效果。

（3）力争外调水源

引滦工程实现后，仍应要求密云水库保证继续供水每年5亿立方米。

4．节流开源是解决水源困难的一项重要措施

节约用水，大有潜力，应该作为一项长期任务来抓。工业节水的主要方向是改革生产工艺，提高循环用水率。在工业发展上，

选择节水节能的方向，控制用水量大的工业扩建或新建。冷却用水一般占工业用水的70%，可以大量采用冷却塔降温循环使用，并充分利用海水，逐步实现分质供水。生活用水方面，国内有些城市已创造了不少经验（如安装用户水表等），可以推广。农业用水，在1979年全市用水21亿立方米中，约占2/3，是个大头，更应该千方百计减少用水。水田应合理发展，不宜扩大。喷灌、滴灌应积极试验推广。尽快修建污水处理厂，利用处理后的污水进行农业灌溉，以代替优质水。

5．在体制和制度上加强水源管理

我们考虑，应向中央建议颁布水资源法，作为国家法制的组成部分，并成立区域性的水资源管理机构，统一管理和调度水资源。具体到天津市水资源的管理，建议京、津、冀组成协商机构，加强协调。

上述措施（包括引滦、引密、扩库等）实现后，据有关部门推算，平水年的年可用水量将有25亿～29亿立方米左右。根据天津经济发展的预测，在大家"勒紧裤带"，工、农业节水措施都能落实的条件下，估计10～15年左右，可以大体平衡。而进一步发展，就要依靠新的途径了。

从长远看，天津在水源上的新途径，可能有两个方向。一是依靠南水北调，引江工程的实现；二是依靠海水利用和海水淡化。海水冷却和海水淡化，越来越受到国际上的重视，淡化成本也日趋降低，今后结合原子能发电、太阳能的利用以及海洋化工的发展，可进一步降低成本。这方面从现在起就应该积极研究。

六、中心区的道路交通问题

天津市中心区的交通阻塞问题，自20世纪70年代以来，逐步发展，问题愈来愈严重。目前约有30多个路口、地段经常出现阻塞现象，阻车时间有的长达30分钟以上。一旦出现事故，交通就陷于瘫痪。城市交通已成为一个严重影响生产、生活的，带有全局性的问题。

交通阻塞造成的直接和间接损失是很大的。20世纪70年代以来，天津市车速逐年下降，公共汽车的平均车速，由20世纪50年代的每小时15千米下降到每小时10千米，有的路段只为每小时4～5千米，运输效率极低。由于道路阻塞，不得不限制货运卡车在中心区内通行，只给36%的卡车发白天通行证，约有2万辆卡车不能充分发挥作用。交通事故及死伤人数逐年上升。经匡算，由于车辆利用率低、车速低、不合理绕行及事故等方面所造成的经济损失，估计每年2亿～3亿元。这些损失，有些是无形的，往往引不起人们的注意。

造成交通阻塞的直接原因，除了20世纪70年代以来，机动车及自行车数量增长速度快以外，主要是由于城市布局不合理；路网不成系统，各自为政，互不衔接，没有形成通畅的干道和环路；道路面积率低，路幅窄；桥梁、立交少，标准低；畸形路口及卡口多，造成车流不畅，等等。我们认为，其中最主要的原因，是道路建设跟不上交通运输的发展，缺口太大。

天津全市1979年底有机动车5万多辆，其中市区为42000多辆；自行车全市约为168万辆，其中市区约为120万辆。就机动车而言，无论从绝对数量及每人拥有量来看，与国外大城市相比是很少的。根据对今后20年的交通预测，机动车将发展到13万～15万辆；自行车由于实行抑制发展的政策，预计可控制在100万辆左右。这个数量，与经济发达的国家相比，仍然是不高的。根据国外一些大城市的经验，一般来说，机动车数量要超过20万辆左右时，常规平面路网才不能适应，而要采用多种的、立体的交通系统（指高架、高速或地下等）。这次，我们根据预测的交通量，在规划的平面路网上进行流量分配计算后，得出的结果是：当机动车达到约17万辆，高峰时自行车达到约60万辆时，平面道路网基本达到饱和。这个数字稍高于20年后机动车辆的预测数。据此，我们认为今后20年，在道路交通方面的主要对策如下。

1. 二十年内应该尽最大努力，建设并完善规划的常规平面道路系统

道路是交通的网络，完整、畅通的道路网是组织便捷、安全交通的基础。按照道路系统规划，要求在改造原有道路方面，打通一部分堵头、瓶颈、卡口；改建一些桥梁、立交；改造不合理的交叉口；在大量人流、车流交叉的路口修建行人天桥或地道；拓宽主、次干道；增辟停车场；要抓紧新发展地区的道路建设，适当加大路网密度，等等。这些都是完全必要的。应该继续把重点放在尽快建成几条纵、横干道和环路上，以达到疏解过境交通，减轻市中心交通压力的目的。

在技术措施上，建议对15个目前堵塞严重，交通混乱的路口，按渠化分流的原理进行改善和拓宽。在路网较密的市中心地区，适当组织单向交通。在几处上下班时车、客流大量集中的路段，开辟自行车专用道路，实行机动车与自行车的分流。这些行之有效的措施，应该继续扩大实行。

这次规划的平面干道系统，主次干道总长668千米，干道网密度每平方千米2.8千米，道路面积率10%，平均每人道路面积8.3平方米，主干道红线宽度40～60米，次干道30～40米。这些标准并不高。如果20年内能够实现，可以基本适应城市交通发展的需要。初步估算，为实现此规划目标，今后20年内平均每年要建设干道

25千米，这还不包括一般道路的修建和旧路的维护。任务是很艰巨的，但是应该下决心，解决这个问题。

2．大力发展公共交通，抑制自行车的发展

这是解决上下班高峰时交通阻塞的一项战略性措施。为抑制自行车作为上下班的主要交通工具，必须从各方面采取措施大力发展公共交通。争取把目前单一的公交结构逐步转变为以公共电、汽车为主，地铁为辅，出租汽车和企业、单位客车为补充的多类型公共交通结构。为此，要从政策上（如实行财政补贴等）积极扶植公交事业的发展。争取20年内，随着道路网的建设，公交线路密度达到每平方千米2千米以上，车辆增加到5000辆以上，承担约20亿人次的客运量，占中心区客运总量的60%。

20年内，根据投资，应继续建设地下铁道，并且使其尽快发挥效能。我们认为，地铁建设应以解决市内交通为主，市中心区外缘的线路，还可以尽量走在地面上，以降低造价。近期应该将现有线路延长到西站，然后继续完成贯通市区南北的干线。几百万人口的特大城市，从长远看，没有地下交通是不行的。

3．对交通问题应采取综合治理的方针

解决交通问题，要从多方面着手。除道路建设，发展公共交通以外，采取有力的管理措施，往往也是很有效的。建议通过调查研究，积极为一部分职工调整工作岗位，做到就近上班；有计划地错开集中工业区内各企业的上下班时间和厂礼拜；用严厉的经济措施清理占用马路的仓库、堆场，限制马路货摊的设置；在商业繁华地段设置步行区；干道上增设交通标识，划线分道；制定交通法规，整顿交通秩序；逐步实行信号自动控制，由目前的单点控制发展到线控制和面控制，实现交通管理现代化。今后，随着工业区附近新居住区的建设，市内一部分工厂和货场的搬迁调整，城市布局渐趋

合理，这对交通混乱状况的改善也是有利的。

4．要为21世纪发展高速交通留有余地

根据国外及我国香港、台湾地区等大城市的经验，城市常规道路网的通行能力是有一定限度的。东京20世纪50年代中期，机动车达到20万辆时，提出了修建快速道路的建议。500万人口的香港地区、200万人口的台北地区，现有机动车均27万辆左右，交通非常拥挤，也拟建快速干道。估计到20世纪末以后，天津修建快速道路也是不可避免。为此，规划上应该留有余地。初步考虑，保留一条长约23千米的半环状快速道，与京津塘高速公路联系起来，并串通主要的副中心与地区中心。线路结构采用高架形式，下面常规道路和绿带的保留宽度不宜小于50米。

天津市的道路交通规划工作，缺少基础资料，因而在进行具体的规划设计时，依据不足。建议着手开展交通量调查和交通起讫点调查。采用自动记录仪，系统地积累主要路段及交叉口交通流量的动态资料。起讫点调查，除货运外，要对公共交通及自行车做抽样调查（一般可抽5%），为今后道路交通规划的深入提供可靠的数据。

七、市中心、副中心及城市面貌问题

根据天津的城市性质和特点，我们认为，天津城市面貌的主要特征，应该是繁华、丰富、整洁、有序，既有别于北京的严谨雄伟，也有别于杭州等风景城市的优雅秀丽。

天津是一个工商业集中的经济中心城市，商贸发达，历史上就形成了繁华的市区。这个特点，在我国商品经济还要大力发展的新时期，会进一步得到体现。天津中心区，以海河为自然轴线，河

汊纵横、桥梁连绵，弯曲的河湾，为形成丰富的城市面貌提供了基础。天津今后的城市建设应该继承这些特点，依据具体的自然和现状条件，创造出优于过去时代的、反映社会主义时代精神的、丰富多彩的新面貌。

1．关于市中心

市中心是城市性质特点和面貌的集中体现。天津历史上即已形成了和平路劝业场地区的商业中心，新中国成立后又在海河河湾处修建了集会性的中心广场，目前已经成为天津市的市中心地区。我们认为，这个中心位置是适当的，没有必要再另起炉灶。

海河是天津的象征，认真做好海河（自金钢桥至四新桥约8000米）两岸的详细规划，是天津市中心规划的一项重要内容。海河两岸的现有建筑和工厂仓库，应在调查研究的基础上，做好全面规划，保留一部分质量较好、具有特色的建筑物。有的经过修整后，可改变使用性质，充分加以利用。在大光明桥以下，可以保留一部分工厂、仓库。整个河段两岸一定宽度内的土地，应该按功能进行区划，规定各地段的建设项目、层数、密度、体型、道路红线、绿化及建筑小品等要求，以便严格控制。

我们设想，8000米多的河段应该形成几个重点。中心广场、解放桥广场和车站广场应该是全河段的高潮。这里正好是海河两个河湾所在，视线开阔、环境优美。中心广场可以改建为以文化、科学性建筑物为主的游憩广场，增加绿化，再点缀必要的雕塑和小品，以体现现代化新天津的风貌。群众性集会可以考虑在大型体育场（如民园等）进行；解放桥桥头广场是交通广场，应解决好车流的组织问题；广场中心岛可以建一座高矗型的纪念碑，宜取现代风格，作为天津的一个象征；站前广场，结合车站改造，应适当扩大，并面向海河。这一组广场使得其与和平路的商业闹市区，既有方便的联系，又适当分隔，动静结合。在中心河湾西南纵深的适当地段，应保留几块今后建设高塔形建筑物的地点，作为市中心海河的衬景。

金钢桥及大光明桥附近地区是两个次要的重点。金钢桥旧城东北角一带集中了天后宫、玉皇阁、文庙、望海楼等有保存价值的建筑物，应该在改造中配置一些新的公共建筑和绿地，但是要保持和发扬传统的建筑艺术风格。宫南北街可以恢复一段具有天津地方特色的商业街，出售地方土特产、开设地方风味餐馆等。道路不宜拓宽，应增加适当的绿地和小品，加强艺术效果。新的市人民政府大楼，建议设置在原戈登堂，南临小花园，面向海河，拓出一定的广场及停车场，与对岸一组文娱性公共建筑相辉映，并通过绿化与南面大光明桥的桥头广场联系起来。这个位置比较适中，与现有大部分市级机关联系方便；易地新建行政中心，投资大，相当时期内不容易形成。

2. 关于副中心

根据国内外特大城市的经验，为了合理分布大型商业、文娱等设施，分散和减轻市中心的交通压力，规划和建设具有一定规模、水平和吸引力的副中心，是非常必要的。北京、上海等城市实际上已经形成了一定的副中心。天津的大型商业、文娱设施在和平路劝业场一带的集中程度是比较突出的，应该考虑副中心的建设。

根据总体规划的要求，经过多方案的比较，在位置适中、交通便捷的丁字沽和中山门建设两个副中心。全市再形成十几个地区商业中心（服务范围约20万人）。这样一种多级的服务中心结构，对天津是适宜的。我们认为，副中心的建设项目，除商业、饮食、服务和文娱外，还应适当安排贸易货栈、批发交易、展销等建筑，并为今后留出发展余地。总之，必须要有相当规模，才能繁荣起来。

在副中心的规划设计上，既要考虑我国人民喜爱热闹街道的习惯，又要妥善处理人车交通的分流。应建设步行街（区），设置必要的公交车场及停车场，部分停车场可以放在公共建筑的地下层；还应考虑今后建设地铁、高架道路、地下街道、架空人行天桥等交通设施的可能性，并使换乘方便。

我们希望新的副中心，一定要进行综合设计，以取得建筑风格的完整和协调，并全面安排好建筑、管线、道路、绿化、停车场等各项设施的关系和衔接。

3．关于城市面貌

建筑是构成城市面貌的主要因素。天津市今后20年将大量进行住宅建设，市郊及重点卫星城镇的新区，应该特别注意建成完整的居住区，即住宅、公共建筑、道路、绿地、管线、围栅、小品、路灯等进行统一的规划设计、统一施工，完整地交付使用。住宅形式在一个小区内可以注意统一整齐，便于工业化施工；但在不同小区之间应当力求有所变化，防止呆板一律。高层、低层的高密度布置，院落式布置等多种形式都可以试验，打破到处"五六层、行列式"的单调格局。

旧城改造中，对于原租界（如五大道、解放路等）地区的新建的零星建筑，应注意与原有建筑在风格上的协调，避免简单地采用标准设计。南市及旧卫城地区，可以建设一些具有传统风格的二三层高密度、院落式住宅。在有保存价值的文物周围，要控制好新建筑的高度、形式等。

要注意干道设计。胜利路、西马路以及一些新辟的干道，应做好全面规划，确定道路性质，规定不同路段建筑的性质和功能，做好沿街建筑、绿化的布置。胜利路的重要地段，可以布置适量的大型公共建筑。海光寺附近也可集中布置一些商业服务设施。但是，由于这条干道在解决城市东西向交通中起着重要作用，因此不宜在沿街安排人流过于集中的商店，搞成商业街，以免影响交通的畅通。

城市面貌不仅从大处着眼，也要从小处着手：清理马路旁杂乱棚屋；整理沿街院墙（包括阳台杂物）；铺装人行道；对于保留的旧房屋进行维修，饰面翻修；搞好居民大院内的卫生和绿化，种植树木及草皮花卉；增设一些建筑小品等，都是美化环境、改善城市面貌的重要手段，不可加以忽视。尤其是充分利用零星空地建设一些小游园和路旁绿地（如桂林路公园和西康路绿带），投资不大、效果很好、值得推广。

八、铁路车站的位置问题

天津站是个客货混运站，也是天津的主要客运站，始建于1888年，1910年扩建，1950年又进行了一次整修，至今已30年。当前，客运量的迅速增长和客运能力不足的矛盾十分突出，必须进行改建。

车站在原址改建，还是迁到京山三线新建，一直存在着分歧。在原址改建和在三线新建，各有利弊。概括起来，在原址改建的好处是：可以充分利用已经有相当规模的客运设备；将东西货场和原有站房拆除后，站台可以扩建，能力可达到发100对客车的需要；天津站现有的下九股编组场连接着38个工厂的40多条专用线，原址扩建，可继续使用；站前为旅客服务的公共设施，已形成一定的规模和系统，也可充分利用。原址改建的主要缺点是：由于原有客站在布置上不够合理，改造后调车作业和机车出入库要跨越正线，上下行互相干扰，行车速度提不高；在就地扩建时，施工与运营会有一定的相互干扰。

迁往三线新建的优点主要是：新建的站场可以按技术作业的要求合理布局，并为今后发展留有余地；施工时，旧站可照常运营；旧车站迁出后，目前为弓背形线路包围的郭庄子、新开路地区的道路及路口可变得比较畅通，有利于这些地区的改造。主要缺点是：建设新站投资较大（经估算需2.2亿元，比原址改建多3032万元），建设周期较长；在投产前，旧站还须长期使用，且过渡时期矛盾较多，不能取得在原址逐步改造，逐步受益的效果；40多条专用线须全部改线，也不容易实现。

我们认为，车站的位置问题，不能长期摇摆不定。否则，既影响天津站的改建，也影响郭庄子等地区的旧城改造。

这两个方案从各方面综合起来看，在三线新建客站，虽然从铁路运输或旧城改建来看，都是比较合理的，但是，在我国经济实力不强的条件下，采取原址改造是比较现实的。如果等到经济实力允许的时候再迁新址，恐怕运量的增长等不及；在实力不强时勉强迁址，则又会长期形成新旧并存，不上不下的被动局面。何况原址的位置，接近海河及市中心，还有交通方便、便利旅客的优点。

东站（即天津站）在原址扩建，应该在技术作业的布置上尽量做到合理，建议将两个货场逐步迁出。下九股编组场随着北塘西编组场的建成，逐步缩小剩下专用线的作业，还要做好实施步骤的安排，尽量减少施工与运营的干扰。改造后，天津站将成为以客运为主的车站。远期运量进一步发展后，还可采取加强西站等辅助客运站的办法来解决。站房及站前广场，根据条件，可以分期分批地进行改建。目前郭庄子等地区那些技术标准低、交通阻塞比较严重的地下通道和平交路口，可以着手改造。这样做，预计在近期内就可以看到明显的效果。

九、海河通航海轮的问题

海河是否恢复海轮通航到中心区，是天津城市规划中一个有争议的问题。

海河干流是贯穿天津市中心区的主要河流，从子牙河与北运河的交汇处金钢桥到河口挡潮闸全长70.9千米，河宽100～250米，目前枯水期平均水深3米。新中国成立前，到天津的海轮全部进入海河，在塘沽和天津市停泊。1958年后，由于海河上游水系大量建库蓄水，来水量逐年减少。为了保证全市工农业生产及人民生活用水，在河口修建挡潮闸，海河的功能逐渐以蓄水为主。1976年在天津港第四作业区下游修建了四新桥后，通海航运600余年的海河正式断航。

目前争论的焦点是在总体规划中是否考虑3000吨级海轮进入海河，并在四新桥以下适当地段设置码头、仓库，以恢复海河的通海航运职能。涉及总图规划的具体问题主要是：① 在总图上保留必要的码头及仓库用地；② 规划中四新桥以下的南环线铁路桥一座、公路桥二座、城市桥梁三座的净空均须满足3000吨海轮的通行要求（比挖泥船的桅顶约高出15米）。

恢复海轮入津的好处是：日本、中国香港、东南亚及其沿海杂货轮多数是3000吨级的，按照目前的情况推算，1990年全部吞吐量中，进出天津市的货物约有1300万吨，其中约300万吨可用3000吨级海轮直达天津市内装卸。每年可节省运费3300万元，燃料油4500余吨。否则，在50千米运距内，从塘沽至天津用铁路转运是很不经济合理的。在内河建港，比在海岸建港每延米码头长度可节省投资约1万元。此外，疏浚航道还可改善海河的泄洪能力。

海轮进入海河存在的问题主要是：① 目前海河水源不足，水量不够，通航后势必增加进咸量，影响水质。② 四新桥以下一系列桥梁提高净空，需要增加投资。尤其是南环线铁路桥，桥长（包括引桥）需9千米以上，主桥高30米左右，这样的规模，国内尚属少见。这一系列桥梁或隧道，估计将增加投资1.5亿～2亿元。

综合各方面的意见，我们认为，在海河水源、水量和船闸防咸措施没有基本解决前，3000吨级海轮进入海河是不现实的。但是，下游的桥隧工程，由于是百年大计，似以不断绝海轮通航的后路为佳。建议根据具体条件，尽量采用开启式桥梁或隧道方案，为通航留有余地。我们认为，近、中期可以适当开展300吨级以下的拖驳运输。中心区河段从陈塘庄至金钢桥之间，除冰冻期外，可以试开客运及游览业务，以减轻市内交通的压力。

十、三年建设规划中的几个问题

天津的三年建设规划，是以国务院批准的三年救灾专项资金24.6亿元为依据制定的，目前已基本定案。我们认为，这次拟定的资金分配和建设规划方案，在建设项目、规模、比例关系的确定上，是符合中央"两委一部"文件精神的。当前主要的问题是应该抓紧实施。

天津在城市建设上欠账很多，问题成堆。国家给的专款，只能还清地震欠账，不可能解决多年来欠下的所有旧账，三年建设规划经批准后，要严格执行，按规划进行建设，专款专用，不得挪用或增加计划外的项目，以确保消除灾痕，恢复重建任务的顺利完成。对三年规划中的几个问题，提出如下意见。

1. 关于"三原"的问题

天津市对于旧市区内震损住宅的拆建分配，采用"三原"的原则（即原户口、原户数、原居住面积）。这对当前动员住户拆迁、加快恢复重建、堵塞分房工作中的不正之风，是有积极作用的。但是带来的问题是：由于旧区人口密集，为了安排下原住户，不得不提高层数（没有电梯的条件下建七、八层），压缩间距（南北向1：1.3、东西向1：1.1），压缩小块绿地和配套网点，目前各区还有尽量想在旧区多建房的趋势；同时，"原居住面积"的规定，使住宅设计不得不增大一室户的比例，造成户型不合理、适应性差、造价提高，因此，这种做法将会给居民的居住条件、环境卫生和今后的旧城改建带来不利的影响。

我们认为，应该把当前和长远的利益结合起来。1981年震损削层住宅的恢复，可按"三原"办法进行；1982年至1983年"三级跳"及危房改建，应适当提高标准，住宅间距不小于1：1.5，但是控制密度和容积率可以比新区高一些，以提高土地利用率。小块绿地不小于每人0.5平方米；根据需要，增添一些服务网点（定额指标应与新区有所区别）。安排不下的原住户，应采取措施，迁移到新辟居住区去。从长远看，这样做是比较好的。

2．关于住宅在旧区和新区建设的比例问题

三年规划中，在旧区建设住房220万平方米，新区建290万平方米，旧区占43%左右。这个比例，高于目前全国大中城市旧城建房的一般比重（约30%），但是，根据天津震损及危房的实际情况和拆迁的可能，作此安排还是适当的。今后，应以何者为主？我们的初步意见是，市区即便在三年计划完成后，住房仍很紧张。在缺房户没有基本解决以前，不可能大量拆旧建新，否则欠账很难还清。因此，在相当一段时期（比如十年）内，解决住房的数量问题仍然是主要矛盾。这就决定了采取新区建设与旧区改建相结合的方针时，近、中期应该是新区建设占的比重大，旧区改建原则上应严格控制在危房、严重破损房的地段，尽可能多净增一些住房面积。待住房紧张程度有一定缓和后（比如每人平均6平方米以上），再逐步加大旧城改建的步伐。国外很多城市的建设，大体上也经历了这样的过程。

3．关于私房集中地段的改建问题

天津中心区约550万平方米危、漏、破、简房屋中，私房占35%。一般而言，住房条件最差的地段，绝大部分都是私房集中的地区。目前，私房的住户，大部分是收入较微薄的集体所有制单位的职工和教师等，靠他们自筹资金改建住宅是不现实的。旧区内往往是公、私房交错混杂，在一个改建片中，如对私房采取"绕着走"的办法，无论从规划设计、工程管线布置，以及改善城市面貌上看，都是行不通。在改建规划中，我们的建设应该兼顾公私，全面安排。在实施中抓紧研究制定明确的政策，解决好私房改造中的一系列具体问题。使今后的旧区改造逐步做到集中力量一片一片地改造，改造一片完成一片。

4．关于市政道路及管线问题

这次中央一次批准三年的专案资金，对改变过去由于只有住宅的投资计划，没有配套设施投资计划而出现的市政道路、管线不能先行并配套建设的混乱现象是十分有利的。现在有条件而且应该做到全面规划、分年实施。要坚持先管线、后马路，先马路、后房子的合理建设次序。我们认为，应该及早把道路、给水、污水、雨水等项目定下来，抓紧设计，并做好前期准备工作。这是当前加速实现三年建设规划的一个关键问题。

十一、尚待解决的问题

城市规划是一个长期的研究过程。尤其像天津这样一个300万以上人口的特大城市，所有问题不可能在一次规划中全部解决，一劳永逸。就我们能够认识到的，还有几个比较重要的问题，需要进一步研究。

第一，京津唐地区，有两个特大城市，其影响范围是互相交叉重叠的。设想21世纪，京津之间，很可能成为一个都市化地区，集中约2000万的人口。为正确地引导首都和天津的发展，统一安排好工业和城镇的分布，必须进行区域规划。水源、能源、交通、排污、建材等也需要从区域范围来加以全面安排。有些工程，需要共同建设；有些建设，又需要合理分工，避免重复。为此，我们建议中央应尽快组织进行京津唐地区的区域规划。只有在此基础上，天津的总体规划才能获得更为充分的依据。

第二，按照总体规划纲要，天津全市的城镇人口到2000年将从现在的380万人左右，增加到约520万人，20年内增加约140万人。据估算，其中自然增长只可能有20万人左右。其余120万人从哪里来？从外地迁入不可能有这样多，而且要增大总人口规模。因此，唯一来源只能从本市农村人口转化。20年内，将全市约120万人从农村转为城市（包括县镇）人口，不是一件小事。有很多问题是全国性的（包括政策），需要研究，还要与农业生产计划结合起来，建议对这个问题要作一定的调查研究，然后再予以进一步论证。

第三，根据多年的经验，城市规划的实际目的是安排好近期建设，使近期建设既集中紧凑、经济合理，又不妨碍远景城市发展。要搞好当前建设，必须抓住"详细规划纲要"这个承上启下的关键环节。纲要应该由规划部门编制确定，其内容就是将三年建设范围内的小区（或改造片）的规划意图，即用地面积、道路红线、交叉口坐标和标高、住宅建设量、住宅层数、居住密度、大型的及与住宅配套的公共建筑项目和数量、绿地指标、停车场、市政工程管线接点位置以及规划预留项目等，作全面的、原则性的规定，使各设计部门有所遵循。否则，会产生规划与建设、规划与设计的脱节现象。这项工作由于种种原因，已经丧失了几个月的时间。应该注意抓好这个环节，城市总体规划的意图才能在详细规划和修建设计中得到贯彻。

关于天津市城市总体规划纲要的思考

周干峙文集

第三卷·城市规划与管理

今明两天规划编制组集体向大会汇报天津城市规划情况。我准备先用三小时汇报一下总体规划纲要方面的内容和问题，然后由其他同志汇报三年建设规划和有关的专题规划。我们这次城市规划的编制工作是从今年5月下旬开始的，是在市委、市政府领导下，由国家建委组织的工作组帮助，在过去规划（特别是地震后工作）的基础上，在各有关委、办、局的协同参加下，由多个专业规划组（总体布局、旧城改造、道交、给水排水、绿化、旅游、文物、能源、环保、人防等）经几次综合研究而完成的。我们感到这次天津规划的编制工作有一些好的条件，这里除了市领导和各有关方面重视以外，还有就是正逢经济发展也在编制长远规划（1980—1990年经济发展计划），城市的发展可以和经济计划结合考虑；另外，就是有了国家救灾恢复重建专款，长远的规划可以和近期的建设结合。但是，也由于存在的问题比较复杂，我们的力量和时间都有限，工作的深度都还不够，现在只能提出一个供讨论的草案，请各方提出修改补充意见。对于一些专题、几种方案，大家意见还不一致。所以，在这两天的汇报中，大家可以听出来，有些问题是一致的，也有一些说法不一样，我们也如实反映情况。

需要说明，作为城市总体规划，国家规定要包括一定的内容，要求有总的说明，有远期、近期规划，有专项规划和有关技术文件，像天津这样的特大城市，要报送国务院审批。总体规划要求包

本文根据周干峙先生保存的资料整理，为向天津市政协、科协汇报的文稿，汇报时间为1月25日，具体年份不详，由相关资料分析为1981年。标题由本书编者略加修改。

括的材料很多，还没有编制齐全，也不可能都印发。现在印发的只是一个纲要，这个纲要确定了，其他具体问题、专业问题就比较好办了。纲要反映了一个总的设想（也不一定全面，有些重大问题可能还有遗漏），要请各方提出宝贵意见。

由于文件已印发，不准备重复地念，我想主要结合图纸作补充说明。另外，在讲这次规划纲要以前，为了便于考虑问题，我还想先汇报一下目前天津市存在的问题和过去城市规划的经验教训。下面分两大部分汇报。

一、目前存在的主要问题和主要的经验教训

天津是我国的大城市，城市规划工作开展较早，从1952年开始就编制过城市规划，前后共有18稿，归纳起来大的方案有5个，这次算第19稿，但总的来讲都没有定下来。

现在看来，规划方案长期不定有许多原因。比如，国家没有经济发展长远规划，城市的发展方向看不准，有时估计大了、快了，有时又偏小了。"十年浩劫"期间，谈不上规划城市。规划工作本身来讲，也有一个是否合乎科学、合乎实际的问题。初步总结看来（还没有广泛讨论）要做好一个规划方案，有两条很重要：① 对城市发展的方向，城市的性质、规模、布局要有一个比较符合实际的预计。例如，对天津工业发展的方向，过去有过许多说法。有时强调综合性的工业，有时强调以电子、海洋化工为中心。"一五"时期规划了5个工业区（现在10个），1958年又搞了10个工业区，当时就因估计过大、过快，至今北仓等工业区还没有填满；人口规模也有过250万、300万、350万等几种不同估计；对卫星城的发展也曾有5个、10个、30个相差极悬殊的设想；这些战略性安排应力求

符合规律，过大过小都不好。② 规划方案不宜经常变化，上述战略问题如此，一些具体方案也是如此。如道路红线宽度，不能时宽时窄。天津有些干线，规划30米、40米、50米多次变更，造成建设的混乱。铁路客运站址，2个方案20多年来摇摆不定，现在两头为难（两头都盖了房子、设备），规划方案虽不能预见精确、一成不变，但没有相对稳定，建设就非乱不可。

此外，实际建设中可看出，仅有总体规划还建不好城市，总体规划只是个轮廓，要有详细规划、各专业设计和正确的管理等条件，才能取得好的建设效果。

总的看来，由于对社会主义建设经验不足，"左"的路线的干扰，不重视城建，缺乏统一规划，特别是"文化大革命"时期的破坏，使城市建设积累了许多严重问题。简要地讲，有以下五个问题是今后规划中应当重视和解决的。① 市中心区臃肿；② 布局混乱；③ 欠账很多（震前震后）；④ 水源短缺；⑤ 环境污染、绿化贫乏、市容依旧。

以上问题，是相当突出的。规划必须着重考虑，结合国民经济的调整、改革，逐步加以解决。下面谈谈总的规划纲要。

二、总体规划纲要

首先讨论天津规划的指导思想。天津要不要发展？天津究竟要发展成什么样的城市？还有，天津发展的长处、短处是什么？这些问题，根据中央领导同志讲话、人民日报社论、经济界学术讨论和计划部门的考虑，概括在"纲要"稿的开头三段（即全文帽子）中。考虑了与首都的关系、在京津唐地区中的位置；考虑到天津的历史〔建城自明永乐二年（1404年）起，但近代城建应由1860年《南京条约》设租界始〕，华北工商中心、水陆枢纽、内外贸易中心的地位，从"四化"方向，认为天津是要发展的一个城市。同时考虑到天津发展有四长三短，长处：① 天津有工业、技术基础，有一支老技术工人队伍，在150个主要工业门类中有140个左右；② 天津拥有丰富的就近资源，唐山、山西的产煤区距离天津不过几百千米；③ 天津水陆交通便捷，还拥有北方大港；④ 有荒地供开发。短处：① 天津缺水；② 科研教育较差，大专院校只有19所，少于西安、武汉等城市；③ 基建条件差，造价高。水源、能源、资源是决定性的，决定了发展的限度。

总的经济中心和三个基地的提法与上海是一样的。天津应恢复"北方上海"的地位，所以强调了贸易的作用。但在城市经济方面起主导作用或基础作用的还是工业，较多地考虑工业发展的方向和主要目标。总的提法长远看加工工业、石油化工、海洋化工，近期为轻纺、机电、化工，还有国家要求的4项任务。

"纲要"概括是否适当，需讨论研究。"纲要"共20条，分为3类。1～6条为综合性（讲人口布局、工业布局）、7～17条为专业性、18～20条为措施性。

下面着重讲前六条，然后重点讲几个以后谈不到的专题内容。

第一，规划由近到远，远近结合。先要求解决震灾、欠账问题……首先安排好生活，以后生产必须上去。设想2个倍增，在今年190亿元总产值的基础上，1990年倍增至410亿元，20世纪末倍增至880亿元。前者有大体计划平衡，后者是估的。

第二，人口规模，是影响城市各种设施的关键性指标。严控是方针，也是国内外经验，实现控制在300万人口规模不容易。

第三，控制住市中心区人口规模的关键是建卫星城。国内外经验是通过较大的卫星城吸纳人口，天津有一个塘沽是好条件。另外，过去留下来的情况将逐步改善。

第四，一个一个地建卫星城，保持一个方向20年不变。

第五，按照总图在原有基础上，进行工业布局。

第六，控制250万平方千米范围用地，保持每人60多平方米的平均生活用地。

以上构成一个总的布局设想。

总图骨架是道路交通。考虑到21世纪交通需要，规划分两步：① 建成东西南北贯通的常规道路网，有环线有放射路网，在客、货流增长的情况下使紧张状况不再恶化，采用各种管理措施，发展公共交通，限制自行车等个体交通；② 发展全体的现代交通系统，从根本上解决客、货流及快慢分流。第一步在20年内，第二步要到21世纪。规划推算了客、货流和车辆增长情况，几个主要指标是：客流增长至18亿～33亿次，平均每日1.68～3次，从公共交通30%、个体交通70%变为公共交通70%、个体交通30%，机动车增长至5万～15万辆，公共汽车从1000多辆增至6000辆；货运从每年7800万吨增至每年1.5亿～1.8亿吨，卡车从33678辆增至5万～6万辆（发展专业运输车）。根据计算，实现15%面积率常规路（长度由现400千米增至700千米），可容纳15万～17万辆汽车，而自行车会减到100万辆以内。

长远来看，世界的经验是通过发展地铁解决客运，发展快速路解决机动车通行。

仓库：调整几个大的，解决住的问题。

商业布局：分散和平路一个点。设立分区中心，平均20万人一个点，如王串场、小白楼、南楼、海光寺、北站、佟楼等共12个点。设2个副中心，布置形式，以市场为主，与交通结合，如外贸中心及胜利路，内贸，车站及解放路。

　　文教科研：集中分散结合。2个文教科研区，依托原有大学基础（考虑增加理工学院，政治、商、外贸、财经、建筑等11所高校）。有的结合生产放外面，如汽车、水产、农学院。研究机构亦然。还有展览馆、博物馆、图书馆、科学宫、体育场。

　　绿化：根据条件，外围做大文章，里面做中、小文章。做好环城林网带、三大旅游休息区、11个大公园、上百个小公园，以及沿河绿化。

　　文物特色：卫城、天后宫等旅游基地。

　　城市面貌：各具特色的各个区，逐步集中成片改造。

　　农副产品基地：养鸡、鸭等。

　　其他专题不在此细讲。总体规划还只是轮廓，不可能样样早知道。纲要主要解决方向，有些具体东西，也作为体现精神、提供讨论的材料。

　　文件上有的不再重复，已占时不少，汇报到这里。

对厦门经济特区规划的建议

　　我们也跟同志们一样，做些具体工作。今天，向市委、市政府、特区办和到会的同志们汇报一下我们到厦门所看到的一些观感和想法。我们一行八人，初次来厦门，来的时间很短，踏勘了四天，跟规划局的同志，还有市计委、市环办的同志座谈了两天，我们自己研究了半天多，在这么短的时间内，要对厦门这样一个城市谈出一些看法来，实在很难。我们这次来的同志，有很多是第一次到厦门，对特区也是第一次接触，更没有经验，所以对我们来讲，这是一次很好的学习机会。在省建委和厦门的同志们帮助下，我们收获不少。

　　看到我国特有的海港风景城市——厦门欣欣向荣的情况，我心情高兴，但也看到在长期废弛以后重新振奋起来的城市建设工作还存在一些问题，不少是目前我国城市中共有的。厦门还是经济特区和出口加工区，更有不少新的问题。但由于对厦门的情况不了解，所以这次来的都是搞城市建设、规划设计和规划管理的同志，没有搞经济工作的同志，所以有一定的局限性，我们仅从城市建设与城市规划的角度对厦门特区建设提出一些意见和看法。

　　下面分八个部分来汇报我们的一些初步想法。

本文为周干峙先生1982年3月18日参加国家城市建设总局组织赴厦门经济特区指导城市规划工作期间代表专家工作组向厦门市领导反馈意见的报告，根据周干峙先生保存的资料整理，标题由本书编者略加修改。

一、关于城市性质与城市规模

关于厦门的城市性质，在这次修订厦门总体规划工作中已做了不少工作，我们看到不少材料，现在对这个问题的看法已比较一致，认为厦门是一个海港风景城市；更具体些讲，厦门是一个社会主义的海港风景城市，以海港风景城市为主体，开辟经济特区，发展出口加工业，并以此带动和促进本市工业的发展。从我们这几天的勘察来看，这个提法是比较实际的。我们感到厦门有许多优越条件，具备了发展的条件，有我国少有的不冻不淤的深水良港，在我国这样一个海岸线很长却缺少良港的国家中是非常难得的。从这个基本情况考虑，厦门将来必然会是一个大型的海港城市。我国深水岸线非常缺乏，从上海、大连、天津这几个海港城市同厦门比较来看，厦门的条件使我们感到羡慕不已。我国最大港口是上海港，年吞吐量约为8800万吨，有100个泊位。但它有一定的局限性，由于长江口的淤积，现万吨级以上的轮船必须乘潮进港，最多进2万吨级，上海的岸线都找遍了，也没有找到适合发展的地点，所以上海港将来会受到极大的限制，上海宝钢运矿所要的大型矿船，都必须从浙江另辟港口转运上海，这就是上海港的情况。我国第二大港口是大连港，年吞吐量约为3300万吨，有52个泊位，有好的水运条件，但必须人工做防风堤，建港的工程量很大，这也使大连港受到限制。天津港为第三大港口（按吞吐量为第五），有27个泊位，年吞吐量1270万吨，天津港是人工港，水深只有5米，还要不断地挖掘航道，全国绝大部分挖泥船都在天津，发展的局限性很大。从国家经济和对外贸易都要迅速发展的情况来看，大自然给我们的沿海深水岸线，都应充分利用起来。厦门仅从东渡港来看，就有7千米的深水岸线，加上嵩屿、海沧4千米左右，就有约11千米深水岸线，至少可以建40个泊位。如果按40个万吨以上的泊位计算，年吞吐量至少也有1000万吨，即使以散杂货为主，粗略估计也有1500万～2000万吨的规模，按这样一个规模就不是小型港口了。厦门有这样好的条件，可能成为一个大型港口，由此厦门的城市规模必然会有相应的发展。城市规模与城市性质是互相联系的，我们分析城市性质就是确定城市发展的方向、内容及规模，当城市的规模发展到一定的程度后，城市的性质就会发生相应的变化。从实际情况看，城市发展到一定阶段、一定的规模，城市的性质就不可能是单一的，而是综合性的。现在我国有38个50万人以上的大城市，城市的性质都不是单一的。从中小型城市看，可以以某种工业或某种职能为主，但城市大了，就一定会有多种职能，就会有一定规模的工业、文教、贸易等，所以我们搞规划的时候就应考虑这种特点。

我们觉得厦门原来定的城市性质是对的，以海港风景为主，但应该考虑到的是，作为一个大型的海港城市，必然会带来相应的港口工业、修造船业、服务业、文教事业、食品工业等。这方面我想联系天津的港口情况，过去我们考虑不周，现在已感到被动。天津塘沽新港发展上去后，配套设施都跟不上，外轮到港后，船员上岸没有地方去，必须把他们拉到40千米以外的天津市，水、食品、蔬菜都供应不上，修造船也不适应。所以，从厦门的自然条件看，厦门有条件、有可能不是单一的港口城市，我们勘察时在鼓浪屿日光岩上看了整个厦门的地理形势，显著地感知到，厦门现在的形势就不是一个小港或中小城市的架势，而是一个大城市的架势。所以，我们有些同志说：厦门是一个潜在的大城市，有条件也有可能发展到相当的规模。对于这个问题，总体规划已做了不少研究工作，按现在规划的海港风景为主的城市，厦门的规模还是要发展的。城市人口到20世纪末达35万人，包括城镇发展到60万人，按当前的情况看，可能差不多。但从长远的观点看、从战略上看，我们应该考虑厦门是一个大城市，这不是说现在就把大城市的架子铺开，作为战略上的考虑，主要为了在我们的总体规划设计上留有余地，免得估计不足，在10年或20年后造成被动。这是我的一个想法，但不一定对。

从近期来讲，厦门还是一个中等城市，还要一步步来，以港口风景为主，对工业既要考虑，但也不能没有选择，主要发展一些加工工业，也不能什么都放。由于这些考虑，我们还有一个看法，厦门搞规划的出发点要从厦门自然条件出发，充分利用厦门的海岸线、风景、土地这三个要素。市规划局的同志们也提出，保护岸线、保护风景、保护环境。我们感到这个从厦门实际出发的意见很好，如果抓住这三个基本要素，我们一些事情就好办。这三个要素，我们要把它当作三个重要资源来看，岸线、风景、土地都是非常宝贵的资源，而这些资源与其他资源不同，是不能再生、不能替换、不能代替的。我们有些资源不能再生，但可以替换，唯有这三个资源不能代替，你把日光岩砸了，没办法再弄一个，岸线也是这样。厦门的规划要从自然地理条件出发，充分利用岸线、风景、土地，这也是从经济效益出发。厦门的规划还有个特点，也是我们搞规划的同志们应该考虑的，就是在厦门的城市发展中不可预见的因素比较多，就像我们有些同志所感觉的，厦门规划有很多依据不充分。我国别的城市也有这个问题，主要是我们很缺少长期规划，我们的计划部门所编制的都是十年规划，没有更远的规划，和城市规划有关的规划也是最近才搞的，短期内也不可能提出根据。厦门情况又多一点别的因素，不可预见的东西较多。有不少同志认为厦门的规划要搞得比较有弹性，要进可攻、退可守，这点我们觉得是很对的，但具体做起来就不大容易，有很多困难，要具体情况具体分析处理。总的来讲，厦门现在的规模不大、起点不高，但潜力很大，发展前途很大。在这种情况下，对城市规划建设中的问题，要非常慎重地处理。这是我们初步感觉到的厦门规划的几个特点。

二、对厦门城市布局的一些想法

按已经做好的厦门市总体规划来看，城市的发展环绕着海湾、港口，以海湾为中心，形成本岛、集美、杏林、马銮、嵩屿、鼓浪屿六片，并形成城市群。这六片有海港和陆上的交通互相连起来，这样布局很好、很理想。如实现这样一个布局，就可为今后厦门形成大型港口城市留有发展余地，各片既能独立，又能各自发展，既能形成大城市，又可避免现在有些大城市的弊病。从单个城市讲，厦门还不算太大，而且便于逐片形成、逐片发展。在六片里面本岛是中心、是主体，这里是商港的主要所在，也是行政经济管理中心，同时以安排用电少、用水少、污染少、运输量少、劳动密集用人多的工业为主，也就是"四少一多"。我们感觉这样的布局是对的、合理的。从大方面看，既有城市，又有农副产品基地，还有现在是前沿，将来是园林、风景和休养场地的一段沿海岸线。城市各项用地面积的比例也比较合理，建成区约50平方千米，农副产品基地约30平方千米，风景旅游区约40平方千米，这个比例是很好的。铁路、港口的走向也很理想，铁路从中间进，港口与最好的海滩是分开的，本岛的架子是理想的大中城市的架子，而且各段不同的海岸线将来可建成几个各有特色的地区。厦门海湾的大小也很合适，既适合港口，又方便与城市各点的联系，距离都只在10千米左右，非常合理，都能利用，比青岛、大连等一些港口城市都合适。青岛也有一个海湾，但是太大了，有一部分不能利用。所以，厦门能把这些条件结合起来布局，是很难能可贵的。这样的布局，从长远来讲，是较理想的、合理的，当前重要的是如何开辟新区，如何合理选点，开辟一个点与选择一些重要厂址都要非常慎重，这是搞规划的核心。

从我国城市的发展来看，有些城市的发展趋势很好，但怎样发展来逐步达到理想的布局，这是一个比较长的过程，搞不好问题都会在这个过程中出现。从一些城市发展的经验教训看，主要问题比较分散，因为是陆续建设的，涉及的时间较长，涉及的单位也较多，各个单位的要求和问题也不同，所以要保持集中紧凑的合理布局，要切实做到由小到大、由近到远、由低到高的发展过程是比较难的。例如，布点上搞得太分散，重要的选址选得不当的问题上，我们天津是有教训的。天津现约有300万人口，解放时约有130万人，新中国成立后工业发展很快，但点布得很散，城里像撒芝麻一样撒出去难于收拾。现在有140个厂分布在外围，两三个厂一个点，有的一两个厂一个点，形不成局面，无法把生活配套搞上去。所以，现在形成人的潮汐时间，早上出去、晚上回来，教训很大。这方面上海搞得比较好，在选点和辟点上比较慎重，规划布置也较紧凑，卫星城搞一个就成一个，且都具备一定的规模。上海不仅开辟点集中，且每个点的内部也较紧凑。怎样才能保持紧凑的布局？正在发展中的城市更需要注意。对厦门几个厂址的选择，下面谈谈我们的看法：

1. 炼油厂

据介绍，这个厂可能利用外资、进口原料或用南海的石油，建一个规模为250万吨的厂，以适应外贸及省石油化工发展的需要。我们已看到了可行性方案报告，也到报告第一方案推荐的厂点海沧去看了，我们感到厦门建炼油厂是可行的。厦门虽然是个岛，但它的西部有很好的陆运条件，有可能找到合适的厂址，规划建设一个石油化工区。现在主要的问题是如何解决污染的问题，从可行性研究的情况看，应首先满足海轮的燃料油，从国内的水平讲，废水的处理是可能的，只要有处理设施，严格的管理，污染问题是可以解决的。但如果管理不善，就会导致严重污染，而且很难解决。如南京炼油厂，1977年建成后，由于管理不善，造成长江的污染，甚至本厂的生活饮用水也需要到几十千米以外用车子去拉。从厦门的水域情况看，自净能力较低，要放这样一个厂，对环境的保护、防止水源污染是个很重要的问题。我们的意见是可以放，对于一个大型的港口城市，建这样一个厂是与城市性质没有矛盾的，但对于厂址问题，要反复地比较分析。石油院推荐的海沧，离码头较近，如果结合嵩屿开发是比较理想的，缺点是离风景区太近，而且刚好处在一个山口，在本岛上也看得见。根据有些同志的意见，是否考虑往里放，比如放在灌口、第一农场附近，离码头远了点，需埋设输油管，但较隐蔽，牵涉的村庄少，土地条件较好。总的来讲，厂址的选择必须作主次的比较分析，技术经济比较，衡量利弊，最后才能确定。如果该厂能实现，对厦门有很大的好处。按研究报告，液化气就有8万立方米，可基本上解决城市的燃料问题。不管厂址在何处，在布局上都应留有化工发展的余地，粗加工至少得有1平方千米。今后还有深度加工的化纤、塑料等工业的安排。如考虑做石油化工区，现在的面积就不够，起码得有3平方千米或更多一点。

2. 纯碱厂

现在考虑建设18万吨的规模，我们建议不要放在厦门也不要放在厦门的海湾附近。目前对碱厂的三废处理还没有切实可行的办法，如果碱厂放上去，对厦门城市性质的影响很大。为了说明这个问题，我可将天津的情况介绍一下。天津的沿海就是一个既有港口，又有以制碱为中心的海洋化工区，其中最好不处理的就是碱厂。天津有3个碱厂，都严重影响城市，废气、废渣无法处理。最大的天津碱厂，是年产30万吨的氨碱法制碱的厂，一吨产品就有一吨废渣，主要成分是氯化钙。废渣虽无毒，但量大，不好处理，像牙膏一样又堆不高，现已占地几平方千米，在市内已无法堆放，现用管子引到海滩，造成整个海滩白茫茫的一片。国外也无法处理，联邦德国是用船向公海运，花钱很多。另外一个是用联碱法生产的厂，也无法解决废渣问题，联碱法渣较少，但氯气产生很多，污染空气，现在很难解决。天津没有风景，出现了这种情况还不感到可惜，可是厦门如果出现这种情况，就非常可惜。如果把石油化工和碱厂放在一起，海沧这个地方也不够。我们建议，如果福建要建碱厂，最好放在盐田附近，避免碱与石油放在一起，使问题复杂化。

3. 电厂

电厂建议最好不要放在本岛，这个问题听市计委的同志介绍过。电的问题很重要，但主要靠怎样合理地统一规划。从厦门的规划看，我们觉得杏林电厂还可以扩建，这个厂有基础、有余地，上去也较快。当然，这可能跟如何保证本岛用电的想法上有些不一致。我们认为，保证本岛用电要用别的办法解决，如把烧煤的厂放在本岛会产生大气污染、废渣堆放，每年会有几十万吨的运煤量。从供电角度看，在本岛建电厂可使厦门市的供电更有保证，但几十万吨的运煤量将增加集美海堤的压力，要研究能否用别的办法来解决本岛用电问题。我们考虑采用3.5万伏的海底电缆是否现实可行，是从刘五店还是从火烧屿铺设还值得研究。目前主要是解决特区的用电问题，今后再考虑用11万伏的电源。当然，从总的规划来看，应该考虑多方向进线，至少也得有两三个方向进线。从长远看，如果本岛一定要有电厂，只有以后考虑搞核电站，目前我国可建十几万千伏安的核电厂，技术上是可能的。

4. 毛纺厂

该厂加工进口羊毛，厂址规划建在杏林工业区是可以的。现有两种意见，一种是放在纺织厂以东，另一种是放在杏林工业区西部。到现场看了一下，我们感觉放在西部较为理想。放在东面在住宅区上风方向，发展余地小，还得搬迁一所中学，考虑是否按照规划，放在工业区西部。

5. 装油码头

考虑到海轮加油，在厦门港区建一个油库和装油码头是很有必要的。按规划考虑放在屿仔尾是合理的，但这里有一个行政区划上的问题，因为屿仔尾属龙海县辖区。

以上是我们对几个厂布点的看法，这几个厂的布点很重要，关系到六个片怎样开发的问题。我们的倾向还是按集中紧凑的思想来布局，现在看来有三片半已定局，本岛、集美、鼓浪屿和一半杏林。对于杏林、马銮、嵩屿的问题，我们想是否先着眼于杏林，先配套杏林，然后开发嵩屿，不到必要的时候不轻易开发马銮。如果嵩屿、马銮都开发，六个片都铺开就很散了。是否可以这样提：完善本岛，配套杏林，准备开发嵩屿。关于规划布局问题就谈这些。

三、出口加工区的开发问题

这个问题对我国来讲是一个新的问题，我们也是第一次接触，所以，讨论的意见很不成熟。从介绍的情况来看，厦门湖里加工区的特点是紧靠城市，同旧城联系密切，这点与深圳、珠海、汕头有很大的不同。我们初步的看法，加工区的规划要同整个城市的规划结合起来考虑，当然管理的问题比较复杂，既要独立，又要统一规划，从经济上看它是独立的，但总的又是城市的一个组成部分，供水、排水、供电、交通等都得同城市统一起来考虑，要统一规划安排，考虑总的经济效益。

对生产区的安排，按中央批示，一期先在湖里的1.1平方千米以内考虑。对于生活区问题，东生活区、南生活区这两个生活区是否还可以再研究一下。从现在的安排来看，有三个问题必须解决：一是在机场的噪声范围以内；二是这两个生活区，包围了加工区，限制了加工区的发展；三是辟点后会增加城市的许多市政设施投资。所以是否在此搞生活区，建议再加考虑。我们倾向于将加工区的职工住宅放在仙岳山南面结合员当新区建设，这样可少开一个片，可在仙岳山南坡上找些地皮，开辟职工住宅，可集中放置，那里距加工区只有2～3千米，很方便，这样会比另外开辟新住宅区节省投资。同时，按规划员当港以北、仙岳山以南，这个住宅区还是比较宽裕的，规划可容15万人，包括加工区、港区的职工都可安排。所以考虑是否晚开或不开仙岳山以北的住宅区，以减少市政的工程投资及配套工程量。

关于加工区的生产区，现在已落实的项目还不多，从第一批的地砖、花岗石切片、松香这三个厂来看，跟原来设想的工业性质有相当的差距，可能不是"四少一多"，而是"四多一少"。如从现在的三个厂来看，用地6.4公顷，工人240人，每公顷土地只有37个人左右，与原来规划材料上每公顷土地要250～360个职工的劳动密集程度指标相差近10倍之多。从充分利用本岛宝贵的用地来看，类似这样的厂多了是很不利的，所以要总结经验。据介绍，第一步只在1.1平方千米内集中紧凑地搞，并着重先建38公顷，这个想法很好，今后一般项目，不是太精密的工厂，最好不要放在1.1平方千米内，可考虑另外安排。从合理利用土地、合理布局的观点来看，地砖厂是否尽量往边上挪，如能挪出1.1平方千米以外更好。我们有一个想法，从现在情况来看，是否可考虑再开辟1～2个加工区，这样可将不同性质的工业放在适宜的工业区内。现在仙岳山以南有一电子加工区，将来要把它明确下来，这样精密仪器加工区可更近城市。同时是否可把有点污染的、职工少的工业区放到杏林去，在杏林开辟一小片。这些问题牵涉的问题较多，我们没什么把握，但总的来说，不管是搞特区还是争取外商投资的项目，都得同城市统一规划结合起来，争取有一个合理的布局，稳扎稳打，一步一步来，既要有创造，又要总结经验。现在除加工区本身的建设外，外围的建设，如机场、码头、通信、市政工程等工作量很大，还有一些不可预测的因素，所以初期规模不要搞得太大，但要留有余地，要考虑大的发展。比如外贸港区，在东渡港区还没有排满以前，是否考虑暂时不要上，加工区内部，可以先少搞一些通用厂房与多层仓库，只要有基础设施，有材料，要搞些一般工程，在一年内是可以突上去的。

四、根据需要，做好近期建设规划

一个城市的发展，首先得有个总的轮廓，这是很多城市多年来的共同经验；其次，也要做好3～5年内的近期建设规划。天津市以前由于总体规划多变，20年来做了18稿，花的力量很多。只注意总的，忽略了近期建设规划是不行的，总体规划要同近期规划结合起来搞。从厦门的情况看，厦门近期建设规模非常大，据计委的同志介绍，1982年到1985年，可能安排的基建工程量有12.5亿元左右，其中生产性的4.8亿元，其他7.7亿元，平均每年3亿多元。大多在本岛北部20平方千米的范围内，工作量是很大的，其中有一些项目还未落实，有一点是靠外资和靠国家投资。厦门市本身的财力是有限的，全市现在国营企业的固定资产总共3亿多元，财政收入才有2亿元左右，用于建设只有几千万元。目前，国家批准对特区采取贷款形式总共也只6500万元，按这样的设想，有很大一部分要靠省、国家和外资投资，而且国家的投资看来要很大，需要和财力之间还有一定的差距。我们认为在这种情况下应该采取稳步发展的办法，要吸收把战线拉得过长的教训，要具体地研究在近几年中，可以做什么、先干什么、后干什么。搞规划的同志要结合布局参加研究，注意经济效益，在具体部署上要注意压缩战线，不要一下子搞得太多，可以晚开或不开的，就尽量晚开或不开。如加工区的住宅问题、外贸码头的问题等要慎重考虑，这样会比较主动。

五、搞好城市的基础设施

对于城建建设、加工区的建设，基础设施是非常重要的。市里已组织了港口、机场、供电、通信、给水、排水等八九个指挥部在加紧进行工作了。这里我们想着重讲两个问题。

第一，排水与道路网问题。大部分城市排水往往被忽视，开始都讲先地下、后地上，但是往往做不到，排水不搞好，道路也搞不好，就是路做好了也是要返工的。排水不搞好，还会引起很多污染，还要重复投资，这对建设的影响很大。厦门是多雨地区，工程密集，如不先把地下设施做上去，对今后的影响很大。我们感到要建设好新区和加工区，沿码头的这条线、西边的南北干线，以及厦禾路沿铁路这条干线的地下设施都要做上去，道路与排水要一次做成，不再开挖。厦门要搞这样大的基本建设，没有这两条路，运输是难保证的。厦门现在整个排水普及率很低，只有45%的市区有排水设施，再加上新区快速地发展，如不抓紧地下设施配套，老账还不了，又欠新账，今后会很被动，会长期翻不了身。

第二，员当港的治理已经刻不容缓。这里的污染已经很严重，水的污染已经影响到东渡港。根据环保办反映，海上已出现过三次红潮，而且由于水体的污染已开始引起大气的污染。这些问题不解决，新区建成后也可能没人要去，而且电子加工区就在员当港边，所以，员当港的污染如不解决，电子工业可能站不住脚。员当港的污染问题，时间越长，淤泥越多就越难解决。根据我们现在的财力与条件，也要逐步解决。看来要彻底把员当港改造成一个美丽的内湖，是有相当工作量的，这不完全是建一个污水处理厂的问题，还要结合安排周围的下水道。另外还有一个清淤问题。初步想法：① 先截流，然后在截流附近搞一级处理，这样比较容易，旧的污染解决不了，但新的污染不再增加，起到了控制作用；② 工厂搞处理，然后污水处理厂搞曝气处理，最后搞清淤、搞分流。

基础设施包括很多方面，且投资很大，所以要先上关键项目，然后逐步加以完善，不要一下铺得过开，要注意经济效益。

六、建设好员当新区的同时，搞好旧区的维修改善

对建设新区和改造旧区的问题，市里定的方针即先重点建设好新区，然后再改造旧区，这是正确的。有不少城市在这个问题上都有过反复，天津、北京、上海都出现了类似的问题，有些项目放在旧区拆迁困难，放在新区征地困难，所以总是举棋不定。建设新区与改造旧区，比例要七三开，30%改造旧区。在天津，从经济投资上讲，建设新区与改造旧区都差不多，一般是拆一建三，建三得一，就是拆1平方米、建3平方米，要补偿掉2平方米、净得1平方

米，所以建房子每平方米投资高达300多元。新区地价也在不断上升，一亩地大约要30万元。根据厦门住房紧张的情况，在近期集中力量把员当新区建好，逐步创造改造老市区的条件，是比较切合实际的。这样既搞好加工区的生活后方，又符合城市紧凑发展的原则。我们感到要搞新区也不大容易，过去由于新区建设不配套，名誉不大好，所以要努力建成具有一定的水平、有吸引力的新区。员当新区的条件比其他大城市的新区好，离旧区近，而且环境容易搞好，还在管理上给予优惠。今后如有煤气，新区可先解决，要搞点好的商场，去商业中心的交通要方便。在搞好新区的同时，也要注意旧区的改造，加强旧区老房子的维修改善。有些同志一谈到旧区改造就认为是拆，推光了重新来，这是一种偏见。旧区有好些房子是需要保留的，有些是从提高配套设施着手，这比全拆更符合实际，更有效得多。厦门作为一个开放城市，旧城给人的印象是很不好的，给人一种很破烂的印象。所以有些地方要进行提高改善，有的地方要定期维修。总之，每年都应有所改善。城市一开放，就是一个整体，不可能为了几个漂亮的新区，老区就不让人家看。现在旅游不仅看风景，而且要看城市、看人。所以对老区我们要做一些符合实际的、根据实际情况的详细规划，不是拆光了重来的详细规划，有的地方是维修、有的地方是改善、有的地方是拆了扩建、有的要为长远的发展留有余地。这里我想联系这个问题谈一谈厦门总体规划的两个问题：① 本岛与其他几点的交通问题，现在考虑的是用环线的办法将六个片串起来，这个想法很好。另外，我们讨论了一下，是不是还可以采取另外一种办法，就是工形，即东边由东边的道路联系，西边由西边的道路联系，中间通过火烧屿用海底隧道连接。如果做海底隧道，在火烧屿这里看来比较容易。当然这都不是近期的事情，但这些问题涉及大的交通方案，所以要结合考虑，留有余地。本岛内交通也要有所改善，现在我们车辆比较少，将来加工区上去了，车辆多起来了，在这个情况下，将来考虑机动车与人力车有所分道，不仅要注意干线，而且要注意次干线的保留与开辟。②将来20多个泊位上去后，铁路编组站的规划还需要认真研究，现在预留得是否够。这些都要在旧区改造中结合进去考虑。

七、切实抓好城市管理工作

在进行城市建设工程时，不仅要重视规划设计，而且要切实抓好规划管理工作，不然的话，一边规划、一边会被搞乱，使规划被迫承认现实，造成很多被动的局面。像我国城市管理这样松的情况，在全世界其他地方是少有的。厦门正在大规模地建设，更要搞好规划管理工作，要防止安钉子，"三分规划七分管理"。当前搞好管理比编制规划更难、更复杂，由于这项工作是综合性的，牵涉到各个部门，所以要求市政府的支持。城市规划局是代表市政府管理城市的，但实际上与很多单位打交道的时候人家不这么看，有很多合理的意见被当成绊脚石，所以城市规划工作要得到市领导的支持，在同建设单位有争议时要考虑规划的意见，实事求是合理仲裁。按全国城市工作会议的要求，这件事必须市长亲自抓，规划部门要当好市领导的参谋和助手。我们看到，厦门在城市管理上也有一些问题，如厦门的海滨公园长期被占，而且长期解决不了，像这类问题要得到领导的重视才能解决。

八、进一步做好专题规划和详细规划

厦门的总体规划做了大量的工作，总体规划搞到一定程度，就要上报审批，就要把工作转到搞专题规划及详细规划上来。这方面厦门有很多工作要做，比如港口岸线问题，岸线规划不是在短期内能够定下来的，因为它牵涉很多方面，很多部门，有些问题也不是一个市一个省所能解决的。比如厦门要做军港的问题，我们认为在厦门做军港是不适合的，军港应搞到其他地方去，厦门可以有些海军的设施，但搞军港是不合适的。但这个问题光政府也不一定能定，所以要不断地做工作。再如商港本身的问题，哪里搞修造船，哪里搞集装箱、散杂货、大宗货、粮食、煤炭、木材等都不是一下子就能定下来的，需要积累资料，要有专题研究。交通方面，高崎—集美海堤很重要，是厦门的生命线，这也需要积累资料，作些方案比较，预留用地，逐步解决。再如住宅区的建设也很重要，这几年都很重视，到底如何安排。还有风景园林问题，要作为风景城市，现在还有许多工作要做，这是一个很大的专项规划。对于厦门风景园林问题，我们觉得厦门园林的基础很好，久闻厦门是海上花园，但我们来了以后，感到并不像想象得那么漂亮，到底为什么？我们反复考虑，认为不是自然条件不好，而是人工建设配合得不好。首先我们感到绿化太少了，行道树也少，绿化覆盖太少，外国人是很欣赏我们国家的行道树的，厦门可能是因为树太多了，所以不注意行道树。从海上花园这个角度来看，厦门的海上确实有许多岛屿很好，但现在看来有些开发得很不适当：有些石头开掉，有些树木也砍光了，有的是很有基础的但没有整理。从园林方面看来，已经做了许多工作了，比如万石岩、鼓浪屿。像鼓浪屿是否可能在主要的干线上整理得好一点，有些门面要整理一下，有些商店是否应该有意识地多安排一些，当然现在要从鼓浪屿大量迁出人口看来是不可能的，所以只能多加整修。现在一上鼓浪屿，给人的印象并不好，过去还有钢琴声，现在也没有了，只给人一种旧镇的印象，是否能在鼓浪屿搞点重点改善。另外，园林风景设计很重要，搞好了锦上添花，搞坏了就大煞风景，厦门风景区设计大安排是比较合理的，但细部设计有些中不中、洋不洋的东西，这点要注意。从中国的园林来讲，还是用地方材料搞中国式的较好。我们有这样一个想法，城市景观设计得洋一点，但风景区的设计还是要有地方特色为好。另外从厦门市容来看，今后有些主要街道的维修，包括色彩、广告招牌等都需要人管，使人看起来舒服一点。

总的感觉，厦门有很好的基础，从现在存在的问题来看，也不是很大的问题，许多大城市的弊病还没有，有一些污染问题看来也不是很严重，大多可以很好地解决。我们觉得厦门的规划设计、厦门的领导同志还是很有水平的，规划力量也比较强，按这种趋势把厦门建设好是很有把握的。当然一方面要规划部门努力，另一方面要市领导支持这项工作，规划工作是一项综合的工作，不单是一个纯技术性问题，有许多是政策问题。这个工作要靠领导、靠社会支持，才能搞好。经过深入讨论，我就归纳这八个问题，本着知无不言的精神，就谈这些。

按照总体规划，把首都建设提高到
一个新水平

10月6日，国务院批准了"北京城市总体规划（1993年修改稿）"。这是自1983年中共中央、国务院批准北京城市建设总体规划方案以来，国务院再次批准的北京城市总体规划。

北京是我们伟大社会主义祖国的首都，是全国的政治中心和文化中心。在古今中外，首都规划都是"经国之大业"，对全国的城市规划建设都具有重要的指导和示范作用。自新中国成立以来，北京的城市总体规划一直受到党中央、国务院的关怀和重视。1953年11月和1957年3月，为适应北京大规模城市建设的需要，北京市委常委会先后通过了《改建与扩建北京市规划草案》和《北京城市建设总体规划初步方案（草案）》，并上报中央。这两个规划草案，对于指导当时北京的建设和发展发挥了重要作用。"文化大革命"中北京城市建设十分混乱的时候，在周恩来总理一再批评和督促下，1971年6月，召开了北京城市建设和城市管理工作会议。会议提出了重新制定北京城市建设总体规划的问题，带动了全国城市规划工作的恢复发展。

1980年4月，中央书记处分析了首都的特点，总结了历史经验，作出了关于首都建设方针的四条重要指示。中央书记处明确指出：北京是全国的政治中心，是我国进行国际交往的中心。要求把北京建成全国、全世界社会秩序、社会治安、社会风气和道德风尚

本文载于《北京规划建设》1993年增刊，时间为1993年11月。标题由编者略加修改。

最好的城市；变成全国环境最清洁、最卫生、最优美的第一流城市，也是世界上比较好的城市；建成全国科学、文化、技术最发达，教育程度最高的第一流城市，并且在世界上也是文化最发达的城市之一；同时还要做到经济不断繁荣，人民生活方便、安定。经济建设要适合首都的特点，重工业基本上不再发展。中央书记处的重要指示，确立了修订北京城市总体规划的根本指导思想，从而使北京的城市规划工作进入了新的历史阶段。

城市是一个有机的整体，城市的各项建设必须遵循统一的行为规范。如果各行其是，就非乱套不可。这是世界上许多城市，包括北京市自己的经验所反复证明了的。城市规划就是要把城市的用地布局和各项建设活动纳入统一的规划，实施统一的规划管理，以保证城市的合理发展。因此，经过批准的城市规划必须认真贯彻实施。北京城市总体规划已经国务院批准，这就要求在北京的所有部门和单位，在用地和建设活动中，都必须毫无例外地严格执行北京城市总体规划，正确处理局部与全局的关系、近期利益与长远利益的关系，碰到矛盾要讲道理，小道理要服从大道理和总道理，维护城市的整体利益，保证城市规划的实施。

当然，我国的经济建设进入了一个新的历史时期。这一时期的根本任务是要深化改革，扩大开放，加快经济建设，建立社会主义市场经济体制。在这样的新形势下，原有的城市规划必须有所修订，必须在总体规划的指导下，抓紧制定详细规划和各项专业规划，以适应市场经济建设、管理的需要。当前需要特别强调的是，为贯彻落实党中央、国务院关于加强宏观调控、搞好当前经济工作的指示，城市规划更要充分发挥龙头作用和综合协调职能。经批准的总体规划应当是建设和管理城市的依据，各项建设，包括房地产开发，都要在统一规划指导下，遵循统一的规划管理。当前，特别要强化对城市国有土地使用权出让转让的规划管理。城市国有土地出让转让必须符合城市规划，在城市规划的指导下进行。必须坚持贯彻规划确定的布局结构、用地性质、开发强度等，切实防止在房地产开发中片面追求高容积率、想方设法占用绿地，以及破坏风景文物等只顾局部利益、眼前利益，违背城市规划，损害城市发展的整体利益和长远利益的短期行为，引导房地产业健康发展。

加强法制建设、依法行政、严格执法是实施城市规划的保证。要认真贯彻执行《城市规划法》《北京市城市规划条例》和已经颁布的一系列有关规划建设管理的规定，并根据总体规划进一步制定必要的实施细则，使法律规定更为严密，更便于依法进行城市建设和管理。要加强执法检查和监督，坚决查处违法用地和违法建设活动，保障城市规划的实施。多年来，北京市在查处违法用地和违法建设方面取得了显著成绩，已经成为全国的典范。在加强法制建设过程中，一定要严密执法体系，切实做到有法必依、执法必严、违法必究。城市规划行政主管部门要建立严密的工作制度和审批程序，主动做好服务工作，自觉加强廉政建设，提高规划管理的严肃性、科学性和透明度，切实做到依法行政。

当前，北京的城市建设进入了新的发展时期，形势很好，机遇难得。我们要认真学习贯彻国务院的批复精神，广泛深入地宣传总体规划，提高全市人民的规划意识。中央党、政、军各部门要模范执行北京城市总体规划和有关法规，为首都建设积极献计献策，支持和尊重首都规划建设委员会的工作，并与北京市政府通力合作，共同把伟大社会主义祖国的首都建设得更加美好。

注重历史文化，打开区域思维

——在郑州城市总体规划评审会上的发言

郑州的总体规划和历史文化名城规划对全国来讲是很重要的。第一个五年计划，建工部邀请苏联专家搞规划，第一个城市就是郑州，至今省、市领导都很重视郑州的规划。后来知道郑州的商城历史，在我国城市发展史上处于重要的位置。商城具有悠久的历史，是商代一个很大的都城。郑州已被批准为国家历史文化名城。随着区域经济的发展，郑州在我国中部地区，处于新的欧亚大陆桥和我国南北交通干线的中心位置，就凭这两点，郑州的规划建设应该在我国城市规划建设中占有重要地位。

修编郑州总体规划并编制新的历史文化名城保护规划很重要。郑州总体规划修编是第三个申报北京的，报得很早。我愿来学习新的经验，了解一些情况。

目前，许多城市都在进行规划修编、编制古城保护规划，郑州的工作对其他城市的规划有指导意义。现在的形势是，我们既面临着机遇，也面临着挑战。城市规划有许多经验、有许多新的办法，但是也有许多新的问题、矛盾，甚至新的冲突。在郑州这个有历史基础的地方，开好这个会、做好这件工作，同行们都是抱有希望的。近几年经济发展非常快，规划工作受到空前的重视。五年以前《城市规划法》的批准使城市规划走上法治的轨道。在这些重大

发言时间由相关文件推测为1994年12月。本文根据周干峙先生保存的资料整理，标题由本书编者略加修改。

决策的影响下，我们的城市发展与建设都是历史上空前的：空前的进展、空前的规模。但是，同时也碰到许多问题，特别是我们从过去单一的计划经济体制下，如何走向社会主义市场经济，如何使我们的规划工作适应市场经济的发展，在这方面问题还是很多的。所以，我个人的看法：喜、忧并存，机遇、挑战并存。在这种情况下，我们能够集中一些精锐人员研究一下（刚才省长讲的，要看得远一些，不要光为眼前的事情所束缚而不作好安排），我想这是非常重要的。规划的问题大家要进行讨论，不一定每个意见都是很对，但是可以提出一些问题进一步研究，以供将来解决。这次会议是一个很好的机会，大家可以交流。

我在这里只讲一讲历史文化名城的问题。郑州作为历史文化名城，我觉得是应该的，也是我们城市发展所必需的。但是，将来要规划好、建设好、管理好这个大的历史文化名城，我觉得还有相当大的困难。商业与历史文化是相辅相成的、互相一致的，但是在具体的发展中又是有矛盾的。商业往往考虑眼前的一些效益，而历史文化是个长远的东西。现在全国碰见的城市规划工作的一些矛盾，集中起来就是商品经济的发展与城市规划建设长远效益之间的矛盾，以及房地产的发展与城市规划的土地管理的一些矛盾。现在这个事情在各个地方都是普遍的。由于房地产业发展冲击了一些长远的规划，突破了一些规划的规定，所以在许多城市也出现了规划控制不了建设、规划不断被现实修改、法规定了也没用等问题。这是商品经济发展过程中的一个问题，从长远看，这个矛盾是可以解决的。因为商品经济发展在我们国家目前还处于一个特殊阶段，在世界上可不是一个新鲜事物，很多国家都是在这个发展过程中照样做好城市规划，而且有很好的城市规划管理。这一点，我觉得郑州还是很有意义的：郑州本身历史上就是一个商代都城，今后，将是更大的全国经济贸易中心。在全国相当大范围内，郑州处于东、西、南、北交点的位置，在这个地方做好这个工作以后，别的城市就可以参照。在郑州做好古城保护、做好以商务为中心的城市规划将会有非常重要的借鉴、指导意义，这在一个没有历史基础的城市是很难做到的。没有历史基础的城市，它本身的这个矛盾不突出，不会看到这个问题。在郑州这个地方，这个问题比较明显和突出，因为多少年来，都是这个状况。我个人的看法是不矛盾的、是完全可以统一的。现在，世界上很多国家都在讲，光搞经济发展都会变成经济动物，长远发展要有后劲，就要有文化，科技文化与商业贸易应该是相辅相成的。现在讲寻根，什么事情都要有一个根。历史文化是我们这个社会发展最重要的一个根系所在，没有一个根，很多东西发展就不行了。历史文化之所以重要、历史文化名城之所以重要，就是因为我们历史文化的主根在城市。所以，我们应该在城市重视这个东西，使一个城市符合现在流行的一种讲法：文明、健康、持续发展。不仅仅讲商业，还要有文明。这次会议很重要的意义，就在于能够把这两件事情在规划里面放在非常重要的位置，能够作出好的安排。

我再提出一个问题供研究，即商贸跟工业的关系。新中国成立以后，我们国家要走工业化的道路，理所当然把工业发展放在首位。没有工业就什么也没有，这个道理是非常明显的，到现在还是非常重要的。但是，再具体到一个城市的规划，工业的位置、作用恐怕随着经济文化向高水平方向发展以后，要发生一些变化。世界上很多名城都有工业，但工业不全在市区里面。在我国城市规划里面，往往在用地比例上跟国外的一些城市一对比，我们很突出的一点就是工业用地比例十分大，生活用地、商贸用地、文化教育用地比例很小。我们历来城市规划里工业用地的面积往往占到

40%~50%。而世界上名城的工业往往规划在很远的地方，并不在城市中心，特别是随着现在交通、信息技术的发展，只要上班能够很方便地到达，信息能够及时与外部世界沟通，那么工业用地的布置就不受什么限制。而恰恰因为经济规律使城市中心的土地非常宝贵，工业不能在城市中心，这划不来。

这次规划与以前规划相比，现在的规划越来越明显地走向区域，从区域角度考虑这个问题。联系到各类产业布局的问题，就比以前规划打开来了，不把很多城市一搞就搞成大而全或小而全的城镇布局。随着基础设施的发展，按市域范围来看，为使城市中心区保持更加好的环境，很多工业的布局有相当一部分是可能也应该往外放。按今后的发展趋势，持续发展具有活力、吸引力的环境条件是很重要的，没有一个好的环境，很多方面都不能成为名城了。这次规划很好的一条，就是重视了区域问题，有可能使很多产业、很多方面找到更加好的布局结构。郑州城市中心现在已经相当繁荣了，商业的气氛非常浓厚。郑州的特色也非常明显，反映出这是一个历史文化名城，这样才能有很大的吸引力。在城市中应该有很多的历史的东西给人们思考，应有相当多的博物馆，让人不仅知道现在，还要了解3000年以前。应把历史文化名城同商城很好地结合起来，并让现代的东西在新的地区规划建设。

我想郑州以后应该是有丰富文化气息、环境优美的城市，在中国的中心地带应该有这么一颗明珠，无愧于我们伟大的国家、伟大的历史。

总结经验，放眼未来，做好乌鲁木齐城市规划工作

——考察乌鲁木齐市规划工作后的发言

我大学毕业时，非常向往到新疆工作，那时北京的建设更需要人，所以全部毕业生都留下了，但来新疆看看一直是我的愿望。在部里工作时，看到乌鲁木齐已到百万人口，感到乌鲁木齐是有特殊地位、特殊意义的城市，就有意识地注意新疆的城市问题。

这次在乌鲁木齐看了一天半，有了个初步印象，建设速度之快，现代化程度之高是出乎意料的，但是地方特色比想象的少，和内地大城市没有多大差别。这里的商品也非常丰富。

今年是"城市规划年"，要强调依法治城、执行规划的重要性，如果因规划失控而发生问题，是要后代付出代价来偿还的，所以我们的责任很重。

乌鲁木齐也在按部里的要求在修编总体规划，要好好利用这个机会。现在修编规划，要解决跨世纪的问题。我主张首先要好好总结经验，城市都在发展，也都有潜在的问题，要把存在的问题都暴露出来。搞规划的人要从目前存在的问题中找出路，从期望的目标中制定设想，找到解决问题的方法。我们不要只在规划界里讨论规划，要把规划中发现的矛盾和问题向社会宣传，要向群众宣传，也

本文为周干峙先生1995年8月在新疆乌鲁木齐市考察，并听取乌鲁木齐市城市总体规划修编工作的汇报之后，于8月11日所作的即席发言。本文根据周干峙先生保存的资料整理，标题由本书编者修改，原标题为"周干峙院士谈城市规划"。

要向决策层宣传。不讲清楚现在存在的问题，就无法理解规划的意图。社会发展过程中有成功和不成功的经验，现在有不少文章讲认识上的误区、讲时弊。讲清存在的问题就是在总结经验，如果经验教训搞不清楚、好坏不分，规划就无法进行，这是非常关键的。

乌鲁木齐的新市区很开阔，但旧市区很拥挤，地形复杂、建筑密集、环境质量不高。旧城改造不可能不拆迁，但要避免过度拆迁、超强度开发，把旧城搞得拥挤不堪。旧市区密度继续增加、绿化用地不断被占、很多好的规划不能实现的情况和沿海城市一样，市场经济和房地产开发对此有一定影响，这样一来城市的品质必然下降。人口规模过大、绿地比例减少、环境质量降低，地价也会掉下来，城市吸引力也会下降，从长远观点看，当然不是好事。

现在我们的观点是要"可持续发展"，不只是今天"发展"，今后也还要能"发展"，这是个世界范围的问题，乌鲁木齐也不例外。乌鲁木齐的土地条件很好，如果把建筑物建得太密集，最终就会造成"不可持续发展"或者"不适宜持续发展"的环境，就会给子孙后代带来很大的损失。所以从规划布局来讲，旧区要向外疏解，当然也还会有适量的发展。

我多次讲过搞规划的人一定要研究房地产业，要走在房地产业的前面，对每块土地都要能够讲清楚它的经济效益，而且讲得比别人更实在。

现在有一种观点认为，中心区高楼林立就是现代化。全国的大城市中心区都是高楼林立，大立交进城。乌鲁木齐的河滩路过去是条河，现在是南北向的城市快速干道，建立交似乎不可避免，但是大城市里要尽量避免把大型立交引入城里。有的领导同志对这些问题也不是很清楚，总以为高楼大厦、大立交就是现代化的标志。规划人员要讲清道理，完全不要高楼是不现实的，但是建多少、高到什么程度要有一个限度，如果要把新疆的城市建成香港那样高楼林立，只能是个笑话。

乌鲁木齐也存在节约用地的问题，但和水资源相比，后者的问题更为严重。有水才有地，没有水地就会成为沙漠，沙漠是不能建城市的，怎样结合水资源的问题把规划布局搞好，还有很多工作。

市、县之间的问题，许多地方都存在，南方许多地方都是市外面是县，当县的经济发展到一定规模，符合设市的各项标准时，县就要升为市，成了市包围市，结果许多方面重复建设，如电视台、飞机场等。这些问题不是一下子能解决的，但最终还是要服从经济规律。问题到了严重阻碍社会经济发展的程度，最终还是要解决的。我们要及时总结经验，把这些问题讲在前面，避免损失。

我搞了几十年规划，形成一个概念：搞规划的人要想很多事，别人想的事我们要想，别人不想的事我们也要想。20年、30年后城市是个什么样子，各种建设项目怎样安排才能互不干扰，城市环境质量如何，这些问题由谁来想，环保工作者当然要想，但我们也非想不可。

历史证明，规划部门的意见当时也许行不通，若干年后回过头来看，规划的观点是正确的。在这些方面一定要坚持，一定会得到正确的结论。在其他国家、其他城市都已有的经验教训，应该是很清楚的。即使当时不能被全社会理解，规划工作者也要作反复宣传。

控制性详细规划，是适应市场经济下城市规划管理需要产生的，要分别在不同区域制定各项指标。发达国家的控制性详细规划是有法律效力的，开发商都服从这些规定。

高层住宅有它的优点，但很快就发现它在使用和环境方面的弊端太多。在上海市的多层住宅售价已高于高层住宅，就说明其中的问题。高层住宅要搞成每户面积很大、设施很完善的公寓是合理的，目前乌鲁木齐还不适合搞这样的高层公寓。

乌鲁木齐有自己的特点，它在新疆城市中的地位是无可替代的，和其他城市的条件差别很大，交通、资源、土地条件都很好，问题就在于水资源不足，但城市将来肯定会有很大发展。

我们搞规划的人共同面临的困难，即规划受到市场经济的冲击，既受到重视又受到误解，工作难做，责任重大。所以要把正确的规划观点向社会宣传，让大家接受。规划工作的机遇大于挑战，希望大于困难，让我们共同努力，把城市环境搞好，把人民生活搞好，为子孙后代造福。

对金昌城市规划建设问题的几点意见和建议

——甘肃省金昌市城市规划研讨会上的发言

金昌是我国矿产资源型城市中非常重要、非常特殊的一个城市，是全国唯一的镍矿城市，就像是独生子一样。镍矿又是不可或缺、不可替代的，所以在众多矿产资源中，镍矿有着它极其独特性的一面，有着非常重要的位置。这就决定了金昌市是一个很特殊的城市，在矿业城市中，它也有着特殊的地位。正是由于有了这个"金娃娃"，我国城市的不锈钢装饰才能普及。今后，随着科学技术的发展，我们认识世界、认识物质越来越广泛深入，稀有金属的地位会越来越高。很显然，随着今后科技、经济的发展，这个走势越来越重要，金昌的地位也越来越重要。为此，我就从对金昌总的认识、资源与环境的问题、城市建设与规划三方面谈谈个人的意见和建议。

一、对金昌总的认识

金昌这座城市在特殊条件下应该说是作出过特殊的贡献的。近40年来，在戈壁滩上建起了这么一个总人口40多万人、中心区近20万人的现代化新城，这个新城完全是靠自己的力量建设起来的。虽然要讲现代化程度，可能还不如世界上别的地方，但在生产、生

会议时间为2003年7月5—6日。本文根据周干峙先生保存的资料整理。

活、交通等各个方面做的大量工作，恐怕在别的地方也不见得那么容易能干起来。所以，我首先觉得金昌建成这么一个城市很不容易，而且有非常重要的意义，证明了我们完全有能力根据自己的特点和情况办好自己的事情。现在有的地方连修个住宅都要请外国人来设计，连自己的住宅都好像自己设计得不过瘾。为了请外国人设计、请外国人规划，经常国际招标，搞一次都是几百万元，甚至上千万元，浪费了很多钱。所以金昌能这么做，对增强我们的信心，进一步做好下一步工作，具有非常重要的意义。更重要的是，我们在这个过程中间，已经取得了不少自己的经验。金昌这个地方是戈壁滩，远离其他城市，离兰州、银川直线距离都在300千米以上。在这样的条件下，从头搞起，很多地方都搞得非常好，如温州购物广场、天水路商业步行街等，虽然比不上一些豪华的大城市，但非常符合金昌这个城市的特点。总的来看，金昌这个地方比较开阔，马路非常宽阔，城市环境比较好，比较宜人，很适宜居住。市区房屋的高度、密度，城市的绿化、美化都是根据科学的规划严格实施的。我觉得金昌有条件建设成一个更宜人的、更具有吸引力的城市。在今后的城市建设方面，建议在认真总结自己经验的基础上，必须汲取更先进的、更好的东西。需要指出的是再好的东西拿到我们这里来，恐怕都要根据我们的生活需要有所修改，绝不可照搬。城市是不能克隆的，也不存在这个可能。另外，城市建设要突出文化品位，努力提高人们的精神生活。

二、关于资源和环境问题

准确地讲，是金昌的水资源和大环境的问题。这对金昌今后的规划和建设是一个长期的、严峻的事实，不可避免地要长期存在。

我们恐怕很多东西的考虑都不能离开这么一个基本的条件。前几年，我随中国工程院西北水资源调查组来过金昌两次，最近已经完成了一个报告，正在进行最后的修改。

西北最严重的问题是水资源缺乏，而且这个水资源经过多年的超量开采以后，现在欠了很大一笔账，怎么样恢复到适合于人们生活和经济发展的水平，这就需要进行许多重大的结构调整，进行环境恢复和整治工作。虽然我们处在一个局部地区，但是不能不考虑全局，现在我们搞规划，都已经逐渐树立了这个观念。我们不能孤立地就城市论城市，必须看到全局，必须看到周围的环境，以至于更大的、全国的、世界的环境问题。

西北的环境问题中，较突出的是河西走廊的环境问题。河西走廊处于非常重要的位置，经济上已经发展成为甘肃省的一个重要经济区，是全国重要的商品粮生产基地，在全省的经济发展中名列前茅。但是，随着近年来生态环境的逐步恶化，特别是水资源的超量开采，荒漠化程度越来越严重。要知道我们处在这样一个环境下、这样一个规律下，对于我们建设规划和建设事业来讲，原来的方案都提得很好，要建设节水型城市，这是毫无疑问的、绝对必然的。我们还有许多工作要做，为了改善环境，建一些公园、一些绿化带都是有必要的。因为既然有人在这里生存，就要把这个小环境治理好，但是搞好小环境首先要考虑的是水资源短缺的问题。我在随水资源调查组来的时候，提出这样一个建议，今后西北地区的发展要根据水资源来决定，以水定城、以水定建设目标，金昌也不例外。这个建议还需要我们在以后的规划和建设中加以认真考虑。我们搞节水型社会，最大的一条是农业，这个问题在河西走廊都是一样的。河西走廊80%的水用于农业，所以灌溉农业必须改变。我们要结合西部大开发的机遇，大力调整农业产业结构，发展一些用水少的畜牧业和养殖业，要切实改变传统农业的发展定式。同样，城市也不能敞开用水，必须实行节水措施。城市的规划目标很关键的一点还要考虑人和产业的问题，现在我们一方面强调节水，另一方面人口又在急剧地增长，生产用水却在极大地消耗，这怎么办呢？虽然我们已从市外调水成功，但调到一定程度，就会出现一些新的情况，用水受到限制后怎么办？因此，我们要解决好这个矛盾。

金昌总的发展战略提到要"做大做强"，这个"做大"我觉得恐怕得好好考虑。"做大做强"首先是从湖南长沙提出来的，后来又提出来"做好"等。普遍的"做大"我们现在已经有点担心了，全国都做大，城市规模要扩大，这是好还是不好？企业做大做强不错，企业要做大，如金川公司"5511"目标已经完成，现在又提出的目标我看又加倍了，这完全有必要，从国家来讲是需要的。但是现在的问题是怎么做、怎么布点，这些都是需要认真考虑的。我不反对你们讲"做大"，但是我想至少在城市规模和人员分布上，恐怕要跟沿海城市不一样，环境绿化也是一样。环境绿化你们已经做了大量工作，万亩林带也完成了，公园搞得也很好，但是耗水量很大呀！我昨天看了林带，万亩林带可能有二三百万棵树，这么多的树用水浇灌，究竟有多少水可以利用。水还有成本的问题，如果说一棵树用去一个人的水，那么从水的角度来讲，这片林带就等于为这座城市增加了至少几十万人。所以如果搞过头的话，种了很多，维持了几年后因干旱缺水又死了许多，那样恐怕还是要研究一下。金昌在戈壁滩上建设起金川公园和北部绿化长廊这样浩大的林业工程很不易，展现了金昌人民改造自然的巨大勇气和信心。然而在大搞绿化的同时，一定要把合理利用水资源作为一种科学的规划慎重考虑。北部绿化长廊利用地下水灌溉，地下水位又在逐年下降，由于该地的蒸发量是降水量的24倍，靠雨水自然补给没有可能。如果地下水位持续下降，就会对树木生长构成威胁。如何解决建设和水资源匮乏之间的矛盾，是个十分复杂的问题。听说金昌已着手利用生活污水取代地下抽水灌溉，这是生态观念的进步，要多在节水上下功夫。只有做到以水定发展，金昌才能永葆生机，走上可持续发展的道路。要合理配置利用水资源绝不是哪一个部门的事情，工业、农业、城乡生活都要建立全方位节水的新机制，千方百计把有限的水资源管好、用好、保护好，只有实现水资源的永续利用，才能更好地改造城市生态环境，实现人与自然的和谐共处。

另外，昨天我看了新盖的那个住宅小区很漂亮，但是房子以外，全是戈壁滩上的景象，没有绿化。因此，要把有效的资源和宝贵的植物材料放到最合适的地方，要注意合理布局，根据资源特点，有的地方要做大，有的地方要做小。从城镇的关系来看，312国道和铁路显然是一个重要的交通轴，那么从永昌到火车站，一直到金昌，很明显是一条非常合适的城镇带。这座城市的人口，现在的规划是35万～40万人，从长远看，我主张规划要多留有余地。所以，为适应资源条件，在战略上布好点，并做好城市的规划结构尤其重要。

三、关于城市建设与规划问题

金昌的城市建设和规划要根据自己的实际情况做出自己的特点。由于金昌的实际情况是没有必要盖十几层、几十层的楼，赞成房子盖得低一点，但是质量水平一定要搞上去，总体规划上要紧凑。

从市区道路建设和规划来看，我们已经有一个道路网骨架，但是不是还需要增加一点支路。现在我们这个道路网都在800米左右，这是早期规划的一个特点，不太适于今后土地的利用。现在我们搞规划要搞到200～300米，最多300～400米就要有一条路了，这是为了长远的发展考虑。这个地方风沙大，路不宜太宽，交通干线可以搞到60米或60米以上，其他的像步行街、住宅小区里的那些道路，有20米就足够宽了，这样不仅方便，而且感觉很亲切，城市的特点也就显示出来了。现在尽是宽马路、大广场，其实应该有些小马路、小广场。关于绿化美化的问题，我看现在迫切需要的是小公园和宅前宅后的绿化美化，这个绿化美化不可能大面积种树，因为种了树就需要去浇灌和维护，就需要水。要把绿化和铺砌有机地结合起来，铺砌面积不一定都用石头，要用比较软一些，且更适合于人的材料。同时，有些地方还可利用盆栽的方式，尽量创造一些有特色的住宅区环境。城市建设要搞好，关键是把工作做深做细。目前在大规划很合适的情况下，要慎重地做好每一块的城市设计，一直做到重点工程的一些建筑方案。这方面最重要的一条就是不要抄，不要抄人家的建筑模式，要根据自己的实际情况，做出有自己特点的东西来，要讲究科学、讲究准确。现在有两个名词，我建议要慎重使用，第一，是"城市化率"。我们讲"城市化"，是指一个国家或者一个省的农业人口和城市人口的比率，这个比率数字是可以讲的，也很能说明问题。但是从一个城市来讲，郊区范围以内讲城市化率就没有意义了。第二，是城市要亮化。这也很值得推敲，虽然美化、亮化、硬化等大家都提，但这个亮化显然不行。亮化者，到处都亮也。恰恰世界上有些现代城市是不要亮化，甚至是不准亮化的。这个我顺便提出来，供大家参考商讨。

总的来讲，我们完全有条件根据自己的地方特色做出跟别人不一样的风格。作为祖国的镍都，金昌有着丰厚的文化底蕴和淳朴的西部民风。我们的城市应该是一个敦厚、殷实、文明的城市，不是那种浮躁的、光讲时尚的城市。

立足组团特色，规划武汉城市圈

——在《武汉2049远景发展战略规划》①院士专家咨询会上的发言

今天各位专家提了许多非常好的意见。我是搞规划的，就具体的规划提点意见。

一、更进一步明确要求武汉建成我国第一个，或者说是首先建成现代化的大城市地区

我最早到武汉是1952年左右，当时恰逢第一个五年计划，有156个工业项目选址。这里有钢铁厂，就在京汉铁路线上。我当时也不了解城市规划，就知道武汉是全国几大城市中很突出的一个。当时讲全国四大城市地区：京津地区、上海地区、广州地区、武汉地区。当时我们来了，通过介绍知道，武汉是三块并在一起的，东西40多千米，南北40多千米，这是别的地方没有的。那时候就讲武汉是全国最大的城市。156个工业项目出来了以后，武汉很快就编制了规划报给中央，我记得大概有七八个组团。60多年了，武汉市已经发展得很大了，都市发展区范围约3000平方千米，还是很突出的。南北、东西的距离已经超过五六十千米了。现在我们知道全国城市面积最大的恐怕还是武汉，不是北京。

发言时间为2013年9月17日，会议举办地为北京。标题由本书编者所加。

① 文中简称"武汉2049"。

现在看这个图，第二圈浅紫色的范围基本上都摆满了，现在正往第三圈上发展。拿飞机场做标准，飞机场在这里面，已经到了第三圈了。如果按照这样的规模，不是属一也是属二的城市圈。解决好这个城市圈有重要的意义。我国城市化发展到今天，我们慢慢意识到搞特大已经不行了，要搞城市群，所以现在全国搞城市群成风。据我了解，已经有50个城市群了。究竟怎么样是科学的、好的，武汉有历史条件摆在那里，又是最大的城市圈，我非常希望武汉能树立出全国的样板。

武汉城市圈非常重要的一个特点，是城市与自然密切结合。水面、河道都在城市圈内，不能打乱。我数了一下，大概十六七块完整的组团，中间分布水道、丘陵、山区，全国独一无二。这些都保留下来，显然是非常好的。

所以武汉的目标，简单来讲就是建立我国数一数二的现代化城市圈样板。武汉有这样的条件，一是历史条件，二是自然条件。至于这个圈怎么规划，目前的规划成果并未给出。只有环线是不行的，我主张最主要的是放射线。往西为什么不好好规划？沿着汉江和长江，武汉到随州、荆州都不远。具体来说，满足2小时车程能到是基本的条件。现在北京到通州，很多单位都适应了。通州的房子便宜，年轻人都住在那边，然后到城里来上班，还是一个城市。当然北京没有这么好的自然条件，密密麻麻都是房子，在北京生活感觉并不舒适。武汉可以保存如此好的自然条件，根据历史的经验，一个组团一个组团地发展，将来形成十几个组团组合的大城市。在这里，工作和生活是交叉的，交通是在一定时间内都可以到达的，这是我的第一点意见。

二、规划要放在重要的位置

从大的方面来讲，我国的形势很好，特别是下一步的形势非常好。全国都关心"城市化"的问题，街头巷尾，乃至学校都在谈论。但是我们的体制机制跟不上，这个问题需要中央去解决。现在提的"城市化"问题包罗万象，已经不单单是城市问题了，而是社会问题、经济问题、农村问题、城市问题都要结合起来考虑。到最后谁来拍板？我觉得现在的"拍板"很不理想。哪个地方的领导关心，多说几句就定下来了。但是这个问题需要专业和行政结合起来解决，不能简单少数人来拍板，历史上也有这个经验教训。另外需要做好综合规划，如果没有综合规划，怎么破解这些复杂的问题？但是这个规划很不容易做，因为各有各的利益。但是无论如何，这块应该碰了。我认为最大的这两个问题是我们关心的，但却不是我们所能解决的。

三、关于"武汉2049"

很多问题大家都谈到了。我想突出强调的是，围绕武汉的总目标，在"武汉2049"中，一定要注意生态和环境，不能打乱原来的水系、山系。而且要做到这十几块地区，每个地区都有特点，不能做得到处都一样，不能盖的房子都一样，每个区都应该有每个区的特点。武汉地铁在城区中基本形成了，武汉的高架桥也基本形成了。我在高架桥修建的时候来过武汉，我建议高架桥不能在市区、中心区摆放，可惜并没有采纳我的建议，导致现在市区到处都是高架桥。但高架桥并没有解决好交通问题，又给城市景观造成了负面影响。总的问题在于搞规划的往往是你搞你的、他搞他的，最后强行安在这里，不好协调。

我们国家大城市的交通问题很落后，尽管做了很多工作，但是合作还不够。日本东京的小汽车比北京多得多，但拥堵状况没有北京严重。为什么我国就解决不了呢？我们的车站都不愿意放在一块，地铁车站和公交车站都离得较远，谁也不服谁，这是不行的。我们一定要呼吁国家重视城市交通，一是重视领导机构，二是重视规划机构。规划需要一盘棋来干。

我再说一点具体建议。武汉得天独厚的是这十几块地方各有特色，但是要做出不同的特色，还要总结经验。现在武汉注重旧城改造，我想强调一下这方面。现有的高架路和地铁很混乱，我建议将来的旧城地区首先要往地下发展，在中心地区高架路的基础上把老城抬起来、把旧城抬起来，同时还要有各自的特色。但是这并不等于抬上来以后到处都是高楼，需要有计划地安排，盖少数的高楼。全盖高楼是不行的，但是根据我们国家的土地和经济情况，不盖高楼也是不行的。旧城改造要有特点，汉口对岸的汉阳周围也要改造，这个工作又不一样了，工作量非常大。

武汉太有希望了，全国城市很少有这么好的自然条件。那么漂亮、那么丰富多彩，但是一定要根据武汉市的特点来处理。我还有一个事情印象很深刻，当年苏联专家过来，那时候都已经懂得千万不能抄来抄去了。当时武汉碰到一个问题是污水怎么处理，我们给苏联专家算了半天账，最后他说别做了，因而当时武汉就没有设计污水处理，被否定了，但是后来还是做了。所以要根据这些情况因地制宜，做出武汉的特色来。

解读北京新总规

——访城市规划专家、两院院士周干峙

访谈背景： 在北京市国民经济和社会发展"十一五"规划纲要编制前夕，在实现"新北京、新奥运"战略构想的关键时刻，经国务院批准的《北京城市总体规划（2004年—2020年）》自然备受瞩目。新总规有哪些值得关注的亮点？它将给北京的城市建设带来什么样的深远影响？作为此次总规修编的领衔专家之一，周干峙院士接受了《北京规划建设》杂志记者的采访。

记者： 作为城市规划专家，您多次参与并主持全国重点城市总体规划的编制。作为此次北京总体规划修编的领衔专家之一，您如何看待国务院对新总规的批复？

周院士： 第一，要充分认识到新总规得到国务院批准的重要历史意义。自新中国成立以来，北京正式上报的总体规划有三次，这是第四次对总规的批复。北京作为千年古都，有着深厚的历史底蕴；作为新中国的首都有着50多年的现代城市建设经验和10多年来快速发展的经验。新总规就是在此基础上集其大成。与以往历次规划相比，本版总规分量更重，内容更丰富，重点更突出，特别是在规划观念和编制思想方面取得了重大进展，这对北京及全国城市都将产生深远影响。

同时我们也认识到，国务院批复之迅速在规划史上是少有的。

本文以"长路思远 步步求索——访城市规划专家、两院院士周干峙"为题载于2005年第2期《北京规划建设》，由文爱平访问、整理。标题由本书编者修改。

2004年11月底北京完成总规文件上报国务院；12月中旬通过部际联席会审查；12月下旬中央领导分别听取了专题汇报，给予充分肯定并作了重要指示；2005年1月12日国务院常务会议审议并原则通过了总体规划。整个工作只用了短短几十天的时间，对北京总规的重视可见一斑。

第二，从内容来看，国务院的批复全面、具体，很有针对性。批复共有12条，内容很详尽，从城市性质、规模、指导思想、发展方向等各方面进行了说明。它必然会引起全国城市的关注，这对于各城市新一轮的总体规划编制工作具有重要的指导意义。

记者：国务院批复涉及的面很广，内容很丰富，您认为最值得关注的有哪几点？

周院士：有四个方面值得关注。

首先，它反映了北京城市规划是在发展中不断探索、在总结历史经验基础上不断改进的。新中国成立50多年来，我们不断地学习国外城市的经验，先是学欧美，后又学苏联，改革开放后，学习的内容更广泛了，在这个学习过程中不断地充实自己。我们的城市建设现在还处于探索之中，当今全世界都在探索之中，北京是一个最大的探索之都。我认为研究城市科学问题要做到两个充分：一是充分认识取得的成绩；二是充分认识面临的挑战。近些年，随着城市建设的迅速推进，城市建设工作取得了巨大成绩，但也面临很多问题。科学发展观就是要善于总结经验，不断进步。

其次，批复第12条指出，总体规划是北京市城市发展、建设和管理的基本依据，一切活动都要符合总体规划的要求，必须认真组织实施。强调总体规划是一个整体，突出了整体的重要性和必要性。这就提醒我们，不管是搞城市建设，还是搞城市开发，必须要有社会的整体性概念。多年的开发建设实践告诉我们，现代城市里的方方面面都不是孤立的，它们互为依据、互相衬托。目前，我们这方面做得还很不够，如铁路不与公路衔接，地铁不与公交衔接，住宅小区不与交通衔接，这些都是不重视整体性的表现。现在有很多建筑，片面追求与众不同，追求标新立异。其实，共性和个性是相辅相成的，如果只讲个性，城市的建筑都像扭麻花一样，北京会是什么样？肯定不堪入目。北京之所以成为著名古都，不仅仅在于其悠久的历史，更重要的一点在于其整体性很强。如四合院的建筑之美就在于其注重整体性下的个性。"倾国宜通体，谁来独赏眉"，其实城市之美，既要有个性，还得有整体性。

再次，强调要结合国民经济和社会发展的"十一五"规划切实做好近期建设规划，并抓住重点和发展时序。总体规划为今后的规划编制工作搭起了平台，构建了框架。因此，我们应该进一步建立较为完善的城市规划体系，编制好近期建设规划，注意与国民经济社会发展的"十一五"规划等相关规划的衔接。城市建设先做什么、后做什么在计划经济时代不成问题，国家列入计划，按计划来做就可以了。进入市场经济后，情形则不同了，必须考虑市场的需求和承受能力，做好综合协调。

编制好近期建设规划，要着重解决城市发展中的突出问题，确定城市近期建设的重点和发展时序，确定城市建设用地的年度投放量及投放方向，确定城市近期大型基础设施的安排，确定城市近期发展的重大项目的空间安排。编制好近期建设规划，也就是制定近期的开发规划。有些地方的项目开发往往是开发商起决定性作用。应当加强政府的主导作用，不能被开发商牵着鼻子走。

最后，我们还要不断总结，继续前进。北京城市的发展建设要贯彻科学发展观，按照经济、社会、人口、资源和环境相协调的可持续发展战略，为中央党、政、军领导机关的工作服务，为国际交往服务，为科技和教育发展服务，为改善人民群众生活服务。要做的事情很多，必然有成功之作，也难免有败笔。规划部门就是要结合实际情况研究，总结现在城市建设中的一些败笔，这大有文章可做。只有总结成败两方面的经验和教训，才能使我们考虑问题更周全、更深入，不要等出了问题再来改。北京的城市建设每年都有很大的投入，有许许多多错综复杂的问题，我们用不着动不动就去学外国，不要盲目克隆国外的东西，要认真分析、善于总结，要把经验变成办法、变成财富。

记者：新总规与以往的总规相比，您觉得在内容方面有哪些进步？

周院士：新总规在10个方面取得了重大进步。

第一，进一步明确了北京的城市性质。城市性质的确定经历了很多反复。以前的总规曾强调北京是经济中心，后来又强调是科技中心、教育中心、旅游中心、交通中心等。我数过，最多时提到过有20个中心，那样不太科学。城市有自己的发展规律，城市是综合的，但不可能面面俱到，城市得有分工，有发展的重点。

第二，提出了人口规模，要有一定的城市人口的规划，一定要有科学合理的控制，不是越多越好。

第三，提出了用地规模要有一定的控制，不是越大越好。

第四，明确了历史文化名城保护的地位。要做好北京历史文化名城保护工作，完善旧城保护措施，严格控制旧城的建设总量和开发强度。没有古都的特点，就没有北京的特点。北京的特点集中体现在四个方面：独特的城市格局、各级文物保护单位、优秀近现代建筑和历史文化保护区。

第五，提出了要保护好生态环境，将北京建设成为山川秀美、空气清新、环境优美、生态良好、人与自然和谐、经济社会全面协调、可持续发展的城市。

第六，提出了产业结构要合理布局。加快发展现代服务业、高新技术产业和现代制造业。产业发展要提高品质、减少污染，如搬迁首钢就是很有远见的举措。

第七，提出了中心城要调整优化。开发建设要因地制宜，不是大拆大迁，搞大改造。

第八，强调了区域协调。既强调了市内中心城区与新城的发展关系，要建立完整的城镇体系；又特别强调了地区之间的合作，要积极推进京津冀以及环渤海地区经济合作与协调发展。

第九，强调了市政基础设施的健全。同时，要治理污水和废弃物，要用好净水和节约用水，要节约能源、热源和各种资源，发展节约型社会和循环型经济。城市应对突发事件的能力也有待加强。

第十，提出了宜居城市的概念。文本一开始就提出了北京作为现代化城市的发展目标：以人为本、和谐发展、经济繁荣、社会安定的首善之区。坚持以人为本，切实解决好人居环境和交通、上学、就医等关系人民群众切身利益的问题，构建和谐社会。

记者：您对交通问题颇有研究。新总规提出，预计到2020年，全市民用机动车拥有量将达到500万辆左右。您觉得这个数量能否控制得住？解决北京的道路交通您有何建议？

周院士：总体规划中的所有指标都不是过去的计划指标，它是一个规划指标。能否控制得住，我们得全面地看。如果控制得法又碰上油价大涨，就有可能控制住；但如只考虑汽车是支柱产业，加快发展，控制不得法就控制不住。

2005年2月16日，旨在控制二氧化碳等温室气体排放量、抑制全球气候变暖的《京都议定书》正式生效，环保问题已引起了全世界的关注。从这个角度来说汽车不能不加控制地发展。现在很多国家都在研究其他新能源，有的已颇见成效。

解决北京的城市交通问题，我主张：一要大力发展公共交通；二要对机动车控制使用，但不控制购买；三要保持自行车使用并推广电动自行车。北京冬天风大，宜用电动自行车。在我国，曾出现过两次电动车热，但由于当时高能电池尚未过关，未能成功。以前的电动自行车用的是铅酸电池，重量太大、寿命短且每次充电后续驶里程不长。但现在不一样了，电池的研究是国家重点科研计划项目。高能电池的研究已取得了很大突破，如锂电池、镍氢电池重量小、寿命长。有一天这种电池大批量生产了，价格便宜了，就有可能应用到自行车和汽车上。

现在，我们的城市正面临一个真正的大提高、大发展时机。要保持城市健康和可持续发展，认真贯彻落实总体规划是重要的一步。

《城市设计概论：理念·思考·方法·实践》序

　　这是一本比较系统论述现代城市设计指导思想、设计理念、设计原则、设计方法、设计评价的书，也论及城市设计的实施与管理。虽是"概论"，但它上溯城市设计的发展历史，分析了主要西方国家自20世纪60年代以来现代城市设计得到发展的背景，也联系了中国当前的实际，结语落在"如何做好中国的城市设计"这个命题上，这些是十分有意义的。

　　如何做好中国的城市设计确实是当前需要着重研究的问题。近年来，城市设计得到很多城市政府的重视，但常常被理解为打造城市形象、美化亮化城市的工具，出现不少大广场、景观大道、豪华住区等，这是一种对城市设计片面、表面的认识。城市设计是对城市空间、环境、场所的综合性设计。它既涉及视觉艺术问题，也涉及功能和经济问题；既涉及规划、建筑、园林、市政工程等专业技术，也涉及社会、经济、环境、管理等广阔领域。总之，它和城市规划一样，是多学科融合交叉的一项工作、一门学问。

　　关键是，城市设计是为人、为公众而做的设计，要把改善和提高城市生态环境和公众生活的质量放在首位。这是我国城市设计应有的重要指导思想。本书在这个问题上的论述是非常有益的。这本书论述清晰、观点明确，兼有理论性和知识性，文字通俗易懂，还有典型案例可供读者参考，是一本值得各级领导同志和专业技术人员一读的好书。特此为序。

本文为周干峙先生为《城市设计概论：理念·思考·方法·实践》（邹德慈著，中国建筑工业出版社2003年5月出版）所作的序，写作时间为2003年3月。

《山地城市规划与设计：黄光宇作品集》序

近几年来，在科教兴国的时代氛围中，科技出版事业兴旺发达。有关城市规划、城市设计的书籍也开始多起来，对提高我国规划设计的水平起了重要作用。黄光宇先生的这本集子主要是通过他43年在校的教学和实践，提炼出了52个项目的有关图纸，其中大部分为山地城市规划，以地处云、贵、川者为多；也有其他如广州、烟台、中山等平原城市。我国是多山之国，利用山地资源时注意发挥山地特色，黄光宇先生作了长期的研究，在巫山等城市规划实例中作了比较充分的发挥。可惜由于水库设计水位变迁，先期做的规划未能得以实施。目前山地城市规划有盲目模仿平原城市的倾向，应该总结提高。前车之鉴，仍不失为后事之师。

由于作者的经历，从建筑学到规划学，从一般城市到山地城市到生态型城市，从一个侧面记录了新中国成立以来的历史过程，反映了规划人员认识深化的过程，这对当前普遍提高我国城市规划设计水平是很有意义的。

城市规划是以城市空间布置为载体的综合性学科，实际工作必须要有大量的研究分析，最后要用图纸来表达，所谓"以文载道"和"以图演义"。在现有的论著中，看来还是前者比较多；而后者，用各种图纸来总结、论述的还比较少。本书以图为主，反映实际，总结经验，是难能可贵的。缘此，我认为本书是一本有价值的教学、研究和规划设计的参考图集，故乐意为之作序，以荐读者。

本文为周干峙先生为《山地城市规划与设计：黄光宇（1959—2002）作品集》（黄光宇著，重庆大学出版社2003年1月出版）所作的序。根据周干峙先生保存的资料整理。

规划管理

城市规划管理的经验总结及改进要求

——在全国城市规划管理工作会议上的发言

我主要谈两个问题，一是要总结好取得的经验，二是要解决好新出现的问题。

一、要认真总结改革开放形势下城市规划管理工作的经验

从新中国成立算起，我国的城市规划管理工作已经有30多年的历史，在实践中积累了丰富的正反两方面的经验。我想可以归纳成以下五条基本经验。

第一，要有一个能正确指导建设的科学规划。"六五"期间，集中地抓了城市总体规划的编制和审批工作，并相继开展了分区规划、详细规划和各项专业规划的编制工作，解决了城市规划的有无问题。这就从根本上改变了过去规划废弛、盲目建设的混乱状况，为规划管理提供了依据。所以，规划是管理的基础。

从实践的意义上讲，管理过程也是规划的过程。我们说规划管理越来越重要，甚至在某一时期说把规划工作的重心转移到实施管理上来，绝不意味着规划编制工作就可以放松了。

本文节选自以"建设部领导谈城市规划管理——储传亨、周干峙副部长在全国城市规划管理工作会议上的讲话"为题的文章，载于1988年第1期《城市规划》。标题由本书编者修改。

规划应该向"深细"方向发展，这是规划发展的需要，也是规划管理的需要。那种认为在新形势下规划宜粗不宜细、宜浅不宜深的看法是不符合实际的。

第二，要有一套保证规划得以实施的法规。多年来的实践证明，加强法制建设，实行法制管理，是搞好城市规划管理的基本手段，也是管理现代化的重要标志。

多年来的实践还证明，立法难，执法更难。要重视立法，更要重视执法。一些城市通过法院来解决规划实施过程中的违法问题，这是以法治城的方向，是实行法制管理的重要手段。

第三，要有一套合理的体制。各地的经验证明，不把各方面的体制理顺，规划管理就难以进行，规划管理就难以变被动为主动。

第四，有一个能够协调各方面关系的、具有高度权威的统一领导，是保证规划管理顺利进行的关键。首先是城市政府必须真正把工作重点转移到抓城市的规划、建设和管理工作上来，市长要亲自抓城市的规划管理，支持规划管理部门行使规划管理的综合职能。其次是城市规划部门要把自己建设成为能够为市长出主意、当参谋，能够担负起规划编制和管理任务的政府职能部门。最后是规划管理权必须集中在城市政府。不坚持这一条就不可能有统一领导。特别是在改革、开放、搞活的形势下，企事业单位利用自筹资金进行基本建设和技术改造的自主权扩大了，有权决定一定规模的建设项目。在计划管理权下放、投资审批权下放的情况下，规划审批权越是要集中，管理越是要统一，越要坚持"规划一张图，审批一支笔，管理一盘棋"。否则，城市建设就会搞乱，城市规划的实施就没有保证。

第五，有一支熟悉业务、事业心强、敢于坚持原则的规划管理队伍。规划管理不是一般的行政事务工作，具有很强的技术性，这就要求规划管理人员必须懂规划，熟悉规划业务。对规划管理人员来说，应具有敢于坚持原则和热忱服务的精神。

总之，科学的规划、完备的法制、合理的体制、统一的领导、精干的队伍是搞好规划管理工作的前提和保证。

二、城市规划管理工作要进一步适应改革开放的需要

同迅速发展改革、开放的形势相比，同建设现代化城市的需要相比，我国的城市规划管理工作无论在主观和客观方面都存在很大差距和困难。我想，可以归纳为以下五个方面。

1．要进一步增强搞好城市规划管理工作的使命感和紧迫感

为把我国的城市逐步建设成为开放型、多功能、社会化、现代化的前进基地，首当其冲就是要搞好城市规划和规划管理工作。我们处于这样一个生产力大发展、生产关系由旧模式向新模式转换的重要时刻，必须有强烈的历史使命和责任感，在改革中努力探索具有中国特色的城市规划管理道路。具体地说，一是规划管理人员在熟悉规划管理业务的同时，要用更多的精力去研究经济问题，研究经济体制改革问题，树立起商品经济的观念、综合指导的观念，更好地为经济、社会发展服务。二是要积极参与城市建设体制的改革。对于当前正在逐步开展的城市建设综合开发、配套建设工作，住宅商品化工作和住房制度改革工作，土地有偿使用工作等重大改革措施，规划管理部门要积极参与研究，掌握动态。一方面要把改革的要求体现到规划上来，另一方面要发挥规划部门的综合指导作用，提供规划服务。三是要大力进行规划管理本身的改革，特别是要加快科学化、制度化的进程，在理顺外部体制的同时理顺内部的

管理体制，提高管理水平和办事效率。

2．规划管理要贯穿于建设活动的全过程

一些城市提出要加强规划管理的"超前服务"和"批后管理"的问题。我们认为，这个问题提得很好，是我们规划管理工作深化的一个表现。规划管理工作就是要贯穿于建设活动的全过程，从提出项目、进行可行性研究到选址定点，从发证放线、进行建设监督到竣工验收，各个环节都要进行严格的规划管理。

这里，我想特别强调一下"超前服务"的问题。"超前服务"大体上应该包含这样几个内容：一是要及时地掌握建设的信息；二是要做好建设选址的预安排，建立规划储备；三是要通过规划反馈，把规划意图事先反映到建设项目的决策中去。这样，我们的规划管理提前介入计划和各行各业的规划，就可以避免规划部门常常被迫处于事后"反对派"的境地。同时，使规划管理部门有比较充裕的时间对建设项目的用地和建设进行合理的安排，提高规划的科学性。

另外一个就是"批后管理"的问题。我们的规划管理工作，不能仅仅做到定点放线、审批发放许可证这一步为止，对于后一段的建设监督和竣工验收也要加强规划管理。特别是当前一些城市在综合开发中，不按批准的规划建设，往往单纯追求经济效益，采取增加建筑层数、提高建筑密度、削减配套设施等错误做法；一些城市违章建筑屡禁不止，影响规划的实施。这就需要我们加强"批后管理"，杜绝这些现象的发生。

3．切实加强对城市用地的规划管理

这个问题是这次会上反应比较强烈、讨论比较热烈的一个问题。我们需要着重解决好两个方面的问题。一是在改革开放的形势下，城市土地寸土寸金，要合理用地，节约用地。实践证明，由于

我国长期以来实行一种土地无期无偿划拨使用的办法，不仅使得土地这样一笔巨大的财富无法投入商品经济的流通、循环、增值的过程，而且由于一些单位多占少用，造成了一些土地利用不合理的现象。采取土地有偿使用的经济手段以后，就能够解决用行政手段难以解决的土地利用问题，而且成为城市建设资金的主要来源。因此，规划管理部门要积极地和房地产业管理部门协作、配合，开展土地有偿使用的研究工作，力求使我们城市土地管理工作有一个大的突破。在中国香港地区，这一问题就有土地行政、银行、物业等部门参与，而规划部门是城市土地的主要管理部门，责无旁贷地要参与研究、决策和管理。二是要规划好城市的每一寸土地。城市规划的核心就是城市的土地利用规划，而建设项目的选址定点管理又是城市土地管理的核心，从这个意义上说，城市规划部门就是城市土地的管理部门，我们要很好地履行这个职责。很多同志反映不仅要加强对规划区内的土地管理，而且要加强对规划控制区范围内的土地管理。我们认为这个意见是对的，规划管理和土地管理密不可分，这是符合客观规律的。现在有一些省把城市规划管理部门法定的对建设项目的选址、定点的管理职能划给了土地管理部门，这是不符合《城市规划条例》和国务院相关精神的，也是不符合《土地管理法》的有关规定的，必须纠正过来。

4．抓紧建立配套的法规体系

"七五"期间立法工作的任务，要以制定《城市规划法》为中心，努力建立城市规划管理的法规体系。这个体系应当包括三个方面的配套：一是规划的基本法和各个单项法规要配套；二是技术法规、经济法和行政管理法规要配套；三是国家立法和地方立法要配套。有了这三个配套，才能形成比较完备的法规体系。这里我想着重强调一下技术法规和地方立法的问题。行政管理法规往往只能提出一些原则方向和工作程序的要求，而规划管理既要有原则的指导，又要有定量的控制。这就需要有内容详尽、符合科学规律的技术性法规。这个问题已经讲过多次了，要抓紧解决。"七五"期间，建设部准备抓紧制定城市规划用地分类和用地标准定额、城市基础设施和公共设施规划定额等九个技术规范。

城市规划地方性很强。要因地制宜地搞好规划管理，各地区、各城市就必须结合自己的特点和条件，在国家法规的原则指导下有针对性地制定地方性法规。有些法规国家还正在制定，但是各地不能等，可以先行制定有关的地方性法规，以利加强城市规划管理工作。特别是前面讲到的技术法规，希望各地抓紧研究，有条件制定的要尽快制定。像住宅区的建筑密度、建筑间距、容积率以及历史文化古城和风景旅游城市建筑高度控制的规定等地方性法规，各省市自己就可以制定。各省和各个城市都要制定立法计划，设立机构或指定专人来管立法工作。还没有规划管理办法的城市，在明年内都要抓紧制定出来。

5．加强对城市规划管理工作的领导和机构的建设

在加强领导方面，我前面已经讲过了。这里还要再强调的，一是城市政府要抓规划管理，市长要亲自抓规划管理；二是要有健全的规划管理机构。从目前的情况来看，城市，特别是大中城市，虽然已经有了规划管理机构，但是任务重、人手少，今后管理工作的要求越来越高，既要管得严，又要管得细。因此，规划管理队伍只能加强，不能削弱，这是客观形势的要求。当前，特别要注意充实和加强省、自治区一级的规划管理力量，使他们有力量承上启下，制定地方性法规，加强宏观管理，指导和推动各有关城市的规划和管理工作。有的省一级规划管理机构只有一两个人、两三个人，甚至个别省还没有规划管理机构，这样怎么行呢？省一级规划机构要

加强，使它能够承担起以下五项职责：一是要参与重点工程、大中型项目的可行性研究和选址工作；二是贯彻国家的有关方针、政策和法规，负责规划方面的地方立法和法制管理工作；三是协调各方面的关系；四是检查指导和督促推动各城市的规划编制和实施管理工作；五是负责规划设计和科研工作的业务归口管理。

加强城市规划管理，发挥龙头引领作用

——在沿海城市规划工作会议上的发言

住宅商品化、私有化和土地的有偿使用，是中央早就提出来的两大政策，实质也是建设部门的两大改革。现在看来，改革房租，卖旧房子，推动房地产业，带动建筑业，城市建设资金才有可靠的增值渠道，这一点跟城市规划有密切联系，是规划的一个重要基础，我们要参与这方面的工作。这次会上交流了各地城市规划工作怎样适应改革开放形势的一些经验，认真讨论了沿海城市规划改革的原则，参观了大连市和大连经济技术开发区，是有收获的。当然也听到大家提了不少的问题和困难，主要是关于城市规划本身的体制和改革，以及贯彻规划的政策措施等问题。这些问题提得很及时，但是有些问题不能马上解决，因为这些问题的解决还要有个过程。现在把问题理清楚，对问题有一定的认识，才能给以后问题的解决提供条件。今年建设部还准备召开全国建设工作会议，把这些问题理清楚，对全国建设工作会议也是一个准备。下面我讲三个问题。第一，讲一下近几年城市规划工作的进展和成绩，这是要充分肯定的；第二，讲一下我们的工作还有很多差距，特别是不适应改革和建立社会主义商品经济新秩序的需要，很多观念要变；第三，从城市规划部门的职能来看，在原有工作的基础上需要有一些发展，职能也要相应地改变。

发言时间为1988年9月24日。本文根据周干峙先生保存的资料整理，标题由本书编者所加。

第一个问题，城市规划工作取得了很大的成绩。这是要充分肯定和很好地宣传的。近10年来是新中国成立以来城市规划的第二个黄金时期，"一五"时期是第一个黄金时期。现在这个时期各个城市完成的总体规划，包括专业规划和长期规划、近期规划，数量是很大的，使城市建设按照规划来进行，城市面貌有了相当的改进，实际上明确了规划在城市建设中的龙头地位。是否可以这样评价——不重视规划的建设情况基本上得到了解决。这个变化是来之不易的。在比较短的时间内，城市规划从无到有，适应了城市的高速发展和建设的需要，近10年的工作可能胜过过去的30年，而且从数量和质量来看发展都是最快的。以城市的数量来说，1978年全国城市是193个，到现在是407个，十年间增加了一倍多。而从1952年到1978年，增加是很少的。1952年是159个，到1978年，26年间才增加34个。现在，城市不光是数量上的增长，而且城市的职能、素质、水平都有很大提高。这还不包括镇，镇的增长更可观。总之，这10年的发展不仅在国内是空前的，在世界上也是空前的。

还有两方面具体情况也很重要。一方面就是规划管理开始建立了法制的基础，各个城市都通过自己的政府、人大制定了一系列城市管理的法规、条例，应该讲，规划管理工作基本上做到了有章可循；另一方面，这几年在积累资料上也取得了很大的成果，随着建设的发展，城市各种现状资料包括老资料的更新补充，有很大进展，不少城市建立了档案馆。大多数城市的地形图都已更新，现在还在用20世纪50年代地形图的城市不多了。资料的积累和法规的建立非常重要，为今后工作打下了良好的基础。各开放城市都印制了对外宣传材料，所有的宣传材料都附有城市规划，表示城市有哪些优势；做了规划，保证了城市合理地发展，规划已成为对外开放不可缺少的条件之一，为开放和建设提供了必要的投资环境，它既是软环境，又是硬环境。所以从现在看，城市规划已得到市长们的普遍重视，并开始被社会所认识。这几年市长抓城市规划和建设比前几年更多了，这也是前所未有的。最近很多城市政府换届，群众对主管城市规划和建设的市长大部分是欢迎的，他们是为大家办事的。我们经常讲经济要发展，要跟城市建设相辅相成，城市建设要搞好，又是和规划分不开的。我们从基本建设的实际情况也可以看出来，特别是最近两年，全国都在压缩基本建设，但城市建设受到的影响不大，多数还是增长的。瓦房店市有个项目，是搞罐头生产的，和外商都已谈定了，所有文字协议都就绪了，但外商到瓦房店一看，发现市容卫生不好，环境条件差，就马上动摇了，决定这个项目不放在瓦房店。相反，在大连经济技术开发区，前几年只有23个项目，由于环境条件逐步改善，今年上半年一下就签了60个项目。这说明发展经济，城市建设不上去不行。我讲这点，主要是说明我们的城市规划和规划实施管理工作很重要，并且已经取得了很大成绩。当然不是说我们就万事大吉了，过去所做的很多工作是通过改革取得的，我们要巩固改革的成果。实事求是地讲，我们的工作比以前是有很大进步的，但同形势的要求相比，同先进的国家相比，还有很大的差距。

第二个问题，我们搞规划要有牢固的综合观念，不仅要优化人民的生活环境，更要重视促进经济的发展。过去城市规划比较重视人民生活环境的改善，但对经济环境考虑比较少。从当前的形势看，今后我们虽然还要讲空间布局，讲优化人民的生活环境，但是，还有更直接的要求就是要组织城市人民进行开发经营活动。这次会议上介绍的广州市经验，非常具体，很能说明问题。这次戴逢同志的报告讲得很好，他们的工作不是近一两年搞出来的，大概已是连续搞了七八年，也是一步一步走向成熟的。他们搞的控制性详细规划就是为了满足城市房地产开发经营的需要。今年9月在广州开会，就观察到广州市规划局（现为广州市规划和自然资源局）的工作确实跟过去不同，不像过去先等计划安排然后再按规划来批地，而是参与了土地经营活动，并把规划工作做在前头。这次他们介绍了芳村区、花地湾的开发建设经验就很能说明问题。广州的问题受到各方面的重视，主要原因是这样搞以后，很快就解决了城市建设资金的渠道问题。本来广州城市建设资金不足的情况要比许多城市好得多，关键是把开发新区跟土地招标经营结合起来。芳村这个地区必须修一条隧道才有条件开发，而在这地方只有通过房地产的经营才能把这个隧道修起来，如果孤立地干两件事，谁也干不成，把两者结合起来，就互相促成了。这个地区开发的根据就是广州市规划局提供的设计方案，效果是非常好的。总的来讲，广州在规划上搞得比较活，它在开辟城市建设资金来源上解决了很大的问题。如果按照过去那套办法，靠国家或者靠城市维护建设税，广州每年城市建设的资金大体上是1亿元，但是由于搞了房地产开发，把土地的价值回收给国家，然后又反过来为全市服务，建设资金就不是1亿元，而是5亿元。广州将近200万人口，工业基础还不如大连，大连150万人口，也是1亿元的城市维护费，城市建设投资去年是2.3亿元，当然比过去已经好多了，但比起广州来还是差一些。从全国来讲，地方自筹的资金与国家拨的资金大体上是2∶1。现在看来广州不止这个数，广州的比例在全国是最高的。目前，广州计划搞四大工程，一个是污水处理厂，一个是地铁，一个是隧道，还有一个高速公路。他们如果不用滚动式的开发经营方法是不可能搞成的。

第三个问题，讲讲关于加强城市规划部门作用的事，总的讲是要加强规划部门的工作，发展和转变城市规划部门的综合职能。

具体地讲，就是要使规划部门不仅要成为工程设计和建设管理的部门，而且要成为城市建设的参谋部门，这件事过去就曾提出过，大家也在探索。城市规划工作要拓宽工作面，不能停留在物质规划，还要注意社会经济问题，要参与宏观发展战略的研究工作。总的来讲，这样做的目的就是要使城市规划对领导决策有更多的影响，更好地实现规划的目标。现在看来，这方面的要求应该更高了，不仅在经济问题上、在宏观问题上，还应该在更多的层次上为市政府起参谋作用，就像广州那样的做法，规划部门自然而然地就会成为市长的参谋和助手。目前，广州市在开辟资金渠道上，市规划局有较多的发言权，由规划局提出方案。所以规划局的形象也会发生变化，不是等人家来求你，管理工作也不是被动式的了，而是有了超前的要求。如果真都这样做到了，规划局就成了市长的"左右手"了。在这个问题上，不是所有的城市规划部门都是很顺利的，因为城市规划是项综合性工作，它与很多部门是有矛盾的，如果处理不当，往往不容易被人们所理解，还会被人们认为城市规划部门是"绊脚石"。过去我们都有这个经验教训。我的看法是，现在规划部门应该"挤"到参谋的位置上去，要自己"挤"上去。当然还要看所搞规划方案的正确性，看所提的意见是否符合实际。总之，最终还要靠我们的行动和效果来证明我们工作的科学性。所以我赞成戴逢同志讲的，龙头地位的确立首先要靠自己的工作。当然我们还不能代替人家的决策，也不能包揽开发经营，只能参与一定的工作，起一定的作用。关键是我们去做了，职能作用发挥了，而且被领导，特别是市长理解以后，规划部门的龙头地位就真正确立了，不然，说是龙头也不是一个真正的龙头。当然这样做对规划部门的要求越来越高了，也越来越严了，就要提高我们工作的水平。工作需要的知识不够，我们就要学习。现在我们确实面临着一个重新学习的问题，光靠原来的本钱是不行的。

下面再谈谈几个具体问题。

一是关于城市建设的方针问题。近几年，社会上对"控制大城市规模，合理发展中等城市，积极发展小城市"这个二十二字方针有不少议论。作为学术问题，可以各抒己见，但作为一个政策问题，不能随便地更改。首先从理论上讲，二十二字方针没有什么不对。现在大、中、小城市都在发展，从前年开始，小城市增长的势头相当快，已经超过了大城市。前不久在衡水开过一次小城市会，也是探讨这个问题。我看没有必要马上就否定这个方针。大城市不能放开发展，这是带有普遍意义的指导方针。至于某个具体城市发展规模的确定，由于各地情况不同，不能一概而论。现在，东部地区与西部地区情况就不一样。另外，同样规模的城市，由于自然条件不一样，控制的迫切性也不一样。大连是受地形的限制，这跟沈阳就不一样，这个问题应当实事求是地在修改规划时具体研究，而不应当去修改方针。有些同志讲外国城市规模放开了，经济发展就快了，这种说法不一定正确。日本人就讲，城市人口规模太大不合适。经济发展较快的国家，如联邦德国，也不是走城市人口规模非常集中的道路。所以问题在理论上有待探讨。总之，对二十二字方针，现在不宜作修改，应该再实践一段时间再说。

二是关于城市规划管理权限的集中和分散问题。我认为城市规划管理权，主要是审批管理权必须集中统一。因为我们经历过反复的教训，管理权下放容易，但只要放一年，就会出现不少问题，但要收，三年也收不上来。北京市规划管理就有些混乱，主要是混乱在"分散"这一条上。万里同志过去讲过，我们搞改革，别的权要下放，规划管理权要集中。胡启立同志在天津时也讲过，城市管理必须加强，要集中统一。他曾看过许多外国的城市，对比起来，我们国家的城市管理是最松的，没有哪个国家像我们管理得这样松。大家提到，上海市作了一个把规划管理权下放到区的决定，对各地很有影响。实际上，上海、天津、北京三大城市三个模式：天津是高度集中的，市规划局与区规划局是隶属关系，权力集中在市规划局；北京是放开了，争论很大，最近好像不倾向于放下去；上海有上海的条件，由于经济滑坡的关系，急于调动积极性，想把经济搞上去，这里可能有短期行为，我看上海迟早要改过来的。这个问题，我们应当尽量去做工作，通过实践总结经验教训。

三是关于城市土地管理问题。这确实是目前管理体制上存在的矛盾，出现了新中国成立以来从来没有过的混乱。国务院决定成立国家土地管理局，是要加强土地宏观管理。因为土地作为宝贵的自然资源，要严格控制土地从农业用地转为非农业用地。很显然，对土地资源的管理，重点不在城市。由于种种原因，现在城市土地管理的矛盾越来越大，已到了非解决不可的时候。现在土地管理与规划管理的矛盾不是没有，但并不是主要的，主要是土地开发经营的管理问题。现在国务院已经作了裁决，土地的经营活动应由房地产部门来管。这个问题解决了，又转到土地权属管理问题上来了。上面不统一，给下面的工作造成极大的困难。现在房产和地产是两个证，这就有了矛盾。现在我们要卖旧房子，地产与房产是连在一起的，光给房产证是不行的，还应有相应的土地使用权证。如果分别发两个证，将来有抵押、继承，必然要闹笑话，搞不好甚至要影响下一步的住房改革。现在有些体制问题是非常难解决的，但不解决不行。我们要积极反映这些问题，让大家了解和认识解决这个问题的必要性和解决的办法，这样各级领导也就能下决心来解决这个问题。

总之，我们的工作处在一个关键时刻，处在历史的转折阶段，做好基础工作很重要。当前的工作形势很好，但问题还不少，需要我们作出很大的努力。我想概括起来是三句话：提高水平，改变观念；深化改革，转变职能；参与决策，参与经营。我相信，通过全体城市规划工作者的努力，只要我们面对现实，面对未来，适应形势，不断努力，我国的城市规划事业一定会开创出新的局面。

城市规划工作应适应社会主义商品经济发展的需要

——在全国城市规划高级管理人员研修班开幕式上的发言

周干峙文集

第三卷·城市规划与管理

全国城市规划高级管理人员研修班，经过建设部城市规划司和国际科技工商管理交流中心的共同努力，今天正式开学了。参加研修班的主要有各省、自治区建委（建设厅）规划处长，省、自治区规划院长；直辖市、计划单列市及部分大中城市的规划局长、规划院长。这是近年来规划工作同行相聚的又一次盛会。这次研修班特别邀请了我国香港地区的潘国城、陈鸿锟、梁振英、卢泽环等专家、学者，广州、深圳的规划专家和领导来讲课，大家共聚一堂，共同研讨城市规划工作如何适应社会主义商品经济发展的需要，相互学习交流经验，主要是香港的经验，这是很有意义的。应当说，参加研修班的110多人包括了各省、自治区和几乎所有的主要城市，是我国城市规划界的中坚力量，汇集这么多规划界的技术骨干和香港同行专门研讨城市规划工作，这样的规模还是第一次，必将对我国今后城市规划工作产生深远的影响，成为城市规划改革过程中的重要一页。深圳是我国经济对外开放的窗口，这次研修班在深圳举办，无疑是一次提高城市规划方面的政策水平、管理水平和业务能力的极好机会。在当前治理、整顿、深化改革的形势下，举办

发言时间为1989年2月27日。本文根据周干峙先生保存的资料整理，标题由本书编者所加。

这次研修班是及时的、必要的，也是大家所期望的。预祝这次研修班圆满成功，达到预期目的。

关于我国城市规划的改革，在座的同行们已作了不少研究、探讨。去年我在抚顺、大连城市规划学会和规划工作座谈会上都曾讲述过一些看法，并提出要"转轨"，即由产品经济下的城市规划转变到有计划商品经济下的城市规划问题，要"转变观念、转变职能、参与决策、参与经营"，这些就不再重复。今天在这里，我想着重讲一点，就是我们应当看到我国的城市规划正面临一个历史性的变革时期。我们应当在整顿、治理的两年时间内，为这一变革作好准备，否则在今后商品经济大发展、经济真起飞时会十分被动，给国家带来损失。

同行们熟知，中国的城市历史悠久，有自己的历史传统；中华人民共和国成立以来的城市规划也是有成效的，但是随着社会经济发展，特别是城市经济体制改革开始，原来建立在单一产品经济模式基础上的城市规划，已越来越不适应有计划商品经济的需要了。原来的规划虽然有不少原则，但方向是对的，应当坚持（如以人为主体、保护文化遗产、保护环境等）；但也有不少方面，诸如规划的目标、标准、方法、步骤等，从指导思想上就要改变。一般地讲，我国的城市规划内容还不全面，主要侧重于物质规划，而且是一种侧重于并不丰富的建筑形式的物质规划，较少地注意社会经济规划、区域规划、经济效益的规划和开发经营规划，导致规划的内容偏颇不全，粗细失当。例如，过分注意排房子，而不重视各种性质用地的界定；往往把不该法定的长远设想定得过死，而应该法定的、当前的具体方案定得太活；还有，过分注意计划依据（这些依据往往靠不住），而不重视各种定额指标的规定；还有，经济效益、开发经营也考虑很少。概括起来，就是要从按单一计划、目标固定、被动地控制建设的物质规划，改变为考虑市场需要、目标灵活、主动为建设服务、具有一定弹性、考虑开发经营、全面综合性的规划。

城市规划的这种变革，根据商品经济的发展过程，会有一个相当的时期，不可能一蹴而就。完成这一规划的改革相应的手段、工具等"硬件"部分也是必不可少的，但"软件"的改革，首先观念的改变是必须要走在前面的。我们对规划的改革要有规划，不少工作要有超前性，要利用这两年左右的时间基本完成各种必要的准备工作。这是摆在我们这一代规划师面前的历史任务。希望我们这次研修班能为此起到推动作用。

学习《资本论》的地租理论，推进我国城市用地有偿使用制度改革

马克思的《资本论》具有严密的科学体系，它启迪我们观察社会现象必须透过表象看到本质，通过物的关系看到人的关系，必须联系历史的发展，把微观和宏观相结合，把理论与实际统一起来。《资本论》全篇就是从资本主义最基本的生产细胞的个别活动到社会经济总的运行，揭示了资本主义生产关系的本质和规律，从中可以体会到理论分析的整体性和历史重要性。所以，运用《资本论》作为理论武器研究社会主义经济问题，不能停留在对马克思个别名词的简单套用，而应从社会主义社会总的前提出发，联系国家的历史特点和实际存在的问题，按马克思主义的精神实质去认识问题和解决问题。对于我国社会主义有计划的商品经济中城市（包括建制镇，下同）土地问题的讨论研究，也同样应当如此。我们应当学习马克思把土地问题放到整个社会关系（生产关系和分配关系）之中，作为一种历史范畴和独特的历史形式来考察研究。

当前，在有关城市用地制度改革的研讨中，主要有以下六个问题。

① 社会主义社会的土地属性，已有人的劳动凝聚的土地有没有价值？

② 城市土地有无商品的性质？土地所有权和使用权分离以

本文为周干峙先生1987年7月1日在中央党校高级研究班（读书班三组）的论文。论文参考了1987年第1、2、3期的《房地产经济》，《关于城市土地管理问题》（易之1983年市长研究班的讲课），1987年6月的《经济学周报》，以及1985年中国住宅问题研究会年会的有关论文。

后，使用权能否作为商品？能否实行商品化？

③ 要不要建立城市地产业、开放土地市场？要一个什么样的土地市场？

④ 城市地产市场的机制和作用。地产和房产两个市场的关系。

⑤ 城市土地有偿使用包括的内容，地租在经济上实现的形式、计量和归属问题。

⑥ 城市土地的开发、经营、管理和立法规定等问题。

前三个问题侧重于理论方面，后三个问题主要是实际工作问题。理论问题中，根本的是争论已久的土地有无价值的问题，对已有物化劳动的土地有无价值的不同认识，引申出不同的经济结论和不同的对策。最后一个问题是行政性和技术性的问题，本文暂且不表。

一、土地价值与地租经济

关于土地有没有价值、是不是商品，马克思的劳动价值论讲得很清楚，只有人类的劳动方能创造价值，任何价值只是意味着劳动价值。未经加工、改造的原始状态的土地和空气、河水一样，不能说具有价值，更谈不上成为商品。但是凝聚了人的劳动（活劳动和物化劳动）的耕地和城市用地，经过（长期的、大量的）劳动加工，变得适合于人们生产生活，具有（新的）使用价值，还有没有价值呢？马克思曾多次指出土地具有价值的观点是错误的，认为要区别土地价值和土地资本的价值两个概念。《资本论》中也有多次提到"土地价值"或"土地经济价值"并不能用土地资本价值的概念来代替。对已开发利用的土地，特别是城市土地是否具有价值，在《资本论》手稿中还没有来得及完全讲清楚。在我国的条件下，社会主义城市土地的这个理论问题就更要结合实际情况来探讨。

我国城市土地有两个基本情况必须考虑。一是已有宪法规定城市土地属国家所有，任何组织或个人不得侵占、买卖、出租或以其他形式非法转让。二是城市用地十分紧缺，我国国土面积总共960万平方千米；其中耕地约100万平方千米，将来可开发耕地不会多于现有耕地，占国土面积只能在10%左右；城市用地目前约1.5万平方千米，将来有可能翻一番，占国土面积也仅1.5%~3%；所以，我国耕地、城市用地和人口的比例，和历史上以及国外一些地广人稀的国家相比有很大不同——中国人均耕地1.5亩，世界人均5.5亩，美国人均14亩，苏联人均12亩，澳大利亚人均40~50亩，由此可看出我国人均耕地面积少，人均城市用地是美、苏的十几分之一。我国耕地、城市土地均十分紧缺，以及国家对土地的基本立法规定，这两条是我们必须考虑的基本情况。

多年以来，我国经济建设中土地征用主要有两个特征：一是由全民所有制单位代表国家征用农民集体所有的土地，一次补偿，永久使用；二是征地单位无偿享用了国家投入的开发投资并长期无偿使用土地。因此，这造成不少弊病，主要是：① 单位吃国家土地的"大锅饭"，往往挑肥拣瘦，多征少用，浪费土地资源；② 国家所有权在经济上没有实现，实际利益转移到使用单位，有很大的随意性；③ 土地权属关系混乱，高价让渡和非法买卖土地的现象破坏按规划合理利用土地；④ 用地条件和生产成本不挂钩，造成企业之间的不平等竞争；⑤ 占地无地区差别，不利于控制大城市规模；⑥ 不能正确衡量国民总收入（国民总收入是工资加利润加上地租），不便于国际比较；⑦ 不便于和外资合作及城市的对外开放。以上归结起来就是造成社会资源的使用以及生产和分配的不合理。造成这些问题的原因主要是我们在新中国成立初期经济工作照搬苏联的模式（苏联地多，对城市用地的限制比我国少得多），以及理论上忽视土地的经济性质。

事实上，近几年来，城市土地由于供求关系发展已经形成了一定的土地价格和租金的概念。所以理论上，无论是承认城市土地具有价值和一定的商品性、承认使用权可在规定条件下让渡或者不承认城市土地的商品性质，还是只把凝聚的劳动看作土地资本，不认为使用权让渡是买卖土地而只是买卖土地资金，这两种观点都可以肯定，在有计划的商品经济条件下，实行完全的有偿使用土地，并通过商品货币关系和一定的经济形式合理使用土地是必要的和可行的。

土地有偿使用，按价值规律合理利用，虽然不能直接增加国民收入，但可以促进流通，增加经济效益。初步测算，全国每年新征城市用地约7000公顷，以每公顷30万元（每亩2万元）计算，地价共210亿元；加上对现有用地收取土地使用费，如按每年每平方米平均1.5～2元计，全国城市用地约1万平方千米，土地使用费有150亿～200亿元；再加上经营开发投资，总共有几百亿的财富，如不加入市场流通，等于放着一大笔资金积压不用。

理论上，只要确认国家所有权和单位使用权能分离，这种分离在经济上的实现就会产生地租。土地所有权和使用权分离，以及使用权的商品化，在资本主义世界早有先例。英联邦国家，早在17世纪以来就规定所有土地为皇家所有。英国殖民统治时期的中国香港地区政府出卖土地使用权、经营土地（拍卖官地、收取地租和转让登记纳税）年收入在百亿港元以上（仅1981年即为106.9亿港元，相当于财政总收入35.4%）。由于城市土地可以不断加工（直接地和间接地），具有时间级差，能提供越来越多的财富，所以在经济上升的情况下城市的地价（特别是中心区的地价）会越来高。我国香港地区官地售价每平方米2万多港元，湾仔有一块"地王"为3.5万平方英尺，可建商业、办公3.2万平方英尺，土地要6亿港元左右，总投资11亿港元，地价1.71万港元/平方英尺（相当于2万元/平方英尺，合18.40万元/平方米）。国外不少大城市地价每亩在100万美元（合1500美元/平方米）以上，如东京约4000美元/平方米，罗马为2000～3000美元/平方米，苏黎世为4000～10000美元/平方米，巴黎约5000美元/平方米，伦敦为3000～8000美元/平方米，慕尼黑约5000美元/平方米。只要没有大的经济衰退和政治变动，资本主义城市的土地价值还会不断递增。

我国在部分城市和经济特区实际上也已经取得了土地经营的一些经验。自20世纪50年代至今，有100多个城市和县镇一直按不同标准向集体和个人征收土地使用费（一年共收取约1.12亿元），这只是一种不完全的有偿使用。深圳以土地作价和外资合办企业，收取土地使用费［工业用地10～30元/（平方米·年），商业用地70～200元/（平方米·年），旅游用地60～100元/（平方米·年）］，通过开发经营每平方米还可得利润100～200元，高的有300～400元，最近按50年使用期一次批租。抚顺市1984年开始试点收取土地使用费以来，1984年收入1300万元，1985年收入1500万元，还收回征而未用土地65万平方米，经济效益十分显著。收费的级差在不少城市也在逐步形成。如广州分七级，为0.5～4元/（平方米·年）；上海拟分九等六级，为1.2～15元/（平方米·年）；抚顺分三级，为0.2～0.6元/（平方米·年）……这些都反映了城市之间和城市内部的级差。此外，还有用土地招标办法开发新市区和改造旧市区也已屡见不鲜（纯粹的基础设施开发经营，如建筑承包有多种形式，应当作施工成本计算，不在土地收费范围内），补偿开发投资和交纳配套费就是有偿使用土地的重要内容。目前，企业单位如不承担基础设施配套建设费、不缴纳地租（或收取地租而国家没有支配调节权），会导致土地的经济利益转化到使用单位的利润中去，造成在城市中土地应有的国家权益没有回收的问题，而同时对城市再开发，国家又没有必要的资金来源。这种矛盾现象，就必须通过用地制度的改革来解决。

二、对我国地租制度的一些思考

目前，有偿使用城市土地的主要问题是确立地租制度，弄清社会主义城市地租的构成及其实现形式，以地租加上合理的开发补偿收取土地使用费，使用地制度的改革符合经济发展规律，向正确的方向迈步。

马克思、恩格斯和列宁都没有否定在社会主义条件下收取必要的地租。"地租是土地所有权在经济上借以实现即增值价值的形式"；《共产党宣言》里的十条纲领中，第一条就是"剥夺地产，把地租供国家支出之用"。恩格斯在《论住宅问题》中指出："消灭土地私有制不要求消灭地租，而要求地租——虽然是改变过的形式——转交社会。所以，由劳动人民实际占有一切劳动工具，无论如何都不排除承租和出租的保存。"列宁在1907年《社会民主党在1905—1907年俄国第一次革命中的土地纲领》中解释土地归国家所有时说："土地国有就是全部土地收归国家所有，所谓归国家所有，就是说国家政权机关有获得地租的权利，并且由国家政权规定全国共同的土地占有和土地使用的规则。""不论地租有什么独特的形式，它的一切类型有一个共同点：地租的占有是土地所有权借以实现的经济形式，而地租又是以土地所有权、以某些个人对某些地块的所有权为前提。""地租的表现形式，即为取得土地的使用权（无论是为生产的目的还是为消费的目的）而以地租名义支付给土地所有者的租金。"我国实行社会主义的有计划的商品经济，特别是处于初级阶段，产生绝对地租和级差地租的前提和基础依然存在，更没有必要取消地租，而应当从购地（征用）、开发、租用，过渡到实行全面的有偿使用。

我国城市土地所有权在国家，支配权和管理权在地方政府，使用权在用地单位。所谓完全的有偿使用应包括取得建设权和使用权两个阶段（层次），前者要支付征地费用（由地方政府或开发单位向国家取得所有权），后者应包括开发费用（包括农业一次加工和城市基础设施二次加工）以及根据规定向国家缴纳的地租。在土地使用过程中，随着技术和社会需求发展变化，还有改变使用性质或交换让渡使用权的需要。所以，从城市经济体制改革的趋势来看，我国有计划的商品经济市场体系中包含房地产市场的问题（特别是住房作为生活资料，要实现商品化，承载房屋的土地也必然会带有商品的色彩）。

马克思在研究资本主义地租时，区别租金和纯地租、区别地租和利息以及级差地租和绝对地租等概念，对研究社会主义的地租问题都有现实意义。我们应当从社会主义的生产关系着眼，摒弃由于资本主义生产关系造成的不合理成分——资本家和土地所有者共同通过地租瓜分劳动者的剩余价值，实行超额利润的再分配，吸取其合乎经济规律的部分，通过社会主义地租对社会剩余劳动实行再分配，将全民所有的利益收归全民，供再开发、再生产，造福于全体人民。

社会主义的地租体现国家对土地的垄断和调节经济的职能，因而存在着绝对地租以及级差地租，我们应当按不同的地租构成和权益关系，计算其价值量和分配比例。

在分析地租构成及其依据时，应当区分土地物质和土地资本，并确认土地价值（或土地资本的价值）由于劳动和投资的积累而不断增值。那么，按照《资本论》中讲的，土地租用人投入土地固定资本的利息要不要计入地租？考虑到社会主义公有的土地，全民所有制单位自己使用，有同于资本主义条件下土地所有者和租地农场主的关系，一般应不予计入；但超过占地标准的，具有额外利益，就应当计入地租；还有，如果在不是由用地企业投入的条件下（如有专门的开发公司），则应该从该企业产值中拿出一部分偿还给投资单位。

社会平均利润的扣除或正常用于土地的工资总额的扣除算不算入地租？在资本主义条件下，这是由于垄断而使土地所有者取得的贡赋。在社会主义商品经济条件下，实际上存在一个平均利润率（尽管目前尚未形成），所以平均利润因素应当计入，而工资扣除应予取消。

总体来看，我国社会主义的地租不会是纯粹地租，而应当是复合地租。

关于究竟是收"税"还是收"费"的问题，首先要区别税金和租金的不同性质。"税"是为维持国家机器运转起经济调节杠杆作用，带有强制性的规定，一般征税的对象是所有者和消费者；而"租"或"费"是使用者向所有者缴纳的。由于我国土地还有两种所有制（农业税中就包含土地税成分），还考虑到税法中已确定有房地产税，不少地方有收取土地税的历史因素。所以，我认为既要区别"税""费"的不同性质，又要保持政策的延续，宜保留原有形式，两者并存，采取由使用单位向当地政府交"租"（土地使用费），而由地方政府向中央交"税"的形式，交纳部分应含由国家支配的"地租"。

"税"和"费"不仅性质不同，作为经济杠杆的作用也不同。"税"的形式比较固定，是一种间接的经济手段，而"租"或"费"则是可浮动的，起直接的调节作用。按照我国的城市土地归国家所有，由地方政府支配管理，单位只有使用权的情况，还是以收取使用费为妥，从中抽一点"税"，实质也是"费"。

社会主义的地租成分中，绝对地租体现国家的所有权，只是其垄断性质和资本主义不同，在地租总量中占的比例应当小一些，由于中央和地方政府都代表国家，其收益应以中央为主，中央和地方分成。级差地租Ⅰ取决于土地的自然条件和位置，也是先天属于国家的，但因和地方关系更直接，其收益应以地方为主，由中央和地方分成。级差地租Ⅱ是由于不断追加投入土地资本而引起的，作为地方的补偿，应归地方政府收取。

关于土地使用费收取的标准，有一些地方作了研究测算。建设部住宅局的报告（《关于征收城市土地使用费问题的汇报提纲》，1985年11月19日）曾参照抚顺经验提出平均每平方米每年0.5元或1元两个方案。看来，这是偏低的，这里面重要的问题是要在几个方面算大账，要把地租标准、开发补偿和征地补偿、房租标准以及城乡分配关系、城市再开发资金周转等联系起来考虑。

总的来看，平均地租标准以每年每平方米0.8元计，土地使用费总共以每年每平方米1.5～2元计，几个方面的大账是能够合拢的。至于具体的收费级差等级，还可以因时、因地、因经济效益而有相当多的档次，保持相当大的幅度。一般来讲，住宅用地可以低一些，工业用地宜高一些，商业用地更高一些，在中心地段有特殊情况级差，可高出平均数几十倍甚至上百倍。

土地使用费的性质、构成、价值量及其分配大体有数以后，土地市场的问题就比较容易具体分析了。

应当看到，地产和房产有共同点，也有不同点。房产与地产都是不动产，在使用上是不可分的，地是房的空间承担者，是房屋存在的基础，两者在经济上是相辅相成的，所以世界上房地产总是属于同一"物业"（我国香港地区的叫法），但是在所有权上两者又是可以分开的，在价值量上也是可以分别计算的。房屋不仅可让渡使用权，而且可以让渡所有权，可以数易其主，实行商品化，而土地属于基本生产资料为全民所有，只能变更使用权。而且土地的合理利用基本取决于国家的通盘规划，这是社会主义的优势，可以以有效的统一规划彻底消除私有制造成的、马克思称之为"荒谬的"不合理利用土地的弊端。城市土地市场宜以国家垄断为主，在计划控制下有限制地开放，主要是国家对企业、单位普遍的租赁关系（一级市场）；为了合理利用土地，要利用经济杠杆，允许国有企业间按照规定交换用地（二级市场）；至于集体经济和个人用地的交换（三级市场）占总的比例是很小的（土地使用权的变更都要以合乎规则，按照规定交纳税费为前提）。从现有城市用地单位分类看，绝大部分为全民所有制，集体所有制单位和个人部分只有百分之几；而且，按用地功能看，大部分是使用稳定的住宅用地，工业、交通、商业用地在40%左右，其中有调整变更必要的每年只有一小部分，均为国家直接控制。所以二级市场的规模有限，以亿元计不会超过两位数，而个体及集体部分只占百分之几至十几；三级市场的规模超不过一位数，在总的市场流通中比例就更小一些，即使出现土地投机问题，也不会影响全社会，必要时加以制止也比较容易。而且这个市场开放还是逐步的，可以从特区、沿海到内陆逐步实行，不会打乱金融秩序、冲击经济。

房地产市场除了纵向划分以外，也可以考虑横向划分，即区分以国有经济为主体的、以国家定价自觉运用价值规律的国营房地产市场，和包括各种经济成分的、在计划指导下实行市场调节价格的开放市场，也就是实行"双轨制"的房地产价格。在当前总的价格体制尚未理顺的情况下，也是现实可行的。

值得注意的是，改革城市用地制度、实行有偿使用土地和改革住房制度不同，前者国家有收无支，不像后者两项结合起来同步改革，还可以以地补房，有利于保持财政平衡。

综上所述，可以得出以下初步结论。

① 土地一般没有价值，但城市土地具有使用价值和商业价值，有一定的商品性质。城市土地的使用权与其附着物结合，就随着附着物的商品化而实现其商品形式。城市土地有价值的论点，在实践上可以较顺地用经济手段经营城市土地，按商品经济规律改革城市用地制度。

② 城市土地要实行完全的有偿使用，不宜提商品化。有偿使用的目的是利用经济杠杆合理利用土地，使开发经营城市土地实现良性循环。

③ 有偿使用的主要内容是征地、开发和租赁。应改变由单位征地的办法，改由国家统一征用、单位租用、地方收租、租中提税。对使用单位来讲，征地补偿相当于投入固定资本，开发投资是预付资本，租金相当于可变资本。这样在观念上把土地变为资本，不断扩大再生产。

④ 城市土地使用费以接近每年每平方米2元的标准为宜，其中少部分归国家，大部分留地方，相应地取消现行分配不均的城市维护费拨款，使城市建设取得合乎经济规律、合乎社会原则的固定渠道，实现良性循环。

⑤ 我国城市土地的国家所有制决定了城市地产经营只能由国家垄断，应当有一个如同金、银那样的国家垄断的市场，以计划控

制为主、市场调节为辅，以利于统一规划用好土地。

⑥ 房产和地产是一体化的不可分割的两个层次，要统一管理、统一开发、统一经营；只有房产和地产相结合、收租和管理相结合，才能避免漏洞、避免矛盾。

⑦ 当前住房制度改革方案中只考虑房租改革而不包括用地制度改革是不妥的，两者应结合起来。同步改革，既易于解决财政问题，又便于取得综合效益。

⑧ 城市用地制度的改革、房地产市场的形成，要和生产资料市场、金融市场等的改革配套进行。当前，用地制度改革已具备一定的社会条件和技术准备条件，只要在企业承担能力限度以内，可以比住房制度改革先走一步，至少应与住房制度改革同步进行。这样，对搞活城市经济会有重大现实意义。

对城市土地使用和管理制度改革的几点认识

——在中国城市土地使用与管理国际研讨会上的发言

我高兴地参加了这次会议和研究报告的一点点顾问工作。我想通过三天的报告和讨论，会议取得了丰硕的成果，这些成果主要体现在两方面。

第一，中国社会科学院和纽约大学公共管理学院的合作研究报告，提供了不少调查资料，经过相当深度的研究，提出了一些有启发性的重要建议。

第二，中外专家学者认真交流了各自的经验，发表了许多有价值的观点。瑞典、印度、英国、美国等国家和地区的同行们的报告都提出了一些很好的见解。

我是一个长期从事城市规划、关注土地利用的实际工作者。我深感中国的城市规划和城市土地管理虽然具有一定的工作基础，但总的来讲还是经验不足的，有许多新问题要在不断的探索中被逐渐解决。所以，许多国家和地区的实践经验，对我们都具有参考价值。显然，这次合作研究和国际讨论会，对我国的土地管理会起到促进作用。

从会议的研讨中，我觉得尽管各国有不同的社会制度，有不同的历史背景，处于不同的发展阶段，但仍然有许多共同性的问题：

发言时间不详，据相关资料分析在1991年12月4日。本文根据周干峙先生保存的资料整理，标题由本书编者所加。

例如，都有保护和利用土地资源的问题，都要考虑投入和产出，都要实现经济收益，都要解决好各方面的利益分配问题，都要考虑公众利益，都要保持良好的社会和自然环境……所以土地问题和环境问题、住房问题、防灾问题一样，都是具有世界性的问题，展开一定的国际合作、交流，是互有补益的。

中国是社会主义国家，实行的是计划经济和市场经济结合的体制，用地制度具有自己的特殊性和复杂性，要全面解决用地管理方面的问题，还要作大量的研究探索。我赞同会议开始时刘国光院长和马洪教授讲的原则意见，我认为以下几点是研究土地问题所不能忽视的。

第一，用地制度问题和土地管理问题不仅是经济问题，还是重大的社会问题，必须要考虑社会福利，有利于社会公平。例如，有人建议采用限定平民住宅用地最高地价的措施，这就会影响到其他用地的地价。

第二，处理好计划经济与市场经济，以及所有权与经营权两个关系，包括在不同层面上市场和权属的作用、内涵和规模问题，包括计划、规划与开发经营、交易管理的关系，以及行政手段和市场作用的关系。

第三，土地市场和房地产市场有密切不分的关系。研究土地市场有必要和房地产市场密切结合起来。

第四，要考虑到地区差别问题。中国各地区的差别较大，沿海的好办法在内陆不一定就好，人口管理就不同，土地管理也不一定是一个模式。

第五，有了目标、办法以后，必须考虑实施与过渡问题，要解决"过河"和"搭桥"的问题，即How to go from "here" to "there"（怎样从"这"到"那"）？类似住房制度改革的目标很明确，但如何起步、如何逐步过渡涉及众多的相关因素，实际上成为长期研究的重点。用地制度的改革，涉及因素、复杂程度都不下于住房制度改革，用什么"桥"，怎么"搭"，要和在哪里过"河"同时研究解决。

因此，我希望在城市土地管理的产权制度、配置机制、收益分配制度和管理制度四项主要研究内容的基础上能再有进一步的土地研究，并且要结合不同地区的实践进行方案研究。

最后，从这次会的良好气氛、认真的科学精神和同行们的热情来看，我相信今后我们会有进一步的合作、交流，我们建设部愿为此而进一步努力。愿我们共同来维护好哺育人类的共同的"母亲"——土地。

我国城市规划的基本情况和存在问题

——在《城市规划法》座谈会上的发言

中华人民共和国成立40年来，特别是改革开放10年来，我国的城市有很大的发展，城市面貌发生了巨大变化。1988年，我国共有设市城市434个、人口14049万；建制镇11481个、人口6032万人；城市和建制镇11915个，城镇人口20081万人。而新中国成立初期设市城市只有135个，党的十一届三中全会之前，设市城市只有191个，建制镇2000余个。城市的发展和建设是我国社会主义建设取得巨大成就的重要标志。城市在整个国民经济和社会发展进程中发挥着越来越重要的作用。

一、城市规划的基本情况

城市规划是城市人民政府为了确立和实施一定阶段的经济、社会发展目标，合理引导和控制城市土地利用、空间布局和各项建设的综合部署。这是对规划工作性质的表述，这里明确了政府、土地的重要地位。城市规划工作包括制定城市的总体规划、分区规划、详细规划、专业规划和相关法律、法规、技术规范，以及通过科学的城市规划管理实施规划的完整过程。

国内外的实践证明，要把城市建设好、管理好，必须首先把城

发言时间为11月9日，具体年份不详，由内容推测为1989年，会议地点在人民大会堂。本文根据周干峙先生保存的资料整理，标题由本书编者略加修改。

市规划好，以城市规划为依据指导建设和管理。我国城市规划工作的恢复和发展，应由1980年8月国家建委（国家基本建设委员会）召开全国第一次城市规划工作会议讲起，那次会后颁布了《城市规划编制审批暂行规定》；1984年1月，国务院颁布了我国第一部城市规划行政法规——《城市规划条例》，推动了我国城市规划事业的发展。从1980年起，城市规划的编制和审批工作在全国普遍展开。至1988年末，国务院共审查批准了北京、上海、天津、沈阳、武汉、广州等38个重要城市的总体规划，全国95%以上的设市城市和大部分建制镇的总体规划都已得到各级政府的批准并付诸实施，我国的城市已进入有规划并按照规划进行建设的新阶段。近10年来，全国城市规划建设了2000余个居住小区，设施比较完善，环境舒适、优美，为改善居民生活条件、促进社会安定发挥了重要作用。40年来城市发展的实践证明，城市规划是指导和综合协调城市各项建设的基本依据，处于重要的龙头地位，并越来越受到各级人民政府的重视。

目前，全国的城镇不仅绝大部分已编制审批了总体规划，而且随着改革开放的不断深化，正在进一步完善深化总体规划，广泛开展编制分区规划、详细规划和各项专业规划工作。与此同时，还致力于加强法制建设，逐步建立国家和地方的城市规划法规体系，完善城市规划管理机制。由于城市是众多的人与工程建设紧密的集合，在社会经济发展迅速的时期，这一集合的系统性、综合性非常突出，而且在动态发展的情况下，时效性也很强。所以，即使城市规划做了大量工作，扭转了无规划的弊病，但仍然还有不少问题，不能起到应起的作用。

二、我国城市规划工作存在的主要问题

当前，总的来说，城市规划工作主要是面临如何进一步深化改革、加快发展的问题。这就要求适应城市改革开放、发展社会主义商品经济的需要，转变观念，运用现代技术，更新不适应发展形势要求的传统规划方法和手段，提高城市规划的科学性和适应性；要求进一步理顺管理体制，调整各方面的关系，加强法制建设，强化规划管理，促进城市规划的实施。从立法角度考虑，可归纳为以下三个问题。

1．城市规划的法律权威性问题

城市规划的法律约束力明显不足。随着改革开放的深入，城市中外资、合资、全民、集体、个体的建设活动日趋频繁，城市土地开发与经营活动日趋活跃，城市中各种经济与行政管理关系日趋复杂，没有规划或不按规划盲目建设的情况均时有发生。此外，由于城市规划的实施缺乏强有力的法律保障，一些城市的领导和部门出于一时的和局部的利益，对于城市规划的实施进行不适当的行政干预，城市建设搞了不少短期行为，违法乱占乱建的情况还相当普遍。以北京市为例，从1987年起，市政府每年组织四次全市性违章大检查，但违章现象还是不断发生；1988年，全市查处违法占地138起，计1160亩，违法建筑3107起，计69万平方米；1989年上半年，仍发现违法占地达179起，计560亩，违法建筑1693起，26万平方米。这些违法建设活动中甚至涉及一些国家机关，这种情况反映出我国的城市规划还缺乏应有的法律权威性。因此，迫切需要加强城市规划的法律地位，充分运用城市规划的综合调控功能，对于城市的各项建设要加强法律的约束和引导，以保证城市经济、社会协调发展。

2．城市规划区内各项建设的统一规划管理问题

《城市规划条例》对加强我国城市建设的统一规划管理发挥了

重要的作用。但是，由于法律依据不足，制约手段不强，多年来这个问题一直没有得到根本解决。例如，不少城市城乡接合部的乡镇企业和农房建设布局混乱，带有相当的盲目性，造成环境污染、土地浪费，影响城市发展，给城市规划的顺利实施造成了严重困难，而城市规划管理部门却难以依法严加控制。又如，一些城市中涉及铁路、港口、部队等部门，片面强调本部门的特殊性，在建设中自行其是，有的甚至自成体系、自立章程，拒不服从城市统一的规划管理，造成种种矛盾和纠纷，使国家财产受到不应有的损失。城市是一个统一的整体，各项建设活动必须遵循统一的行为规范，这个问题也必须通过国家立法加以解决。

3．相关法律的协调问题

城市规划关系千家万户，影响各行各业，涉及经济社会的广泛领域，具有很强的综合性，城市规划和规划管理工作对于城市各部门的建设和发展起着综合协调的作用。近年来，土地管理、水资源管理、环境保护、文物保护、交通、消防等一系列与城市规划工作相关的法律相继颁布。在这种形势下，城市规划工作如果仍依据单项行政法规与各项法律进行协调，在法律效力上很不适应。在实践中，这种协调难度很大，往往形成部门之间的矛盾，甚至出现有关职能部门职责的重复交叉，影响工作效率和工作质量。因此，迫切需要国家立法，明确城市规划管理部门的权力和职责，充分发挥其综合职能作用。

三、国外有关城市规划立法的概况与我国城市规划立法的条件

搞好城市规划工作、完善城市规划立法历来受到世界各国的重

视。目前，世界上许多国家都制定了城市规划法律。例如，英国1947年即颁布《城乡规划法》，在1971年修订的《城乡规划法》对于各种发展规划、规划控制、土地划拨等作了明确规定；联邦德国1960年颁布的《联邦城市建设法》对于城市规划、土地区划整理、土地利用等作了规定；日本的《都市计画法》最早是在1919年制定的，以后经过19次修订，最近一次1976年修订的《都市计画法》进一步明确要使城市有秩序地进行规划建设，并得到健全发展，以期有助于日本国土的均衡发展和增进公共福利；苏联1958年颁布的《城市规划与修建法规》规定城市规划的目的是保证为城市居民创造良好的生活条件，为城市生产创造必需的条件，并对城市及郊区的各项建设用地的规划利用作了规定。

我国的《城市规划法》从1979年即开始起草。1984年，国务院决定先以行政法规的形式颁布了《城市规划条例》，对促进我国科学地制定和实施城市规划发挥了重要作用，其基本方面对城市规划立法工作仍是适用的。同时，经过几年城市规划工作的改革实践，又积累了丰富的经验，如坚持统一规划、合理布局、综合开发、配套建设的原则；坚持控制大城市规模、合理发展中等城市、积极发展小城市的方针；编制城镇体系规划和分区规划；对城市建设用地和各项建设程序化、规范化的管理，以及城市规划公开化制度等，都需要通过立法加以巩固和发展。此外，我国的土地管理、环境管理等有关体制已基本确立，城市规划与之相关的职责已划分清楚，城市规划立法的条件已经成熟。

关于《城市规划法（草案）》的几点说明

一、《城市规划法（草案）》有关条款和《土地管理法》是相互衔接、协调的，不存在矛盾和重复

《土地管理法》第十九条规定："在城市规划区内，土地利用应当符合城市规划。"《城市规划法（草案）》第三十一条对此作出具体的法律规定，进一步明确管理程序和分工，体现了相关法律的衔接，两者各有侧重，相辅相成（城市规划侧重于合理布局，合理用地；土地管理侧重于控制土地资源的流失和权属转移），有利于《土地管理法》这一条款的实施。

《土地管理法》第二十三条规定："国家建设征用土地，必须向县级以上土地管理部门提出申请。"而《城市规划法（草案）》第三十一条是指为了保障土地利用符合城市规划，在申请征用土地以前，必须向城市规划主管部门申请定点，由城市规划行政主管部门根据规划要求，考虑城市现状以及地上、地下设施和环境的协调，核定建设用地的位置和范围，核发建设用地规划许可证，表明从规划的角度对建设用地定点的认可，这是保证城市合理布局、合理用地、节约用地、实施规划的关键。《土地管理法》任何条款都没有涉及关于城市布局、城市环境、城市土地合理利用的关键，即建设项目的选址定点问题，不存在法律之间的矛盾和重复。

本文根据周干峙先生保存的资料整理，具体写作日期由内容推测在1989年11月前后，应为周干峙先生代表建设部向全国人大汇报《城市规划法（草案）》立法情况的报告。

二、《城市规划法（草案）》关于建设工程的许可证件问题

《城市规划法（草案）》第三十二条是指建设工程经国家批准并纳入计划后，城市规划行政主管部门必须根据城市规划提出具体的设计要求核发许可证件，对设计、施工图件从城市规划的角度予以认可。建设工程在正式开工前，城市规划行政主管部门还要组织放线、验线，保证建设工程的具体位置、坐标和标高准确无误，符合规划设计规定的各种技术要求。鉴于目前城市发放证件的名称不同，有的叫建设工程许可证（管线施工许可证），有的叫建筑执照或施工执照，因此本法不规定具体的证件名称为好。对建设工程的规划管理是在服从计划管理的前提下，对工程设计和施工进行必要的规划控制，是科学管理城市的技术上的要求，也是国内外城市普遍实行的管理要求，两者不存在矛盾。

三、《城市规划法（草案）》第三条关于城市规划区问题

考虑城市和区域空间发展的紧密联系，为了满足城市长远发展的需要，同时加强城乡接合部以及城市外围的机场、水源、交通、风景旅游等重要设施用地的规划控制和管理，保障城市规划的实施，城市人民政府根据以上原则，结合当地的具体情况，在制定城市总体规划时划定规划区的范围是完全必要的，是可行的。《城市规划条例》已就此作出规定，实际上凡经批准了总体规划的城市（90%以上）都已经划定了城市规划区，少数城市正在进行这方面的工作。

四、近几年全国耕地减少情况

根据国家统计部门的资料，1986年至1988年的三年内，全国耕地共减少3856.5万亩，其中国家基础设施建设占地453.1万亩，占11.7%，其余均为退耕造林、退耕还牧、农村基础设施建设占地等原因所致。在国家基础设施建设占地中，400多个设市城市的建设征地为214.8万亩，占全国耕地减少面积的5.6%（详见附表）。

长期以来，各城市的规划管理部门按照合理用地、节约用地的原则，严格审核建设项目的用地面积，城市用地是得到有效控制的。有些城市的个别建设单位也有占地偏多的现象，这正是没有服从城市规划管理所造成的。

附表：

1986—1988年全国耕地减少分类情况

年份	全国耕地减少数（万亩）	1 国家基础设施建设占地				2 退耕还林占地		3 退耕还牧占地		4 农村集体和个人建房占地		5 其他
		小计		其中：城市基础设施建设占地								
		面积（万亩）	比例（%）	面积（万亩）	比例（%）	面积（万亩）	比例（%）	面积（万亩）	比例（%）	面积（万亩）	比例（%）	比例（%）
1986	1663.2	164.5	9.9	92.3	5.5	512.8	30.8	335.1	20.1	214.8	12.9	26.3
1987	1226.2	156.9	12.8	55.9	4.6	296.9	24.2	252.4	20.6	164.3	13.4	29.0
1988	967.1	131.7	13.6	66.6	6.9	237.0	24.5	164.9	17.1	207.9	21.5	23.3
合计	3856.5	453.1	11.7	214.8	5.6	1046.7	27.1	752.4	19.5	587.0	15.2	26.5

贯彻《城市规划法》，促进城市综合开发

周干峙文集

第三卷·城市规划与管理

　　《城市规划法》将于4月1日起正式实施。这部法规从最初起草到作为《城市规划条例》实行，经过了4年时间；由《城市规划条例》升格为《城市规划法》又经历了6年。《城市规划法》是一部总结了我国城市发展40年经验的比较成熟的法规，它对我国今后的城市规划和城市建设将起到重要作用。

　　在社会主义初级阶段，我国的城市化正处于迅速发展时期。城市作为社会经济和科技文化的中心，它的健康发展极大地影响着社会经济的全局。《城市规划法》的颁布，对城市的规划、建设和管理提出了一系列明确的要求，进一步加重了城市规划的职责。

　　当前，城市规划工作部门在贯彻执行《城市规划法》时，应当明确以下几点。

一、提高城市规划的质量

　　要遵照《城市规划法》，从实际出发，根据我国国情，科学预测城市远景发展，正确处理近期建设和远景发展的关系，使城市规划更加科学合理；要坚持适用、经济的原则，依据国民经济和社会发展规划以及当地的自然环境、资源条件、历史情况及现状特点，统筹兼顾，作好综合部署；要综合安排好各项建设，充分听取各部门、各方面直至居民群众的意见和建议，使城市规划切实可行。凡

本文是周干峙先生应《中国城乡开发报》之邀，为宣传《城市规划法》而写的文章，写作时间为1990年2月24日，载于1990年3月12日的《中国城乡开发报》。

涉及全局和长远利益的规划，如功能分区、道路红线、建筑密度、控制高度等，一经审定批准，必须坚决贯彻，不能各行其是，动辄修改；凡局部的城市设计、建筑细节，应该因事、因时制宜，要有灵活性，尽量满足建设单位的实际需要。实践证明，科学合理的规划必然是切实可行的，而切实可行的规划必须是科学合理的。我们应力求城市规划的科学合理，这是贯彻《城市规划法》的基本前提。

二、加强管理搞好服务

城市规划以促进城市社会经济发展、服务生产生活、保护生态环境为根本目的。《城市规划法》科学地规定了城市规划在城市建设中的地位和作用，要求"任何单位和个人都有遵守城市规划的义务""城市规划区内的土地利用和各项建设必须符合城市规划，服从规划管理"。它赋予城市规划管理很大的责权，要求规划管理更好地为市民和建设单位服务。这不仅是我国社会主义建设的本质是为人民服务所决定的，也是城市规划工作的综合服务性质所决定的。规划管理工作必须尽可能走在建设工作的前面，主动引导建设，为建设项目排忧解难。搞好服务管理，还应该发动群众参与。只有摆正了规划和建设、管理和服务、管理和群众的关系，才能准确地总结经验，想方设法做好工作，争取城市建设的最佳效益。

三、促进综合开发和基础设施的配套建设

城市是为适应社会、经济、文化等需要而建立的各种工程建设的集合体，必须相互支撑，共济发展。特别是现代城市，这一建筑和那一建筑、地面建筑和地下设施之间，有着有形和无形的各种各

样的联系，只有统筹协调，才能有所互补而得到正效益。一项工程从设计施工上节约一个百分点相当困难，但在规划上如配不上套、互不协调，多付出百分之几则是很平常的，而规划不当造成的损失往往是难以弥补的。当前，我国城市中市政公用设施等基础设施普遍不足，城市综合开发也还没有普及，城市在社会经济活动中的作用还没有充分发挥。城市在新区建设或旧区改造中，必须坚持统一规划、合理布局、因地制宜、综合开发、配套建设。在有条件的城市，要仔细地做好近期建设的综合开发和基础设施配套的建设规划，提高城市的综合开发率和配套程度，做到综合平衡，主动服务，使经济效益和社会效益都有所提高，不断提高城市的建设水平和城市的文明程度。

城市规划工作要达到《城市规划法》的要求，还要做好大量的综合协调工作。我们必须遵守法律规定、公正廉洁、兢兢业业、求实求是，为建设现代化城市、发展社会主义经济作出贡献。

贯彻《城市规划法》，提升大城市的
规划建设管理水平

——在全国大城市规划工作座谈会上的
发言

这次全国大城市规划工作座谈会，是今年建设部召开的全国建设工作座谈会之后的第一次全国性会议。

这次会议去年就开始准备，部里工作计划中早已确定。因为10年来我们的大城市在改革开放中做了许多工作，积累了相当丰富的经验，需要总结交流。在《城市规划法》即将施行前夕召开这次会议，就赋予了会议双重任务，一方面是交流大城市规划工作的经验，另一方面是研究在贯彻《城市规划法》工作中需要解决的问题。目的是使我们的城市规划工作在新时期提高到一个新的水平，进一步发挥城市规划的综合指导作用，促进社会经济持续、稳定、协调地发展。下面我就以下三个方面讲点意见。

一、回顾一年来的工作

今年是20世纪90年代的第一年，我国的城市规划形势是很好的。《城市规划法》公布以后，广大城市规划工作者都受到了很大的鼓舞和激励，大家非常珍惜即将施行的《城市规划法》。在北京

发言时间为1990年3月16日，会议举办地为广州。本文根据周干峙先生保存的资料整理，标题由本书编者所加。

我们开了几次座谈会，许多老领导、老同志谈了很多感想。清华大学吴良镛教授谈到，我国的《城市规划法》经过了10年的准备，可谓"十年磨一剑"；郑孝燮同志说，"《城市规划法》凝聚了两代人的心血"；任震英同志说，"《城市规划法》公布后，标志着我国城市规划工作进入了一个新的历史阶段"。《城市规划法》公布，对国外和我国港澳台地区也很有影响，文本已经送给香港规划师学会，也传到台湾地区城市研究会，从得到的回馈看，还是很好的。香港规划师学会的潘国城先生就认为《城市规划法》很好，特别是对"规划控制区"这个概念，认为我们是总结了经验，对今后的管理工作有很大好处。总之，《城市规划法》总结了我国城市发展40年的经验，是一部比较成熟的法律，得到了广大群众和各级政府的大力支持。最近，许多城市都已掀起了学习、宣传和贯彻《城市规划法》的高潮。建设部也于今年1月5日发出关于宣传、贯彻《城市规划法》的通知；最近又印发了十几万册对《城市规划法》的解说，同时还制定了统一的建设用地规划许可证和建设工程规划许可证，第一批印了50万份，已经分发给各地。部里召开的建设工作座谈会上提出的"建设部1990年工作要点"中，也明确提出"要以宣传贯彻《城市规划法》为中心，强化城市规划管理。各个城市都要按照《城市规划法》的要求，建立健全规划管理机构，并建立有效的监督机制，认真清查和处理违法用地和违法建设行为，坚决纠正乱拆乱建现象，以保证城市规划严格实施"；并要求，"按照加强管理的原则，认真规范城市公交、给水、煤气、热力、园林绿化、环境卫生等公用事业的管理程序，广泛开展优质服务活动，努力提高服务质量和管理水平。继续推动文明城市竞赛活动，努力改善市容市貌，为人民创造整洁的工作环境与生活环境"。我们想，如果认真做好了这些工作，也就为我们国家当前的社会稳定、治理整顿作出了贡献。

我们都有一个共同的体会，近年来由于各地的重视和努力，我们城市规划工作和城市面貌都有了很大的改进，我们也更能体会到前一段工作的重要意义。很显然，如果没有前几年取得的改革成果，没有经济的发展和广大人民群众生活水平的提高，要保持社会的稳定和下一步经济的发展都是很难想象的。现在我们已经越来越看得清楚，我们的工作与整个经济工作是相辅相成的，关系到我们国家社会经济的健康发展，关系到人民群众的切身利益。所以，城市规划工作不仅是规划部门的事情，也是我们整个国家和全体人民群众的大事情。我们今后贯彻执行《城市规划法》，最重要的基础和出发点就在这一点上。

二、当前必须认真考虑我们工作中存在的问题

在《城市规划法》施行以后，究竟如何依法治城，我想只要冷静考虑，就会发现我们还面临着一些困难，并不是有了法就什么问题都解决了，一切工作都好办了。回顾一下许多国家的立法情况，立法以后的执法，大致有三种情况：第一种是能够得到严格的执行，效果很好；第二种是执行的时候相当严格，但由于一些问题没有解决，效果并不很好，大家还有不少意见，法存在一些缺陷，必须进行修改；第三种是由于种种原因，贯彻执行不力，当然效果就很不好。我们要争取第一种情况，要做到有一个良好的开端，能够取得好的效果，而且能坚持不渝地发挥好的作用。要做到这一点看来并不是很容易。

《城市规划法》的施行和所涉及的问题，有它自己的特点。第一，《城市规划法》和有些法不一样，它涉及的面比较宽，涉及的

问题也比较复杂；第二，《城市规划法》不只是涉及少数部门、少量组织，而是涉及城市中各个部门、涉及广大人民群众；第三，我们的城市规划工作与整个城市经济体制改革密切相连，我们的工作还存在不少需要不断改进和完善的地方。究竟如何正确地执法，又有我们的一些特殊问题。所以，我们贯彻执行《城市规划法》，必须充分估计到可能面临的复杂情况和困难，我们有这样的思想准备，比不注意要好得多。

在《城市规划法》执行过程中，值得关心的问题可以在这次会议上进行探讨。对此，我谈几点初步的看法。一是我们城市规划工作的质量究竟怎么样，能否跟得上？二是我们规划管理服务能不能满足形势的要求？三是通过执行《城市规划法》，能不能对城市建设和管理起到积极的作用？我觉得这三个问题，即城市规划的质量怎么样、服务怎么样、作用怎么样，是很值得我们研究思考的。

《城市规划法》明确规定了城市规划部门的工作范围、职责，这些要求是相当高的，赋予了我们很重的职责。例如，《城市规划法》规定要从实际出发，根据我国国情，科学预测城市远景发展，正确处理近期建设和远景发展的关系，使城市规划更加科学合理；要坚持适用经济的原则，依据国民经济和社会发展规划，以及当地的自然环境、资源条件、历史情况、现状特点，统筹兼顾，做到综合部署，综合安排好各项建设，这些要求显然是不简单的。《城市规划法》还规定要充分听取各个部门和有关方面的意见和建议，包括听取居民的意见和建议，目的是使我们的规划做到切实、可行。我们长期从事规划工作的同志都知道，要做到这一点，也是有许多困难要克服的，因为很多城市的实践证明，要做到规划能够顺利实施，关键是规划本身要科学合理，规划本身不科学不合理，就很难贯彻实行。要做到这一点，必须具备相当完善的机构、体制，有一定的队伍和手段，有一定的基础资料，这些都缺一不可。现在看来，大城市可能好一点，但在很多中小城市还有相当差距。如何保证我们的城市规划科学合理，保证我们规划设计的质量和水平，这是第一个很值得考虑解决的问题。

第二个值得考虑的问题是怎样加强我们的管理，搞好我们的服务。《城市规划法》明确规定了我们城市规划在整个城市建设和发展中的地位和作用。《城市规划法》明确规定："任何单位和个人都有遵守城市规划的义务"，要求"规划区内的土地利用和各项建设必须符合城市规划，服从规划管理"。应该讲这赋予了城市规划管理很大的职权，但是这绝不是说规划权大了，就可以管人家了，而恰恰是要求我们规划部门更好地为全市人民、为建设单位服务，要"寓管理于服务之中"。要坚持廉政公正，服务态度要好，还要求我们把工作做在前面，要为建设单位排忧解难，起引导建设的作用。我想这些方面的问题很明显，只有摆正了规划与建设的关系、管理与服务的关系、管理与群众的关系，才能想方设法做好工作，使我们的城市规划取得更好的效益。

第三个值得考虑的问题是规划可能很严格，但是究竟是否能够对城市各项管理工作和城市建设工作起到促进作用。当前，城市建设跟不上经济的发展，市政公用设施和基础设施还普遍不足，城市的综合开发也还没有普及。应该讲，城市建设还没有在城市经济和社会发展中充分发挥作用。如果我们的规划要解决实际问题，就必须要考虑如何促进这些问题的解决。当前特别是要促进基础设施的配套建设安排，要有利于综合开发，这是我们起作用的两个重要方面。很显然，要做到这一点，也要求我们的规划首先要做得深、做得细，要做好分区规划，做好基础设施的配套建设规划，还要配合房地产业的发展，做好房地产业的开发规划。总之，不论大城市、小城市，要使规划真正起到积极的作用，还有许多工作要做。

如何真正全面地实现《城市规划法》的要求，也是我们这次会议要讨论的一个重要问题。我认为首先把问题和困难估计得足一点比估计得少一点要好得多。新中国成立以来的经验告诉我们，在顺利的情况下，要看到曲折；在困难的情况下，要看到光明，要有这样的战略眼光。这些问题，我们规划部门是有条件加以研究的，我们许多城市已经积累了40年的丰富经验，如果能够很好地总结并交流，这些问题是可以解决的。

下面我简单地谈一下大城市的一些情况。我国大城市在国家社会和经济发展中具有举足轻重的地位。百万以上人口的大城市，统计是28个，实际上不止28个，起码30个。一个是深圳，深圳就超过了100万人，但深圳按户口统计是40万人，还有60万人是长期暂住人口；还有一个是吉林市。这28个城市无论是人口比例（占全国城市人口的42%）还是工业产值都占全国的一半。特别是规划人员所占的比例，28个大城市恐怕要占到全国的80%，全国大约有3万规划工作人员，绝大部分在大城市。所以我们大城市的同志义不容辞地要总结好经验，推动全国的规划工作。这几年，全国大小城市发展趋势出现了很好的转机，大体上三年以前小城市在人口、工业产值等方面的增长率都开始超过大城市，这是城市化一个很好的趋势。但是很显然，在相当长的历史阶段内，大城市还要发挥重要的作用，在经济社会发展中还要处于主导地位。这几年来，我国的改革开放首先是在大城市，大城市的经验也最多，大城市的工作总结好了，其他城市就好解决了。

近几年来，京、津、沪、穗四市每年都交流经验。去年的12月在广州，9个200万人口以上的特大城市相互交流了经验，大家感到很有收获。特别是大家看到广州市在规划管理方面有很多改进，取得了较好的效果，当时就提出在广州召开这次会议，得到广州市领导的支持。

关于京、津、沪、穗四城市的经验究竟如何概括，是一个相当大的课题，我们还说不全。但从这次会议准备的过程以及这次会议的材料可以看出，内容确实相当丰富。譬如，对广州我初步理解如下：第一，广州市在城市规划的指导思想上有了很大转变，广州的规划适应了有计划的商品经济的发展，搞得比较活，研究了许多比较可行的、提高规划设计水平的措施。第二，广州树立了服务于经济发展、服务于城市建设、服务于人民生活的思想。广州的规划管理和服务工作结合得比较好，这是这次会议要研究的问题。第三，广州的规划密切配合了城市经济体制改革，特别是配合了房地产业的发展，广州的房地产业和广州的城市规划已经结合在一起，相辅相成，起到了互相促进的作用；房地产业促进了城市规划的实施，有了城市规划房地产开发有了依据。第四，广州的规划，在城市的计划、土地的管理、市和区的体制方面理得比较顺，有些措施能贯彻到底，及时得到反馈，可以做到互相补充和纠正。第五，广州市的规划工作有超前性，走到了建设需要的前面；广州花了三年时间做了全市70多个街区的规划，街区规划比分区规划要深一些，使规划管理有了很重要的依据。第六，广州市的规划很重视先进技术的应用，已经建立了计算机信息中心，特别是在今后规划和管理动态性较强的情况下，这个措施是很必要的。第七，改进了规划管理体制，建立了土地有偿使用的原则和办法，改进了建筑管理的体制，建立了报建特许人制度。从两年的实践看，效果是好的，保证了规划的实施。总的来看，广州市的工作有两条实际效果是明显的：第一是城市规划对城市建设，特别是对市长的工作起到了参谋助手作用，这也是我们的工作目标，广州市规划局起到了市长的参谋助手作用，才能为全市人民服好务；第二是反映到城市建设上，广州的综合开发发展得比较好，基础设施建设得到比较合理的安排。按照城市维护建设税与城市建设的比例来看，广州是全国最高的。按规定，前几年广州市能用于城市基础设施建设的资金每年有1亿多元，近两年每年约2亿元，但实际投资于建设的，每年是5亿多元。而许多城市的这一比例大体上是1∶1，广州是1∶2多一点。因此，促进了广州的生产发展，使广州每年经济的增长率都比内陆城市高。当然这不完全是规划部门的功劳，但规划起到了非常重要的作用，因为规划起到了整个方案的汇总作用，给领导提供了决策的信息。从这两条说明，广州市的经验是非常宝贵的。我很难讲全，要请广州市市长和规划局给大家介绍，讨论这个问题。

此外，通过去年九城市的会议，我们发现许多城市也有很好的经验，如天津市这次带来了许多好材料，上海在非常困难的条件下在市政管理等方面也收到了比较好的效果。这次会议提供了一个机会，请大家广泛地交流好我们的经验。

适应改革开放新形势，深化改进城市规划工作

——在全国城市规划工作座谈会上的发言

今年以来，城市规划工作面临进一步改革开放的新形势，正像有的同志所讲，受到了新的冲击。所谓"冲击"，一是来自迅速增长的房地产开发的要求；二是来自一些地方为了"搞活"，要求把城市规划管理权下放。区里要规划管理权，也是为了房地产业的开发利益。两个"冲击"，实质上都是商品经济的冲击，核心问题是城市规划工作如何主动去适应商品经济和房地产业加速发展的需要。毫无疑问，商品经济的发展深刻地影响到城市的规划和建设，但我认为城市规划的根本目的、基本原则和方针都没有变，只是编制和实施规划的条件有所不同，在单一计划经济体制下，规划控制城市主要靠行政手段；而在商品经济条件下，不能没有经济手段。也就是说，控制和影响城市规划和管理有了"两只手"：一只"有形的手"——行政、法规和一只"无形的手"——经济、市场。所以，我们必须改变一些老的观念，适应商品经济的发展，首先是要适应土地有偿使用和房地产业发展的需要。对于用地制度改革和房地产业的发展，我们必须去认识它、了解它、促进它的发展，使城市规划在新的开发建设条件下起龙头作用。

发言时间为1992年5月9日，会议地点为无锡。本文根据周干峙先生保存的资料整理，主要内容（摘要）以"建设部副部长周干峙同志在全国城市规划工作座谈会上的讲话"为题载于1992年第5期《城市规划》。标题由本书编者所加。

下面就用地制度改革和房地产业发展、深化城市规划设计、加强城市规划管理三个问题谈一些看法。

一、城市规划要积极参与用地制度改革和房地产业发展

　　住房制度和用地制度的改革是形成房地产业的前提条件。房屋和土地（使用权）成为商品，具有重要的经济意义，一是可以由此取得发展建设的启动资金，起推动经济发展的杠杆作用；二是可以大大加速建设资金的周转，使过去只有投入没有产出的状况变为有投入有产出、能循环周转的状况。从城市建设看，房地产业的发展是解决城市建设资金问题的重要途径，也是提高城市土地使用效益、优化用地结构的有利条件。经过五年的实践，我国房地产业不断孕育发展，城市土地有偿使用也已经起步。作为城市规划部门，要想搞好当前的规划设计工作和规划管理工作，就必须对我国的土地使用制度改革和房地产业有一个基本的了解，并主动积极参与房地产业发展和用地制度改革。下面试谈一下我的10点基本认识。

　　① 城市用地制度改革和住房制度改革一样，是一项根本性的重大改革，要有一系列的配套改革措施和渐进过程。经过十年的实践，大家都知道住房制度改革的难度很大，其难点在于涉及很多其他制度的改革，包括工资制度、财税制度、城市管理制度、金融制度，中央与地方、条条与块块的分工责任制度等。而用地制度的改革除涉及上述各项制度改革之外，还涉及企业制度和外经贸制度等。因此，尽管住房制度改革走出了路子，用地制度改革的步子可能会快些，但看来绝非一蹴而就、一步到位。应该看到，我国房地产业和房地产市场虽然发展迅速，但全国私人买房只占年建成房屋

的百分之十几，交易额大约70亿元；城市土地进入市场也只有百分之几，而且只限在一些开放城市；有关的立法也不完备，只有《城市规划法》《土地管理法》《城镇国有土地使用权出让转让暂行条例》等少数法规；从方针、政策、方法、步骤等方面都还不完善，不成体系。总的来说，房地产作为一种产业、形成一个市场，仍在起步阶段，都尚未成熟。我们应该在现有基础上，力求加快改革，取得扎实进展。

② 城市土地的有偿使用及房地产业的发展，在相当长时期内将是计划与市场结合并行的，城市土地不可能全部进入市场。世界其他国家包括资本主义国家的城市土地也并不是都由市场来调节，很大一部分土地是由政府部门控制的。我们应看到土地问题涉及每个单位、每个人的切身利益，要考虑社会公平，也就要有计划，要有政府控制。比如，道路、公园、学校、医院等就不能靠收地租或通过转让补回几十年地价，这样做既无必要，也行不通。

③ 城镇土地有偿使用最主要的问题是地价，但决定地价的关键因素是城市规划，是城市规划确定的土地使用性质、使用条件和开发强度等技术经济指标决定了地价级差。温州市的经验说明，城市规划要参与土地的分等分级和地价的制定。这是城市规划部门的责任，也是土地使用制度改革的客观需要。当然地价问题涉及面很广，不能单独由哪一个部门确定，但城市规划是前提条件，是不可缺少的参与者。

④ 城市土地有偿使用和房地产业的发展，动态性非常强，其交易的价格受市场调节，受供求影响。城市规划部门由于了解城市发展的动态，掌握城市土地利用开发的具体条件和经济社会各项事业的发展需求，因此通过规划引导、控制这一动态过程非常重要。我认为，城市土地不宜大量抛售，土地为"奇货可居"，应一点一

点挤出去，而不是一下子几个甚至几十个平方千米地抛出去。

⑤ 城市土地级差效益很大，必须仔细分类，区别对待。新中国成立前，武汉市内土地的最高与最低价差3500倍，上海市、济南市也相差几十倍、近百倍。总之，不是像现在这样只差两三倍的概念。世界上大多数国家，其中央商务区（CBD）与边缘地区的地价都是悬殊的。城市规划部门应该好好研究城市土地的这种区位差异与地价差异的关系。对各种用地详细分类、区别对待，为地价级差的确定提出基本参数。

⑥ 地价不是越高越好，要适当控制。有人认为只要地价高，收益多，就对国家有利，这种看法是片面的。地价太高，不利于住房制度的改革。土地使用制度改革的目的是发展经济，使城市开发建设良性循环。因此，地价的确定要有全局观，不能盲目抬高地价，影响住房制度改革和城市建设的良性循环。

⑦ 土地有偿使用制度改革的进度也不是越快越好。大家知道，土地税刚实行的时候，有些企业就承受不了，交不起税。推行土地税之后，亏损的企业还有所增加。因此，一定要考虑社会的承受能力。

⑧ 推行用地制度改革和房地产业发展，必须要有相应的管理措施。如果没有科学的管理，没有相应的措施和办法，房屋的买卖、土地的转让就不可能正常进行。

⑨ 推行用地制度改革，将国有土地使用权出让、转让、出租、抵押等，一定要有中介组织。因为要形成一个市场，就需要信息的流通、价格的评估，还要有一定的办事程序。很需要有一些如同房地产交易所之类的中介组织，没有这些中介组织，出让、转让、出租、抵押等交易活动的开展容易混乱。

⑩ 推行用地制度改革和房地产业发展，还必须要有立法的保

障。土地有偿使用和房地产业作为一个巨大的市场，被称为国家经济状况的"寒暑表"，应该有相应的立法保障。

　　总之，用地制度的改革和房地产业的发展存在许多问题，面临很多困难。不少国际友人告诉我们，房地产业是一把"双刃剑"，搞好了就能推动经济发展；搞不好也可能对经济起干扰作用。但是，经济的发展，改革的需要，还必须积极、慎重地推进，不能有困难就停下来。我们应用其利，防其弊。随着改革的配套完善，城市规划部门还有时间做好工作、主动服务、跟上形势。

二、进一步深化城市规划设计，超前做好开发规划

　　规划普遍跟不上，有种种原因，其关键是认识。要认识新形势下规划的原则方向没有变化，但实施规划条件变了，由单一的计划变为计划与市场，有了影响规划的"两只手"。规划及其实施也要相应发展，要有两条线——规划设计和方法规定。从观念上，特别是经济观念、法制观念上要提高。

　　首先，规划设计要深化，提出了分区规划、控制性详细规划，提出了城市设计问题。但仅此不行，要立法，于是出现了完善法治的问题——从《城市规划法》到地方条例，以至最基本的"区域控制"，要具体、透明、可调，主动管理，确保实效。

　　广州、温州由于商品经济发展较早，他们共同的一条经验就是改变观念，主动服务。与其被动地由开发商来选地开发，不如我们主动为开发提供依据。他们事先研究了开发要求，编制了开发规划，完成有关规定和投入产出的匡算，城市规划设计工作走在前面。广州天河体育中心的开发实际需要7亿元建设资金，国家只给1亿元，其余的资金都是通过开发规划，从临近房地产开发中以收

取实物地租的形式解决。花地湾小区开发建设110万平方米，这是疏解广州旧市区向珠江南岸发展的重要措施，也是通过规划提出开发方案，计算投入产出，拟出招标文件，由广州市建委组织实施完成的。温州从1987年人民路改建开始，做了旧市区8.9平方千米的控制性详细规划。有了深化规划的基础，最近选出的16条路段，总占地1.2平方千米，为各个路段提供了包括总拆迁面积、总建筑面积和各类建筑面积、容积率、覆盖率、总投入、总产出等经济技术指标，规划部门主动计算投入产出，为开发公司提供了依据，使开发商一目了然，使市领导了解了投入产出的全局，市财政也心中有数，规划部门真正成了市长的参谋，规划的龙头地位也进一步确立。看来，过去我们的规划也考虑经济问题和开发问题，不过那是在计划经济下，只算投入，不算产出；只说要多少钱，反正钱从国家那里来，是一个"要钱规划"。而现在，经济体制变了，我们的工作条件变了，受市场影响，每项规划都要有经济测算，分析投入产出，筹措必要资金，要做"生财"规划。

要深化城市规划设计，参照广州、温州的做法，我认为首先要解决几个认识问题。

第一，房地产开发规划和地价制定是不是规划部门的分内事？规划不能包办一切，但开发规划是规划的实施问题，理应去做，如同有了新的施工方法，建筑设计不能不考虑一样。研究和参与制定地价，就是为了保证规划实施。资金来源问题从来是必须考虑的，规划的业务范围从来就没有固定的框框，城市规划应该根据新的情况开拓工作领域，才能使规划城市的宗旨得以实现。

第二，我们的参与能力如何，搞不搞得了？温州的实践回答了这个问题。他们搞覆盖旧市区近9平方千米的控制性详细规划，只有20多人，工程师也不算多，问题的关键是要有认识，认识到主动使规划工作适应商品经济和房地产业的必要性，决心去参与，这应是多数城市力所能及的。

第三，开发规划中如何确定用地范围、用地标准、开发强度、用地价格等一系列指标？要研究市场，研究吸引力和购买力。在市场调查研究的基础上统筹规划，按照对政府有利、对投资开发者有利、对居民个人有利的原则，将经济效益、社会效益和环境效益结合起来，这样制定的定额、标准、强度、密度等是有依据的。当然有些指标一次定可能不准，可以逐步修正，广州和温州的经验告诉我们，一些做法一开始不够完善并不要紧，可以通过实践逐步提高、充实，但要敢于规划，敢于定夺，敢于修正；要主动去闯，去试。退一步讲，你不定就会有别人去定。显然，通过城市规划来定，相对来说还是比较合理的。温州16条街区开发规划，天津57块地块开发规划，不一定都会被挑中，规划部门提的地段和开发规模也可能要调整，但这同自发去选有本质的不同。

第四，房地产市场发育缓慢的城市，搞不搞这类开发规划？也要搞，只是时间先后、快慢、多少的问题。沿海、内陆情况不同，但发展趋势一样，而且通过深化开发性规划，可以推动房地产起步。即使没有房地产市场，没有外资的引进，我们自己的综合开发在计划经济条件下，也需要有详细规划和开发规划。城市规划超前没什么不好。何况目前规划工作滞后，特别是控制性详细规划和含有经济测算的开发规划，其规划深度远远不够，与发达国家相比还差很大距离。

第五，规划力量不够怎么办？这可以从几个方面解决：一是充实壮大规划队伍；二是加强队伍业务素质建设，加强在职人员的培训；三是借助外来力量；四是应用新技术。这里需要特别提出的是目前规划的动态性很强，运用遥感、电子计算机等新技术有很大优越性。科技部门和规划部门要共同研究，组织推动，抓紧规划信息库软件和规划图形软件的开发研制和推广应用。

此外还有深化规划的名称问题。国内外名称不一，学术上可以去讨论，但实际工作要以解决问题为准，不拘于名词概念。从广州、温州的实践和上海的研究来看，除了要有全局性的开发规划以外，还要有各个开发地区的分区规划或控制性详细规划，这种规划都要有地块编号、用地界限、使用功能、建筑密度、容积率、道路出入口、停车场等主要指标，并且要以法律文本的形式公布，图文并存，按国际通用名词，可沿用"用地区划管理"（zoning，中国香港地区叫"用地法定图则"），使内外开发者一目了然。

希望各沿海城市和开放城市，在一年半载内都能做出旧市区和集中开发地区的控制性详细规划和用地区域控制规定，这是主动为开发建设服务的基础。

密度问题，开始要高些，总体要严控，动态性强，地价、房地产离不开规划。总之，开发建设中规划要起带头作用，要在最短时间内赶上去。

三、加强城市规划管理

规划管理是保证规划实施的重要手段。在计划经济体制下，管理控制城市主要靠行政手段；在新的市场经济形势下，应当综合运用行政、法律和经济的手段。当前，在规划管理方面需要重视的主要有以下几点。

① 规划管理权下放问题。许多同志谈得很好，下放规划管理权是权力下放的一个误区。发展商品经济要放开、搞活，同时要加强宏观管理。而规划管理是一个城市进行宏观管理的重要方面。城

市是一个整体，市辖区再大也是整体中不可分割的一部分。现代化城市的整体性决定了城市规划必须统一管理。城市规划的整体性、系统性搞乱了，建设必然要出乱子，这是客观规律。有些同志不了解，简单化处理这一问题，这是不科学的。中央领导早就讲过，国内外的实践也都证明，经济管理权可以下放，规划管理权不能下放，这是从许多历史教训中得出来的经验。因此，必须坚持规划管理的集中统一领导。

② 要完善法制，依靠法制，才能真正加强管理。要完善法制，首先还是要深化规划，通过城市的控制性详细规划和分区规划，形成法律化的规划文本。我曾经几次建议，深化规划要参照国际通行的做法，建立和完善城市土地区划管理制度。开展控制性详细规划，主要也是为了制定区划（zoning）规定，使法律与技术两条线互补。同时，为增加规划管理的透明度，克服建设和管理双方的随意性，有利于规划部门的廉政建设，再加上现在房地产业发展和土地有偿使用制度改革的需要，使这个问题更紧迫了，不能再犹豫了。

③ 加强规划管理，必须加强规划部门的自身建设。加强自身建设，一方面是要提高业务技术水平和业务管理水平，没有这两个"水平"，规划管理工作是很难搞好的；另一方面，还要加强职工队伍的精神文明建设，这方面，广州归纳的"廉政、服务、效率"六个字非常重要。在当前的环境下，城市规划不再是"清水衙门"，廉政建设要常抓不懈。选址、画红线，审批建筑密度、层数、容积率等都涉及开发商巨大的经济利益，规划管理人员手中有权，很容易搞权钱交易，我们决不能滥用职权徇私舞弊。规划人员如果不能廉洁奉公，那就丧失了规划管理最起码的资格。

城市规划与其他产业部门不同，没有自身的利益。加快经济发展，进一步改革开放，从本质上讲，规划部门是促进派。中央领导去年在全国城市规划工作会议上讲，"城市规划是一项战略性、综合性很强的工作，是国家指导和管理城市的基本手段"，讲得很深。如果规划跟不上，规划管理就搞不好。城市发展下一个层次的工作就搞不好，就可能要影响全局。规划是龙头，这是由规划本身性质决定的，也说明我们肩负的重任。当前的形势是规划工作难得的机遇，我们要有紧迫感和危机感。面对新形势，有冲击是好事，要凭借这一新的"浪潮"的冲击，把规划冲向一个新高度，我们常说要上一个新台阶，现在已到了台阶边上，只要一抬脚就上去了。"雄关漫道真如铁，而今迈步从头越。"我们要迎上前去，努力鏖战，走好这关键的一步，为改革开放和加快经济发展作出更大贡献。

城市规划与技术

城市规划中如何考虑电视台的技术要求
（附：电视广播的基本原理）

一、电视及其应用

电视是利用电信技术将相当距离外事物的影像和声音，传送到接收者面前来，它很科学地实现了古人对"顺风耳""千里眼"的幻想，其后者即是传影部分，前者便是传声部分。

电视在国民经济各部门被广泛地应用着，因为它能代替其他任何探测等工具无能为力的错综复杂的工作，所以它除了起到文化娱乐的工具作用外，更主要的在于其他方面。例如，在自然科学中对高山、火山、海底、极高空等的研究，在天文学中看天文现象，及医学新手术的传授方面可以通过电视显示到许多人面前，而不再是凭几架天文仪及手术室内应保持的环境，使知识传播上受到一定的局限；另如，帮助识别方向、物件方面，如看到普通显微镜看不到的微粒，潜水员在水底工作借助它可提高效率，飞机降落能见度差时借助它来辨别跑道方向，船只在荧光屏上能看到几百米外的航路；再如，在省时间、省钱、省力问题上，电视功能不小，譬如函授教学中教员的讲解，通过电视可达到课堂教学同样的效果，便可在一定程度上解决师资缺乏问题，先进工作者新操作法可通过电视表演一次，观摩者可无数次观看，另外如果在电话机上装上电视设备，通话的双方用户不仅能听声音，而且能见面，它与广大人民生

本文根据周干峙先生保存的资料整理，写作时间由相关手稿分析在1959年前后。标题由本书编者所加。

活关系将更加密切；又如，我国普遍推行的各级领导电话会议形式，那么设想，如果能装上电视机的话，参与会议的代表虽各居一方、未到会场，但能看到真人真事，它对加强领导单位在布置、督促、检查工作的效果方面来说将会是很有用的工具，其在客观效果上能起到减少往返运输旅程及流动人口给服务性行业带来的一些困难等作用，同时它会更促进全国工农业的发展。

由于电视用途宽广，其发展前途也将是宽广无边的。在党的正确领导下，生产不断地发展，相应地，全国人民文化生活水平也将不断提高，这门尖端科学将逐渐被我们所掌握，而且一定会有新成就。根据我国经济条件，随着钢铁业的飞速发展、城乡差异的迅速消减及保证最大限度地满足劳动人民物质文化需要，目前在北京及上海两大城市建立了电视广播台，估计不久的将来，在各重点地区也将出现兴建电视塔的趋势。

这一形势便对城市规划建设工作者提出了新题目——如何正确选择电视台场址？既能满足电视的技术要求，又能妥当地安排规划区内的主要市政工程构筑物及公共福利设施，更充分地利用电视塔作为城市建筑艺术的制高点，使它富有实用性、装饰性及整体性。

二、电视台和调频台工作条件

① 电视是用超短波发射，其电波传播方式是以直线进行的，一般具有条件的，应尽可能地将电视发射塔设在市中心，便于向四面发射电波。

② 发射天线架设于塔顶部，电能由底部用同轴电线或导波管输送到顶部，在大型电视塔之中部可布置茶室，供游客远眺。

③ 其周围不得有很高大的建筑物，要求在使用电视机的每栋

楼房顶部都可以看到电视塔之顶部。

④ 电视播音馆占地较普通播音馆为大，其除了包括所有普通播音馆之设备外，还必须具有摄影、放映、洗映、灯光布置、导演、化妆、演员休息、温度调节等空间或设备，要适当地考虑将来立体电视的要求。

⑤ 播音馆和发射台最好建在同一场地，其优点是播送节目和维护均较便利，电源和管道共建降低造价；若分设两处，其距离按同轴电线传送要求要在1千米以内，否则距离过大质量会欠佳。

⑥ 节目播送要求在交通便利、环境优美和电气干扰不大的地区内。

三、电视台和调频台场地的一般要求

① 要求场地布置在规划区中心或接近中心，使居住密度最大的地区电波最强，其优点：使市内居民有可能用室内线接收，以减少收音天线的接收设备费用，同时也避免了市区内接收天线林立密布不美观的现象。

② 塔高可考虑为200～300米，场地面积与塔高有关系，即场地所占面积为约以30%塔高为半径的用地。

③ 电视播音馆建筑面积需4000～5000平方米；如为远景发展预留用地，则约需1.5～2.0公顷。如电视播音馆和发射台建在同一场地，则总共用地为（150～180）米×（200～250）米。

④ 市台播音馆和电影播音馆、调频播音馆最好考虑在一起，则将播音馆面积适当增加（当考虑将来市台采用调频发射机）。

⑤ 场地地势最好选择较高地点，一方面可以降低天线、铁塔高度；另一方面也在一定程度上降低了对周围高大建筑物的限制。

场地又必须是平坦、地质条件良好，地下水位不能太高，场地内无大坑大沟，雨季场地排水迅捷，这样使铁塔基础建造较易顺利。

⑥ 必须保证该台的供电、供水不致中断和排水可靠性。

⑦ 收讯台与高压线的距离规定：电压在35～110千伏的输电线路，在所有方向上，距电台任一接收天线的距离不小于1千米。

⑧ 电视发射台场地应与军事部门雷达站等通信设施保持一定距离。

四、各种长、中、短波线接收天线与架空通信线及输电线之间的最小距离（表1）

电磁波接收无线与周围电线距离表　　　　　　　　　　　　　　　表1

名称	最短距离
① 接收方向上的架空通信线	1千米
② 接收方向上的架空通信线，其他方向	0.2千米
③ 35千伏以下输电线，在一切方向上	0.5千米
④ 35～110千伏，在一切方向上	1千米
⑤ 110千伏以上，在一切方向上	2千米

五、收讯台技术场地边界距干扰来源的最短距离（表2）

收讯台与周边干扰源距离表　　　　　　　　　　　　　　　　　表2

名称	最短距离
① 距运输量频繁的公路	1千米
② 距电气化铁路、电车线及无轨电车线	2千米
③ 距工业企业大的汽车房、汽车修理、拖拉机站	3千米
④ 距有X光和电疗设备的医院	0.2千米

六、如何保证电视广播接收者消除或减弱干扰影响

干扰会在很大程度上破坏正常的接收或使图像失真，使电视出现一堆亮点及短划线，所以应尽量高地装置室外天线。为经济及实用的目的，一般采取公用电视天线，然后接到分配网，用特殊的电线支线接入电视机。

干扰会引起几种现象。

① 双重图像——产生的原因之一是装天线的位置不好，因为作用在天线上除发射台的基本信号外，还有其他反射信号（如一个或几个由楼房或巨大物体如桥式起重机等反射引起）。

② 网形干扰——来源常常是无线电台或高频装置，使整个荧光屏布满小波纹。

③ 汽车点火系统干扰——往往发生在一层楼靠近道路的用室内天线装置房间内，距离汽车几十米的位置比较显著。

④ 短时间、不常重复出现的干扰——属于日常电器如电铃、电冰箱、电熨斗等干扰作用。

以上列举电视台对建筑场地位置、用地面积、工程地质、供水排水的一般要求，以及对一切足以引起干扰影响的如高压输电线路、电信线路，给大规模工业企业、市内外交通运输组织、运输构筑物，以及其他有关公共建筑等设置，相互保持最小距离的具体数字。可能这些资料与我国最新现行设计规范有所出入，鉴于尚有参考价值，使我们在进行拟建电视设施的城市工作时，继功能分区之后又有预见性地对城市中各项物质要素做出最令人满意的总体布置，共同为提高城市规划工作质量而努力。

附：电视广播的基本原理

不同波长（和频率）的电磁波有不同的传播特点，因此通常划分成几种波段（图1）。

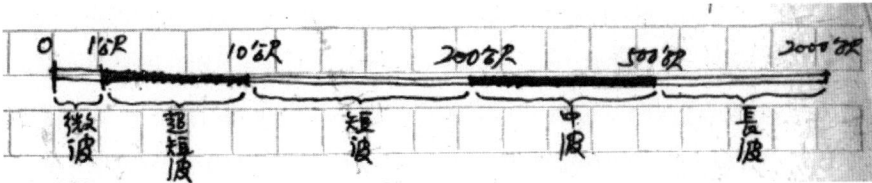

注：1公尺=1米。

图1　电磁波波段划分图

在电视广播中，由于许多技术条件限制，必须采用超短波来播送。而超短波的一个传播特点就是直线传播，它不能绕过尺寸和它的波长相近的障碍物，而会被障碍物反射回来。超短波能穿透大气电离层，因此它不能像短波一般利用电离层的反射而传往远处。

因此电视广播只能利用超短波的地面波，电视的服务区也只限于直线可达范围。因此，电视的发射天线和接收天线架得愈高，电视广播信号传送的距离愈远，可以依据公式简单计算（图2）。

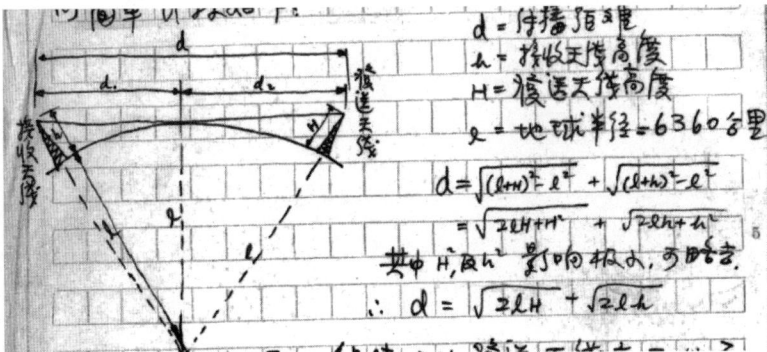

注：地球半径范围为6357～6378千米，现多用平均半径为6371千米。

图2　电视广播传播距离算法图

375

在一般情况下，发送天线高出地面150～200米、接收天线高出地面15～20米时，电视台的作用半径将为58～65千米。

说超短波是直线传播是不完全正确的，实际上在空气中还有折射现象（与光线的折射类似）。在干燥的空气中，超短波的折射和光线的折射几乎一样；在充满水蒸气的空气中，超短波的折射就比较大。如离地较高处的大气温度比离地较低处的高时（所谓温度倒布现象），超短波的传播途径就向下弯曲，绕过地球表面到达地平线后面的地区，使地平线后面的地方也能收到电视信号。此外，超短波一般是不能在电离层上反射的，可是在太阳活动性最大的时期里，由于大气电离得特别厉害，超短波也能在离地250～400千米的电离层上反射，如1954年夏天，莫斯科就曾经收到布拉格的电视节目，还收到过伦敦的电视节目。

此外，以前一般认为山峰是超短波传送的障碍，其实在某些场合下反而能起到好作用。山坡上升的热气流可造成温度的倒布，使超短波产生强烈折射，把超短波送往山峰后面的地区（图3）。

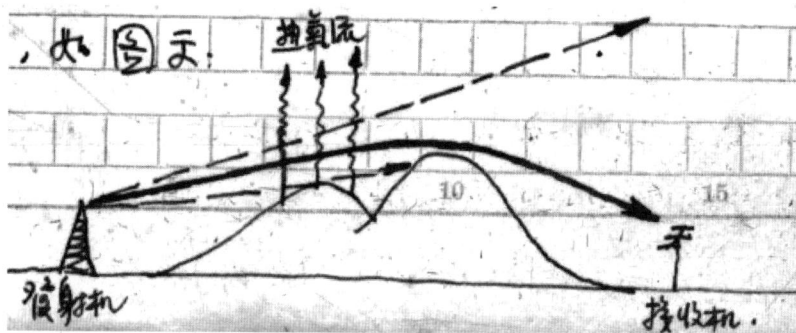

图3　电视信号传输与山峰的关系

总的说来，这些超短波的远距离传播情况虽然可能实现，但很不稳定，不能用来进行可靠的接收，一般考虑电视台的作用半径仍限制在40～60千米范围内。

电视的这种传播特点也许可以说是电视的一个缺点，但这个缺点可以由另一个优点来弥补，就是超短波的发射具有方向性，并且可利用超短波发射天线的"水平极化"现象，使电波从天线塔像伞一样地集中在靠近地面的空间内传播，不像中、短波那样漫射出去，这就大大地提高了发射机的实际效率，所以电视发射可以把较小的功率集中使用于一定范围内。并且，电视的远距离传送还有别的办法解决，如目前国外已有采用的无线电接力线路，每隔60～80千米设一收发站，依靠这种接力线路，能把电视节目送得很远；此外，还有用导波管传播、用飞机转播以及人造卫星转播等办法，虽然许多方法目前还在实验阶段，但电视的远距离传播问题一定会在实际应用中获得圆满解决。

城市地质勘察是城市建设的一项战略性基础工作

——在全国城市地质工作会议上的发言

周干峙
文集

第三卷·城市规划与管理

一、我国城市发展的趋势和对城市地质勘察工作的基本要求

随着"四化"建设的发展，我国正处于迅速城市化的过程之中。全国人口构成将要发生明显变化，一大批乡村人口将转化为城镇人口，城镇的数量将会持续增长，中心城市和大城市也将有进一步的发展。截至1985年底，全国城市总人口共计21187万人，占总人口的20.35%；设市城市共324个（目前为342个）；建制镇共7511个。据1984年对295个城市的统计，这些城市的工业生产总值占全国的86.5%，实行市带县以后，市域范围更广，仅1984年时295个城市的市域面积共186.9万平方千米，占全国总面积的19.5%。预计在今后一段时间内，全国城市人口比重仍将持续增长，城市总数将达500个左右，县镇数将超过10000个，市域范围还要扩大，城市在国民经济中的地位将愈益重要。

城市地质勘察工作是城市建设的尖兵。一切城市建设都是建立在一定的地质环境之中，做好城市地质勘察工作是建设好城市的重要基础。我国古代的城市建设很早就注意了地质地理条件，讲

发言时间为1986年7月9日。本文根据周干峙先生保存的资料整理。

378

究"相土尝水、象天法地",十分注意水、土、地。很多古代城市有科学的选址,如北京、苏州、兰州等,经受了历史考验,长盛不衰。现代城市,情况更加复杂,对地质环境的要求更高,人为影响于原生地质的情形也更多,无论从"趋利避害"或"防患于未然"考虑,都要求更好地做好这项建设的前期工作。

关于城市地质勘察(建设部称城市勘察)的内容、范围和目的,就目前的实际工作来看,业务的核心内容大致由三个部分构成。

① 城市工程地质勘察——研究城市的总体工程地质特征,对所有制约城市规划设计、土地开发利用与重大工程项目建设的工程地质条件进行规律性、稳定性和适宜性评价。按照工作程序,通常包括城市总体规划和详细规划勘察、工业区与卫星城镇的详细勘察、大型工程的地基勘察、有关的岩土工程技术与专项工程地质勘察以及图系编制。

② 城市水文地质勘察——研究城市水资源的总体水文地质特征,对水源勘探、开发、评价、规划、管理进行综合分析和预测,配合城市建设部门提出对水资源的综合治理方法与方针。

③ 城市环境地质勘察——研究城市由于人类活动造成的次生地质环境灾害,以及地质灾害的特征影响、防御、预测和治理途径,以进行地质环境的最终特征评价、质量评价和整治评价。

以上三个部分在专业技术上是密切相关的,其根本目的在于:通过将各种对城市规划、建设、土地开发利用,工程建筑设计、施工的合理性以及对社会、经济、环境效益起直接影响的地质地理因素,进行科学的分析和预测,来为城市规划设计及各种工程建设提供定量的基础资料与评价,以选择最合理的建设场地和施工方式,并为城市环境的预测、维护与整治提出方针和措施。所以,城市地质勘察这一城市建设的前期工程是城市建设战略决策的重要依据之一。如果城市地质环境搞不清楚，就会给城市规划、设计和工程建设造成重大失误和极大的浪费，城市勘察工作做或不做、做得好或坏，对于城市建设的经济效益、社会效益和环境效益有着重大影响。

二、做好城市地质勘察工作的重要意义

随着人口增长、经济建设的发展，地质环境对城市建设和人民生活的影响日益突出。我国幅员辽阔，各个城市的地质地理条件相差殊异，有许多城市位于软弱土、湿陷土、膨胀土、盐渍土、冻土等复杂地基土分布区，加上城市一些大规模的工程建设活动，破坏了原生地质和生态环境，因而经常给城市发展带来严重的后果，造成各种次生的地质灾害发生。

由于工程地质勘察工作滞后而造成严重损失的事例很多。我国西北、西南地区由于水土流失、泥石流危害严重，仅甘肃省泥石流就冲埋过县级以上城市十座，其中以兰州、武都、天水最为严重，毁坏了大量的房屋建筑、工厂、道路和市政工程设施，往往花了很多的整治费用，还很难治理好。长江沿岸城市沿江滑坡已成为环境整治的一大重要问题，汉中"012工程"治理滑坡的费用就高达数千万元；湖北郧县因膨胀土造成全城90%以上建筑物开裂，不得不易地建城，损失几千万元。广西、云南等地的红黏土、膨胀土地区，由于地基问题造成大面积建筑物开裂，严重威胁着居民的安全。我国沿海有许多城市位于软弱土地区，搞好工程地质勘察对做好城市规划和建筑设计、降低基本建设投资就有很大作用。在这方面，唐山有过很大的教训，唐山震后建设的河北住宅小区，由于当

时没有做城市地震工程地质与环境地质勘察，又没有专业人员加入，选在一个容易产生沙土液化的河曲地区，大家知道，地震是有周期性规律的，为了达到抗震要求，仅地基抗液化处理，每平方米造价就要增加10%。

城市工程地质勘察做好了，就可能节约大量的建设资金。例如，北京高能物理研究所对撞机工程，因位于"八宝山断裂带"，曾经认为不能再建，非搬迁不可。但经过研究，参照美国斯坦福世界上最大加速器位于圣安德列斯断裂带的经验，采用其检验与安全防护标准，证明可以不搬，节省了3000万元搬迁费用。再如，兰州西固区地下水上升，如超过了位于硬土层的砂砾层，进入表层大孔性黄土就将危及大量的重型厂房；经勘察研究弄清了该地渗入地下的水体来源，采取合理的排水措施，控制了地下水位，就可以保证城市建设的安全。这也是环境地质工作的一项成果。

现在，美国、澳大利亚、日本、加拿大、英国、法国等许多国家都把城市建设前期工作作为一项国家事业，在高水平城市勘察的基础上，按不同的城市地质条件做好土地利用规划，把有灾害隐患和地基较差的地方作为城市公园绿地或低层建筑地区，把地基条件好的地方作为重型厂房或高层建筑地区。我国唐山丰润新市区的规划也采用了类似做法，规划将一条东北至西南走向的活动性断裂带建设成为工业区和住宅区之间的绿化防护带。这些做法，给城市建设带来巨大的经济效益和社会、环境效益。

还有水文地质问题。现在突出的问题是地表水水源逐渐枯竭、城市地下水超量开采和严重的水质污染。我国北方大约有40个城市严重缺水，加上水质污染，使这些城市供水更加紧张。太原市每天有64万吨污水排入汾河，使汾河变成了"酚河"；洛阳市的河道，每年接纳污水达8258万吨，酚、铬等污染严重。最近几年，北京西部郊区的河道经常被疏干断流，由于超量采用地下水，地下水位持续下降，年平均下降1～2米，个别地区达7～8米，地下水下降漏斗区面积已超过1000平方千米；天津市的地下水资源已基本枯竭，地下水位年下降幅度为4～6米，下降漏斗中心已达-87～-63米，造成了海水入侵和地面沉降，从1959年至1980年，最大沉降量达1.88米。这些水文地质问题，使许多城市不得不花费高昂的处理费用来抵御本来可以避免的地质环境灾害。

城市地质环境灾害是国际上相当普遍的问题。据美国官方资料统计，每年由于地质环境灾害的损失达49亿美元。如何合理利用城市地质环境、土地资源，搞好环境整治，是全人类面临的重大课题。许多专家研究表明，大气和地表水的污染在采取了相应的措施以后，可以在较短时期内恢复或基本恢复到原来状态，但地质环境一旦污染恶化，要靠它自身条件循环还原，则要上百年或更长的时间，甚至就根本不能恢复还原。恩格斯早就讲过，人类如果不按自然规律去开发自然，就会遭到大自然的报复。一位著名的美国地质学家也讲过："事实上，人类最大型的工程也不能阻碍自然的力量和进程，当人类以与自然相协调的方式进行建设和生存时，他们的事业就可以持续千秋万代；反之，他们的劳动成果，甚至他们自身也很快招致毁灭。"所以，无论从长远和现实来看，城市勘察都是重大的战略性工作，对于城市建设和发展具有深远的意义，不仅有助于避免规划建设不当而造成重大经济损失，而且可以预测城市地质环境的变化，及时预防灾害，进行科学治理，因势利导，化险为夷。可以说，城市地质勘察工作对于城市的建设和发展具有深远意义，是一项造福子孙后代的重大战略性工作。

三、城市勘察工作的现状及存在问题

城市勘察是建设系统一个传统的，与城市规划、城市建设和环境整治配套的技术行业。早在20世纪50年代初期，当时的城市建设部就组织各省、自治区开展城市勘察任务。在大城市一般进行了全市1∶50000、规划区1∶10000的工程地质和水文地质勘察；在中小城市做了部分1∶25000、1∶10000或1∶5000的勘察工作；还配合单项工程做了大量的1∶2000和1∶500的工程地质勘察。据不完全统计，截至1966年，共完成300多个城镇的总体规划勘察、城市工程地质和水文地质勘察以及编图工作，对我国城市规划建设起过积极作用。党的十一届三中全会以后，随着城市建设工作的恢复发展，新组建起来的城乡建设环境保护部又抓起了这项工作，建立了直属的综合勘察研究院，并多次发文要求各地加强城市勘察、城市地质编图和城市环境地质研究，并多次召开城市勘察专题研讨会、经验交流会，如上海、南京等几个城市的编图会议，1983年的长治隐伏岩溶区水开发利用会议，1984年在连云港召开的滨海地区软弱土地基处理会议，等等。此外，还建立了学术组织，加强了科学研究，将"城市地下水资源超量开采的综合治理"和"工程地质编制系列图的方法"列为城乡建设环境保护部的攻关课题。

截至目前，城乡建设环境保护部系统已有城市勘察队伍约23000人，占全国同行业队伍13万人的17.7%（不包括城市测绘）；勘察单位约280个，占全国的46.7%。这些单位普遍实行了地方化和技术经济责任制。各地区、各省市城市勘察队伍的力量和工作发展很不平衡。在一些特大城市如北京、上海、天津，由于工作建立时间长，经过密集钻探，资料丰富，基本上已形成完整的地质资料积累，主要问题是完善系列编图、深化现有资料分类、避免低水平重复勘察。在许多大中城市、省会城市，大部分已建立起了自己的工程地质和水文地质勘察队伍，积累了不少地质数据，相当一部分城市已编制了局部的水文地质和工程地质系列图集，下一步需要集中力量扩大编制范围和深度，以满足规划设计应用要求。沿海经济特区、开放城市，除几个老城市外，新兴城市和新开辟的经济技术开发地区大部分有待进一步做好普查勘察，编制城市规划所需的地质系列图。在大量的中小城市中，除沿海发达地区的苏州、常州、无锡等城市有勘察队伍和工作基础外，大多数城市只能做一些单体工程地基评价，还没有条件、没有力量进行全市的编图。至于一些小城市和县镇，工作基础更差，往往测绘图纸还不全，城市地质勘察尚属空白，还有不经勘察就设计施工、发生地基沉降塌方事件的情况。上面讲的主要是工程地质和水文地质工作方面的概况，至于系统的环境地质工作则还刚刚开始，在大部分城市还没有真正开展。总的看来，我国的城市地质勘察工作虽然已有一定基础，但该做的事情还有不少没有去做，已做的事还有不少要继续补充提高，也还有不少新出现的事情有待于去开发、去做。目前地方反映，城市地质勘察的力量大于任务，实际上这是由于城市勘察这项基本建设的前期工作没有被认真安排，没有专项经费来源，我们不能因此而持消极态度，削弱城市地质勘察工作，忽视城市发展的真正需要。

四、对今后工作的设想

① 长期以来，城市地质勘察工作的意义鲜为人知，没有得到应有的重视，所以我国大多数城市至今尚无系统的城市地质勘察研究。对于城市环境及地下水资源情况，底数还不清楚。许多城市的地质环境灾害已相当突出，但仍没有经费去做必要的前期工作，也

舍不得花点钱做预防工作，直到发生了严重后果，不得不付出高昂代价。我国目前的基础建设投资是随具体项目走的，而城市前期工作费用一直没有得到很好解决。建议对城市所有工程建设都征收一定比例的前期工作服务费，由城市主管部门统一应用于城市地质勘察等前期工作。

② 城市地质勘察工作应不断地在技术上深化。城市地质情况在人类活动的影响下，其动态发展的趋势更为明显。为此，城市地质勘察工作业务要不断向新的深度开拓。要针对城市规划建设的需要，提高服务功能，在评价上不仅有定性的、宏观的、静态的分析，还要有定量的、微观的、动态的预测。例如，一个城市了解到断层滑坡等灾害的空间特性，还不算工作的终结，还要通过科学研究了解它的活动规律和治理方法，作出动态分析和定量评价的结论。这就要求城市地质勘察工作和应用部门紧密配合，不断深化自己的专业能力。

③ 为城市编制更多高水平的地质与岩土工程专题图系。图是反映和应用地质环境信息的最好方式，城市规划工程设计及环境治理都需要各种高水平的专题图系。从一定意义上讲，图的质量和功能直接反映了城市地质勘察工作的质量和功能。从现代城市发展与地质环境特征看，城市地质勘察工作和专题图不仅要反映城市工程地质、水文地质的条件、质量、数量特征和动态变化，而且也要反映各特征的相互联系和制约关系，反映人类活动与地质环境的相互作用和影响。这就要求城市地质勘察工作者不断扩大自己的业务领域，加速城市地质科学技术的业务建设和更新，为我国城市编制出高水平的工程地质、水文地质和环境地质的专题图系。

④ 大力促进新技术的应用和推广。城市地质勘察工作要大力推广遥感、勘探与原位测试新技术。目前，国际上已普遍利用航天

遥感和航空遥感进行地震工程地质、岩土工程、水文地质、环境与灾害监测。对于城市建设来说，航空遥感可以获得比航天遥感更直观、更详细的高分辨率图像，更适于地质环境目标的详细研究，作为大比例尺专题图编制的依据。例如，探查细部构造，小地貌、地层分布、河床溺谷的变迁，洪水淹没、海岸侵蚀、震害分析、滑坡分析、环境污染等。地质矿产部在遥感技术方面已有所建树，北京"8301工程"[①]就是个有力的证明。城市对地质环境信息的数量、质量需求要求城市地质勘察工作更多地采用定量分析的各种岩、土、水的原位测试与监测手段，以及发展高效多能的勘探技术。这是摆在地质勘察工作者面前的一项重要任务。

⑤ 加强对城市地质勘察工作的管理，以及标准、规范的制订和立法工作。城市地质勘察工作往往要由多部门、多学科配合协作，需要加强管理和制订有关的标准、规范；对于环境与灾害的治理还要结合不同城市的特点，配合政府部门制定法规，使城市能经济合理地利用地质环境和进行城市建设。几年以前，城乡建设环境保护部曾有过一个规划，其中一个重要目标是逐步建立起以大城市为单元的城市岩土数据库，改变目前城市地质勘察工作大量重复劳动，资料、资源得不到合理利用的落后状况。城市地质勘察工作的好坏不仅取决于工作的精度和对现有资料的综合利用程度，还取决于参与这项工作的人的综合技术水平，要通过竞争提高水平，也有必要像设计工作那样在资格审定基础上实行招标投标或任务合同制，并对做出的勘察方案和成果进行认真审查，批准颁发。

---

① 1983年北京航空遥感综合调查及应用。

城市规划应用遥感、计算机技术的现状、目标与问题

——在遥感、计算机技术在城市规划中应用交流会上的发言

一、城市规划应用遥感、计算机技术的现状情况

遥感和计算机分别是20世纪60年代和40年代兴起的新兴技术。随着这些技术的不断发展和社会需求的增加，遥感技术和计算机技术已渗透到社会发展和经济活动的广泛领域，发挥着越来越大的作用。

我国城市应用遥感技术开始于20世纪80年代初。当时，天津应用航空遥感进行了环境的调查，但真正应用遥感技术为城市规划服务、对城市进行全面综合调查，开始于1983年北京航空遥感综合调查及应用（亦称"8301工程"）课题的研究，经过三年多的努力，取得了可喜的成果。经国家科委（国家科学技术委员会）、国家计委（国家计划委员会）组织鉴定，专家们认为这个课题在遥感信息应用的深度、广度等方面达到了世界先进水平，并获得北京市科技进步特等奖，最近又取得了国家科学技术进步一等奖。随后又有广州、上海、南京、苏州等十几个城市开始了遥感技术应用或应用准备工作。

发言时间为1987年7月29日，会议举办地为昆明。本文根据周干峙先生保存的资料整理，标题由本书编者所加。

遥感技术在我国城市规划工作中的应用虽然时间不长，目前还处于起步、探索阶段，但我们从遥感技术的特点和近年来各地的应用情况可以看出，遥感技术所特有的优势，使它在城市规划领域中的应用有着广阔的前景。

（1）可以快速、准确地为城市规划提供基础资料和图件

遥感包含航天遥感、航空遥感，可以大面积覆盖工作区，因此在城市调查方面，遥感技术可以快速、准确、全面地获得城市地质地貌、土地利用、建筑分布、生态环境、市政设施、交通运输、风景旅游、农林水利等多方面的数据和图像资料，为编制城市规划提供丰富的综合信息。

（2）可以快速、准确地了解、监测城市发展动态

遥感技术可以获取不同时间断面的瞬时信息，并进行多层次的叠加分析，获得动态资料，从而了解城市各方面的历史演变情况，预测未来的发展趋势。

（3）可以为城市管理提供有效的手段

遥感技术一方面可以为城市管理信息数据库提供信息支持，还可以针对城市管理的不同内容和要求提供服务，成为一个有效、直观的管理手段，如为查处违章用地和违章建设提供准确的依据等。

此外，遥感技术与城市调查的常规方法比较，还具有图像逼真、直观、信息量丰富等特点。

我国城市规划应用计算机技术是从20世纪70年代末起步的，最初只是在南京大学、同济大学等部分大专院校和科研单位进行研究和应用。近几年来，应用计算机的工作已引起一些规划设计和管理部门的重视，并取得了一定的成果，如中国城市规划设计研究院研制的"城市规划软件包"在全国计算机应用展览会上获三等奖；昆明市规划设计研究院与云南工学院合作研究的成果也顺利通过鉴定

并获得好评。更值得一提的是，同济大学在承担阿尔及利亚城市规划援外任务中，应用计算机方面取得了进展，其应用成果得到了阿尔及利亚政府的肯定和好评。目前，我国城市规划应用计算机主要集中在以下几个方面。

① 城市交通调查及规划，包括应用计算机对OD调查（交通起止点调查）进行分析统计，建立数学模型，应用计算机对城市交通进行预测和评价等。

② 应用计算机对城市人口、土地利用等要素进行分析、评价、模拟和预测，如应用微机（微型计算机的简称）建立土地评价模型，人口年龄、学龄推算模型，人口发展过程的离散模型，等等。

③ 研究建立城市规划信息系统。前几年，一些大专院校、科研单位作了积极的尝试，城乡建设环境保护部也委托有关单位正在研究中小城市的"城建管理信息系统"及"城市地理编码系统"。北京、上海、广州等城市也在着手研究建立城市规划建设管理数据库。

④ 应用在城市规划管理工作方面，如呼和浩特市城建局与内蒙古自治区计算机中心合作研制了"城市建设规划管理软件系统"；此外，南京市规划局、天津市规划局也进行了这方面课题的研究和应用。这对减轻规划管理人员的工作量，提高其工作效率，促进管理工作的科学化、规范化具有重要作用。

⑤ 应用于城市勘测方面，如北京市勘测处与浙江大学计算机系合作建立了"北京市区工程地质数据库"；上海市测绘处设计并研制成功了适用于城市地形测绘图的计算机辅助测图系统（航测成图联机自动化）。

总之，近几年来，城市规划应用遥感和计算机的工作取得了一定的进展，对促进城市规划定性与定量相结合、促进学科的发展，对减少手工劳动工作量、提高城市规划工作效率，都发挥了积极的作用。但是，我们也应该看到，当前我国城市规划应用遥感、计算机技术工作正处于探索、起步的阶段，和发达国家以及国内起步较早的相关行业相比，还有很大差距，与新技术迅速发展和改革不断深入发展的形势很不适应，主要存在以下一些问题。

① 城市有关部门的领导和技术人员对城市规划应用遥感、计算机技术的必要性和途径还普遍认识不足，缺乏了解。一部分同志由于对遥感、计算机不了解，以为很神秘，觉得不好掌握，安于现状；也有一部分同志对遥感、计算机的应用，特别是计算机的应用看得过于简单，觉得只要买几台计算机，安排几个人员就可以了，缺乏长远考虑和打算。

② 缺乏遥感、计算机技术的应用人员，特别是缺乏既懂遥感、计算机技术，又熟悉规划业务的复合型人才。

③ 全国城市规划应用遥感、计算机技术的工作，缺乏统一的规划、政策指导和必要的协调组织。在计算机的应用方面，由于各单位信息不通，造成一些不必要的重复工作，开发的软件有些大同小异，不能相互利用。

④ 拥有遥感、计算机技术的科研、教学单位与城市规划实际工作部门相互之间的横向联系不够。一方面，城市规划实际工作中需要解决的问题很多，但实际工作部门又缺乏应用技术和人才；另一方面，部分科研、教学单位偏重从理论上、教学上的应用研究，而对如何将成熟技术尽快转移到生产实际中考虑不够。因此，实际工作部门对这项技术了解甚少，一些比较成熟的研究成果没有在实际城市规划工作中得到广泛应用。

⑤ 装备水平差，全国城市规划行业只有为数很少的单位配有少量微机。国家计委规定装备小型计算机是甲级设计单位必需的条

件之一，而甲级城市规划设计单位却不得不降低标准。

⑥ 城市规划工作涉及面广，比较复杂，规划中有许多不确定的因素，有关城市规划中的美学、社会学、政治等难以用数量表述。因此，计算机在城市规划中的广泛应用难度较大，也有许多问题，目前世界各国还在探索之中。

二、城市规划行业应用遥感、计算机技术发展目标的设想

国家对各行业推广应用新技术十分重视。国家科委、国家计委在肯定和高度评价"北京航空遥感综合调查及应用"研究成果的同时，要求向全国推广应用这一成果。关于推广应用计算机，根据1986年国务院电子振兴领导小组提出的计算机应用的总方针和发展目标，结合城市规划行业的实际情况，我们推广应用计算机，要把应用范围广泛的微机及其软件开发放在首位，设备要立足于国内。初步设想，城市规划行业应用遥感技术、计算机技术分两阶段进行：1990年前主要是在现有的基础上，继续进行应用试点和科研工作，总结应用经验，逐步扩大应用的领域，为1990年以后城市规划部门应用遥感、计算机技术作好组织和技术准备。具体目标如下。

① 推广北京航空遥感应用成果，在部分有航空照片的城市应用遥感影像图，并进一步研究开发遥感信息，为城市规划设计和管理提供科学的手段，为这些城市和部分甲级城市规划设计单位培养一批遥感技术应用人才。

② 争取甲级城市规划设计单位都备有微机，并应用计算机进行城市规划部分单项工作的分析、评价、预测；有条件的甲级城市规划设计单位能应用计算机辅助进行用地规划和制图；直辖市、其

他有条件的城市，特别是沿海开放城市的城市规划部门，着手建立城市规划建设管理数据库和使用城市规划管理软件；建设部着手建立全国城市规划建设管理数据库。

③ 抓好计算机应用的科研工作和标准化工作，完成向全国推荐的机型选择；进行大城市地理编码系统的研究、中心城市城市规划建设信息系统的研究、道路网数据库研究以及城市规划管理通用软件的研制等，并着手进行应用计算机辅助设计、方案评价等一些新领域的应用研究工作。

④ 中国城市规划设计研究院着手筹建城市规划行业的计算机应用和软件开发服务中心，有条件的省市可筹组地方开发服务中心。

⑤ 有计划地培养一批不同类型、不同层次的计算机应用人才。

到2000年，进一步发展遥感、计算机应用的深度和广度，形成城市规划应用遥感、计算机服务业，形成一套机制比较健全的城市规划应用计算机的开发、推广、咨询、培训、维修体制；使全国甲、乙级城市规划设计单位，大中城市和部分小城市的城市规划部门都能应用遥感、计算机技术为城市规划设计和管理工作服务；随着"国家经济信息系统"在各城市的建立，争取使大多数城市的城市规划部门的信息系统与其联网，建设部建立的全国城市规划建设管理信息系统与部分城市联网。

三、城市规划应用遥感、计算机技术需要注意的几个问题

目前，我国城市规划应用遥感、计算机技术的工作正处于起步阶段，为了使我们的工作有一个良好的开端并逐步走上健康发展的道路，从而达到我们的发展目标，我们需要注意以下几个问题。

1．城市规划部门的广大干部、技术人员要提高对城市规划应用遥感、计算机技术的意义和作用的认识

我们知道，任何行业的发展都要依靠科学技术的进步。目前，我们正处于以信息为主要特征的新技术革命时代，新技术革命将对现代社会产生广泛而深远的影响。为了迎接新技术的挑战，各国和各行各业都在制订对策，包括大量新技术的开发与应用。城市规划要适应这一形势并起到促进城市社会、经济发展的作用，就要正视并积极开发、应用有关新技术，使这个传统的学科得到更新和发展。遥感技术所具有的提供信息量丰富、快速和准确的特点，计算机具有的能分析、处理大量数据以及储存、检索、利用大容量信息的功能，使城市规划工作方法的变革、更新成为可能。

在欧美等发达国家，特别是联邦德国、美国的城市已较普遍应用了遥感技术。在这些国家的城市规划部门已普遍应用计算机对城市规划有关信息进行储存、检索和处理，并开发和应用了很多城市规划和管理软件，其中包括规划中的评价、预测，以及计算机辅助设计、专家决策系统等。这些技术的应用，都大大改变了传统的城市规划工作方法，提高了城市规划工作的科学性和效率，显示了城市规划应用遥感技术、计算机技术的美好前景。

党的十一届三中全会以来，我国的城市规划工作虽然得到了恢复和发展，但是我们必须清醒地认识到，我们的城市规划工作方法还依然没有发生多大变化，还很落后。规划数据和图纸的收集、处理仍主要依靠手工的方法，费工、费时、效率低；城市规划的科学化程度还不高，缺少定量的分析……与我们所处的时代、与我国改革开放的形势还很不适应。为改变目前这种状况，我们从事城市规划工作的领导干部和广大技术人员应当有紧迫感，要对城市规划应用遥感、计算机技术的必要性有充分的认识。现在，一些单位在这方面作了有益的探索，取得了一定成绩，但这还很不够，还要进一步扩大和加深应用的领域和范围，特别是在已有航片的城市，要创造条件，积极应用航空遥感技术为城市规划服务。我们召开这次会的目的之一，就是通过已取得一定成绩的单位介绍他们应用遥感、计算机技术的经验，帮助大家进一步提高对城市规划应用遥感、计算机技术作用的认识，克服存在于一部分同志中的对遥感、计算机技术的神秘感。遥感、计算机技术毕竟只是一种工具，只要我们肯下功夫学习钻研，我们就能掌握它，并能掌握好，使其为城市规划服务。大会所介绍的经验也证明了这一点。只要我们对城市规划应用遥感、计算机技术的必要性有了正确的认识，我们就有可能把应用遥感、计算机技术的工作逐步推广，促进我国城市规划水平的提高。

2. 要加强城市规划应用遥感、计算机技术的科研工作和成果的应用推广工作

目前，一些高等院校、科研单位，如南京大学、同济大学、武汉测绘科技大学、中国城市规划设计研究院等，在城市规划应用遥感、计算机技术方面做了许多探索性和开创性的工作，但就我国城市规划领域来看，遥感、计算机技术的应用还不普及，多数城市规划、管理单位还未开展这项工作或刚起步，已有的研究成果没能很好地加以交流、推广。同时，现有应用领域的广度、深度都很有限，与实际工作的需要差距还很大。因此，必须大力加强有关的科学研究工作和成果的推广工作。教学、科研部门要继续起带头作用，结合实际工作的需要，多研究、开发一些实用的技术，开发一些实用的计算机软件，为生产实践服务。除此以外，教学、科研部门还要注意进行跟踪，追赶世界先进水平的研究工作，使我国城市规划应用遥感、计算机技术的研究工作在以普及应用为主的基础

上，对某个领域的研究水平有所突破，为我们今后应用水平的全面提高打好基础。研究成果的应用推广要解决好以下几个问题：一是研究成果是劳动的结晶，具有商品性质，必须有偿转让；二是提供成果的单位要对其成果进行必要的宣传，需要成果的单位要突破小生产思想束缚，广泛收集信息，积极应用新成果；三是要建立应用推广的正常渠道。研究的目的是为实际应用，要解决好成果的应用推广问题，需要我们各方的共同努力。

3．加强人才培养，建立一支城市规划应用遥感、计算机技术的基本队伍

"人才"问题，是解决遥感、计算机技术的应用与开发问题的前提。我们要扩大、加深城市规划应用遥感、计算机技术的领域，就要大力加强有关人才的培养。各单位要制订切实的人才培养计划和措施，着重培养大量的规划工作中不同类型的应用人员，有重点地培养从事开发研究的、既懂计算机技术又懂城市规划业务的复合型人才，以形成一支多专业组合的、不同层次的城市规划应用遥感、计算机技术的队伍。我们计划从1988年开始，采取委托有条件的单位、大专院校举办遥感、计算机应用的培训班和开办研修班、研究生班等形式，为城市规划行业培养应用遥感、计算机技术的人才。请各单位予以支持和配合。

4．加强宏观指导，注意横向联系和协调

加强宏观指导，注意横向联系和协调是提高效益、减少浪费、保证我国城市规划应用遥感、计算机技术走上健康发展道路的重要一环。国外一些发达国家有过这方面的教训，如在计算机应用的初期，由于国家缺乏统一的发展政策，各规划机构之间横向联系少，彼此间信息不通，致使软件重复开发，造成巨大浪费，他们已开始注意这一问题。目前，我国城市规划应用计算机虽然还不普及，但

已开始出现这类问题，应引起我们的高度重视。我们必须采取措施加强城市规划应用计算机的宏观指导，打通和加强各城市规划机构之间的横向联系。我们计划在城市规划学术委员会中成立一个有关遥感、计算机技术的学组，协助国家城市规划主管部门制订城市规划应用遥感、计算机技术的政策、推行的方法及步骤等；争取创办一份有关城市规划应用遥感、计算机技术的通信刊物，或在现有刊物中开辟专栏，以报道国内外有关这方面的最新动态、交流国内各规划机构的应用经验；并举办有关的交流活动，如讲座、示范、研讨会等，促进城市规划应用遥感、计算机技术事业迅速发展。

5．开展标准化研究，开发通用软件

"标准化"是指城市规划应用计算机的机型、文件名称、编码等的标准化。计算机应用的标准化工作很重要，必须走在前头。一些发达国家如英、美就有这方面的经验教训，由于各规划部门使用的计算机类型不一，造成合作上的困难，部门间计算机网络难以建立，更难开发适用于各种机型的软件。我国的城市规划机构在计算机的应用工作中也有类似的教训。例如，某自治区的城市规划设计院在开发建立数据库时，由于开始没有注意文件名称的表意和规范化，到后来不得不花费大量的时间对文件名称重新进行整理。这只是一个单位内的情况，如果整个规划行业各单位各行其是，自成体系，后果将不堪设想。现在，我国城市规划应用计算机正逐渐普及，我们有必要提前进行计算机应用的标准化、规范化工作，为将来大规模的应用作好准备。我们准备根据国家优选型谱系列和城市规划实际工作的需要，经研究之后，向全国城市规划部门推荐计算机机型；同时开展标准化的研究和开发一批通用软件，如中小城市城市规划建设管理信息系统和其他城市规划实用软件等，向全国推广，全面提高我国城市规划应用计算机的水平。

6．加强城市规划基础理论的研究

城市规划应用计算机的工作需要取得城市规划基础理论的支持，计算机应用水平的高低、应用领域的宽窄，均取决于评价指标、规划因素的量化程度这个前提，不然的话，计算机的应用只能停留在低级水平。现在，我国城市规划基础理论的研究工作还很薄弱，需要大力加强。

做好了以上几方面的工作，必将会促进全国城市规划应用遥感、计算机技术的发展，并全面提高其应用水平。这里需要强调指出的是，各单位在开展遥感、计算机技术的应用工作中，要注意从实际出发、因地制宜、讲求实效，我国是发展中的社会主义国家，经济实力有限，我们规划行业技术力量薄弱，装备缺乏，总的发展水平落后于国内其他相关行业。因此，多数单位在近期乃至相当长时间内，要以微机的应用为主，大量开发以微机为基础的城市规划实用软件。各地、各单位要根据自己的经济实力、技术力量和实际工作需要，应用遥感、计算机技术，防止不顾条件一哄而上。新技术，尤其是计算机技术的发展速度快，设备更新周期短、淘汰快，因此设备的购置要讲求适用，不要求大求全，并要注意在人才培养、应用研究、设备购置等方面协调发展。

总之，我们要按照因地制宜、讲求实效、积极探索、稳步前进的原则，结合实际情况来制订本地区、本单位应用遥感、计算机技术的具体规划和实施措施。

我们相信，通过大家的积极努力、各方面的协作配合，我们一定会使城市规划应用遥感、计算机技术的工作积极而又稳步地开展，并开创出一个崭新的局面。

加强计算机技术在城市规划工作中的应用

——在城市规划信息系统鉴定会暨研讨会
开幕式上的发言

　　大约两年前，我们在昆明开过一次会，讨论在城市规划行业推广应用遥感、计算机技术。这次是第三次会议，到会的同志非常踊跃，超过了原计划人数的50%，充分说明了各城市对这项工作的重视和热情。现在可以更加清楚地看出，对于城市规划这样一种系统宏大、信息量大、相关因素多、可变因素多、不定因素多的工作，应用信息技术、计算机技术具有十分重要的意义。从昆明会议以来，很多城市在这方面工作进展很快，大多数大中城市都已经有了初步的装备，大部分省规划院和市规划院都有了一定装备，至少有了微机装备，上海和广州还有了小型机的装备。大家探索和开发了一些科研课题和应用软件，取得了一点经验。但是从发展来看，我们还跟不上形势的需要，我们国家的城市规划工作经历了新中国成立以来很长一个初级阶段，现在正面临历史性的变革时期。我在去年几次会议上都提出来，在国家改革和发展的关键时刻，规划行业要进行两大转变。一个是由产品经济下的城市规划转变到有计划的商品经济下的城市规划，使规划工作在法制的基础上参与决策，参与经营，这是从规划思想和规划原则方面来讲的。另一个大的转变就是要更新规划手段，要从过去的手工方式过渡到运用遥感、计算

发言时间为1989年5月15日，会议举办地为苏州。本文以"在'城市规划信息系统鉴定会暨研讨会'开幕式上的讲话"为题载于1989年第6期《城市规划汇刊》。

机等新技术的轨道上来。这两个转变是相辅相成的，是适应整个社会经济发展需要的。如果我们不能跟上这个发展变化，再过一个时期后，国家经济真正起飞，城市规划和城市建设就会大大落后。我们应当在整顿、治理的这几年关键时期内，为这两个转变打下一个良好的基础。这是从宏观上来讲摆在我们面前的历史任务。

具体到计算机技术在城市规划方面的应用，涉及的内容非常多。从现在来看，很多发达国家经过多年的探索和努力，还不能说已经形成了一个完整的体系，应该讲需要开拓的方面还非常多，还有不少问题需要探索，特别是各个国家的历史、社会、经济情况不同，城市规划也不一样，差别很大，必须结合自己的国情，结合自己城市的实际情况，而且要做到各方面能配套起来。因为单一的运用还不行，应该从勘测、制图、规划设计到规划管理，要包括区域规划、总体规划、分区规划和详细规划各层次的规划，以及交通、基础设施等各专业的规划，同时还要结合今后的一些重要改革，如土地有偿使用等，使各个方面能够衔接起来。从这方面来看，我们的工作还十分不够，所以我们不仅要研究单一的课题，还要研究一个总体部署，使遥感、计算机技术的应用能够结合城市的情况尽快配套起来。总之要有一个总体设想，否则要赶上人家是不可能的。这就要求我们全行业共同努力，有一个长远的设想，有一个分工，避免重复浪费，使我们有限的人力、物力、财力能取得最大的效益。

我们要发挥组织优势，规划好发展的步骤。目前这个发展阶段，还处于机多人少的状态，很多单位有了设备，没有发挥应有的作用。据我了解，部规划院（今中国城市规划设计研究院）前两年只有两三台微机，现在有十七八台了，但大部分没有得到很好的使用，一个最基本的原因是，我们的中老年技术人员没有深入进去。要想实现规划工作的两大转变，在规划领域中推广应用新技术，必须两方面的人一起努力，一方面是搞计算机专业的人员；另一方面是搞规划专业的人员，从一年多的实践来看，更重要的是搞规划的同志。我一直"鼓吹"规划院的中老年骨干无论如何要懂数学模型，会编程序，当然有些同志在那里做了，但不少同志还有顾虑，认为学这个年纪大了不行。现在是终身学习的时代，哪能说年纪大了就学不进了呢？下一步，要想使工作取得成效，应该发动中老年技术骨干，一定要摘除"计算机盲"这个帽子，一定要深入到计算机的开发应用中去。

还有就是，各级行政主管部门必须要做好应该做的工作。对行政领导来讲，必须懂得新技术的应用对行业的发展是命运攸关的大事。在信息时代，领导工作、管理工作关键是要掌握信息，只有掌握了信息，才谈得上管理、领导。另外，在管理工作中一定要采取一些措施，使得我们的工作中有一些机制能够真正促进计算机的应用。现在很多新技术，用了反而吃亏，缺乏一种机制迫使你非用它不可。比如，现在设计院的资格审查就有一条，没有计算机装备就不能评为甲级设计院。这样院长就必须想方设法去买计算机，光这还不行，还要有必须用好它的机制。这是管理部门和领导部门的责任，要想办法研究解决好这个问题。总之，摆在我们面前的是一个非常艰巨的任务，必须把眼光看得远一点。现在一些发达国家计算机已经到了任何部门都离不开的地步了，但在我们这里还是少数人、少数部门的事情，我们必须纵观全局，团结协作，发挥我们的优势，尽快赶上去。

这几年很关键，有的工作可以慢点，但规划工作应当快点。计算机应用在苏州能够这么做，与苏州市领导对此有正确认识有关，苏州市领导讲过，别的都可以压缩，城市规划的计算机应用不能压缩。正是由于有这样的指导思想，苏州在这个课题上才取得很好的成绩。这次参加研讨会的有十几个城市，大家不仅可以评议这个课题，还可以互相交流经验。我殷切地希望同行们通过计算机在规划行业中的应用推动我们事业的发展。我们的事业任重而道远，需要大家齐心协力做好工作。

对城市勘察测绘工作的四点意见

——在全国城市勘察测绘工作座谈会上的总结发言

这次会议是建设部组建以来，第一次召开研究城市勘察测绘（简称勘测）工作的座谈会。很久没有开这样的会了，大家要谈的事情就很多。几天以来，同志们回顾了我国城市勘测工作的发展历程和目前存在的主要问题，总结了前一阶段城市勘测工作所取得的成绩，交流了不少很好的经验。会上还讨论了城市规划司起草的《关于加强城市勘察测绘工作的意见》和《城市勘测工作"八五"发展规划》两份待议文件，特别是对下一步如何贯彻治理整顿和深化改革的方针、进一步搞好城市勘测的改革进行了比较深入的讨论。通过这次会议，将有可能使我们的下一步工作得到加强和改进。勘察测绘是我们建设工作的尖兵，在建设行业中工作条件最艰苦，在建设中往往最先遇到困难却最后被人想到，长期做无名英雄。

城市勘测行业很重要，面临的问题也很多。许多问题不是一两天就能解决的。过去勘测工作的管理跨了几个部门，但新的建设部组建以后，应该讲已集中到建设部，在建设部的"三定"方案中也讲得非常清楚。

根据大家讨论的意见，我讲以下四点意见。

发言时间为1989年9月25日，会议举办地为成都。本文根据周干峙先生保存的资料整理，标题由本书编者所加。

一、认真总结经验，提高对城市勘测重要性的认识

我国的城市勘测工作是在党和政府的关怀下，随着国家经济建设和城市发展的需要建立和发展起来的。这项工作随着156项重点工程的建设，很快建立起了队伍，起步并不晚，开始时发展速度也不慢，为重点城市和重点工业的建设及时提供了勘测资料，发挥了重要作用。但是，勘测工作离不开国民经济发展的大局，多年来，基本建设不断起伏波动，我们的工作也受到影响。特别是"文化大革命"期间，不少地方撤销了机构，受到很大损失。到1978年党的十一届三中全会以后，城市勘测工作又得到了比较迅速的恢复和发展。经过10年的努力，形成了一支约30000人的队伍，而且技术装备、技术水平也都有所提高，遥感、计算机等先进的技术和手段开始得到应用，有力地配合了城市规划和城市建设工作的开展。

城市勘测工作是城市规划和城市建设的一项重要的专业性基础工作。今年年初，国家科委在总结十二大技术政策的制订和执行时，认为在近10年的大发展中，城市建设以空前的规模有秩序地进行，但没有出现打乱仗的情况，这与重视了决策问题和决策基础工作是分不开的。城市勘测工作就是决策基础工作的重要组成部分。很显然，没有科学的工程地质勘察和地图测绘，任何一项建设项目都难以决策；而任何一项勘测上的失误，给工程建设带来的损失都是严重的，甚至是难以弥补的。我国的城市建设往往是在比较复杂的自然条件下进行的。就工程地质问题而言，我国有大片的湿陷性黄土，还有各种软弱土、液化土、膨胀土等，不少城市还存在泥石流、滑坡等问题。对这些条件，我们稍不注意就可能带来灾难性的后果，如山区城市塌方、平原城市地面下沉、地下水变迁，沿海城

市海水入侵等。我们如果能把工作做在前面，就能为国家减少许多损失，即使事后出了问题，也有可能及时解决。上海的勘测工作在上海的建设中起了很好的作用。上海的软弱土地基非常复杂，要搞地铁，没有勘测资料根本搞不成。上海的总体规划搞得比较好，取得了很大成果，重要一条就是有了比较详细的勘测资料。由于上海的工程地质工作做得比较细，大大减少了高层建筑选址的盲目性。一幢高层建筑的位置只要差十几米，地基基础的处理往往就要多付出很大的代价。从"一五"时期算起，过去30多年我们已经取得了不少成功的与失败的经验，成功和失败的实例很多，确实需要进行很好地总结。我们应当用这些具体实例向有关领导和社会进行广泛宣传，这些事情不宣传人家不知道。这次会议的很多材料我看非常好，总结了这方面的经验教训。要很好地组织宣传，向领导宣传，向群众宣传，让领导部门和广大群众了解城市勘测和城市规划都是同样重要的基础工作。赵士修同志在讲话中谈到，今后要把城市勘测、城市规划和城市建设纳入统一的系统工程来看待，这是总结了历史经验所取得的。

现在勘测力量有一个长线和短线的问题。约30000人的城市勘测队伍，再加上其他部门的，似乎是队伍很大、任务不足。但从长远看，我认为并不多，因为，现在的勘测工作，无论在数量还是在质量上，都远远不能满足现代化建设的要求，要做的事情还很多。就拿城市非常需要的1∶500比例尺的基础图来说，只有少数大城市建成区才具备，有的虽有了，但已过时，大多数中小城市这种大比例尺的地图还不具备。另外还有许多新的类型，许多城市地图中都没有。真正按照科学规律、用科学决策安排建设工作，城市勘测工作是大有可为的。当然，一方面是领导要重视，要加强宣传，另一方面也应该作出一些规定。例如，今后的城市规划和重要的城市设计，如果没有合格的勘测资料就不予审批；在土地有偿使用、房地产权属管理方面，也要有合格的基础图作为先决条件。

城市勘测成果需要不断更新，每年要解决一定的经费。过去在制订城市维护建设费使用办法时明确规定，城市规划与城市勘测费用都是从城市维护建设费中解决。这条今后还要重申，要保证城市勘测队伍每年有一定的经费去完成一定的指令性任务，要列入城市建设事业计划下达，像搞城市规划、搞给水排水工程设计一样。这个要求不仅是城市勘测行业本身发展的需要，也是城市规划和城市建设的需要。当前，在国民经济调整中，城市建设要有一定的压缩，但按照国家的政策，还要保持一定的速度。在国家产业政策中，特别将城市供水、城市交通等列为重点扶持的行业，住房建设按照要求也只是压缩20%。这些建设都离不开勘察测绘，城市勘测行业要为当前的城市规划和建设提供更多更好的基础资料。

二、适应新的需要，推广运用新的技术，把城市勘测工作提高到一个新的水平

要搞科学的城市规划、科学的城市建设，必须有科学的城市勘测资料作为基础，老是用过去的资料，不能引起大家重视。去年北京市建委组织了一次航空遥感遥测汇报展览会，市委书记、市长、各个部门的负责同志都去看了。这个汇报展览会提供了大量信息，大概有几十种新的资料，为领导决策解决很大的问题。

现在，究竟对城市勘测有些什么新的要求呢？我想概括为三方面，即"精确、多样、及时"。第一是对图纸的精度要求高了。新

中国成立初期搞基本建设选址定点从1∶50000的军用地图开始，现在不行了，地图比例尺的要求越来越高。十年前，许多城市对1∶500地图不敢想，也没力量做。现在看来，今后1∶500地图一般城市都需要，即使是同一种比例尺的地图，也要求更精确，信息量更多。对比国外一些图纸的精度，我们还有一定的差距。同样是城市现状图，日本1∶20000图比我们1∶10000图包含的信息量还大。第二是需要更加多样化。城市勘测不仅是为城市规划设计提供资料，同时也要为城市经济和社会发展服务。现在很多城市都在搞发展战略研究，搞环境问题的研究等，宏观的战略研究同样离不开勘测基础资料。城市从规划到建设、到管理，都需要各种各样的图纸资料作为基础。房地产管理就是一个突出的例子。过去都是国家的房子、国家的地，吃大锅饭。今后土地有偿使用，差1平方米地价起码差几百元。旅游也需要专门图纸，我们现在的旅游图还不能满足旅游事业发展的需要。所以我们应当开发多种多样的图纸来满足多种多样的要求。第三是要及时。要及时提供符合实际的图纸资料。有些国家城市地图两年更新一次。现在普遍采用航空影像图，不仅是为了当前建设的需要，同时也提供了历史的记录。我们很早就有这方面的技术，20世纪70年代初我在南京、北京、沈阳就见到过1∶5000或1∶10000的航空影像图，但到目前为止，运用得还很少，还没有普及。过去影像图的印制质量不好，有些缺陷。最近有了突破，在航测图的校正方面，引进了自动校正仪、数字化绘图仪以及复印设备。据我了解，全国有3家单位有这种设备，建设部综合勘察研究院的设备是联邦德国援助的。一张航测图，只需几小时就能校正绘制出来，这应该被推广应用。但至今他们只承担了北京昌平县的试点，找他们的城市几乎没有。有这么好的技术，没能很好地运用。我们还是要坚持不懈地宣传，让大家了解运用先进技术会取得好的效益。

关于城市地籍测量问题，是实行土地有偿使用必不可少的条件。这项工作有些城市已开始搞了。城市地籍测量不要几个部门都去搞。会上南通市"三图并出"的经验非常好，应该推广。虽然城市规划、房地产管理、管线管理等对图纸会有不同要求，但基础图必须统一，基础图不能出自多个部门，无论如何不能搞几套。这不仅在国内有经验教训，国外也早有经验教训。部里正在组织制订《城市地籍测量规范》，北京、成都、保定等城市的地籍测量试点已取得初步成果。在国家测绘部门的指导下，城市规划、房地产、城市勘测等部门要密切配合，并争取有关部门的支持，把这项工作做好。

从城市勘测力量的分布看，大城市比较集中，工作也有一定基础；中等城市力量比较薄弱，小城市的问题更加突出；中小城市勘测队伍的数量、技术水平以及成果质量等都难以适应城市规划、建设和管理的需要。据了解，相当部分中小城市目前在编制总体规划时使用的还是十几年前的底图。最近建设部正在组织编辑《中国城市地图集》，这是一本基础图集，许多国家都有。从这项工作发现，大城市问题不大，相当部分中小城市提供合格的图纸资料都比较困难。这从一个侧面反映了中小城市勘测工作还跟不上。有力量的城市要主动承担中小城市的勘测任务，帮助中小城市培训技术力量。更重要的是各级城市政府都要加强对城市勘测工作的领导，要同市领导讲清楚，城市勘测工作是不可缺少的，是需要一定的经费的，要引起重视；要在现有条件下，尽可能运用新技术提供精确、及时的基础资料。

三、加强对城市勘测工作的管理，逐步理顺管理体制

今年5月，部里发布的《关于加强城市勘察测绘管理工作的通

知》涉及一些体制问题。现在看来，这个问题没有解决得很好。到会的同志们对建设部几个有关司局的分工没协调好，造成有些工作交叉重复，特别是对勘测单位的资格证书出现两个并存的局面提了很多意见。大家的意见我们完全接受。建设部成立以前，机构比较复杂，工作职责范围也都是根据当时条件确定的。建设部成立以后，大部分机构都统起来了，就应及时作出规定，避免出现混乱状况。事实上我们的工作没做好，回去后一定很好地研究并解决这些问题。

要统一认识，今后绝不能再"政出多门""证出多门"，给基层的同志们造成困难。今后的资格证书只能发一个。发证问题在许多行业都存在矛盾，矛盾最大的是房产和地产，这个问题最近国务院在协调时都决定了，只发一个证。部门之间的问题都能解决，部内的问题也应当能解决。建设部今后原则上应该由勘测设计主管部门统一发证。过去的问题怎么解决，请大家提出意见，也要设法逐步统一。

目前，一方面要理顺体制，另一方面要加强城市勘测工作的管理。当前城市勘测市场相当混乱，开放城市勘测市场、实行平等竞争是大势所趋。这有利于提高城市勘测队伍的技术水平和业务素质。但管理要统一，多头管理不行。当然，城市勘测市场管理方面涉及的问题很多，要结合建设市场的整顿、逐步解决。加强城市勘测工作的管理，要强调一下省一级的工作。目前省一级的城市勘测管理工作比较薄弱，听几个省反映，建委管城市勘测的力量很少。这个问题请各省、自治区建委、建设厅研究一下，怎样在理顺管理体制的前提下，像抓城市规划工作一样，把城市勘测工作抓起来。部里明确了城市勘测工作主要由城市规划司负责管理，省一级是不是这样办，请省里自己定。总的原则是要有利于城市勘测工作与城市规划工作的结合，能与城市规划和建设更好地结合起来。大城市要建立健全城市勘测管理机构，中小城市也要有专人管理。这次提出的《关于加强城市勘察测绘工作的意见》中讲了这件事，大家又提了很好的意见，回去后要确定下来。

要加强管理，必须搞好法制建设。法制建设的工作很多，这里就不细讲了。总之，城市勘测工作从中央到地方都要有人抓，有人经常关心，真正提到议事日程上认真地抓起来。

四、加强思想政治工作，发扬艰苦奋斗、扎实工作的优良传统

城市勘测队伍有自身的特点，长期在野外工作，条件比较艰苦。但对成果的要求，从数据到图纸容不得半点马虎，我们的队伍是一支具有吃苦耐劳、扎实工作的优良作风的队伍。这一点我在工作中深有感触。仅就在图纸上写字来讲，规划设计部门往往比较马虎，而测绘图纸的要求历来是非常严格、非常规范的，反映了行业的优良传统，这是非常宝贵的精神财富，要发扬这种传统的好作风。我们要用传统的作风激励自己，自强自重，保持克服困难、为国家多作贡献的精神。城市勘测行业一时还可能不被人理解、不被尊重，但终究是会被人理解的。最近召开的全国劳动模范大会，选劳动模范和先进工作者就与过去不同，大家非常重视在艰苦条件下工作的同志。今后要做好广大职工的思想政治工作，让职工牢牢记住这是光荣的、非常重要的岗位，要发扬无私奉献、艰苦奋斗的精神。

我们要坚持贯彻党的十三届四中全会精神，在当前比较困难的时期，团结一致，加强各方面的工作。各级领导更重要的是要解决

两手抓的问题。要坚持精神文明、物质文明一起抓。我们城市勘测队伍总的精神面貌是非常好的，能够实事求是、顾全大局，使我们更增强了信心。今后部里有什么重大改革措施都要征求大家意见，也希望大家多关心部里工作，多提意见。前一段时间部里对城市勘测工作抓得不够，今后一定要加强对这项工作的领导，尽我们所能把工作做好。

关于数字城市健康发展的三点想法

——在广州2004年数字城市规划论坛上的发言

很高兴有机会参与广州数字城市规划论坛。因为我对数字城市很有兴趣，但对什么是数字城市还不太懂。就像现在讲生态城市很流行，但什么是生态城市还没有一个明确的概念和定义。从现代科学技术发展的一般意义上讲，信息论是三大科学理论的基础之一，信息的重要性可以理解，而信息的表达、传输、储存、加工等都离不开数字和电脑，一切信息都通过数字的形式表现出来。所以笼统地讲，数字化时代要到来，引申到数字城市、数字规划等都可以理解。但问题还不这么简单，生态城市有同样道理，但现在讲生态城市的城市生态情况并不见得都好，尽管讲得好——生态城市、生态小区、生态住宅……还有绿色……宜人……但生态恶化现象却越来越严重。我想数字城市有所不同，目前还处于健康发展的初始阶段，为保持其健康发展，我想谈三点想法。

第一，必须肯定和宣传数字化是发展方向。数字化和信息化不可分，对城市的质量、效益、优化具有革命性变化，这是像电气化一样的革命性变化，已经初步地在工作、生活中表现出来。首先，它帮助我们去了解和认识越来越复杂的城市。现在有句话，"知情就是力量"（改自"知识就是力量"），就是要知道真实情况。其次，城市的发展变化比过去要快得多，城市必须"应变"，必须"知

发言时间为2004年11月25日。本文根据周干峙先生保存的资料整理，标题由本书编者所加。

变才能应变"，而"知情""知变"非信息化、数字化不能实现。所以在城市规划、管理、设计、策划等方面，数字化发展是必然趋势。作为趋势，要积极支持，大力推广。

第二，数字城市的发展要有一个过程，恐怕短期内不可能完全实现。为现代化，我们努力了相当久，还不能说已实现。城市化、现代化、数字化等是相互联系的，要防止炒作。数字城市、数字小区、数字家庭等炒起来容易，做起来不易（我向往数字住宅，书都不要了，但至少几年内不可能）。我们讲得多，实际效果并不好，更不能一方面讲生态城市，一方面破坏城市生态。

第三，数字化发展，先搞什么、后搞什么、怎么搞值得研究。任何发展都要讲究步骤，要有先后主次，要先从有普遍意义、有条件推广的方方面面做起。信息化、数字化将会渗透到勘查测绘、区域规划、城市规划、城市管理、专项规划等工作中去，只要有条件的，我想都应该去做。现在，结合地理信息系统（GIS）构筑一个数字平台，是否是一个重要方面？

最近几年，要了解农业情况、土地情况、环境情况，用卫星图片资料和数字技术解决了不少问题，但尚不普及，规划图纸多少年都在线条图上，首先应改变规划管理业务。市民、客户要了解情况很难，如何又快又真实地让人查阅，需要的也是城市信息化和数字化。类似有基础性、普遍性的工作，也应首先推广普及。

《地理信息系统及其在城市规划与管理中的应用》序

地理信息系统（GIS）在我国的应用已有多年，但主要还是停留在测绘专业人员和研究人员之间。对大多数规划设计人员和城市管理人员来讲，多数还是闻其名而不知其实，知其要而不知其用。特别是由于电脑技术和信息观念还不普及，而这方面的书刊极少，不少人对GIS的原理和应用往往认为高不可攀，甚至视为畏途，影响了GIS的推广应用。我想本书的出版将会弥补这一方面的缺陷。

本书对GIS的基本原理、应用经验、实施管理方法和今后展望都作了浅显而系统的阐明，仔细读后，有入门之感。非专业人员阅读计算机书籍往往因为对名词概念缺乏准确理解，而感到难以看懂。我个人体验，只要有一定科技知识基础，初看不懂，多看几遍，就有所悟；如果再结合实际应用操作，理解就会深入。所以即使非计算机专业出身，也能够对计算机、GIS等有比较准确的理解。许多业余爱好者学习电脑不就是这样逐步提高的吗？真是入门不难，要深入理解也是可以达到的。

本书经过几年努力，从1993年先作为教学参考材料在同济大学内部使用，其后作为城市规划在职干部培训教材；1994年又作了修改补充，增加了许多实际应用的具体例子，是一本看起来比较容易看懂的GIS基本教材和实用参考书。

本文为周干峙先生为《地理信息系统及其在城市规划与管理中的应用》（宋小冬、叶嘉安著，科学出版社1995年10月出版）所作的序，根据周干峙先生保存的资料整理，写作时间为1995年4月22日。

如果说具有信息观念和懂得使用计算机是进入21世纪的通行证，那么在信息时代，GIS将是城市管理、环境管理、地域管理、房地产管理以及有关规划管理和规划设计的基本技术，是现代城市工作所不可缺少的。我国广大规划设计管理人员应该懂得GIS、运用GIS，提高我们对信息的集成和处理的水平。

后记

　　《周干峙文集》(简称《文集》)的收集整理、编辑出版工作历经十年。在住房和城乡建设部的领导下，中国工程院、中国科学院以及中国城市规划设计研究院(简称中规院)、中国建筑工业出版社领导和行业知名专家，对《文集》的出版给予了大力支持。

　　住房和城乡建设部原部长汪光焘亲自撰写了序言，组织开展周干峙学术思想研究并牵头撰写导读，对文稿选编给予大量指导。中规院马林、王庆、石楠、赵中枢、贾建中、鹿勤等专家参与了阶段性选稿、审稿工作。中规院城市规划学术信息中心、历史文化名城保护与发展研究分院、城市交通研究分院、风景园林与景观研究分院、区域规划研究所、住房与住区研究所等单位，包括张永波、鞠德东、赵一新、王忠杰、陈明、卢华翔在内的六十余位专家和专业技术人员参与文稿编辑工作。原建设部总规划师陈为帮、陈晓丽，住房和城乡建设部原总规划师唐凯，住房和城乡建设部原总经济师李如生，赵士琦、李兵弟、孙安军、冯利芳、吕斌、武廷海等领导、专家多次参与讨论，为《文集》出谋划策。中国建筑工业出版社领导对《文集》出版工作高度重视，陆新之、封毅、徐冉、费海玲、唐旭、吴绫、黄翊、李春敏、郑诗茵、焦扬、张幼平、赵赫、吴人杰、高瞻、王晓迪、兰丽婷、陈小娟、何楠、刘丹、黄习习、刘静、张文超、毋婷娴、田郁、孙硕、张华、杨晓、李成成、陈畅、毕凤鸣、李鸽、刘川、陈海娇等编辑为本书的出版付出了辛勤的劳动。谨在此一并表示衷心感谢！

　　最后要特别感谢周干峙先生的家人，是他们毫无保留地把先生生前珍贵的手稿和文献捐赠给中规院，才得以让这些时间跨度长达六十年的文章问世，供后人学习、传承先生的思想和精神。谨在此向他们表达崇高的敬意！

中国城市规划设计研究院

2025年2月18日

图书在版编目（CIP）数据

周干峙文集. 第三卷, 城市规划与管理 / 中国城市
规划设计研究院编. -- 北京：中国建筑工业出版社，
2025.3

ISBN 978-7-112-28950-9

Ⅰ.①周… Ⅱ.①中… Ⅲ.①城市规划—文集 Ⅳ.
① TU984-53

中国国家版本馆 CIP 数据核字（2023）第 126123 号

　　本卷包括城市发展战略、城市规划、规划管理、城市规划与技术四个部分。

　　书稿内容涉及计划经济时期规划样板的塑造、市场经济时期"滚动、灵活、深细、诱导"的规划思想构建，以及社会主义市场经济转型时期规划的变革与创新，充分体现了周干峙先生重视规划的龙头引领作用，要科学编制规划、尊重规划、严格执行规划、做好规划管理工作，注重城市规划过程中遥感、计算机等新技术应用的理念；清晰阐述了周干峙先生对西安、深圳、苏州等多个城市的规划编制、规划管理工作的观点与建议，对城市规划外延与内涵的拓展、城市规划创新与发展的推动，以及城市规划的实施与规划管理工作的开展有重要且持续的现实意义。

策划编辑：陆新之　封　毅　　　封面肖像：付　斌
责任编辑：焦　扬　徐　冉　　　书籍设计：张悟静
　　　　　黄习习　陈海娇　　　责任印制：王驷驹　贺　伟
　　　　　毕凤鸣
特约审稿：所　萌
责任校对：张惠雯

周干峙文集

第三卷　城市规划与管理
中国城市规划设计研究院 编
*
中国建筑工业出版社出版、发行（北京海淀三里河路9号）
各地新华书店、建筑书店经销
北京锋尚制版有限公司制版
北京盛通印刷股份有限公司印刷
*
开本：787 毫米×960 毫米　1/16　印张：29½　字数：368 千字
2025 年 3 月第一版　　2025 年 3 月第一次印刷
定价：**122.00 元**
ISBN 978-7-112-28950-9
　　（41689）